Related Party Transactions im Lichte der Aktionärsrechterichtlinie – Die Auswirkungen der Aktionärsrechterichtlinie auf das deutsche Aktien(konzern)recht

Zivilrechtliche Schriften

Beiträge zum Wirtschafts-, Bank- und Arbeitsrecht

Herausgegeben von Arnd Arnold, Dorothee Einsele, Jan Lieder und Hartmut Oetker

Begründet von Peter Kreutz und Dieter Reuter

Band 76

PETER LANG

Dorothee Thérèse Barg

Related Party Transactions im Lichte der Aktionärsrechterichtlinie – Die Auswirkungen der Aktionärsrechterichtlinie auf das deutsche Aktien(konzern)recht

PETER LANG

Bibliografische Information der Deutschen Nationalbibliothek
Die Deutsche Nationalbibliothek verzeichnet diese Publikation in der Deutschen Nationalbibliografie; detaillierte bibliografische Daten sind im Internet über http://dnb.d-nb.de abrufbar.

Zugl.: Freiburg (Breisgau), Univ., Diss., 2019

D 25
ISSN 0941-147X
ISBN 978-3-631-83871-6 (Print)
E-ISBN 978-3-631-83798-5 (E-PDF)
E-ISBN 978-3-631-83799-2 (EPUB)
E-ISBN 978-3-631-83800-5 (MOBI)
DOI 10.3726/b18068

Peter Lang – Berlin · Bern · Bruxelles · New York · Oxford · Warszawa · Wien

Diese Publikation wurde begutachtet.

www.peterlang.com

Für
Alexander

Vorwort

Die vorliegende Arbeit wurde von der Rechtswissenschaftlichen Fakultät der Albert-Ludwigs-Universität Freiburg im Wintersemester 2018/19 als Dissertation angenommen. Literatur und Rechtsprechung konnten bis zum 4. September 2018 berücksichtigt werden; der Nachtrag berücksichtigt Literatur und Rechtsprechung bis zum 29. September 2020.

Meinem Doktorvater, Herrn Prof. Dr. Jan Lieder, LL.M. (Harvard), danke ich recht herzlich für die hervorragende Betreuung der Dissertation. Seine freundliche Unterstützung und beständige Bereitschaft zur fachlichen Diskussion, die bei der Arbeit gewährte große Freiheit sowie die wertvollen und hilfreichen Hinweise und Anmerkungen haben die Fertigstellung der Arbeit sehr gefördert. Herrn Prof. Dr. Hanno Merkt, LL.M. (Univ. of Chicago), gilt besonderer Dank für die Übernahme und rasche Erstellung des Zweitgutachtens.

Den Herausgebern der Schriftenreihe „Zivilrechtliche Schriften – Beiträge zum Wirtschafts-, Bank- und Arbeitsrecht“ danke ich für die Aufnahme meiner Arbeit.

Bedanken möchte ich mich auch bei meinen Eltern, Dr. Verena und Dr. Jürgen Griebel, für ihren steten Zuspruch und Rat sowie ihre umfassende Unterstützung, die sie mir seit jeher haben zukommen lassen.

Ganz besonders danken möchte ich meinem Mann, Alexander Barg, für seine unentwegte und bedingungslose Unterstützung – ohne ihn wäre diese Arbeit nie zum Abschluss gekommen. Ihm ist diese Arbeit gewidmet.

Frankfurt a.M., November 2020
Dorothee Thérèse Barg

Inhaltsverzeichnis

Abkürzungsverzeichnis

a.A.	andere Ansicht
ABl.	Amtsblatt der Europäischen Gemeinschaften/ der Europäischen Union
Abs.	Absatz; Absätze
Abt.	Abteilung
AcP	Archiv für civilistische Praxis
ADHGB	Allgemeines Deutsches Handelsgesetzbuch
a.E.	am Ende
a.F.	alte Fassung
AG	Aktiengesellschaft; Die Aktiengesellschaft (Zeitschrift)
AktG	Aktiengesetz
Aktionsplan 2012	Mitteilung der Kommission an das EU-Parlament, den Rat etc., Aktionsplan: Europäisches Gesellschaftsrecht und Corporate Governance – ein moderner Rechtsrahmen für engagierte Aktionäre und besser über- lebensfähige Unternehmen, 12. Dezember 2012, COM(2012) 740 final
AktR-RL 2007	Richtlinie 2007/36/EG des Europäischen Parlaments und Rats vom 11. Juli 2007 über die Ausübung bestimmter Rechte von Aktionären in börsennotierten Gesellschaften
AktR-RL 2017	Richtlinie (EU) 2017/828 des Europäischen Parlaments und des Rates vom 17. Mai 2017 zur Änderung der Richtlinie 2007/36/EG im Hinblick auf die Forderung der langfristigen Mitwirkung der Aktionäre
Alt.	Alternative
a.M.	am Main
Amtl.	Amtlich(e)
Anh.	Anhang
Anm.	Anmerkung(en)
APRL	Richtlinie 2006/43/EG des Europäischen Parlaments und des Rates vom 17. Mai 2006 über Abschlussprüfungen von Jahresabschlüssen und konsolidierten Abschlüssen, zur Änderung der Richtlinien 78/660/EWG und 83/340/EWG des Rates und zur Aufhebung der Richtlinie 84/253/EWG des Rates
arg.	argumentum

Art./art.	Artikel/article
ARUG	Gesetz zur Umsetzung der Aktionärsrechterichtlinie
Aufl.	Auflage
ausf.	ausführlich
B.W.	Burgerlijk Wetboek (Bürgerliches Gesetzbuch der Niederlande
BaFin	Bundesanstalt für Finanzdienstleistungsaufsicht
BayObLG	Bayerisches Oberlandesgericht
BayObLGE	Entscheidung(en) des Bayerischen Oberlandesgericht
BB	Betriebs-Berater (Zeitschrift)
Bd.	Band
BDA	Bundesvereinigung der Deutschen Arbeitgeberverbände
BDI	Bundesverband der Deutschen Industrie e.V.
Bearb.	Bearbeiter
Begr.	Begründer/Begründung
BegrRegE	Begründung Regierungsentwurf
BGB	Bürgerliches Gesetzbuch
BGBl.	Bundesgesetzblatt
BGH	Bundesgerichtshof
BGHZ	Entscheidungen des Bundesgerichtshofes in Zivilsachen
BilMoG	Bilanzmodernisierungsgesetz
BilR	Bilanzrecht
BilRL	Richtlinie 2013/34/EU des Europäischen Parlaments und Rates vom 26. Juni 2013 über den Jahresabschluss, den konsolidierten Abschluss und damit verbundene Berichte von Unternehmen bestimmter Rechtsformen und zur Änderung der Richtlinie 2006/43/EG des Europäischen Parlaments und des Rates und zur Aufhebung der Richtlinien 78/660/EWG und 83/349/EWG des Rates
Bl.	Blatt
BMF	Bundesminister der Finanzen
Boek	Buch (Niederländisch)
BörsG	Börsengesetz
BörsO	Börsenordnung
BRAK	Bundesrechtsanwaltskammer
BR-Drs.	Bundesrats-Drucksache
bspw.	beispielsweise
BT-Drs.	Bundestags-Drucksache
BOARD	Zeitschrift für Aufsichtsräte in Deutschland
BuW	Betrieb und Wirtschaft (Zeitschrift für Rechnungswesen)

BVerfG	Bundesverfassungsgericht
BVerfGE	Entscheidungen des Bundesverfassungsgerichts
bzgl.	bezüglich
bzw.	beziehungsweise
ca.	Circa
CG	Corporate Governance
Consob	Commissione Nazionale per le Societá e la Borsa
COM	European Commission
C.Com	Code de Commerce
DAV	Deutscher Anwaltsverein
DAX	Deutscher Aktienindex
DB	Der Betrieb (Zeitschrift)
DCGK	Deutscher Corporate Governance Kodex
ders.	derselbe
dies.	dieselbe
d.h.	das heißt
DIHK	Deutsche Industrie- und Handelskammer
Dok.	Dokument
DStR	Deutsches Steuerrecht (Zeitschrift)
ebd.	ebenda
EBOR	European Business Organization Law Review (Zeitschrift)
ECFR	European Company and Financial Law Review (Zeitschrift)
ECGI	European Corporate Governance Institut
ECL	European Company Law
EG	Europäische Gemeinschaft
Einl.	Einleitung
et al.	et alii (und andere)
etc.	et cetera (und so weiter)
ErwG	Erwägungsgrund/Erwägungsgründe
EU	Europäische Union
EuR	Zeitschrift Europarecht
EWG	Europäische Wirtschaftsgemeinschaft
EuZW	Europäische Zeitschrift für Wirtschaftsrecht
EWiR	Entscheidungen zum Wirtschaftsrecht (Zeitschrift)
EWR	Europäischer Wirtschaftsraum
f./ff.	folgende/fortfolgende
FAZ	Frankfurter Allgemeine Zeitung
FCA	Financial Conduct Authority
FBD	Freshfields Bruckhaus Deringer

FiMaNoG	Gesetz zur Novellierung von Finanzmarktvorschriften auf Grund europäischer Rechtsakte
Fn.	Fußnote
FS	Festschrift
FSA	Financial Services Authority
gem.	gemäß
GesRZ	Der Gesellschafter (Zeitschrift)
GG	Grundgesetz (für die Bundesrepublik Deutschland)
ggfls.	gegebenenfalls
GmbH	Gesellschaft mit beschränkter Haftung
GmbHG	Gesetz betreffend die Gesellschaft mit beschränkter Haftung
GmbHR	GmbH-Rundschau (Zeitschrift)
GK	Großkommentar
grds.	grundsätzlich
GWR	Gesellschafts- und Wirtschaftsrecht (Zeitschrift)
HS	Halbsatz
HdB	Handbuch
HGB	Handelsgesetzbuch
h.M.	herrschende Meinung
Hrsg.	Herausgeber
IAS	International Accounting Standards
IAS-VO	Verordnung (EG) 1606/2002 des Europäischen Parlaments und des Rates vom 19. Juli 2002 betreffend die Anwendung internationaler Rechnungslegungsstandards
i.d.F.	in der Fassung
i.d.R.	in der Regel
i.d.S.	in diesem Sinne
IDW	Institut der Wirtschaftsprüfer in Deutschland e.V.
IDW RH HFA	IDW Prüfungsstandard (Nummer) seit 1008
IDW S	IDW Standard
IFRS	International Financial Reporting Standards
insb.	insbesondere
i.V.m.	in Verbindung mit
Jura	Juristische Ausbildung (Zeitschrift)
JuS	Juristische Schulung (Zeitschrift)
JW	Juristische Woche (Zeitschrift)
JZ	Juristenzeitung
Kap.	Kapitel
KG	Kammergericht

KK	Kölner Kommentar
Komm.	Kommentar
Kommission	europäische Kommission
Kommissionsvorschlag	Vorschlag für eine Richtlinie des Europäischen Parlaments und Rates zur Änderung der Richtlinie 2007/36/EG im Hinblick auf die Förderung der langfristigen Einbeziehung der Aktionäre sowie der Richtlinie 2013/34/EU in Bezug auf bestimmte Elemente der Erklärung zur Unternehmensführung, KOM(2014) 213 endgültig
KOM	Europäische Kommission
KonTraG	Gesetz zur Kontrolle auf Transparenz im Unternehmensbereich
KSzW	Kölner Schrift zum Wirtschaftsrecht
KWG	Kreditwesengesetz
Lfg.	Ergänzungslieferung
LG	Landgericht
li.	links
lit.	litera
Loseblatt.	Loseblattsammlung
MAR	Verordnung (EU) Nr. 596/2014 des Europäischen Parlaments und des Rates vom 16. April 2014 über Marktmissbrauch (Marktmissbrauchsverordnung)
MiFID II	Richtlinie (EU) 2014/65/EU des Europäischen Parlaments und des Rates vom 15. Mai 2014 über Märkte für Finanzinstrumente sowie zur Änderung der Richtlinien 2002/92/EG und 2011/61/EU
MitbestG	Gesetz über die Mitbestimmung der Arbeitnehmer
Mio.	Millionen
MoMiG	Gesetz zur Modernisierung des GmbH-Rechts und zur Bekämpfung von Missbräuchen
MüKo	Münchner Kommentar
m.w.N.	mit weiteren Nachweisen
NJW	Neue Juristische Wochenschrift (Zeitschrift)
NJW-RR	Neue Juristische Wochenschrift Rechtsprechungs-Report (Zeitschrift)
no.	numero
Nr.	Nummer
Nr.	Nummer
NZG	Neue Zeitschrift für Gesellschaftsrecht (Zeitschrift)

OECD	Organisation for Economic Co-operation and Development
öAktG	österreichisches Aktiengesetz
OLG	Oberlandesgericht
para./paras.	paragraph/paragraphs
Parlament	europäisches Parlament
Parlaments-vorschlag	Langfristige Einbeziehung der Aktionäre und Erklärung zur Unternehmensführung***I – Abänderungen des Europäischen Parlaments vom 8. Juli 2015 zu dem Vorschlag für eine Richtlinie des Europäischen Parlaments und des Rates zur Änderung der Richtlinie 2007/36/EG im Hinblick auf die Förderung der langfristigen Einbeziehung der Aktionäre sowie der Richtlinie 2013/34/EU in Bezug auf bestimmte Elemente der Erklärung zur Unternehmensführung (COM(2014)0213 – C7 – 0147/2014 – 2014/0121(COD))
ProspektVO	Verordnung (EU) 2017/1129 des Europäischen Parlaments und des Rates vom 14. Juni 2017 über den Prospekt, der beim öffentlichen Angebot von Wertpapieren oder bei deren Zulassung zum Handel an einem geregelten Markt zu veröffentlichen ist und zur Aufhebung der Richtlinie 2003/71/EG
RabelsZ	RabelsZ Zeitschrift für ausländisches und internationales Privatrecht
RegE.	Regierungsentwurf
RG	Reichsgericht
RGBl.	Reichsgesetzblatt
RGZ	Entscheidungen des Reichsgerichts in Zivilsachen
RIS	Regulatory Information Service
RIW	Recht der internationalen Wirtschaftspraxis (bis 1974 AWD) (Zeitschrift)
RL	Richtlinie
Rn.	Randnummer
Rs.	Rechtssache
Rspr.	Rechtsprechung
S.	Satz/Seite
SEC	Securities Exchange Commission
Sec.	Section
Slg.	Sammlung von Entscheidungen, Gesetzen etc.
sog.	sogenannt(e/er/en)
SSRN	Social Science Research Network
st. Rspr.	ständige Rechtsprechung

u.a.	unter anderem
UK	Vereinigtes Königreich Großbritannien und Nordirland
UKCA	Companies Act 2006
UK LA	United Kingdom Listing Authority
UK LR	United Kingdom Listing Rule
Unionsgesetzgeber	Die Kommission, der Rat und das Parlament zusammen
unstr.	unstreitig
v.	versus; vom; von
Var.	Variante
vgl.	vergleiche
Vol.	Volume (Jahrgang)
VO	Verordnung
Vorb.	Vorbemerkung
WM	Wertpapier-Mitteilungen (Zeitschrift)
WpG	Wirtschaftsprüfung (Zeitschrift)
WpHG	Wertpapierhandelsgesetz
WpÜG	Wertpapiererwerbs- und -übernahmegesetz
WRP	Wettbewerb in Recht und Praxis
z.B.	zum Beispiel
zit.	zitiert als
ZGR	Zeitschrift für Unternehmens- und Gesellschaftsrecht
ZHR	Zeitschrift für das gesamte Handels- und Wirtschaftsrecht
ZIP	Zeitschrift für Wirtschaftsrecht
zugl.	zugleich

Stand der Arbeit ist der 4. September 2018.

1. Kapitel Einleitung

A. Related Party Transactions im Lichte der bestehenden Corporate Governance-Regelungen

Der Zusammenbruch von *Enron* (2001) und *WorldCom* (2002) in den USA, das Bekanntwerden der Scheingeschäfte der *Flowtex AG* (2001), die Insolvenz der *Philipp Holzmann AG* (2002) sowie der italienische *Parmalat*-Skandal (2003) sind Sinnbilder mangelhafter Unternehmensführung und -kontrolle. In allen Beispielen kamen Bilanzmanipulationen sowie Untreue- und Betrugshandlungen zum Vorschein, die zeigten, dass die damalige Rechtslage in Bezug auf die *Corporate Governance*[1] erhebliche Defizite aufwies. In der Folge sahen sich zahlreiche europäische Mitgliedstaaten dazu veranlasst, alte Regelwerke zu modifizieren und neue zu schaffen, um Missstände in den Führungsgremien von Unternehmen einzudämmen. Die Geschichte zeigt gleichwohl, dass die legislatorischen Bemühungen nur bedingt dazu in der Lage waren, die Auswüchse unzureichender *Corporate Governance* zurückzustutzen. Beispielhaft ist etwa der jüngst an die Öffentlichkeit gelangte Bilanzskandal um den deutsch-südafrikanischen Möbelgiganten *Steinhoff* zu nennen, der überhöhte Umsatzerlöse in die Bilanzen konzernzugehöriger Gesellschaften umgeleitet hat.[2]

Allen Beispielen ist gemeinsam, dass Wirtschaftsgüter und Erträge zwischen Mutter- und Tochterunternehmen eines Konzerns verschoben wurden, die sich zugunsten des Mutterunternehmens auswirkten und vermögenswirksame Nachteile für die Aktionäre entweder des Mutter- oder des Tochterunternehmens zur Folge hatten. Man spricht hierbei vom sog. *tunneling.*[3] Eine solche Vermögensverschiebung kann aus dem Abschluss direkter oder indirekter Verträge mit dem jeweiligen Tochterunternehmen resultieren (sog. *Related Party Transactions*). So kann das Tochterunternehmen etwa produktive Vermögensgegenstände zu

---

1 Zum Begriff *Shleifer/Vishny*, 52 J. Fin., 737, 738 ff. (1997).

2 „*Der tiefe Fall eines Börsenstars*“, Handelsblatt vom 6. Dezember 2017, http://www.handelsblatt.com/my/unternehmen/handel-konsumgueter/steinhoff-aktie-der-tiefe-fall-eines-boersenstars-/20676578.html.

3 Begriffsbildung nach *Johnston/La Porta/Lopez-de-Silanes/Shleifer*, 90 Am. Econ. Rev., 1, 22 (2000): „*Tunneling is defined as the transfer of assets and profits out of the firms for the benefit of their controlling shareholders*“; zu den verschiedenen Wegen des *tunneling* vgl. auch *Atanasov/Black/Cicotello*, 37 J. Corp. Law, 1, 5 ff. (2011); *Enriques/Volpin*, 21 J. Econ. Persp., 117, 118 ff. (2007).

einem viel zu geringen Preis von dem Mutterunternehmen an- oder diesem verkaufen oder Dienstleistungen, zum Beispiel im Zusammenhang mit der Buchhaltung, zu einem überhöhten Preis erbringen.[4] Wirtschaftsgüter und Erträge trotz ihrer nachteiligen Wirkungen für die Tochterunternehmen zu übertragen, gelingt dem Mutterunternehmen, indem es auf das Tochterunternehmen entweder über das Organ, das zur Aufsicht über die Geschäftsführung berufen ist (namentlich den Verwaltungs- oder Aufsichtsrat), oder über die Hauptversammlung beherrschenden Einfluss ausübt. Hierbei geraten die Interessen des Mutterunternehmens als Mehrheitsaktionär des Tochterunternehmens in Konflikt mit den Interessen dessen übrigen Aktionären, die – anders als das Mutterunternehmen – nicht an der Gewinnmaximierung des Mutterunternehmens, sondern ausschließlich an der Gewinnmaximierung des Tochterunternehmens interessiert sind. Es kommt insoweit zu einem Interessenwiderstreit zwischen Mutter- und Tochterunternehmen. Es handelt sich dabei um eine spezifische Erscheinungsform eines allgemeinen ökonomischen Phänomens, den sog. *Principal Agent*-Konflikten.[5]

Um *Principal Agent*-Konflikte zu vermeiden, werden gemeinhin drei Schutzmechanismen diskutiert: die Bekanntmachung, die Bewertung und die Genehmigung von *Related Party Transactions*.[6] Im Einklang dazu finden sich in den Gesetzen der europäischen Mitgliedstaaten Belgien, England, Estland, Italien sowie Slowenien bereits jetzt Regelungen, die dazu verpflichten, *Related Party Transactions* unverzüglich nach ihrem Abschluss bekannt zu machen.[7] In Irland ist es sogar zwingend erforderlich, dass ein unabhängiger Dritter *Related Party Transactions* bewertet. Dass die Hauptversammlung *Related Party Transactions* genehmigt, ist demgegenüber nur in England, Estland, Frankreich, Ungarn, Irland und Italien geboten – hier aber nur bei nicht marktüblichen *Related Party Transactions*.[8]

In Deutschland finden sich derzeit keine expliziten Regelungen zu *Related Party Transactions*. Vielmehr ist der deutsche Gesetzgeber dem *Principal Agent*-Konflikt zwischen Mehrheits- und Minderheitsaktionären bisher mit

---

4 Vgl. hierzu auch die weiteren Ausführungen bei *Atanasov/Black/Cicotello*, 37 J. Corp. L., 1, 3 (2011).

5 Allgemein zu *Principal Agent*-Konflikten *Armour/Hansmann/Kraakmann*, in: Kraakman u.a., Anatomy, S. 123 ff.

6 Hierzu ausführlich *Armour/Hansmann/Kraakmann*, in: Kraakman u.a., Anatomy, S. 129 ff.

7 Vgl. OECD, Corporate Governance Factbook, 2017, S. 70 f.

8 Vgl. OECD, Corporate Governance Factbook, 2017, S. 72 f.

der Einführung nachträglicher Ausgleichspflichten begegnet. Im Vertragskonzern findet sich ein Anspruch der Aktionäre auf einen angemessenen Ausgleich in § 304 AktG; im faktischen Konzern ergibt er sich aus § 311 AktG. Darüber hinaus sind *Related Party Transactions* im deutschen Regelungsrahmen gem. §§ 285 Nr. 21, 314 Nr. 13 HGB bzw. IAS 24 *ex post* als Bestandteil des Anhangs des Jahresabschlusses bekanntzumachen. Weiterhin kann eine *ex ante* ausgestaltete Zustimmung zu *Related Party Transactions* vorgesehen werden, wenn die Satzung oder der Aufsichtsrat diese nach § 111 Abs. 4 Satz 2 AktG dem Zustimmungsvorbehalt des Aufsichtsrats unterworfen haben. Dabei liegt es im Ermessen der Hauptversammlung bzw. des Aufsichtsrats, ob und wann *Related Party Transactions* einem solchen Zustimmungsvorbehalt zu unterwerfen sind.

Aufgrund der unterschiedlichen, zum Teil unbefriedigenden Regelungen in den Mitgliedstaaten ist die europäische Kommission zu der Erkenntnis gelangt, dass Aktionäre, die keine nahe stehende Partei sind (einschließlich Minderheitsaktionäre)[9], weder über einen ausreichenden Zugang zu Informationen vor geplanten Vermögensübertragungen noch über effiziente Rechtsbehelfe verfügen, um gegen missbräuchliche *Related Party Transactions* in Konzernen vorzugehen. Die Kommission sah sich aus diesem Grund zum Handeln veranlasst.

Nach einem informellen Vorentwurf Ende 2013 veröffentlichte die Kommission am 9. April 2014 ihren Vorschlag zur Änderung der geltenden Aktionärsrechterichtlinie[10] sowie der BilRL[11].[12] Gleichzeitig wollte die Kommission damit die Vorgaben ihres Aktionsplans „Europäisches Gesellschaftsrecht und

9 Nachfolgend nur „außenstehende Aktionäre" genannt.

10 Richtlinie 2007/36/EG des Europäischen Parlaments und Rats vom 11. Juli 2007 über die Ausübung bestimmter Rechte von Aktionären in börsennotierten Gesellschaften („AktR-RL 2007").

11 Richtlinie 2013/34/EU des Europäischen Parlaments und Rates vom 26. Juni 2013 über den Jahresabschluss, den konsolidierten Abschluss und damit verbundene Berichte von Unternehmen bestimmter Rechtsformen und zur Änderung der Richtlinie 2006/43/EG des Europäischen Parlaments und des Rates und zur Aufhebung der Richtlinien 78/660/EWG und 83/349/EWG des Rates („BilRL").

12 Vorschlag für eine Richtlinie des Europäischen Parlaments und Rates zur Änderung der Richtlinie 2007/36/EG im Hinblick auf die Förderung der langfristigen Einbeziehung der Aktionäre sowie der Richtlinie 2013/34/EU in Bezug auf bestimmte Elemente der Erklärung zur Unternehmensführung, KOM(2014) 213 endgültig („Kommissionsvorschlag"), S. 5 f.; kritisch zu dem fehlenden substantiierten Nachweis der Europäischen Kommission des Angleichungsbedarfs nach Art. 5 des EU-Subsidiaritätsprotokolls (i.V.m. Art. 5 Abs. 3 EUV) DAI, Position zur Änderung der Aktionärsrechterichtlinie, S. 27 ff.; *Kindler*, in: FS Eccher (2017), S. 529, 534; *J. Vetter*, ZHR 179 (2015), 273, 275.

Corporate Governance" vom 12. Dezember 2012[13] umsetzen. In dem Aktionsplan 2012 hatte sie deutlich gemacht, dass trotz zahlreicher Neuerungen – wie z.B. der Aufnahme der Erklärungen zur *Corporate Governance* in die Rechnungslegungsrichtlinien und der Annahme einer Richtlinie über die Ausübung von Aktionärsrechten – weiterhin Mängel im Bereich der *Corporate Governance* börsennotierter Unternehmen bestünden. Als besonders defizitär betrachtete die Kommission schon damals den rechtlichen Umgang mit Transaktionen börsennotierter Unternehmen mit seinen Mehrheitsaktionären[14] sowie seinen Geschäftsführern und Mitgliedern der Unternehmensleitung (namentlich dem Vorstand und Aufsichtsrat des Unternehmens). Die Gefahr solcher *Related Party Transactions* ergebe sich aus dem Umstand, dass „Vermögenswerte des Unternehmens zu Lasten seiner außenstehenden Aktionäre auf den beherrschenden Aktionär übertragen würden"[15].

In Deutschland rief der Kommissionsvorschlag zu *Related Party Transactions* ganz überwiegend kritische Reaktionen hervor.[16] Als Fremdkörper im deutschen Aktienrecht identifizierte die Literatur insbesondere das zwingende Erfordernis, dass die Hauptversammlung die Transaktionen genehmigen müsse. Es wurde befürchtet, dass der Kommissionsvorschlag zu erheblichen Verwerfungen des gesamten Kompetenzgefüges im dualistisch geprägten deutschen Aktienrecht führen könne. Wohl auf diese lautstarke Kritik hin[17] veröffentlichte die italienische Ratspräsidentschaft am 10. November 2014 einen

13 Mitteilung der Kommission an das EU-Parlament, den Rat etc., Aktionsplan: Europäisches Gesellschaftsrecht und Corporate Governance – ein moderner Rechtsrahmen für engagierte Aktionäre und besser überlebensfähige Unternehmen, 12. Dezember 2012, COM(2012) 740 final („Aktionsplan 2012").

14 Nachfolgend auch „nahe stehende Unternehmen" genannt.

15 Aktionsplan 2012, S. 2 f.

16 *J. Vetter*, ZHR 179 (2015), 273, unter Verweis unter anderem auf die kritischen Anmerkungen bei: BRAK, Stellungnahme Nr. 39/2014, S. 7 ff.; DAI, Position zur Änderung der Aktionärsrechterichtlinie (Nov. 2014), S. 2 ff., 26 ff.; DAV-Handelsrechtsausschuss Stellungnahme, NZG 2015, 54, 62 ff.; Regierungskommission DCGK, S. 14; siehe auch *Lanfermann/Maul*, BB 2014, 1283, 1287 f.; *Schneider*, EuZW 2014, 641; *Seibt*, DB 2014, 1910, 1914 ff.; ablehnend hinsichtlich der Hauptversammlungskompetenz: Stellungnahme des Bundesrates vom 11. Juli 2014, BR-Drs. 166/14, S. 5; *Bayer/Selentin*, NZG 2015, 7, 8; *Drygala*, AG 2013, 198, 208 ff.; *Fleischer*, BB 2014, 2691, 2698 ff.; *Wiersch*, NZG 2014, 1131, 1136; kritisch zu Definitionsfragen: *Lutter*, EuZW 2014, 687.

17 Dies implizierend *Kindler*, in: FS Eccher (2017), 529, 534.

ersten Kompromissvorschlag,[18] dem am 26. November 2014[19] und am 5. Dezember 2014[20] weitere Kompromissvorschläge folgten. Die lettische Ratspräsidentschaft, die der italienischen Ratspräsidentschaft nachfolgte, unterbreitete am 14. Januar 2015 schließlich einen neuen Kompromissvorschlag,[21] der sich im Wesentlichen darauf beschränkte, die Vorschläge der Kommission zu bestätigen.[22]

Daraufhin verständigte sich der europäische Rat[23] im März 2015 auf einen Text für die Vorbereitung des informellen Trilogs.[24] In vielen Punkten trug er wohl insbesondere der Kritik aus Deutschland Rechnung, wich er doch vom Kommissionsvorschlag in erheblicher Weise ab.[25] In der Folge setzte sich das europäische Parlament auf Grundlage des Berichts des Rechtsausschusses[26] sowie einer Stellungnahme des Ausschusses für Wirtschafts- und Währungsfragen[27] am 7./8. Juli 2015 mit dem Vorhaben auseinander und unterbreitete einen neuen Vorschlag.[28] Der Parlamentsvorschlag enthielt zahlreiche Änderungen,

18 Dok. 13578/14, abrufbar unter http://data.consilium.europa.eu/doc/documents/ST-13578-2014-INIT/en/pdf, S. 35 ff.; dazu *Bayer/Selentin*, NZG 2015, 7 ff.

19 Dieser Entwurf ist nicht öffentlich verfügbar; siehe hierzu *Jung*, WM 2014, 2351 ff. *Jung* vergleicht in ihrem Aufsatz den dritten Kompromissvorschlag der italienischen Ratspräsidentschaft vom 5. Dezember 2014 mit dem zweiten Vorschlag der italienischen Ratspräsidentschaft vom 10. November 2014. Gleichwohl sind die in diesem Aufsatz gezogenen Schlussfolgerungen auch auf die hier näher betrachteten Kommissions- und Parlamentsvorschläge übertragbar.

20 Dok. 15647/14, abrufbar unter http://data.consilium.europa.eu/doc/documents/ST-15647-2014-INIT/en/pdf., S. 32 ff.

21 Dok. 5215/15, abrufbar unter http://data.consilium.europa.eu/doc/documents/ST-5215-2015-INIT/en/pdf., S. 50 ff.

22 Vgl. *Kindler*, in: FS Eccher (2017), 529, 536; *J. Vetter*, ZHR 179 (2015), 273, 277.

23 Nachfolgend nur „Rat" genannt.

24 Preparation of an informal trilogue, Dok 7315/15.

25 Dazu *Bayer/J. Schmidt*, BB 2015, 1731, 1732.

26 Dok. A8-0158/2015, abrufbar unter http://www.europarl.europa.eu/sides/getDoc.do?pubRef=-//EP//TEXT+REPORT+A8-2015-0158+0+DOC+XML+V0//DE.

27 Dok. A8-0158/2015, S. 64 ff.

28 Europäisches Parlament, Langfristige Einbeziehung der Aktionäre und Erklärung zur Unternehmensführung***I – Abänderungen des Europäischen Parlaments vom 8. Juli 2015 zu dem Vorschlag für eine Richtlinie des Europäischen Parlaments und des Rates zur Änderung der Richtlinie 2007/36/EG im Hinblick auf die Förderung der langfristigen Einbeziehung der Aktionäre sowie der Richtlinie 2013/34/EU in Bezug auf bestimmte Elemente der Erklärung zur Unternehmensführung (COM(2014)0213 – C7 – 0147/2014 – 2014/0121(COD)), PA_TA(2015)0257 („Parlamentsvorschlag").

die sich aber nur teilweise mit denen des Rates deckten. Nachdem sich die Kommission, der Rat und das Parlament[29] im Rahmen des informellen Trilogs am 9. Dezember 2016 schließlich auf einen Kompromiss zur Aktionärsrechterichtlinie geeinigt hatten, stimmte das Parlament am 14. März 2017 und der Rat am 3. April 2017 zu. Am 20. Mai 2017 wurde die geänderte Aktionärsrechterichtlinie schließlich im Amtsblatt der Europäischen Union veröffentlicht.[30] Die Mitgliedstaaten haben bis zum 10. Juni 2019 Zeit, die Änderungen in das nationale Recht umzusetzen.

Zur Verhinderung von missbräuchlichen *Related Party Transactions* etabliert der Unionsgesetzgeber in Art. 9c AktR-RL 2017 ein dreistufiges Regelwerk: die Bekanntmachung, die Bewertung mittels eines Gutachtens und die Zustimmung der Hauptversammlung respektive des Verwaltungs-/Aufsichtsrats zu *Related Party Transaction*. Um die wirtschaftliche Agilität und Wertschöpfung innerhalb eines Konzerns durch das Regelwerk nicht ungebührlich zu behindern, hat der Unionsgesetzgeber die drei Schutzmechanismen auf „wesentliche“ *Related Party Transactions* begrenzt.[31]

Den größten Schutz für die außenstehenden Aktionäre bietet der vom Unionsgesetzgeber vorgesehene Zustimmungsvorbehalt der Hauptversammlung bzw. des Verwaltungs-/Aufsichtsrats. Der Umstand, dass sich ein zusätzliches Kontrollorgan mit den *Related Party Transactions* befasst, womit gesteigerte Dokumentationserfordernisse einhergehen und die Transaktion folglich insgesamt eine erhöhte Aufmerksamkeit erfährt, vermag missbräuchliche *Related Party Transactions* bereits präventiv zu verhindern. Eine der zentralen Fragen aus deutscher Sicht ist daher, ob das geltende Aktien(konzern)recht, das in Form des Zustimmungsvorbehalts nach § 111 Abs. 4 Satz 2 AktG bereits über einen Zustimmungsmechanismus verfügt, der den rechtlichen Vorgaben des Unionsgesetzgebers genügt oder ob Art. 9c AktR-RL 2017 für das deutsche Aktien(konzern)recht Reformbedarf auslöst.

---

29 Die Kommission, der Rat und das Parlament zusammen im Weiteren auch „Unionsgesetzgeber“.

30 Richtlinie (EU) 2017/828 des Europäischen Parlaments und des Rates vom 17. Mai 2017 zur Änderung der Richtlinie 2007/36/EG im Hinblick auf die Förderung der langfristigen Mitwirkung der Aktionäre („AktR-RL 2017“).

31 Sofern nicht anders gekennzeichnet, beziehen sich *Related Party Transactions* im Zusammenhang mit der AktR-RL 2017 immer auf „wesentliche“ *Related Party Transactions*.

B. Gang der Untersuchung

Um diese Frage beantworten zu können, bedarf es zunächst einer vertieften Untersuchung der europarechtlichen Regelungen zu *Related Party Transactions*. Der Fokus liegt in einem ersten Schritt (Kapitel 3) darauf, die Regelungen in Art. 9c AktR-RL 2017, mithin der Bekanntmachung einer *Related Party Transaction*, dem geforderten Bewertungsgutachten und der Zustimmung durch die Hauptversammlung bzw. den Verwaltungs-/Aufsichtsrat zu analysieren und auszulegen. Dem vorangestellt ist ein Überblick über die Methoden, die bei der Auslegung europäischer Richtlinien heranzuziehen sind (Kapitel 2). Eine Darstellung dieser Auslegungsmethoden ist geboten, da sie zum Teil von dem zum deutschen Recht bekannten Auslegungsmethoden abweichen.

In Kapitel 3, d.h. bei der Auslegung der Regelung Art. 9c AktR-RL 2017 zu *Related Party Transactions*, erfolgt nicht nur eine Auseinandersetzung mit den verschiedenen Rechtstraditionen in den Mitgliedstaaten, sondern auch mit der Entstehungsgeschichte des Art. 9c AktR-RL 2017 und den Zielsetzungen des Unionsgesetzgebers zu *Related Party Transactions*. Die Untersuchung arbeitet dabei heraus, wie die drei Schutzelemente zusammenwirken. Um Unsicherheiten bei der Auslegung der einzelnen Regelungen rechtssicher erfassen zu können, erfolgt die Untersuchung nicht nur anhand der AktR-RL 2017, sondern berücksichtigt auch die Regelungen im Kommissionsvorschlag vom 9. April 2014 und den Parlamentsvorschlag vom 8. Juli 2015.[32]

Die Auslegung stützt sich ergänzend auf die in England, Frankreich und Italien bereits geltenden Regelungen, um zu zeigen, wie einige Mitgliedstaaten missbräuchlichen *Related Party Transactions* bereits jetzt begegnen. Die AktR-RL 2017 hat sich im Wesentlichen an den englischen, französischen und italienischen Regimes orientiert. Sie eignen sich daher, um zu demonstrieren, welche Zielsetzungen der Unionsgesetzgeber bei der Normierung der Regelungen für *Related Party Transactions* verfolgt hat. Zudem lassen sie sich als Referenz und normative Schablone für ein besseres Verständnis des Richtlinieninhalts fruchtbar machen. Aufbauend auf der vertieften Analyse von Art. 9c AktR-RL 2017 werden in einem zweiten Schritt Perspektiven für die Umsetzung in deutsches

32 Auf die während der italienischen und lettischen Ratspräsidentschaft entstandenen Kompromissvorschläge wird nur an gebotener Stelle eingegangen. Eine vertiefte Auseinandersetzung mit diesen Kompromissvorschlägen erfolgt gleichwohl nicht, da sie nur Teil der pragmatischen Kompromissfindung zwischen den Regierungen der beteiligten Staaten sind.

Recht aufgezeigt, die insbesondere auch die Folgen für faktische Konzerne berücksichtigen.[33]

Um die zentrale Forschungsfrage der Arbeit, ob das deutsche Aktienrecht den rechtlichen Vorgaben des Unionsgesetzgebers hinsichtlich der Zustimmung genügt oder ob Art. 9c AktR-RL 2017 Reformbedarf auslöst, beantworten zu können, setzt sich die Untersuchung in Kapitel 4 mit Zustimmungsregelungen im deutschen Aktienrecht auseinander. Wie die Untersuchung in Kapitel 3 zeigen wird, ist es aus deutscher Sicht vorzugswürdig, die Zustimmung zu *Related Party Transactions* dem Überwachungsorgan des deutschen Aktienrechts – dem Aufsichtsrat – zu überlassen. Aus diesem Grund setzt sich die Arbeit in Kapitel 4 zunächst ganz grundsätzlich mit dessen Aufgaben, insbesondere im faktischen Konzern, auseinander. Anschließend fällt der Blick auf die Frage, welchen Bedingungen die Zustimmungsvorbehalte, die dem Aufsichtsrat nach § 111 Abs. 4 Satz 2 AktG zur Verfügung stehen, unterliegen und, ob sie bereits den Vorgaben des Unionsgesetzgebers in Art. 9c Abs. 4 AktR-RL 2017 entsprechen. Da die Untersuchung zu dem Schluss kommt, dass das Aktien(konzern)recht aufgrund der unionsrechtlichen Neuerungen anzupassen ist, folgen Reformempfehlungen für das deutsche Aktien(konzern)recht (Kapitel 5).[34] Den Abschluss bildet ein konkreter Vorschlag *de lege ferenda*, um einen Zustimmungsvorbehalt für *Related Party Transactions* passgenau im nationalen Recht zu verankern (Kapitel 6).

---

33 Die Beschränkung auf faktische Konzerne ist dem Umstand geschuldet, dass nach dem in der deutschen Literatur wohl überwiegend bestehenden Verständnis hinsichtlich Vertragskonzerne die Ausnahmeregelung in Art. 9c Abs. 6 lit. a) AktR-RL 2017 zur Anwendung gelangt. Die Bekanntmachung von *Related Party Transactions*, die Bewertung sowie die Zustimmung durch die Hauptversammlung respektive den Verwaltungs-/Aufsichtsrat kommen aus diesem Grund bei Vertragskonzernen von vornherein nicht zur Anwendung.

34 Unberücksichtigt bleibt insoweit, dass nach Art. 9c Abs. 6 lit. a) Var. 3 AktR-RL 2017 ein optionaler Ausnahmetatbestand für die Mitgliedstaaten vorgesehen ist, wonach die vom Unionsgesetzgeber etablierten Regelungen unberücksichtigt bleiben können, wenn die nationalen Regelungen einen angemessenen Schutz für den zu schützenden Adressatenkreis im jeweiligen nationalen Aktienrecht vorsehen. Eine Auseinandersetzung mit dieser Frage würde den Umfang der Arbeit erheblich überschreiten. Keine Berücksichtigung finden zudem paritätisch mitbestimmte Aktiengesellschaften.

2. Kapitel Auslegung europäischer Richtlinien

Bevor der analytische Blick auf die neuen europarechtlichen Vorgaben zu *Related Party Transactions* fallen kann, bedarf es zunächst einer grundsätzlichen Auseinandersetzung mit den Methoden für die Auslegung europäischer Richtlinien. Die Auseinandersetzung ist geboten, da sie zwar eine starke Ähnlichkeit zu den deutschen Auslegungsmethoden aufweisen. Die Auslegung supranationalen Rechts weist jedoch einige Besonderheiten auf, die es hier hervorzuheben gilt.

A. Grundsatz

Anhaltspunkte darüber, welche Auslegungsmethoden im Rahmen des Unionsrechts heranzuziehen sind, lässt sich der Judikatur des EuGHs entnehmen. Der EuGH führt insoweit aus, dass

> *„nach seiner ständigen Rechtsprechung bei der Auslegung einer Unionsvorschrift nicht nur ihr Wortlaut, sondern auch ihr Zusammenhang und die Ziele zu berücksichtigen sind, die mit der Regelung, zu der sie gehört, verfolgt werden; auch die Entstehungsgeschichte einer Vorschrift des Unionsrechts kann relevante Anhaltspunkte für deren Auslegung liefern“*[35].

Demnach unterscheiden sich die Methoden nicht wesentlich davon wie auch das deutsche Recht gemeinhin Gesetze auslegt.[36] Auf europäischer Ebene sind die Auslegungsmethoden gleichwohl mit Blick auf die spezifischen Erfordernisse einer supranationalen Rechtsordnung zu modifizieren, anzupassen und zu ergänzen.[37] So sind unionsrechtliche Normen und Begriffe nicht unter Rückgriff auf das nationale Recht zu interpretieren; der normative Bedeutungsgehalt einzelner Begriffe im nationalen Recht bleibt grundsätzlich außen vor. Vielmehr verpflichten die Vorgaben dazu, das Unionsrecht einheitlich auszulegen, sofern

---

35 St. Rspr. zuletzt EuGH, Urteil vom 17. März 2016, Rs. C-99/15 Rn. 14, ECLI:EU:C:2016:173 – *Liffers* mit Verweis auf EuGH, Urteil vom 2. September 2015, Rs. C-127/14 Rn. 28, EU:C:2015:22 – *Surmačs* m.w.N.

36 Vgl. zu den Auslegungsmethoden im deutschen Recht *Larenz/Canaris*, Methodenlehre, passim.

37 *Schröder*, JuS 2004, 180.

dieses nicht ausdrücklich auf das Recht der Mitgliedstaaten verweist, um den Sinn und die Bedeutung näher zu bestimmen.[38]

B. Auslegung europäischer Richtlinien

I. Wortlaut

Ausgangspunkt für die Auslegung europäischer Richtlinien ist deren Wortlaut. Aus ihm heraus lassen sich weiterführende[39], autonome[40] Interpretationen entwickeln. Gleichzeitig stellt der Wortlaut aber auch eine Grenze dar; Auslegungsergebnisse, die mit Hilfe anderer Methoden zum Vorschein kommen, müssen sich stets im Wortlaut wiederfinden.[41]

Indes können die unterschiedlichen Sprachfassungen innerhalb der Europäischen Union dazu führen, dass Wortbedeutungen in den unterschiedlichen Sprachen variieren. Gibt der Wortlaut Anlass für Zweifel, verpflichtet die Notwendigkeit einer einheitlichen Auslegung des Unionsrechts den Rechtsanwender dazu, eine Norm oder einen Begriff nicht nur anhand einer Sprachfassung zu betrachten. Vielmehr muss er bei seiner Auslegung auch die anderen Amtssprachen berücksichtigen.[42] Alle Sprachfassungen haben aus diesem Grund denselben Stellenwert.[43] Der Wortlautinterpretation kommt bei Abweichungen in den Sprachfassungen allerdings eine verminderte Bedeutung zu. Der Stellenwert der

---

38 Vgl. hierzu EuGH, Urteil vom 16. Juli 2009, Rs. C-168/08, Slg. 2009, I-6871 Rn. 38 – *Hadady*: „Nach ständiger Rechtsprechung folgt aus den Erfordernissen sowohl der einheitlichen Anwendung des Unionsrechts als auch des Gleichheitssatzes, dass die Begriffe einer Vorschrift des Unionsrechts, die für die Ermittlung ihres Sinnes und ihrer Bedeutung nicht ausdrücklich auf das Recht der Mitgliedstaaten verweist, in der Regel in der gesamten Union eine autonome und einheitliche Auslegung erhalten müssen".

39 EuGH, Urteil vom 16. Dezember 1960, Rs. 6/60, Slg. 1960, 1125, 1194 - *Humblet.*

40 EuGH, Urteil vom 17. Dezember 1998, Rs. C-236/97, Slg. 1998, I-8679 Rn. 26 – *Codan:* es gilt das „Erfordernis einer einheitlichen Auslegung der Sprachfassungen"; *Bleckmann/Pieper,* in: Dauses, EU-Wirtschaftsrecht, B. I, Rechtsquellen, Rn. 8; *Everling,* ZGR 1992, 376, 387,

41 EuGH, Urteil vom 16. Dezember 1960, Rs. 6/60, Slg. 1960, 1125, 1194 - *Humblet.*

42 Vgl. insbesondere EuGH, Urteil vom 12. Juli 1979, Rs. C-9/79, Slg. 1979, 2717 Rn. 6 – *Koschniske.*

43 Zur Notwendigkeit einer einheitlichen Auslegung anhand aller verbindlichen Sprachfassungen vgl. EuGH, Urteil vom 12. Juli 1979, Rs. 9/79, Slg. 1979, 2717 Rn. 6 – *Koschniske*; Urteil vom 9. September 2003, Rs. C-361/01 P, ECLI_EU:C:2003:434 Rn. 87 - *Kik.*

übrigen Auslegungsmethoden, insbesondere der systematischen und teleologischen, wächst in diesen Fällen.[44]

II. Historische Auslegung

Die historische Auslegung dient dazu, den ursprünglichen Willen des Unionsgesetzgebers (subjektiv-historische Auslegung) bzw. der historischen Funktion der Norm (objektiv-historische Auslegung) zu ermitteln.[45] Sie spielt gleichwohl eine vergleichsweise untergeordnete Rolle, da die Rechtssetzungspraxis in der Europäischen Union[46] dadurch gekennzeichnet ist, dass mehrere Gesetzgebungsorgane zusammenwirken und politische Kompromisse gefunden werden müssen.[47] Im Sekundärrecht gilt das in besonderer Weise, da eine historische Auslegung nur möglich ist, wenn die Vorarbeiten, die sog. *Travaux Prépartoire*, öffentlich zugänglich sind.[48] Dies ist jedoch nicht immer und im Rahmen eines Gesetzgebungsverfahrens auch nicht hinsichtlich aller Vorarbeiten der Fall. So können in den verschiedenen Stadien der Entstehung einer Richtlinie teilweise größere inhaltliche Sprünge bestehen, die auf den jeweiligen Stand der politischen Diskussion unter den Mitgliedstaaten, insbesondere im Rat, zurückzuführen sind. Bei der hier näher betrachteten Aktionärsrechterichtlinie war etwa eine Abkehr von einer Werthürde von 1% bzw. 5% hin zu einer Wesentlichkeitsschwelle[49] bei relevanten *Related Party Transactions* sowie die Öffnung von einer ausschließlichen Kompetenz der Hauptversammlung hin zu einer alternativen bzw. kumulativen Kompetenz des Verwaltungs- bzw. Aufsichtsrats zu beobachten.[50] Die Hintergründe, die den Unionsgesetzgeber schlussendlich dazu bewogen haben mögen, Änderungen vorzunehmen, lassen sich in diesen Fällen mangels Veröffentlichung sämtlicher Vorarbeiten – hier den verschiedenen Kompromissvorschlägen der italienischen und lettischen Ratspräsidentschaften – nicht

44 *Streinz*, in: Griller/Rill, Rechtstheorie, S. 223, 243 f., der darauf hinweist, dass die Rechtsordnung der europäischen Union nicht nur eine mehrsprachige, sondern auch eine rechtspluralistische ist. Zur Problematik der Auslegung mehrsprachigen Gemeinschaftsrecht siehe ausführlich, *Schübel-Pfister*, Sprache, S. 168 ff.

45 *Pechstein/Drechsler*, in: Riesenhuber, Methodenlehre, § 7 Rn. 33.

46 Nachfolgend „EU" genannt.

47 *Streinz*, in: Griller/Rill, Rechtstheorie, 223, 242; *Kutscher*, Begegnung von Justiz und Hochschule, S. I-23; *Oppermann/Classen*, Europarecht, S. 142 Rn. 174; a.A. *Leisner*, EuR 2007, 689, 702 ff.

48 *Kutscher*, Begegnung von Justiz und Hochschule, S. I-23.

49 Vgl. hierzu die Ausführungen unter Kap. 3.A.IV.

50 Vgl. hierzu die Ausführungen unten unter Kap. 3.D.

entnehmen. Nicht zuletzt deshalb kommt der historischen Auslegung regelmäßig lediglich eine Hilfsfunktion zu.[51]

III. Systematische Auslegung

Die systematische Auslegung zielt darauf ab, den Inhalt einer Vorschrift dadurch zu erschließen, dass sie die Normfunktion sowohl aus dem Zusammenhang mit anderen Normen als auch aus der Gesamtstruktur abzuleiten versucht.[52] Zu berücksichtigen sind dabei vor allem die allgemeinen Grundsätze des Unionsrechts[53] sowie die harmonisierende Auslegung der in Rede stehenden Vorschriften mit den übrigen Normen der Unionsrechtsordnung.[54] Eine wichtige Rolle spielt darüber hinaus auch die systemkonforme Auslegung, d.h. die Auslegung des rangniedrigeren am ranghöheren Recht.[55]

Da es im Bereich des Aktienrechts an primärrechtlichen Vorgaben, an denen man sich bei der Auslegung orientieren könnte, fehlt, ist verstärkt auf die Systematik des sekundären Gemeinschaftsrechts abzustellen. Hierbei ist insbesondere zu prüfen, ob sich aus den sekundärrechtlichen Bestimmungen allgemeine Prinzipien ableiten lassen, die zur Konkretisierung unbestimmter Rechtsbegriffe herangezogen werden können. Im Zusammenhang mit Art. 9c AktR-RL 2017 bieten sich hierfür vor allem die BilRL wie auch die IAS-VO mit ihren Verweisen auf die internationalen Rechnungslegungsstandards IAS/IFRS an.

IV. Teleologische Auslegung

Zusammen mit der systematischen Auslegung stellt die teleologische Auslegung die zentrale Interpretationsmethode für unionsrechtliche Vorgaben dar. Mit ihrer Hilfe lässt sich das Ziel einer Norm bestimmen, um darauf basierend ihre intendierte Bedeutung zu erfassen. Die herausragende Stellung der teleologischen Auslegung hebt der EuGH hervor, indem aus seiner Sicht

---

51 *Ipsen*, Europäisches Gemeinschaftsrecht, S. 134, § 5 Rn. 80; *Kutscher*, Begegnung von Justiz und Hochschule, S. I-23; *Schübel-Pfister*, Sprache, S. 131 f.; für eine stärkere Einbeziehung der historischen Methode *Dumon*, Begegnung von Justiz und Hochschule, S. III/98 ff.

52 *Pechstein/Drechsler*, in: Riesenhuber, Methodenlehre, § 7 Rn. 22 ff.

53 Mit Beispielen *Kutscher*, Begegnung von Justiz und Hochschule, S. I-39.

54 *Bleckmann*, ZGR 1992, 364, 365; *Kutscher*, Begegnung von Justiz und Hochschule, S. I-40 f. Die vertragskonforme Auslegung des sekundären Gemeinschaftsrechts ist ein Unterfall dieser harmonisierenden Auslegung.

55 *Mayer*, in: Grabitz/Hill/Nettesheim, EU, Art. 19 EUV Rn. 62.

> *„bei der Auslegung einer Unionvorschrift nicht nur ihr Wortlaut, sondern auch ihr Zusammenhang und die Ziele zu berücksichtigen [sind], die mit der Regelung, zu der sie gehört, verfolgt werden“.*[56]

Dabei verbindet der EuGH die systematische mit der teleologischen Interpretation. Gleichzeitig berücksichtigt er im Rahmen der Sinnauslegung auch unionsrechtliche Besonderheiten wie zum Beispiel die „*implied powers*“-Lehre[57] oder den „*effet utile*“-Grundsatz.[58]

C. Bedeutung der Erwägungsgründe

Eine besondere Bedeutung bei der Auslegung sekundärrechtlicher Vorschriften spielen die Erwägungsgründe.[59] Aus ihnen lassen sich – ähnlich der Präambel eines deutschen Gesetzes – Schlüsse hinsichtlich des Wortsinns, der Entstehungsgeschichte, der Systematik sowie den Sinn und Zweck einer Richtlinie ziehen.

Trotz ihrer zentralen Bedeutung für die Auslegung der Richtlinie kommt den Erwägungsgründen im Vergleich zum Richtlinientext eine eher untergeordnete Funktion zu. Sie sind bei der Auslegung zwar zu berücksichtigen, können aber die Auslegung nicht endgültig und zwingend bestimmen, da sie rein deklaratorischer Natur sind. Insbesondere können Erwägungsgründe keine Regelungen beinhalten, die von dem eindeutigen Richtlinientext nicht erfasst sind.[60]

D. Rechtsvergleichende Auslegung

Als ergänzende Auslegungsmethode spielt ferner der Rechtsvergleich eine wichtige Rolle. Ihn heranzuziehen bietet sich insbesondere immer dann an, wenn ein oder mehrere Mitgliedstaat(en) mit der Regelungsmaterie der Richtlinie insgesamt oder mit einer bestimmten Regelung bereits Erfahrungen gemacht haben.[61]

---

56 Zuletzt etwa EuGH, Urteil vom 3. September 2015, Rs. C-383/14 , ECLI:EU:C:2015:541 Rn. 20 m.w.N. der Rspr.

57 *Callies,* in: Callies/Ruffert, EUV/AEUV, Art. 5 EUV Rn 15.

58 *Callies,* in: Callies/Ruffert, EUV/AEUV, Art. 5 EUV Rn 15 f.

59 *Bleckmann,* RIW 1987, 929, 931; *Lutter,* JZ 1992, 593, 600; zum Beispiel EuGH, Urteil vom 13. März 1980, Rs. 124/79, Slg. 1980, 813 ff., insb. Rn. 9; EuGH, Urteil vom 6. Mai 1980, Rs. 152/79, Slg. 1980, 1495, 1507.

60 *Wolf,* in: FS Zöllner (1998), 651, 657; für eine weitreichende Bedeutung der Erwägungsgründe dagegen *Drygala,* ZIP 1997, 968, 970; Es sei eine rein „technische Frage“, ob eine Regelung in den Erwägungsgründen oder im Richtlinientext auftaucht.

61 *Grundmann/Riesenhuber,* JuS 2001, 529, 533 f.

So bieten die Lösungen und Wertungen, die Mitgliedstaaten für vergleichbare Anwendungs- und Auslegungsprobleme erarbeiteten haben, relevante Anhaltspunkte für eine sachgerechte Auslegung sowohl in einem anderen Mitgliedstaat wie auch auf Gemeinschaftsebene.

Die autonome Auslegung des Unionsrechts ist dabei gleichwohl zu bewahren. Denn die nationalen Grundsätze werden nicht kraft einer Verweisung auf nationales Recht auf Gemeinschaftsebene übernommen; vielmehr sind die Lösungen des nationalen Rechts allein aufgrund der sachlich vergleichbaren Problemstellung auf Richtlinienebene als Auslegungskriterium zu berücksichtigen.[62] Voraussetzung ist jedoch stets, dass das nationale Recht die gleiche Zielsetzung verfolgt wie die Richtlinie.[63] Aus methodischer Sicht sind insoweit die Grundsätze der wertenden Rechtsvergleichung heranzuziehen.[64]

Konkrete Anhaltspunkte für den Umgang der Mitgliedstaaten der EU mit *Related Party Transactions* konnte der Unionsgesetzgeber in verschiedenen Mitgliedstaaten finden – namentlich in dem Regelwerk für *Related Party Transactions* in *Chapter 11* der *Listing Rule*[65], das die britische *Financial Conduct Authority* (FCA) erlassen hat, in den Regularien der italienischen Kapitalmarktaufsicht zu *Related Party Transactions*[66] sowie in den französischen Vorgaben des sogenannten *conventions réglementées* gem. Art. L 225-38 ff. Code de Commerce[67].Vor diesem Hintergrund, vermag es auch nicht zu verwundern, dass Art. 9c des Kommissionsvorschlags eine starke Anlehnung an die englische UK LR 11 erkennen lässt,[68] während sich Art. 9c des Parlamentsvorschlag augenscheinlich an den in Italien bestehenden Regelungen orientierte. Einzelne

62 *Basedow,* in: Zimmermann, Rechtsgeschichte, S. 96 ff.

63 *Bydlinski*, Methodenlehre, S. 387; mit Einschränkungen auch *Bleckmann,* ZGR 1992, 365, 367 und *Zweigert,* RabelsZ 28 (1964), 601, 610 f.

64 *Meyer,* Jura 1994, 455, 457 f.; *Grundmann,* Europäisches Gesellschaftsrecht, Rn. 140.

65 Nachfolgend „UK LR 11" genannt; siehe dazu auch *Drygala,* AG 2013, 198, 209; *Fleischer,* BB 2014, 2691 ff.

66 Bei den in Rede stehenden Regularien der Consob handelt es sich namentlich um die *Regulation containing implementation rules of Italian Legislative Degree no. 58 of 24 February 1998 on markets* in ihrer aktuellen Fassung vom 24. April 2017, nachfolgend „Consob" genannt.

67 Nachfolgend „C.com" genannt.

68 So auch *Fleischer,* BB 2014, 2691, 2697, 2700 („ähnelt unverkennbar den britischen Listing Rules"); *Seibt*, BDI/FBD, S. 8 („basiert auf englischen Vorbildnormen, nämlich den Listing Rules (LR) 11").

Aspekte der französischen Regelungen zu *Related Party Transactions* sind in beide Vorschläge sowie in Art. 9c AktR-RL 2017 eingeflossen.

Da in England, Frankreich und Italien bereits mitgliedstaatliche Regelungen, Lösungen und Anwendungspraxen vorzufinden sind, ist ein Rekurs auf sie nicht nur für ein besseres Verständnis der Vorschläge europäischen Institutionen sinnvoll, sondern auch bei der (rechtsvergleichenden) Auslegung des Art. 9c AktR-RL 2017 bei den Entwurfsfassungen der Kommission und des Parlaments zu *Related Party Transactions*.

3. Kapitel Änderung der Aktionärsrechterichtlinie

Um missbräuchliche *Related Party Transactions* zu vermeiden, sieht die AktR-RL 2017 ein dreistufiges Regelwerk vor: die Bekanntmachung von *Related Party Transactions*, die Erstellung eines Bewertungsgutachtens über diese sowie die Zustimmung hierzu. Die Einzelheiten dieses Regelungsregimes sind Gegenstand der nachfolgenden Untersuchung.

Ausgangspunkt der rechtlichen Analyse ist die normative Vermessung des inhaltlichen, persönlichen und sachlichen Anwendungsbereichs der AktR-RL 2017 (siehe hierzu A.). Anschließend fällt der Blick auf das dreistufige Regelwerk: Bekanntmachung der *Related Party Transaction* (siehe hierzu B.), Beifügung eines Bewertungsgutachtens (siehe hierzu C.) und Zustimmungspflicht (siehe hierzu D.). Das Kapitel schließt mit einer Darstellung der Rechtsfolgen eines Verstoßes gegen das Regelwerk (siehe hierzu E.).

Der Schwerpunkt der Analyse liegt dabei auf den Regelungen in der AktR-RL 2017; auf die Regelungen im Kommissions- bzw. Parlamentsvorschlag wird bei Auslegungsfragen ergänzend eingegangen. Die Analyse beschränkt sich dabei jedoch nicht nur auf die Auslegung des Regelwerks. Vielmehr setzt sie sich auch mit der Frage auseinander, wie und in welchem Umfang die Umsetzung des Regelwerks in das deutsche Aktienrecht sinnvoll und geboten erscheint.

A. Anwendungsbereich

Die normativen Vorgaben zum persönlichen und sachlichen Anwendungsbereich der Vorschriften stimmen im Kommissionsvorschlag, im Parlamentsvorschlag und in der Endfassung der AktR-RL 2017 im Wesentlichen überein. So bestimmt sich in allen drei Regelwerken der persönliche Anwendungsbereich nach Art. 1 und 2 lit. a) bzw. j).

Der sachliche Anwendungsbereich lässt sich Art. 9c AktR-RL 2017 entnehmen. Sah der Unionsgesetzgeber im Kommissionsvorschlag noch starre Schwellenwerte für das dreistufige Regelwerk vor, wandte sich der Unionsgesetzgeber im Rahmen des Parlamentsvorschlags hiervon ab und implementierte das Wesentlichkeitskriterium.

I. Börsennotierte Unternehmen

Nach ihrem Art. 1 Abs. 1 kommt die AktR-RL 2017 nur für solche Gesellschaften zur Anwendung „deren Aktien zum Handel an einem in einem Mitgliedstaat gelegenen oder dort betriebenen geregelten Markt zugelassen sind".[69] Für eine Definition des „geregelten Markts" verweist Art. 2a AktR-RL 2017 auf Art. 4 Abs. 1 Nr. 21 MiFID II.[70] Danach versteht man unter einem geregelten Markt „ein von einem Marktbetreiber betriebenes und/oder verwaltetes multilaterales System, das eine Vielzahl von Kauf- und Verkaufsinteressen an Finanzinstrumenten, wie übertragbaren Wertpapieren, zusammenführt oder das Zusammenführen fördert". Dieser Prozess muss nach festgelegten Regeln und in einer Weise ablaufen, die zu einem Vertrag in Bezug auf die Finanzinstrumente führt, welche gemäß den Regeln und/oder Systemen des Marktes zum Handel zugelassen wurden, sowie eine Zulassung erhalten haben und ordnungsgemäß sowie gem. Titel III der MiFID II funktionieren. Wie den sich inhaltlich im Wesentlichen deckenden Definitionen in Art. 4 Abs. 1 Nr. 21 MiFiD II und § 2 Abs. 11 WpHG zu entnehmen ist, findet sich in Deutschland ein entsprechend geregelter Markt im „organisierten Markt" des § 2 Abs. 11 WpHG.[71]

Den Anforderungen des organisierten Marktes wird gem. §§ 32 ff. BörsG das Marktsegment des regulierten Marktes an den Wertpapierbörsen gerecht.[72] Der Freiverkehr (§ 48 BörsG) stellt hingegen keinen Markt im vorbenannten Sinne dar, da er ausschließlich privatrechtlich organisiert ist und es damit an der Regelung durch staatlich anerkannte Stellen fehlt, die u.a. den regulierten

69 Der Unionsgesetzgeber spricht insoweit von „Gesellschaft". Zur besseren Differenzierbarkeit bedient sich die Untersuchung in diesem Kontext nachfolgend gleichwohl des Begriffs „börsennotiertes Unternehmen".

70 Richtlinie (EU) 2014/65/EU des Europäischen Parlaments und des Rates vom 15. Mai 2014 über Märkte für Finanzinstrumente sowie zur Änderung der Richtlinien 2002/92/EG und 2011/61/EU („MiFiD II").

71 Danach liegt ein Organisierter Markt vor, wenn es „ein im Inland, in einem anderen Mitgliedstaat der Europäischen Union [...] betriebenes oder verwaltetes, durch staatliche Stellen genehmigtes, geregeltes und überwachtes multilaterales System [ist], das die Interessen einer Vielzahl von Personen am Kauf und Verkauf von dort zum Handel zugelassenen Finanzinstrumenten innerhalb des Systems und nicht diskretionären Bestimmungen in eine Weise zusammenbringt oder das Zusammenbringen fördert, die zu einem Vertrag über den Kauf dieser Finanzinstrumente führt".

72 *Fuchs*, in: Fuchs, WpHG, § 2 Rn. 159, 163; ebenso zur bisherigen Rechtslage *Assmann*, in: Assmann, WpHG, § 2 Rn. 161; *Versteegen*, in: KK-WpHG, § 2 Rn. 181.

Markt ausmachen.[73] Der Anwendungsbereich bezieht sich in Deutschland insoweit etwa auf Unternehmen, die im *General Standard* und *Prime Standard* der Frankfurter Wertpapierbörsen, nicht jedoch auf Unternehmen, die in deren Börsensegment *Scale* gelistet sind.

Der Anwendungsbereich der AktR-RL 2017 beschränkt sich gleichwohl nicht nur auf börsennotierte Kapitalgesellschaften, sondern erfasst grds. auch andere nationale Gesellschaftsformen, deren Instrumente an einem geregelten Markt zugelassen sind.[74] Da in diesen Fällen eine missbräuchliche *Related Party Transaction* schon ihrer Natur nach nicht in Betracht kommt, erfährt der Anwendungsbereich des Art. 9c AktR-RL 2017 kraft Sachzusammenhang eine Einschränkung auf Kapitalgesellschaften und hierbei vornehmlich auf die im Rahmen dieser Arbeit ausschließlich betrachteten Aktiengesellschaften.

Grund für die Beschränkung der Aktionärsrechterichtlinie auf börsennotierte Gesellschaften ist zum einen, dass bei diesen Gesellschaften generell ein höheres Interesse an der Gewährleistung guter *Corporate Governance* besteht.[75] Zum anderen besteht bei ihnen aus Gründen des Aktionärs-/Anleger- und Gläubigerschutzes gemeinhin ein größeres Bedürfnis nach standardisierten Regelungen.[76] Den Anwendungsbereich auch auf nicht börsennotierte Gesellschaften zu erstrecken, sei einerseits mit hohen Umsetzungskosten, andererseits aber nur mit geringem Nutzen verbunden.[77] Da der AktR-RL 2017 allerdings nur ein Mindestnormcharakter zukommt,[78] steht es den Mitgliedstaaten jedoch frei, die Vorgaben im nationalen Recht ganz oder teilweise auch auf nichtbörsennotierte Gesellschaften zu erstrecken.[79]

Eine Beschränkung erfährt der Anwendungsbereich der AktR-RL 2017 jedoch durch Art. 1 Abs. 1 Satz 1 AktR-RL 2017. Danach konzentriert sich die Richtlinie ausschließlich auf die Rechte von Aktionären, die mit einem Stimmrecht

---

73 So schon zu § 2 Abs. 5 WpHG a.F., BT-Drs. 12/6679, S. 45; *Schäfer*, in: Schäfer/Hamann, KapMG, § 2 Rn. 106; *Müller*, in: Kümpel/Wittig, Bank- und Kapitalmarktrecht, Rn. 14.22.

74 Vgl. auch *Lutter/Bayer/J. Schmidt*, Europ. Unternehmens- und Kapitalmarktrecht, § 29 Rn. 29.9.

75 *J. Schmidt*, BB 2006, 1641, 1641 noch zur AktR-RL 2007.

76 Vgl. SEC(2006) 181, S. 21.

77 Vgl. SEC(2006) 181, S. 4, 21.

78 Vgl. hierzu Art. 3 AktR-RL 2017.

79 Vgl. SEC(2006) 181, S. 21; *Habersack/Verse*, Europ. GesR, § 7 Rn. 4; *Kalss/Klampfl*, in: Dauses/Ludwigs, EU-Wirtschaftsrecht, E.III. Rn. 393; *Noack*, NZG 2006, 321, 322; *J. Schmidt*, BB 2006, 1641; *Pluskat*, WM 2007, 2135, 2136.

verbundene Aktien besitzen. Auch hier steht es den Mitgliedstaaten gleichwohl frei, ihre Vorgaben ganz oder teilweise auch auf Aktionäre mit stimmrechtslosen Aktien[80] zu erstrecken.

Darüber hinaus stellt Art. 1 Abs. 2 AktR-RL 2017 klar, dass der Mitgliedstaat, in dem die Gesellschaft ihren (Satzungs-)Sitz[81] hat, dafür zuständig ist, die Bereiche, welche die AktR-RL 2017 erfasst, regulatorisch auszuformen. Sofern sich die Richtlinie auf das „anwendbare Recht" bezieht, meint sie also stets die nationalen Rechtsvorschriften.

II. Nahe stehende Unternehmen und Personen

1. *Konkretisierung des Begriffs*

Das in Art. 9c AktR-RL 2017 beschriebene dreistufige Regelwerk fokussiert sich ausschließlich auf „*Related Party Transactions*" bzw. „Geschäfte mit nahe stehenden Unternehmen und Personen".[82] Wann Unternehmen und Personen als „nahe stehend" gelten, gibt die Legaldefinition in Art. 2 lit. h) AktR-RL 2017 vor.[83] Die Vorschrift verweist dafür auf die IAS-VO, die wiederum auf die jeweils aktuelle Definition aus den internationalen Rechnungslegungsstandards IAS/IFRS Bezug nimmt. Diese werden im Wege des sog. „*Endorsement*"-Verfahrens[84] im sog. Komitologieverfahren von der Kommission als Unionsrecht anerkannt. Konkret einschlägig ist (derzeit) IAS 24.9 lit b), der den Begriff „nahe stehende Unternehmen" definiert.[85]

---

80 Vgl. ErwG 4 AktR-RL 2017; *Kalss/Klampfl*, in: Dauses/Ludwigs, EU-Wirtschaftsrecht, E.III. Rn. 393; *Bachner/Dodalik*, GesRZ 2007, 104, 105; *Ratschow*, DStR 2007, 1402, 1403.

81 Vgl. englisch „*registered office*"; französisch „*siége social*".

82 Die Begriffe verwendet die Untersuchung im Weiteren synonym. Aus Gründen der besseren Lesbarkeit wählt sie regelmäßig den griffigeren Topos *Related Party Transactions* bzw. *Transaktion*.

83 Da sich die Untersuchung – aus Kapazitätsgründen – ausschließlich auf *Related Party Transactions* im Rahmen des faktischen Konzerns konzentriert, setzt sie sich mit nahe stehenden *Personen* nachfolgend nur dann näher auseinander, wenn es für die gewählte Darstellung erforderlich ist.

84 Zum „*Endorsement*"-Verfahren vgl. *Lanfermann/Röhricht*, BB 2008, 826 ff.

85 Die Einführung der überarbeiteten IAS 24 richtet sich nach Verordnung (EU) 2015/28 der Kommission vom 17. Dezember 2014 zur Änderung der Verordnung (EG) Nr. 1126/2008 zur Übernahme bestimmter internationaler Rechnungslegungsstandards gemäß der Verordnung (EG) Nr. 1606/2002 des Europäischen Parlaments und des Rates im Hinblick auf die International Financial Reporting Standards 2, 3

Um als „nahe stehendes Unternehmen“ zu gelten, muss das in Rede stehende Unternehmen derselben Unternehmensgruppe zugehörig sein wie das börsennotierte Unternehmen, vgl. IAS 24.9 lit. b) (i).[86] Das ist bei Unternehmen der Fall, die als rechtlich selbständige Einheiten der einheitlichen Leitung eines anderen Unternehmens unterliegen. Ein Unternehmen wird von einem anderen Unternehmen geleitet, wenn es aufgrund seiner mehrheitlichen Beteiligung in der Lage ist, dessen Ausrichtung in seiner operativen und strategischen Ausrichtung zu bestimmen.[87] Solche Einflussmöglichkeiten bestehen, wenn das leitende Unternehmen die Entscheidungsmacht innehat.[88] Eine solche Entscheidungsmacht besteht gem. IAS 24.9 lit. a) (i), lit. b), wenn das eine Unternehmen das andere Unternehmen beherrscht oder einen maßgeblichen Einfluss auf dieses ausüben kann. Man spricht hinsichtlich des leitenden Unternehmens daher auch von „Mutterunternehmen“; im Zusammenhang mit dem geleiteten Unternehmen von „Tochterunternehmen“.

Für die Begriffe „Beherrschung“ und „maßgeblicher Einfluss“ verweist IAS 24.9 a.E. auf IFRS 10 und 11. Die Begriffe „Beherrschung“ und „maßgeblicher Einfluss“ werden gemäß den dort festgelegten Bedeutungen entsprechend verwendet. Nach IFRS 10.11 ist in beiden Fällen Voraussetzung, dass das Mutterunternehmen über Stimmrechte in dem Tochterunternehmen verfügt.[89] Von einer *beherrschenden* Einflussmöglichkeit ist nach IFRS 10.6 daher auszugehen, wenn eine Stimmrechtsbeteiligung besteht, die dem Mutterunternehmen als Aktionär des Tochterunternehmens in die Lage versetzt, das Tochterunternehmen mittels seiner Stimmrechte zu beeinflussen. Dafür ist eine gesicherte Präsenzmehrheit in der Hauptversammlung erforderlich.[90] Bei einer durchschnittlichen

---

und 8 und die International Accounting Standards 16, 24 und 38. IAS 24.9 enthält neben der Definition des „nahe stehenden Unternehmens“ auch eine Definition für „nahe stehende Personen“.

86 Darüber hinaus enthält IAS 24.9 lit. b) noch weitere Konkretisierungen des Begriffs „nahe stehende Unternehmen“. Diese Arbeit setzt sich jedoch ausschließlich mit den Auswirkungen des Art. 9c AktR-RL 2017 auf den faktischen Konzern auseinander, die ausschließlich von IAS 24.9 lit. b) (i) erfasst sind. Eine Auseinandersetzung mit den weiteren Konkretisierungen ist daher nicht geboten.

87 *Senger/Prengel*, in: Beck'sches IFRS-Handbuch, § 20 Rn. 9.

88 *Senger/Prengel*, in: Beck'sches IFRS-Handbuch, § 20 Rn. 9.

89 Vgl. hierzu auch *Brune*, in: Beck'sches IFRS-Handbuch, § 30 Rn. 21.

90 *Brune*, in: Beck'sches IFRS-Handbuch, § 30 Rn. 32; *Hayn/Ströher*, in: Baetge/Wollmert/Kirsch/Oser/Bischof, Rechnungslegung nach IFRS, IFRS 10 Rn. 106 f.; *Senger/Prengel*, in: Lüdenbach/Hoffmann/Freiberg, IFRS-Kommentar, § 32 Rn. 44, 49 f.

Hauptversammlungspräsenz[91] ist eine *beherrschende* Einflussmöglichkeit gegeben, wenn das Mutterunternehmen über 50% der stimmberechtigten Aktien hält, IFRS 10.B35.[92] Ein *maßgeblicher* Einfluss liegt nach IAS.24.9 lit. a) (ii), lit. b) i.V.m. IAS 28.2 hingegen bereits dann vor, wenn das Mutterunternehmen an den finanz- und geschäftspolitischen Entscheidungen des Unternehmens mitwirken kann, ohne dass es das Tochterunternehmen beherrscht.[93] Ein solcher Einfluss ist zu vermuten, wenn das Mutterunternehmen 20% oder mehr der Stimmrechte an dem Tochterunternehmen hält.[94]

Bei der Beurteilung, ob eine Einflussmöglichkeit besteht, sind gleichwohl nicht allein die rechtlichen Verhältnisse entscheidend. Vielmehr kommt es auch auf den „wirtschaftlichen Gehalt der Beziehung“ an.[95] Ein relevantes Näheverhältnis können Mutter- und Tochterunternehmen deshalb nicht allein dadurch vermeiden, dass sie vermeintlich neutrale Personen und Unternehmen zwischenschalten.[96] Ein beherrschender oder maßgeblicher Einfluss besteht vielmehr auch dann, wenn nur eine mittelbare Beteiligung vorliegt.

Verfügt ein Anteilsinhaber über einen beherrschenden oder maßgeblichen Einfluss an einem Unternehmen, bestehen Nähebeziehungen in beide Richtungen entlang der Vertikalen.[97] Der Anteilsinhaber steht dem Unternehmen gem. IAS 24.9 lit. a) (i), (ii) nahe, für die umgekehrte Blickrichtung ergibt sich dasselbe aus IAS 24.9 lit. b). Für die vertikalen Beziehungen zwischen einem Unternehmen und weiteren assoziierten Unternehmens des Aktionärs gilt dies gleichwohl nicht, da der Wortlaut des IAS 24.9 lit. a) bis lit. c) diese Art der Beziehungen nicht umfasst. Darüber hinaus ist zu berücksichtigen, dass Tochterunternehmen untereinander keinen (indirekten) Einfluss (oder keine Kontrolle) ausüben können. Ein solcher Einfluss wäre nur über das Mutterunternehmen möglich, das jedoch in der Hierarchie über dem Tochterunternehmen steht.[98] In

---

91 In Deutschland waren durchschnittlich 62,9% der stimmberechtigten Stammaktien der im DAX 30 geführten Unternehmen in der Hauptversammlungssaison 2017 vertreten (http://www.barkowconsulting.com/hv-2017-rekordpraesenz-seit-20-jahren/).

92 So auch *Seibt*, BDI/FBD, S. 9 f.

93 *Senger/Prengel*, in: Beck'sches IFRS-Handbuch, § 20 Rn. 11.

94 Vgl. hierzu IAS 28.5; *Senger/Prengel*, in: Lüdenbach/Hoffmann/Freiberg, IFRS-Kommentar, § 32 Rn. 49 f.

95 *Fink/Zeyer*, in: Baetge/Wollmert/Kirsch/Oser/Bischof, Rechnungslegung nach IFRS, IAS 24 Rn. 6; *Brune*, in: Beck'sches IFRS-Handbuch, § 30 Rn. 40.

96 *Senger/Prengl*, in: Beck'sches IFRS-Handbuch, § 20 Rn. 5; *Seibt*, BDI/FDB, S. 10.

97 *Senger/Prengl*, in: Beck'sches IFRS-Handbuch, § 20 Rn. 6.

98 *Seibt*, BDI/FDB, S. 9; kritisch zu diesen Fällen *Wiersch*, NZG 2014, 1131, 1135.

anderen Worten: eine Zurechnung entgegen des Beherrschungsverlaufs scheidet daher aus.[99]

Ein Näheverhältnis i.S.d. Art. 9c Abs. 1 AktR-RL 2017 liegt demnach vor, wenn die nahe stehende Partei beherrschenden oder maßgeblichen Einfluss auf das börsennotierte Unternehmen hat. Ein Beherrschungsverhältnis liegt vor, wenn die nahe stehende Partei über 50% der stimmberechtigten Aktien hält; ein Einfluss ist hingegen bereits als maßgeblich anzusehen, sobald die nahe stehende Partei über 20% der stimmberechtigten Aktien verfügt. Dabei ist es unerheblich, ob die nahe stehende Partei unmittelbar oder mittelbar über ein dazwischengeschaltetes Unternehmen ihren Einfluss geltend machen kann.

2. *Stellungnahme*

Zwar vermag der Ansatz, für die Konkretisierung des Begriffs „nahe stehendes Unternehmen" auf IAS 24 zurückzugreifen, im Grundsatz überzeugen, da die Vorschrift als Standard für Nähebeziehungen bei Unternehmen in den Mitgliedstaaten bereits implementiert ist und ein unionsweit einheitliches Konzernrecht fehlt.[100] Die Beschränkung auf ausschließlich solche nahe stehenden Parteien mit maßgeblichem Einfluss ist jedoch zu begrüßen. Schließlich ergibt sich die Gefahr des *tunneling* nicht schon aus der Aktionärsstellung, sondern allein aus einem kontrollierenden bzw. beherrschenden Einfluss auf die Geschäftsführung des börsennotierten Unternehmens.[101] Auch ist der weite Anwendungsbereich des IAS 24 bei einer bilanziellen *ex-post*-Betrachtung einleuchtend, da er dem Ziel der IAS/IFRS, den Adressaten entscheidungsrelevante Informationen zur Verfügung zu stellen,[102] in angemessener Weise Rechnung trägt.

In der Praxis bestehen jedoch zum Teil Schwierigkeiten, das Bestehen von *Related Party Transactions* nach IAS 24 rechtssicher zu erfassen.[103] Es darf daher bezweifelt werden, dass die hohe Komplexität des IAS 24 dem von Art. 9c AktR-RL 2017 avisierten Minderheitenschutz in angemessener Weise Rechnung trägt. Ferner führt die hohe Komplexität des IAS 24 zwangsläufig zu langwierigen Überprüfungsprozessen für *Related Party Transactions.* Dies schwächt bei Transaktionen i.S.v. Art. 9c AktR-RL 2017 die Geschäftstätigkeit

99 *Hennrichs/Schubert,* in: MüKo-BilR, IAS 24 Rn. 46.
100 *Wiersch,* NZG 2014, 1131, 1134 f.
101 *Wiersch,* NZG 2014, 1131, 1135; *Tarde,* Related Party Transactions, S. 197.
102 *Wawrzinek/Lübbig,* in: IFRS-Handbuch, § 2 Rn. 20.
103 *Seibt,* BDI/FDB, S. 9.

des Unternehmens empfindlich.[104] Hinzu kommt, dass der weite Anwendungsbereich zu einem erheblichen Überwachungs- und Verwaltungsaufwand bei den betroffenen Gesellschaften führt,[105] der außer Verhältnis zu den Auswirkungen wesentlicher *Related Party Transactions* steht.

Aus deutscher Sicht ist insbesondere schwer nachvollziehbar, warum der Unionsgesetzgeber den Anwendungsbereich so weit gefasst hat, dass auch solche Aktionäre in den Anwendungsbereich des Art. 9c AktR-RL 2017 fallen, die unterhalb der Schwelle der Beherrschung lediglich einen *maßgeblichen* Einfluss auf das börsennotierte Unternehmen ausüben können.[106] Zu Recht weist *Klene* insoweit darauf hin, dass das Einflusspotential des nahe stehenden Unternehmens in diesen Fällen noch überschaubar und so die Gefahr nachteiliger *Related Party Transactions* vergleichbar gering ist.[107] Hinzu kommt, dass eine Vermögensverschiebung von Mutter- auf das Tochterunternehmen (*asset push down*) nicht *per se* die Vermögenslage des börsennotierten Unternehmens zu beeinträchtigen vermag. Negative Auswirkungen ergeben sich in diesen Fällen ausschließlich aus der Mediatisierung, d.h. der faktischen Verkürzung der Stimmrechte der Aktionäre des börsennotierten Unternehmens auf Ebene des Tochterunternehmens.[108] Zudem trifft der Mediatisierungseffekt den beherrschenden bzw. wesentlichen Aktionär des börsennotierten Unternehmens auf Ebene des Tochterunternehmens genauso wie die außenstehenden Aktionäre – es sei denn, er ist anders als über die aktive Gesellschaft an der Tochtergesellschaft beherrschend bzw. wesentlich beteiligt.[109]

---

104 Vgl. *Bayer/Selentin,* NZG 2015, 7, 10; *Bungert/de Raet,* DB 2015, 289, 292; *Lutter,* EuZW 2014, 687 f.; *Selzner,* ZIP 2015, 754, 761; *Tarde,* ZGR 2017, 360, 373 f.

105 Vgl. *Bayer/Selentin,* NZG 2015, 7, 10; *Bungert/Wansleben,* DB 2017, 1190, 1194; *Lutter,* EuZW 2014, 687 f., *Selzner,* ZIP 2015, 754, 761; *Tarde,* ZGR 2017, 360, 373 f.

106 Dazu *Bayer/Selentin,* NZG 2015, 7, 10; *Bungert/de Raet,* Der Konzern 2015, 289, 292; *Bungert/Wansleben,* DB 2017, 1190, 1194; *Tarde,* ZGR 2017, 360, 374; kritisch insbesondere *Lutter,* EuZW 2014, 687 f.

107 *Klene,* Related Party Transactions, S. 111, der daher eine "vergleichbare Verbindung" zwischen der Person mit maßgeblichem Einfluss und der börsennotierten Gesellschaft fordert.

108 *J. Vetter,* ZHR 179 (2015), 273, 321; *Wiersch,* NZG 2014, 1131, 1135; zum Mediatisierungseffekt ausführlich *Zientek,* Ungeschriebene Hauptversammlungskompetenz, S. 116 ff.

109 *J. Vetter,* ZHR 179 (2015), 273, 321; *Klene,* Related Party Transaction, S. 105; siehe auch *Seibt,* BDI/FBD, S. 10, der zur Tochtergesellschaft der börsennotierten Gesellschaft ausführt: „hier gibt es keine Vermutung dafür, dass diese Transaktionen einem

Der deutsche Gesetzgeber sollte es sich deshalb zur Aufgabe machen, den Anwendungsbereich der Art. 9c AktR-RL 2017 unter Wahrung des Sinns und Zwecks in angemessener Weise einzugrenzen. Mittel der Wahl könnten insofern die Wesentlichkeitsschwellen sein, die er konkret festlegen und zum Zwecke der Eingrenzung des weit gefassten Anwendungsbereichs hoch ansetzen sollte. Zudem sollte der nationale Gesetzgeber die Ausnahmemöglichkeiten in Art. 9c Abs. 6 AktR-RL 2017 umfassend in Anspruch nehmen.[110]

III. Geschäfte

Die AktR-RL 2017 findet ferner nur Anwendung auf „Geschäfte" mit nahe stehenden Unternehmen. Während die deutsche Übersetzung des Kommissionsvorschlags sowie des Parlamentsvorschlags hierbei noch das Wort „Transaktionen" verwendeten, erwähnt die deutsche Sprachfassung des Art. 9c AktR-RL 2017 nun ausschließlich den Begriff „Geschäft". Es ist gleichwohl davon auszugehen, dass damit keine begriffliche Veränderung intendiert war. Für diese Annahme spricht die historische Entwicklung des in Art. 9c AktR-RL 2017 normierten Anwendungsbereichs. Sowohl im Kommissions- bzw. Parlamentsvorschlag wie auch in der endgültigen Fassung des AktR-RL 2017 konzentriert sich die jeweilige englische Sprachfassung auf die – nicht näher konkretisierten – *Related Party Transactions*. Dabei zeigt sich aus dem Gesamtkontext der jeweiligen Begriffsverwendung, dass die Institutionen in allen drei Fällen dasselbe Begriffsverständnis an den Tag legen wollten.

1. Konkretisierung des Geschäftsbegriffs durch IAS 24

a. „Geschäftsbegriff"

Weder die AktR-RL 2017 noch die Begleitmaterialien geben hingegen Aufschluss darüber, was unter einem „Geschäft" zu verstehen ist.

Es wäre daher nicht auszuschließen, dass der Unionsgesetzgeber den Mitgliedstaaten einen Spielraum gewähren wollte, um den Geschäftsbegriff selbst auszuformen. Gegen eine solche Auslegung sprechen jedoch sowohl die Systematik des Art. 9c AktR-RL 2017 als auch seine historische Entwicklung. Nachdem die Schwellenwerte für *Related Party Transactions* im Kommissionsentwurf

---

Drittvergleich zulasten der (Minderheits-)Aktionäre des Börsenunternehmens nicht standhielten."

110 So auch *Tarde*, ZGR 2017, 360, 374.

bei vielen Mitgliedstaaten auf erheblichen Widerstand gestoßen waren,[111] hat man es ihnen seit dem Parlamentsvorschlag überlassen, die Wesentlichkeit des Geschäfts in eigener Verantwortung zu konkretisieren. Die Regelungskompetenz der Mitgliedstaaten umfasst dabei jedoch nicht den Geschäftsbegriff als solchen. Denn zum einen beziehen sich die Vorgaben in Art. 9c Abs. 1 AktR-RL 2017 – und im Übrigen bereits im Art. 9c Abs. 4a Parlamentsvorschlag[112] – ausschließlich auf das Merkmal der Wesentlichkeit. Daraus lässt sich schließen, dass den Mitgliedstaaten nur bezüglich dieses Merkmals ein Handlungsspielraum eingeräumt wurde und durch diese näher zu konkretisieren ist. Zum anderen würde es die intendierte unionsweite Harmonisierung der Rechtsmaterie erheblich entwerten, obläge es den Mitgliedstaaten, nicht nur die Schwellenwerte festzulegen, sondern darüber hinaus auch den Geschäftsbegriff in eigener Verantwortung zu definieren.[113] Der Unionsgesetzgeber beabsichtigte, einen unionsrechtlichen Rahmen zu schaffen, damit die Mitgliedstaaten *Related Party Transactions* künftig einheitlich handhaben. Das Harmonisierungsziel würde torpediert, wenn in dem einen Mitgliedstaat unter *Geschäfte* ausschließlich Rechtsgeschäfte fallen würden, in dem anderen Mitgliedstaat jedoch auch organisationsrechtliche Geschäfte wie der Abschluss eines Gewinnabführungs- und Beherrschungsvertrags. Es ist allein deshalb letztlich sachgerecht, dass es sich bei dem Begriff *Geschäft* um einen unionsrechtlich einheitlich, mithin unionsautonom, verwendeten Begriff handeln muss.

Um den Geschäftsbegriff unionsautonom zu konkretisieren, bietet es sich an, auf das bereits bestehende Begriffsverständnis in IAS 24.9 zurückzugreifen.[114]

---

111 Siehe für die deutsche Literatur *Bayer/Selentin,* NZG 2015, 7, 8; *Bungert/de Raet,* Der Konzern 2015, 289, 292; DAV-Handelsrechtsausschuss Stellungnahme, NZG 2015, 54, 64; *Drygala,* AG 2013, 198, 206; *Renner,* AG 2015, 513, 514; *Seibt*, BDI/FBD, S. 11; *Selzner,* ZIP 2015, 753, 754; *Tröger,* AG 2015, 53, 61; *Wiersch,* NZG 2014, 1131, 1133; *Zetsche,* NZG 2014, 1121, 1131.

112 So heißt es in Art. 9c Abs. 4a Satz 1 Parlamentsvorschlag und Art. 9c Abs. 1 AktR-RL 2017: „Die Mitgliedstaaten legen fest, was wesentliche Transaktionen mit nahe stehenden Unternehmen oder Personen sind [...]."

113 Vgl. *Lutter/Bayer/J. Schmidt*, Europäisches Unternehmens- und Kapitalmarktrecht, § 29 Rn. 29.177; *Tarde,* ZGR 2017, 360, 364; a.A. *Bungert/Wansleben,* DB 2017, 1190, 1194.

114 *Lutter/Bayer/J. Schmidt*, Europäisches Unternehmens- und Kapitalmarktrecht, § 29 Rn. 29.177; *Bayer/J. Schmidt,* BB 2017, 2114, 2117; *Bungert/de Raet,* DB 2015, 289, 292; *Lanfermann/Maul,* BB 2014, 1283, 1287; *dies.*, BB 2017, 1218, 1222; *Tarde,* ZGR 2017, 360, 364; *J. Vetter,* ZHR 179 (2015), 273, 284; *Wiersch,* NZG 2014, 1131, 1133; *Zetsche,* NZG 2014, 1121, 1128; *Tarde,* Related Party Transactions, S. 198;

Dass sich auch der Unionsgesetzgeber daran orientiert, lässt sich insbesondere dem Aktionsplan der Kommission aus dem Jahre 2012 entnehmen. Danach erachtete die Kommission die bestehenden EU-Vorschriften zu *Related Party Transactions* als „unzureichend" und forderte aus diesem Grund, dass „die Kontrolle der Transaktionen mit nahe stehenden Unternehmen und Personen weiter ausgebaut werden"[115] sollte. Bei ihrer Einschätzung bezog sich die Kommission offensichtlich auf die Regelungen in Art. 17 lit. r) BilRL sowie IAS 24, denn ausschließlich diese beiden Normen setzen sich mit *Related Party Transactions* auseinander. Dass der Unionsgesetzgeber sein Bestreben, die bereits bestehenden Regelungen zu *Related Party Transactions* weiter auszubauen, auch noch im Rahmen der AktR-RL 2017 aufrechthält, ergibt sich aus den Erwägungsgründen der AktR-RL 2017. Darin nimmt der Unionsgesetzgeber in Erwägungsgrund 3 explizit Bezug auf den Aktionsplan 2012. Es ist folglich davon auszugehen, dass auch im Rahmen der AktR-RL 2017 das Begriffsverständnis in IAS 24.9 zur Anwendung gelangen soll.

Der Umstand, dass Art. 17 lit. r) BilRL und IAS 24 sich aus bilanzrechtlicher Sicht[116] mit *Related Party Transactions* auseinandersetzen, steht einem Rückgriff auf das in diesen Normen bestehende Begriffsverständnis nicht entgegen. Zwar erfolgt die bilanzrechtliche Überwachung ausschließlich *ex post*. Der Unionsgesetzgeber kann sein Ziel, die bestehenden Rahmenbedingungen um *Related Party Transactions* weiter auszubauen, jedoch nur dann effektiv erreichen, wenn er dafür denselben terminologischen Anknüpfungspunkt wählt wie bei der bisherigen bilanzrechtlichen *ex post*-Überwachung von *Related Party Transactions*. Andernfalls liefe er Gefahr, ein inkohärentes Regelungssystem zu etablieren. Für einen Rückgriff auf das Begriffsverständnis nach IAS 24 spricht ferner, dass es sich hierbei – anders als bei Art. 17 lit. r) BilRL – um eine Regelung handelt, die im Wege des *Endorsement*-Verfahrens nach der IAS-VO in das Unionsrecht Einzug gefunden hat. Als Verordnung gem. Art. 288 Abs. 3 AEUV kommt die IAS-VO in allen Mitgliedstaaten unmittelbar zur Anwendung. Durch einen Rückgriff auf IAS 24 kann im Rahmen des Art. 9c AktR-RL 2017 daher auf ein bereits in allen Mitgliedstaaten geltendes Begriffsverständnis zurückgegriffen

---

s. ferner auch – allerdings mit deutlicher Skepsis – *Bungert/Wansleben*, DB 2017, 1190, 1194.

115 Aktionsplan 2012, S. 11.

116 Die bilanzrechtliche Sicht betrachtet *Related Party Transactions* ausschließlich *ex post*, mithin nach Abschluss und Durchführung der *Related Party Transaction* im Rahmen der (Jahres-)Abschlüsse.

werden. Einem Rückgriff aus IAS 24 steht dabei auch nicht entgegen, dass die Vorschrift in der deutschen Sprachfassung von einem *Geschäftsvorfall*, nicht aber von einem *Geschäft* spricht. Vielmehr zeigt ein Blick auf die englische Sprachfassung des IAS 24 einerseits und des Art. 9c Abs. 1 AktR-RL 2017 andererseits, dass ihnen dasselbe Begriffsverständnis zugrunde liegt: Beide sprechen von *transactions*.[117]

Nach IAS 24.9 ist ein Geschäft jede Übertragung von Ressourcen, Dienstleistungen oder Verpflichtungen.[118] Erfasst sind damit Austauschverträge sowie komplexe vertragliche Strukturen, nicht aber weitere, ebenso folgenschwere Arten der nachteiligen Einflussnahme wie zum Beispiel Anweisungen im Hinblick auf die Herausgabe von Forschungsergebnissen oder die Einstellung von Produktlinien zugunsten des Mehrheitsaktionärs.[119]

Fraglich ist, ob darüber hinaus auch solche Geschäfte vom Anwendungsbereich erfasst sind, die nach bereits bestehendem EU-Gesellschaftsrecht der Zustimmung durch die Hauptversammlung unterliegen. Zu denken sei etwa an Bezugsrechtskapitalerhöhungen, die nach Art. 29 Abs. 1 Satz 1 Kapitalrichtlinie die Zuständigkeit der Hauptversammlung zwingend vorsieht. Dagegen spräche, dass in diesen Fällen durch die Zustimmungspflichten bereits eine angemessene Behandlung aller Aktionäre gesichert ist, so dass der Bedarf, die Interessen des börsennotierten Unternehmens und der außenstehenden Aktionäre mittels zusätzlicher Bekanntmachungs-, Bewertungs- und Zustimmungspflichten zu schützen, eigentlich nicht mehr besteht.

---

117 *J. Vetter*, ZHR 179 (2015), 273, 284.

118 Laut dem nicht abschließenden Katalog von Beispielen in IAS 24.21 fallen darunter der Kauf oder die Verkäufe von (fertigen und unfertigen) Gütern sowie von Grundstücken, Bauten und anderen Vermögensgegenständen; geleistete und bezogene Dienstleistungen; Leasingvereinbarungen; Dienstleistungstransfer im Bereich Forschung und Entwicklung; Transfer aufgrund von Lizenzvereinbarungen; Transfer im Rahmen von Finanzierungsvereinbarungen (inkl. Darlehen und Kapitaleinlagen in Form von Bar- und Sacheinlagen); Gewährung von Bürgschaften oder Sicherheiten; Verpflichtungen bei künftigem Eintritt oder Ausbleiben eines bestimmten Ereignisses etwas Bestimmtes zu tun, worunter auch (erfasste und nicht erfasste) erfüllungsbedürftige Verträge fallen; sowie die Erfüllung von Verbindlichkeiten für Rechnung des Unternehmens oder durch das Unternehmen für Rechnung des nahe stehenden Unternehmens. Unerheblich ist dabei, ob es sich um ein Verpflichtungs- oder Verfügungsgeschäft handelt.

119 Vgl. *Drygala*, AG 2013, 198, 208; *Tarde*, ZGR 2017, 260, 264; ebenso *Mörsdorf/Piroth*, ZIP 2018, 1469, 1472.

Dafür spricht jedoch, dass die bereits im EU-Gesellschaftsrecht verankerten Zustimmungspflichten durch die Hauptversammlung sich ausschließlich auf die angemessene Behandlung aller Aktionäre konzentrieren. Insbesondere sehen sie keine Stimmverbote für nahe stehende Parteien bei Abstimmungen über *Related Party Transactions* vor.[120] Die bereits bestehenden Regelungen konzentrieren sich insoweit ausschließlich auf den zwischen Vorstand und Aktionären bestehenden *Principal Agent*-Konflikt. Art. 9c AktR-RL 2017 beabsichtigt jedoch gerade auch den Gefahren des *Principal Agent*-Konflikts zwischen den Mehrheits- und den Minderheitsaktionären zu begegnen. Dies lässt sich insbesondere Art. 9c Abs. 6 lit. b) AktR-RL 2017 entnehmen, wonach nur dann Geschäfte von den Anforderungen der Abs. 2, 3 und 4 ausgeschlossen werden können, wenn die Interessen des börsennotierten Unternehmens und der außenstehenden Aktionäre „ausdrücklich geregelt und angemessen geschützt sind". In diesen Fällen sieht der Unionsgesetzgeber ein Schutzbedürfnis als nicht begeben an. Im Umkehrschluss bedeutet dies aber, dass gerade diese Parteien grundsätzlich vom Schutzzweck des Art. 9c AktR-RL 2017 erfasst sind. Dieser Schutz würde unterwandert, wenn solche Geschäfte vom Anwendungsbereich des Art. 9c AktR-RL 2017 ausgenommen wären.

Für eine Erfassung der Geschäfte, die der Zustimmung der Hauptversammlung unterliegen, spricht auch die historische Entwicklung dieses Ausnahmetatbestands. So nannte der Kompromissvorschlag der italienischen Ratspräsidentschaft vom 10. November 2014 beispielhaft die Bezugsrechtskapitalerhöhungen und Dividendenzahlungen als Ausnahmetatbestände. Dass die AktR-RL 2017 die Benennung dieser Beispiele strich, erlaubt jedoch nicht den Schluss, dass diese nicht mehr vom Anwendungsbereich Art. 9c Abs. 1 AktR-RL 2017 erfasst sein sollen. Vielmehr ist davon auszugehen, dass die Aufzählungen nur deshalb einer Streichung zum Opfer gefallen sind, um die Richtlinie lesbarer zu gestalten.[121]

Für eine Konkretisierung des Geschäftsbegriffs i.S.d. Art. 9c AktR-RL 2017 ist auf das in IAS 24.9 bestehende Begriffsverständnis zurückzugreifen. Ein Geschäft ist danach jede Übertragung von Ressourcen, Dienstleistungen oder Verpflichtungen. Auch Transaktionen, die nach bereits bestehendem EU-Gesellschaftsrecht der Zustimmung durch die Hauptversammlung unterliegen, sind als vom Geschäftsbegriff erfasst anzusehen. Der nicht abschließende Katalog von Beispielen in IAS 24.9 führt zu der Annahme, dass nachteilige

120 So aber Art. 9c Abs. 3 AktR-RL 2017; vgl. hierzu die Ausführungen unter Kap. 3.D.I.
121 Vgl. hierzu auch die Ausführungen unten unter Kap. 3.A.VI.2.

Einflussnahmen wie zum Beispiel Anweisungen hingegen nicht als „Geschäft“ eingeordnet werden können.

b. Gleichsetzung von Mutter- und Tochterunternehmen

Die Literatur zum Vorschlag der Kommission und des Parlaments hatte die Entscheidung kritisiert, den Anwendungsbereich auf Geschäfte zu begrenzen, an denen das börsennotierte Unternehmen *unmittelbar* beteiligt ist. Die Begrenzung ermögliche es dem nahe stehenden Unternehmen kraft seines mittelbaren Einflusses auf das Tochterunternehmen unter Umgehung der Regelungen in Art. 9c AktR-RL 2017 Vermögen auf sich zu verschieben.[122] Es kam aus diesem Grund der Vorschlag, die Geschäfte des Tochterunternehmens derjenigen des börsennotierten Unternehmens gleichzusetzen.[123] Hierfür spreche, dass der Unionsgesetzgeber bestrebt sei, ein möglichst umfassendes Schutzsystem für die Vermögensinteressen des börsennotierten Unternehmens und der außenstehenden Aktionäre zu schaffen.[124]

Gegen die Gleichsetzung des Geschäfts des Tochterunternehmens mit derjenigen des börsennotierten Unternehmens spricht jedoch der Wortlaut des Art. 9c Abs. 1 AktR-RL 2017 als äußerste Auslegungsgrenze. Er erfasst ausschließlich Geschäfte des börsennotierten Unternehmens.[125] Gegen die genannte Auslegung spricht auch, dass der Unionsgesetzgeber trotz zahlreicher Hinweise auf mögliche Umgehungsstrategien, sich nicht dazu durchgerungen hat, den Transaktionsbegriff auch auf Geschäfte zwischen dem nahe stehenden Unternehmen und den Tochterunternehmen des börsennotierten Unternehmens zu erstrecken. Darüber hinaus stünde es im Widerspruch zu den in Art. 9c Abs. 7 AktR-RL 2017 normierten Bekanntmachungspflichten für Transaktionen zwischen dem nahe stehenden Unternehmen und den Tochterunternehmen des börsennotierten Unternehmens, die Geschäfte beider Entitäten gleichzusetzen.[126]

---

122 *Enriques,* ECGI Law Working Paper Nr. 267/2014, S. 28; *Tröger,* AG 2015, 53, 62 f.; *J. Vetter,* ZHR 179 (2015), 273, 321; *Wiersch,* NZG 2014, 1131, 1132, 1135; *Zetsche,* NZG 2014, 1121, 1127.

123 *Enriques,* ECGI Law Working Paper Nr. 267/2014, S. 28; *Tröger,* AG 2015, 53, 62 f.; *J. Vetter,* ZHR 179 (2015), 273, 321; *Wiersch,* NZG 2014, 1131, 1132, 1135; *Zetsche,* NZG 2014, 1121, 1127.

124 *Enriques,* ECGI Law Working Paper Nr. 267/2014, S. 28; *Tröger,* AG 2015, 53, 62 f.; *J. Vetter,* ZHR 179 (2015), 273, 321; *Wiersch,* NZG 2014, 1131, 1132, 1135; *Zetsche,* NZG 2014, 1121, 1127.

125 So auch *Tröger,* AG 2015, 53, 63.

126 Vgl. hierzu die Ausführungen unter Kap. 3.B.III.

Danach haben die Mitgliedstaaten sicherzustellen, dass auch Geschäfte zwischen der dem börsennotierten Unternehmen nahe stehenden Parteien und den Tochterunternehmen des börsennotierten Unternehmens öffentlich bekannt gemacht werden. Wenn aber der Unionsgesetzgeber Regelungen für die vorgenannten Sachverhaltskonstellation extra normieren muss, dann können diese Sachverhalte nicht bereits vom Anwendungsbereich des Art. 9c Abs. 1 AktR-RL 2017 erfasst sein. Die Regelung wäre vielmehr hinfällig, wenn der Unionsgesetzgeber Transaktionen zwischen dem nahen stehenden Unternehmen und den Tochterunternehmen des börsennotierten Unternehmens unter den Geschäftsbegriff hätte fassen wollen. Eine Gleichsetzung von Mutter- und Tochterunternehmen ist aus diesem Grund zu verneinen. Das börsennotierte Unternehmen muss mithin *direkt* in das Geschäft eingebunden sein.[127]

In der Folge erfasst der Geschäftsbegriff zwei Möglichkeiten: Einerseits Transaktionen, die eine Vermögensverschiebung von dem börsennotierten Unternehmen auf das herrschende Unternehmen (Transaktion „nach oben", sog. *Asset push up*) zur Folge haben, und andererseits Transaktionen, die zu einer Vermögensverschiebung des börsennotierten Unternehmens auf ein Tochterunternehmen führen (Transaktionen „nach unten", sog. *Asset push down*).

c. *Entgeltlichkeit der Geschäfte*

Ein Blick auf die in IAS 24.21 beispielhaft genannten Geschäfte lässt ferner die Frage aufkommen, ob der Anwendungsbereich des Art. 9c AktR-RL 2017 ausschließlich entgeltliche oder auch unentgeltliche Geschäfte erfasst. Da es nach IAS 24.17 bereits irrelevant ist, ob ein Geschäft marktüblich ist, kann es in der Folge nicht darauf ankommen, zu welchen Bedingungen das Geschäft stattgefunden hat.[128] Unerheblich ist dann aber auch, zu welchen finanziellen Bedingungen das Geschäft geschlossen wurde.

Dagegen ließe sich indes einwenden, dass die Kommission *Related Party Transactions* in ihrem 2012 veröffentlichten Aktionsplan als Abschlüsse definiert, bei denen ein Unternehmen einen Vertrag mit den Mitgliedern der Geschäftsführung oder kontrollierenden Aktionären abschließt.[129] Hieraus ließe sich schließen, dass ausschließlich synallagmatische Verträge unter den

---

127 So im Ergebnis auch *Tröger*, AG 2015, 53, 63, jedoch unter Verweis auf die unterschiedlichen Kategorisierungen im Rahmen des IAS 24.19.

128 *Hennrichs/Schubert*, in: MüKo-BilR, IAS 24 Rn. 99.

129 Aktionsplan 2012, S. 11.

Transaktionsbegriff zu fassen sind, die dem Grundsatz „*do ut des*" folgend grundsätzlich auch eine Gegenleistung in Form eines Entgelts voraussetzen.

Gegen eine so enge Auslegung spricht jedoch nicht nur das Begriffsverständnis in IAS 24, sondern auch der Sinn und Zweck des Art. 9c AktR-RL 2017. Die Vorschrift möchte das börsennotierte Unternehmen und dessen außenstehende Aktionäre vor nachteiligen Vermögensverschiebungen bewahren. Wären ausschließlich synallagmatische Transaktionen vom Anwendungsbereich erfasst, blieben solche Geschäfte außen vor, die gerade mangels Gegenleistung zu einer nachteiligen Vermögensverschiebung führen. Zu denken sei etwa die Verschenkung von wesentlichen Vermögensgegenständen des börsennotierten Unternehmens an das Tochterunternehmen. Diese Konsequenz kann der Unionsgesetzgeber nicht intendiert haben.[130] Auch ist zu berücksichtigen, dass es sich bei dem 2012 veröffentlichten Aktionsplan lediglich um eine Empfehlung der Kommission ohne Rechtsbindung handelt. Es wäre verfehlt, entgegen dem Sinn und Zweck des Art. 9c AktR-RL 2017 den Handlungsempfehlungen der Kommission zu folgen.

Vom Transaktionsbegriff sind mithin sowohl entgeltliche wie auch unentgeltliche Geschäfte erfasst.

d. Ergebnis

Der Geschäftsbegriff des Art. 9c Abs. 1 AktR-RL 2017 umfasst jede Übertragung von Ressourcen, Dienstleistungen oder Verpflichtungen. Dabei ist es für die Einordnung als „Geschäft" zunächst unerheblich, ob die Transaktionen bereits aufgrund anderer rechtlicher Vorgaben der Zustimmung durch die Hauptversammlung unterliegen. Nicht erfasst sind hingegen Anweisungen der nahe stehenden Partei. Das börsennotierte Unternehmen muss mithin *direkt* in das Geschäft eingebunden sein. Erfasst sind daher sowohl Transaktionen „nach oben" sowie Transaktionen „nach unten". Unerheblich ist dabei, ob es sich um eine synallagmatische Transaktion handelt; mithin ob dem börsennotierten Unternehmen eine Gegenleistung gewährt wird.

2. Organisationsrechtliche Verträge als Geschäft i.S.v. Art. 9c AktR-RL 2017

Unklar ist darüber hinaus, ob der Geschäftsbegriff auch organisationrechtliche Verträge, wie Beherrschungs- und Gewinnabführungsvertrag i.S.d. §§ 291 ff.

---

130 So auch *Klene*, Related Party Transactions, S. 113.

AktG oder Beschlüsse über die Einräumung satzungsmäßiger Sonderrechte, umfasst.[131] Dafür spräche der weitgefasste Wortlaut des Art. 9c Abs. 1 AktR-RL 2017, der keinerlei Einschränkungen in diese Richtung beinhaltet. Hinzu kommt, dass die typische Kombination aus Beherrschungs- und Gewinnabführungsvertrag i.S.d. §§ 291 ff. AktG naturgemäß die Verpflichtung der Gesellschaft enthält, ihren gesamten Gewinn abzuführen.[132] Die sehr weit gefasste Definition[133] des Geschäftsvorfalls in IAS 24 erfasst sämtliche buchhalterisch erfassten Transaktionen, aber auch nicht buchungspflichten Geschäfte.[134] Maßgeblich ist lediglich, ob mit der Transaktion eine Vermögensgefährdung einhergeht, die sich aber nicht notwendigerweise unmittelbar realisieren muss. Da bei Beherrschungs- und Gewinnabführungsverträgen die Vermögensgefährdung des Tochterunternehmens inhärent ist, könnten diese Verträge in der Folge als vom Geschäftsbegriff des IAS 24 erfasst angesehen werden. Schließlich kann es auch keinen Unterschied machen, ob sich das Tochterunternehmen bereits verpflichtet hat, Gewinne abzuführen ist oder ob Vermögenswerte bereits abgeflossen sind.

Gegen eine Erstreckung des zum Geschäftsbegriff bestehenden Verständnisses auf organisationsrechtliche Verträge spricht allerdings die ausdrückliche Regelung in IAS 24.9. *Related Party Transactions* beziehen sich danach ausschließlich auf einzelne buchungsfähige Geschäftsvorfälle mit *unmittelbarer* Auswirkung auf die Vermögens- und Ertragslage.[135] Weder Beherrschungs- und Gewinnabführungsverträge i.S.v. §§ 291 ff. AktG noch eingeräumte satzungsmäßige Sonderrechte wirken sich aber ohne weitere Zwischenschritte, mithin ohne weiteres Zutun des Geschäftsführungsorgans, auf die Vermögens- und Ertragslage aus. Vielmehr schaffen sie nur die Grundlage für später nachfolgende

---

131 In Erwägung ziehend, im Ergebnis aber offen *Tröger*, AG 2015, 53, 64 f.; *Seibt*, BDI/FBD, S. 9; *ders.*, DB 2014, 1910, 1914; *J. Vetter*, ZHR 179 (2015), 273, 285; *Wiersch*, NZG 2014, 1131, 1133; bejahend *Tarde*, ZGR 2017, 360, 364; hiervon ging wohl auch der Vorschlag der italienischen Ratspräsidentschaft aus, die aus diesem Grund Bezugsrechtskapitalerhöhungen und Dividendenzahlungen vom Anwendungsbereich ausgenommen hat.

132 *Tröger*, AG 2015, 53, 65.

133 *Niehus*, WPg 2003, 521, 524.

134 *Hennrichs/Schubert*, in: MüKo-BilR, IAS 24 Rn. 101; siehe hierzu auch *Altmeppen*, in: MüKo-AktG, § 291 Rn. 145.

135 *J. Vetter*, ZHR 179 (2015), 273, 285 f.; *Bungert/Wansleben*, DB 2017, 1192, 1194; im Ergebnis auch *Seibt*, BDI/FBD, S. 9, der das Problem im Wege einer teleologischen Reduktion lösen möchte.

buchungsfähige Geschäftsvorfälle. Dass es sich bei organisationsrechtlichen Verträgen oder Beschlüssen nicht um *Geschäfte* i.S.d. AktR-RL 2017 handeln kann, ergibt sich auch aus einem weiteren Grund. Die Auswirkungen der *Geschäfte* auf das Vermögen des börsennotierten Unternehmens sind normativer Bezugspunkt für die Bewertung ihrer Wesentlichkeit.[136] Bei rein organisationsrechtlichen Maßnahmen, die sich außerhalb jedes Markts abspielen, ist eine solche Bewertung jedoch kaum möglich.[137] Darüber hinaus ist zu bedenken, dass es sich bei Unternehmensverträgen i.S.d. §§ 291 ff. AktG um eine deutsche Besonderheit handelt.[138] Es ist unwahrscheinlich, dass der Unionsgesetzgeber sie im Blick hatte als er die Regelungen zu *Related Party Transactions* schuf. Organisationsrechtliche Maßnahmen in den Anwendungsbereich der AktR-RL 2017 einzubeziehen, würde zudem vielfach zu einer unnötigen Verdoppelung der nationalen Regelungen zum Schutz der außenstehenden Aktionäre führen. So verfügen die Mitgliedstaaten bereits heute aufgrund der umwandlungsrechtlichen Richtlinien[139] über nationale Regelungen, die die außenstehenden Aktionäre vor Nachteilen aufgrund organisationsrechtlicher Maßnahmen, wie z.B. der Verschmelzung oder der Umwandlung, bewahren.

Angesichts der gegen eine Erfassung organisationsrechtlicher Maßnahmen sprechenden Gründe, ist im Ergebnis davon auszugehen, dass diese nicht unter den Transaktionsbegriff der AktR-RL 2017 fallen.[140] Etwas anderes gilt jedoch für die im Rahmen von organisationsrechtlichen Maßnahmen ergehenden Transaktionen.

3. *Geschäfte im ordentlichen Geschäftsgang und zu marktüblichen Bedingungen*

Im Rahmen des Parlamentsvorschlags sollte es den Mitgliedstaaten noch frei stehen, ob sie Geschäfte im ordentlichen Geschäftsgang und Geschäfte zu

---

136 Siehe hierzu die Ausführungen unten unter Kap. 3.A.IV.

137 *J. Vetter*, ZHR 179 (2015), 273, 285.

138 *Mülbert*, ZHR 179 (2015), 645, 656; so auch *J. Vetter*, ZHR 179 (2015), 273, 285; *Seibt*, BDI/FBD, S. 9; offen bei *Wiersch*, NZG 2014, 1121, 1133.

139 Zu den drei umwandlungsrechtlichen EU-Richtlinien vgl. *Habersack/Verse*, Europäisches Gesellschaftsrecht, § 8; *Lutter/Bayer/J. Schmidt*, Europäisches Unternehmens- und Kapitalmarktrecht, §§ 21 – 23.

140 I. Erg. ebenso *Bungert/Wansleben*, DB 2017, 1190; *Kleinert/Mayer*, EuZW 2018, 314, 320; *Veil*, NZG 2017, 521, 522; DAI, Stellungnahme zur Umsetzung der geänderten EU-Aktionärsrechterichtlinie, S. 45; a.A *Tarde*, ZGR 2017, 360, 364.

marktüblichen Bedingungen vom Anwendungsbereich des Art. 9c AktR-RL 2017 ausschließen. Der Unionsgesetzgeber hat das zunächst vorgesehene Regel-Ausnahme-Prinzip in der Endfassung der AktR-RL 2017 letztlich jedoch umgekehrt. Er schließt Geschäfte im ordentlichen Geschäftsgang und zu marktüblichen Bedingungen nunmehr gem. Art. 9c Abs. 5 UAbs. 1 AktR-RL 2017 aus, sofern die Mitgliedstaaten nicht etwas anderes regeln, vgl. Art. 9c Abs. 5 UAbs. 2 AktR-RL 2017.

Entscheiden sich die Mitgliedstaaten dagegen, eine Ausnahme vorzusehen, sprechen der Wortlaut und vor allem der Regelungszweck dafür, dass die beiden Voraussetzungen – Zugehörigkeit zum ordentlichen Geschäftsbetrieb und marktübliche Bedingungen – kumulativ vorliegen müssen.[141]

a. *Erfasste Geschäfte, insbesondere Wesentlichkeit*

In der deutschen Literatur gibt es Stimmen, nach denen *Related Party Transactions* vom Ausnahmetatbestand des Art. 9c Abs. 5 UAbs. 2 AktR-RL 2017 nur erfasst sein sollen, wenn sie *wesentlich* sind.[142] Gegen eine solche Auslegung spricht jedoch schon der Wortlaut des Art. 9c Abs. 5 AktR-RL 2017. Im Gegensatz zu Abs. 1, der den Anwendungsbereich des Art. 9c AktR-RL 2017 bestimmt, stellt der hier in Rede stehende Ausnahmetatbestand gerade nicht darauf ab, ob die Transaktion *wesentlich* ist,[143] sondern bezieht sich ausschließlich auf *Geschäfte*. Daraus ist der Schluss zu ziehen, dass es nur darauf ankommt, ob es sich um eine *Related Party Transaction* handelt, nicht aber, ob sie auch *wesentlich* ist. Die Frage der Wesentlichkeit kommt erst dann ins Spiel, wenn die Filter *ordentlicher Geschäftsgang* und *marktüblich* durchlaufen sind. Insoweit ist davon auszugehen, dass der Unionsgesetzgeber mit diesem zusätzlichen Kriterium, das den Anwendungsbereich der Richtlinie weiter formt, eine Untergrenze[144] für die Bekanntmachungs-, Bewertungs- und Zustimmungspflichten schaffen wollte.

---

141 *Zollner*, in: FS Nowotny (2015), 500, 505; wohl auch *Lanfermann/Maul*, BB 2017, 1218, 1222.

142 Vgl. *Veil*, NZG 2017, 521, 528.

143 Zur Bedeutung der Wesentlichkeit im Rahmen des Anwendungsbereichs siehe die ausführliche Auseinandersetzung unter Kap. 3.A.IV.

144 *Fleischer*, BB 2013, 835, 840 spricht in Bezug auf § 111 Abs. 4 Satz 2 AktG treffend von „Untermaßverbot".

b. Geschäfte im ordentlichen Geschäftsgang

Art. 9c Abs. 5 UAbs. 1 AktR-RL 2017 greift nur dann, wenn die Geschäfte „im ordentlichen Geschäftsgang" ergangen sind. Auf die Regelungen in IAS 24 zurückzugreifen, ist hier jedoch – anders als beim Geschäftsbegriff – nicht möglich. Die dort normierten Angabepflichten nehmen schon ihrem Wortlaut nach Geschäfte, die im ordentlichen Geschäftsgang zustande gekommen sind, nicht aus. Eine Begrenzung auf Geschäfte im ordentlichen Geschäftsgang im Rahmen von IAS 24 stünde auch im diametralen Gegensatz zum Sinn und Zweck der bilanzrechtlichen Offenlegungspflichten, Informationen über die Vermögens-, Finanz- und Ertragslage und die Cashflows eines Unternehmens bereitzustellen, die für ein breites Spektrum von Adressaten nützlich sind, um wirtschaftliche Entscheidungen zu treffen.[145]

Die deutsche Sprachfassung ließe dabei vermuten, dass ausschließlich solche Geschäfte vom Ausnahmetatbestand erfasst sind, die in ordnungsgemäßer Weise ergehen; wobei ordnungsgemäß in diesem Zusammenhang als im Rahmen des rechtlich zulässigen verstanden werden müsste. Gegen diese Auslegung spricht jedoch die offen zu Tage tretendende Orientierung des Unionsgesetzgebers an den ausländischen Regelungen für *Related Party Transactions* wie zum Beispiel der im französischen Recht nach art.L. 225-39 C.com. bestehenden Ausnahmeregelung für *conventions courantes*, im englischen Recht nach UK LR 11.1.5 (2) für *transactions in the ordinary course of business* und dem italienischen Ausnahmetatbestand nach Art. 13 (3) lit. c) Consob für *operazioni ordinarie*. Anders als die deutsche Sprachfassung stellen diese Ausnahmeregelungen auf Transaktionen ab, die das Unternehmen üblicherweise im Rahmen seiner gewöhnlichen Geschäftstätigkeit durchführt und sich damit im Rahmen des satzungsmäßigen Unternehmensgegenstands bewegen.[146] Für eine solche Auslegung spricht auch, dass die englische Sprachfassung des Art. 9c Abs. 5 AktR-RL 2017 – wie auch UK LR 11.1.5 (2) – von „*transactions [...]in the ordinary course of business*" spricht. Bei entsprechender Übersetzung handelt es sich dabei um eine Transaktion im vorgenannten Sinne.[147] Hieraus lässt sich der Schluss ziehen, dass sich der Unionsgesetzgeber dem Duktus der in England, Frankreich und Italien bestehenden Regelungen angeschlossen und nicht für ein davon abweichendes Normkonzept entschlossen hat wie es die deutsche Sprachfassung des Art. 9c Abs. 5 AktR-RL 2017 vermuten lässt. Maßgeblich ist daher ausschließlich, ob

---

145 *Wawrzinek/Lübbig*, in: Beck'sches IFRS-Handbuch, § 2 Rn. 20.

146 Vgl. hierzu *Fleischer*, BB 2014, 2691, 2692 ff.

147 *Dietl/Lorenz*, Dictionary, S. 568, li. Spalte.

sich die *Related Party Transaction* innerhalb des *gewöhnlichen Geschäftsverlaufs* des börsennotierten Unternehmens befindet.

Nicht zu überzeugen vermag es aus den vorgenannten Gründen daher, auf das in § 52 Abs. 9 AktG bestehende Begriffsverständnis zurückzugreifen, wonach der „ordentliche Geschäftsgang" sich an dem im Nachgründungsrecht bekannten Begriff „im Rahmen der laufenden Geschäfte der Gesellschaft" orientieren solle.[148] Es wäre verfehlt, sich von dem Gleichlauf der deutschen Sprachfassung des Art. 9c Abs. 4 Var. 2 AktR-RL 2017 und des § 52 Abs. 9 AktG irreführen zu lassen. Denn die Ausnahmetatbestände beruhen im Kern auf gänzlich unterschiedlichen Prämissen. § 52 AktG betrifft die sog. Nachgründung, worunter nach § 52 Abs. 1 AktG Verträge zu verstehen sind, die die Gesellschaft in den ersten beiden Jahren nach Eintragung in das Handelsregister mit einem bestimmten Personenkreis abschließt und auf Grund derer die Gesellschaft Vermögensgegenstände zu einer 10% ihres Grundkapitals übersteigenden Vergütung erwerben soll.[149] § 52 AktG bezweckt insoweit die Sicherstellung der realen Kapitalaufbringung.[150] Art. 9c Abs. 4 Var. 2 AktR-RL 2017 hingegen konzentriert sich ganz allgemein auf *Related Party Transactions*. Dass dabei gerade nicht Verträge im Rahmen der Nachgründung erfasst sind, ergibt sich aus Art. 13 Kapitalrichtlinie, der zentralen europarechtlichen Nachgründungsvorschrift. Diese sieht bereits Regelungen für *Related Party Transactions* in dieser Sonderkonstellation vor. Es kann daher nicht davon ausgegangen werden, dass der Unionsgesetzgeber die Sicherstellung der realen Kapitalaufbringung beabsichtigte. Darüber hinaus geht der deutsche Gesetzgeber bei ständig wiederkehrenden Routinegeschäften bzw. Geschäften im Rahmen des Tagesgeschäfts nach § 52 Abs. 9 AktG davon aus, dass keine Absicht besteht, die Sachgründungsvorschriften zu umgehen.[151] Diese pauschale Annahme hat der Unionsgesetzgeber offensichtlich nicht übernommen. Vielmehr lässt sich aus der in Art. 9c Abs. 8 AktR-RL 2017 normierten Aggregationsregelung[152] schließen, dass der Unionsgesetzgeber gerade bei ständig wiederkehrenden Routinegeschäften nachteilige Vermögensabflüsse befürchtet, etwa wenn das Tochterunternehmen für das Mutterunternehmen Dienstleistungen gegen ein zu geringes Entgelt erbringt.

148 So aber *Bungert/de Raet*, Der Konzern 2015, 289, 297.

149 *Pentz*, in: MüKo-AktG, § 52 Rn. 4.

150 *Koch*, in: Hüffer/Koch, AktG, § 52 Rn. 1; *Pentz*, in: MüKo-AktG, § 52 Rn. 4.

151 *Koch*, in: Hüffer/Koch, AktG, § 52 Rn. 18; *Pentz*, in: MüKo-AktG, § 52 Rn. 54 m.w.N.

152 Siehe hierzu auch die Ausführungen unter Kap. 3.A.V.

Wollte man für eine Konkretisierung des Begriffsverständnisses schon auf bereits bestehende deutsche Regelungen zurückgreifen, bietet sich vielmehr das zu § 116 Abs. 2 HGB bestehende Begriffsverständnis an. Während nach § 116 Abs. 1 HGB vom Grundsatz her jeder Gesellschafter einer Personenhandelsgesellschaft zu allen Handlungen geschäftsführungsbefugt ist, die der gewöhnliche Betrieb des Handelsgewerbes der Gesellschaft mit sich bringt, bedarf es nach § 116 Abs. 2 HGB für Handlungen, die darüber hinausgehen der Zustimmung (§ 119 Abs. 1 HGB) sämtlicher Gesellschafter. Abzugrenzen sind damit gewöhnliche von außergewöhnlichen Geschäften.[153] Zu den gewöhnlichen Geschäften gehören grundsätzlich alle unternehmerischen Handlungsparameter bezogen auf den konkreten Betrieb.[154] Außergewöhnliche Geschäfte im Sinne von § 116 Abs. 2 HGB sind hingegen solche, die bei Beachtung der besonderen Verhältnisse der Gesellschaft nach Art und Inhalt, Zweck, Umfang oder Risiko Ausnahmecharakter haben.[155] Entscheidend für die Abgrenzung ist damit eine einzelfallbezogene Betrachtungsweise, die auf den Betrieb des konkreten Handelsgewerbes abstellt. Hierbei ist die jeweilige Handlung insgesamt zu würdigen. Die Außergewöhnlichkeit kann daher durch einen einzelnen Aspekt des Geschäfts, zum Beispiel seinen finanziellen Umfang, aber auch durch seinen Gesamtzuschnitt begründet werden.[156] Dabei ist von einer dynamischen Betrachtungsweise auszugehen,[157] so dass insbesondere Anpassungsmaßnahmen nicht schon deshalb ungewöhnlich sein müssen, weil sie aus dem Rahmen fallen.

Die zu § 116 HGB entwickelten geschäftsbezogenen Merkmale wie auch der Bezug zur Genehmigungspflicht weisen starke Parallelen zu der hier vorliegenden Abgrenzungsproblematik auf. Hier wie dort steht der Ausnahmecharakter des einzelnen Geschäfts im Vordergrund. Des Weiteren soll in beiden Fällen vermieden werden, dass das Unternehmen durch geschäftsführende Gesellschafter respektive Mutterunternehmen Vermögensabflüsse hinnehmen muss.[158] Die zu § 116 HGB bestehenden Abgrenzungskriterien sind insofern geeignet,

---

153 *Jickeli*, in: MüKo-HGB, § 116 Rn. 6; *Roth*, in: Baumbach/Hopt, HGB, § 116 Rn. 3; eine dritte Gruppe bilden die sog. Grundlagengeschäfte. Diese betreffen des Gesellschaftsverhältnis und seine Gestaltung, sind jedoch kein Teil der Geschäftsführung, also weder gewöhnliche noch ungewöhnliche Geschäfte derselben, siehe zu der Differenzierung BGH, Urteil vom 11. Februar 1980, BGHZ 76, 160, 164.

154 *Jickeli*, in: MüKo-HGB, § 116 Rn. 22.

155 BGH, Urteil vom 11. Februar 1980, BGHZ 76, 160, 164; *Roth*, in: Baumbach/Hopt, HGB, § 116 Rn. 2; *Jickeli*, in: MüKo-HGB, § 116 Rn. 31.

156 *Jickeli*, in: MüKo-HGB, § 116 Rn. 31.

157 *Jickeli*, in: MüKo-HGB, § 116 Rn. 22.

158 *Jickeli*, in: MüKo-HGB, § 116 Rn. 2.

im Rahmen des Art. 9c Abs. 1 AktR-RL 2017 bei der Ausfüllung des Begriffs „Transaktionen im ordentlichen (bzw. tatsächlich gewöhnlichen) Geschäftsgang" Hilfestellung zu leisten. Zutreffend erscheint vor diesem Hintergrund auch die Einschätzung von *Jung* [159], den laufenden Leistungs- und Lieferverkehr zwischen Konzerngesellschaften als gewöhnlich anzusehen, sofern sie dem Zweck des börsennotierten Unternehmens entsprechen.

Vor diesem Hintergrund sind ständig wiederkehrende Routinegeschäfte, die zur Verfolgung des Hauptzwecks des Geschäftsbetriebs zwingend notwendig sind, als vom Ausnahmetatbestand des Art. 9c Abs. 5 AktR-RL 2017 erfasst anzusehen.[160] Bei *Related Party Transactions,* die zum gewöhnlichen Geschäftsgang des börsennotierten Unternehmens gehören, ist der Anwendungsbereich des Art. 9c AktR-RL 2017 also grundsätzlich nicht eröffnet.

Normativer Maßstab dafür, ob ein Geschäft im gewöhnlichen Geschäftsverlauf liegt ist die Satzung. Sie konkretisiert den Unternehmensgegenstand und damit die Art der Tätigkeit des börsennotierten Unternehmens.[161] Auf dieser Grundlage lässt sich ableiten, ob es sich bei der konkret in Rede stehenden *Related Party Transaction* um ein Geschäft handelt, das sich im Rahmen des gewöhnlichen Geschäftsverlaufs befindet. Dabei spielen insbesondere die Art und Größe des Unternehmens, die bisherige Entscheidungspraxis sowie die Art, Größe, Bedeutung und Risiko des Geschäfts für das konkrete börsennotierte Unternehmen eine maßgebliche Rolle.

Zu berücksichtigen ist jedoch auch, dass kein börsennotiertes Unternehmen ohne ein gewisses Unternehmensrisiko auskommt. Insoweit sind Veränderungen und Anpassungen an die Gegebenheiten des Marktes als normale Vorgänge und damit als gewöhnliche Maßnahmen einzustufen. Es bedarf insofern einer stetigen Kontrolle, ob es sich bei den in Rede stehenden Geschäften noch um solche des gewöhnlichen Geschäftsverlaufs handelt.

In Abgrenzung hiervon sind Geschäfte als außergewöhnlich einzuordnen, wenn sie – unter Berücksichtigung der besonderen Verhältnisse der Gesellschaft nach Art und Inhalt, Zweck oder Umfang des Risikos – einen Ausnahmecharakter aufweisen. Der Grund für die Außergewöhnlichkeit kann dabei sowohl in einem

---

159 *Jung,* WM 2014, 2351, 2355; *Tarde,* ZHR 2017, 360, 369; *Veil,* NZG 2017, 521, 528.

160 *Pentz,* NZG 2001, 346, 352.

161 Vgl. hierzu aus der deutschen Rechtsprechung BGH, Beschluss vom 3. November 1980, BGHZ 102, 209, 213; BayObLG, Beschluss vom 15. Dezember 1976, NJW 1976, 1694; BayObLG, Beschluss vom 16. September 1993, BayObLGZ 1993, 319, 320; ebenso *Röhricht,* in: GK-AktG, § 23 Rn. 80; *Pentz,* in: MüKo-AktG, § 23 Rn. 69

einzelnen Aspekt des Geschäfts, zum Beispiel seinem finanziellen Umfang, als auch in seinem Gesamtzuschnitt liegen.

c. *Marktübliche Geschäfte*

Um den Ausnahmetatbestand zu erfüllen, müssen die Geschäfte darüber hinaus zu marktüblichen Konditionen ergehen. Auch hier ist ein Rückgriff auf IAS 24 nicht möglich, da nach IAS 24.17 die Marktüblichkeit einer *Related Party Transaction* grundsätzlich irrelevant ist. Vielmehr sind nach IAS 24.7 grundsätzlich alle Geschäfte mit nahe stehenden Parteien offenzulegen, unabhängig davon, zu welchen Bedingungen sie stattgefunden haben.[162] Gleichwohl lassen sich IAS 24.23 Anhaltspunkte dafür entnehmen, wann von einem Geschäft zu marktüblichen Bedingungen auszugehen ist. So ist die Aussage, *Related Party Transactions* seien zu marktüblichen Bedingungen vorgenommen worden, gem. IAS 24.13 nur zulässig, wenn nachweisbar ist, dass die *Related Party Transactions* einem Drittvergleich standhalten. Die Regelung zeigt insofern auf, dass sich die Marktüblichkeit von Geschäften auch im Rahmen der IAS danach bestimmt, ob die dem Geschäft zugrunde liegenden Konditionen ebenso mit einem unabhängigen Dritten (*at arms length*) erreicht werden könnte. Regelmäßig wird das nur dann der Fall sein, wenn das Unternehmen das Geschäft zu marktüblichen Konditionen abgeschlossen hat. Geht man – wie oben dargelegt[163] – davon aus, dass auch der Geschäftsbegriff i.S.v. Art. 9c AktR-RL 2017 anhand von IAS 24 zu konkretisieren ist, kann für die Bestimmung der Marktüblichkeit als Bestandteil des Geschäftsbegriffs nichts anderes gelten. Maßgeblich ist daher auch im Rahmen von Art. 9c Abs. 1 AktR-RL 2017, ob die *Related Party Transaction* einem Drittvergleich standhält.[164]

Ob eine *Related Party Transaction* marktüblich ist, bemisst sich daran, ob Leistung und Gegenleistung in einem angemessenen Verhältnis zueinander stehen. Dafür ist auf die regulären Geschäfts- und Marktbedingungen abzustellen, die unter unabhängigen Fremden üblich sind. Als sachgerechter Vergleichsmaßstab dienen dabei diejenigen Geschäfte, die gleiche Güter oder Dienstleistungen zum Gegenstand haben, mit denselben oder zumindest vergleichbaren Abnehmern/Lieferanten abgeschlossen wurden und denen vergleichbare Konditionen

---

162 *Heinrichs/Schubert,* in: MüKo-BilR, IAS 24 Rn. 99.

163 Vgl. hierzu die Ausführungen unter Kap. 3.A.III.1.

164 Im Ergebnis so auch *Tarde,* Related Party Transaction, S. 204 der hierfür aber auf Art. 17 lit. r) BilRL abstellt.

zugrunde liegen.[165] Der sich aus den vergleichbaren Geschäften ergebende Vergleichskorridor dient dann als Orientierungshilfe für die Bewertung der Marktüblichkeit. Bewegt sich die Transaktion außerhalb des Vergleichskorridors ist sie als marktunüblich anzusehen. Neben nicht marktgerechten Preisen können auch Zahlungszielgewährungen über das marktübliche Maß hinaus, nicht marktkonforme Zinsvereinbarungen bei Finanzgeschäften sowie fehlende/unzureichende Sicherheiten, fehlende Tilgungsvereinbarungen oder unübliche Zinsbindungsfristen zur Einordnung als Marktunüblich führen.[166]

d. Anwendbarkeit der Aggregationsregelung

Fraglich ist gleichwohl, ob die Geschäfte, die im ordentlichen Geschäftsgang und zu marktüblichen Konditionen getätigt wurden, auch den Aggregationsregelungen in Art. 9c Abs. 8 AktR-RL 2017 unterliegen.[167] Hierfür könnte aus systematischer Perspektive sprechen, dass Art. 9c Abs. 8 AktR-RL 2017 hinter Art. 9c Abs. 5 AktR-RL 2017 positioniert ist.

Die gewichtigeren Argumente sprechen jedoch dagegen, Art. 9c Abs. 8 AktR-RL 2017 auch auf Art. 9c Abs. 5 AktR-RL 2017 zu beziehen.[168] So widerspräche es dem Sinn und Zweck der Aggregationsregelung, auch im ordentlichen Geschäftsgang und zu marktüblichen Konditionen ergangene *Related Party Transactions* zu erfassen. Art. 9c Abs. 8 AktR-RL 2017 soll verhindern, dass börsennotierte Unternehmen und außenstehende Aktionäre die Vorschriften über nachteilige Vermögensverschiebungen umgehen, indem sie wesentliche *Related Party Transactions* in zwei oder mehrere unwesentliche *Related Party Transactions* aufspalten. Zwar lässt sich die Gefahr nachteiliger Vermögensverschiebungen auch bei im ordentlichen Geschäftsgang und zu marktüblichen Bedingungen abgeschlossenen Transaktionen nicht vollständig eliminieren. Solange die *Related Party Transaction* jedoch nicht über den Rahmen der Marktüblichkeit hinausgehen, handelt es sich um eine Gefahr, die dem allgemeinen Beteiligungsrisiko aller Aktionäre unterliegt, und die der Unionsgesetzgeber

---

165 Vgl. zur Marktüblichkeit im Rahmen des § 285 Nr. 21 HGB: *Poelzig*, in: MüKo-HGB, § 285 Rn. 369; *Grottel*, in: Beck'scher Bilanzkommentar, § 285 Rn. 622.

166 Vgl. zu den Beispielen *Grottel*, in: Beck'scher Bilanzkommentar, § 285 Rn. 633.

167 Vgl. hierzu die Ausführungen unter Kap. 3.A.IV. Eine Aggregation stellt die Zusammenfassung mehrerer Einzelgrößen zu einer Gesamtgröße dar. Im vorliegenden Fall bedeutet dies die Zusammenrechnung mehrerer *Related Party Transactions*, die für sich genommen nicht vom Anwendungsbereich erfasst, in ihrer Summe jedoch dem Anwendungsbereich des Art. 9c AktR-RL 2017 eröffnen.

168 So auch *Bungert/Wansleben*, DB 2017, 1190, 1195; *Tarde*, ZHR 2017, 360, 369.

offenkundig nicht zusätzlichen Bekanntmachungs-, Bewertungs- und Genehmigungspflichten unterwerfen wollte.

Des Weiteren spricht gegen eine Erstreckung der Aggregationsregelungen auf im ordentlichen Geschäftsgang und zu marktüblichen Konditionen ergangenen *Related Party Transactions*, dass Anknüpfungspunkt des Art. 9c Abs. 8 AktR-RL 2017 die Wesentlichkeit der Transaktionen ist. Dies ergibt sich aus dem Wortlaut des Art. 9c Abs. 8 AktR-RL 2017, wonach die zu aggregierenden Geschäfte „für die Zwecke dieser Absätze [Absätze 2, 3 und 4] zusammengerechnet werden". Die dort normierten Bekanntmachungs-, Bewertungs- und Genehmigungspflichten kommen nur zur Anwendung, wenn wesentliche *Related Party Transactions* vorliegen. Dies würde voraussetzen, dass die im ordentlichen Geschäftsgang und zu marktüblichen Konditionen ergangene *Related Party Transactions* aufgrund ihrer Aggregation so wesentlich sind, dass sie den Bekanntmachungs-, Bewertungs- und Genehmigungspflichten zu unterwerfen sind. Dies ist denklogisch jedoch schon nicht möglich, denn eine zu marktüblichen Konditionen geschlossene *Related Party Transaction* kann in der Aggregation nicht wesentlich werden. Es fehlt insoweit an einem validen Anknüpfungspunkt für *Related Party Transactions.*

Entsprechende Rückschlüsse lassen sich auch daraus ziehen, dass bereits der Wortlaut des Art. 9c Abs. 5 AktR-RL 2017 einen Hinweis auf die Wesentlichkeit der *Related Party Transaction* vermissen lässt. Die Aggregationsregelungen des Art. 9c Abs. 8 AktR-RL 2017 kommen mithin bei Transaktionen i.S.v. Art. 9c Abs. 5 AktR-RL 2017 nicht zur Anwendung.

e. Kontrolle durch das Verwaltungs-/Aufsichtsorgan

Mangels konkreter Kompetenzzuordnung bestanden im Rahmen des Parlamentsvorschlags noch Unsicherheiten darüber, wer dafür zuständig ist, im ordentlichen Geschäftsgang und zu marktüblichen Konditionen ergangene *Related Party Transactions* zu überprüfen. Die Endfassung des Art. 9c Abs. 5 AktR-RL 2017 macht nun klar, dass die Normadressaten sie einem internen Kontrollverfahren durch den Verwaltungs-/Aufsichtsrat unterwerfen müssen. Diese prinzipienartige Vorgabe weiter zu konkretisieren, war nicht erforderlich. Der Unionsgesetzgeber hat es bewusst dem Aufsichtsrat-/Verwaltungsrat überlassen, das Verfahren im Rahmen seiner Organisationsautonomie selbst zu gestalten.

Völlig frei ist der Aufsichts-/Verwaltungsrat hierbei jedoch nicht. Er muss sicherstellen, dass das nahe stehende Unternehmen an der Beurteilung nicht teilnimmt, Art. 9c Abs. 5 UAbs. 1 Satz 3 AktR-RL 2017. Diese verpflichtende unionsrechtliche Vorgabe können die Mitgliedstaaten jedoch aufweichen, indem sie im ordentlichen Geschäftsgang und zu marktüblichen Bedingungen geschlossene *Related Party Transactions* dem Anwendungsbereich des Art. 9c AktR-RL 2017 und in der Folge auch den in den Abs. 2, 3 und 4 normierten Bekanntmachungs-, Bewertungs- und Zustimmungspflichten unterwerfen. Diese Möglichkeit ergibt sich aus Art. 9c Abs. 5 UAbs. 2 AktR-RL 2017, wonach die Mitgliedstaaten von dem in Art. 9c Abs. 5 UAbs. 1 Satz 1 AktR-RL 2017 normierten Ausnahmetatbestand Abstand nehmen können.

f. Ergebnis

Die Filter *ordentlicher Geschäftsgang* und *Marktüblichkeit* formen eine Untergrenze für die Bekanntmachungs-, Bewertungs- und Zustimmungspflichten. Transaktionen sind dabei dem ordentlichen Geschäftsgang zuzuordnen, wenn sie sich innerhalb des *gewöhnlichen Geschäftsverlaufs* des börsennotierten Unternehmens bewegen. Normativer Maßstab dafür ist die Satzung des Unternehmens. Als außergewöhnlich sind Transaktionen einzuordnen, wenn sie – unter Berücksichtigung der besonderen Umstände – einen Ausnahmecharakter aufweisen. Die *Marktüblichkeit* einer Transaktion liegt vor, wenn die dem Geschäft zugrunde liegenden Konditionen ebenso mit einem unabhängigen Dritten erreicht werden könnten (*at arms' length*). Aufgrund ihrer Einordnung als nicht-wesentlichen Geschäfte können *Related Party Transactions* im vorbenannten Sinne nicht in ihrer Summe dem Regelwerk des Art. 9c AktR-RL 2017 unterworfen werden; die Aggregationsregelungen des Art. 9c Abs. 8 AktR-RL 2017 kommen hier nicht zur Anwendung. Die Einordnung als im ordentlichen Geschäftsgang und zu marktüblichen Konditionen geschlossenen Transaktionen obliegt dem Aufsichtsorgan. Die weitere Ausgestaltung dieser Überwachungsaufgabe obliegt dem Organ selbst.

4. Stellungnahme

Bei dem Geschäftsbegriff des Art. 9c Abs. 1 AktR-RL 2017 handelt es sich um einen unionsautonom verwendeten Begriff. Hierfür ist auf das bereits bestehende Begriffsverständnis in IAS 24.9 zurückzugreifen. In der Folge fallen alle tatsächlichen und rechtlichen Maßnahmen, die zwischen einem nahe stehenden Unternehmen und dem börsennotierten Unternehmen stattfinden, unter den Transaktionsbegriff. Für die Einordnung als *Related Party Transaction* entscheidend ist, dass das börsennotierte Unternehmen unmittelbar in das Geschäft eingebunden ist. Unerheblich ist hingegen, ob das Geschäft unentgeltlich oder entgeltlich erfolgt; sie muss aber für das börsennotierte Unternehmen und dessen außenstehenden Aktionäre unmittelbar wirtschaftlich nachteilig sein.

Aufgrund des Erfordernisses eines sich unmittelbar realisierenden wirtschaftlichen Nachteils für das börsennotierte Unternehmen und die außenstehenden Aktionäre sind organschaftliche Verträge, wie Beherrschungs- und Gewinnabführungsverträge oder Beschlüsse über die Einräumung satzungsmäßiger Sonderrechte nicht als Geschäft i.S.v. Art. 9c AktR-RL 2017 anzusehen.

Einer Begrenzung unterliegt der Geschäftsbegriff – sofern von den Mitgliedstaaten nicht anders vorgesehen – jedoch insoweit, als dass nur solche Maßnahmen vom Anwendungsbereich des Art. 9c AktR-RL 2017 erfasst sind, die nach Art, Inhalt, Zweck, Umfang und Risiko in Bezug auf das konkrete Unternehmen als ungewöhnlich und marktunüblich anzusehen sind, mithin einem Drittvergleich nicht standhalten, Art. 9c Abs. 5 UAbs. 1 AktR-RL 2017. Der Grund für die Außergewöhnlichkeit kann sich dabei sowohl in einem einzelnen Aspekt des Geschäfts, zum Beispiel seinem finanziellen Umfang, als auch in seinem Gesamtzuschnitt liegen.

Es kann insoweit auf die zu § 116 HGB entwickelten geschäftsbezogenen Merkmale zurückgegriffen werden. Normativer Maßstab dafür, ob ein Geschäft im gewöhnlichen Geschäftsverlauf liegt, ist die Satzung. Sie konkretisiert den Unternehmensgegenstand und damit die Art der Tätigkeit des börsennotierten Unternehmens. Ob die *Related Party Transaction* im konkreten Fall einem Drittvergleich standhält, bemisst sich daran, ob Leistung und Gegenleistung in einem angemessenen Verhältnis zueinander stehen. Dafür ist auf die regulären Geschäfts- und Marktbedingungen abzustellen, die bei voneinander unabhängigen Fremden üblich sind. Die Aggregationsvorschriften des Art. 9c Abs. 8 AktR-RL 2017 kommen hinsichtlich der im ordentlichen Geschäftsgang und zu marktüblichen Bedingungen geschlossenen Geschäften gleichwohl nicht zur Anwendung.

IV. Wesentlichkeit des Geschäfts

Der Anwendungsbereich der Bekanntmachungs-, Bewertungs- und Zustimmungspflichten ist nach Art. 9c Abs. 1 AktR-RL 2017 auf „wesentliche" *Related Party Transactions* beschränkt. Sah der Unionsgesetzgeber im Kommissionsvorschlag – in Anlehnung an die UK LR 11 – noch starre Prozentsätze für die Bekanntmachungs- und Bewertungspflicht[169] bzw. den

169 Gem. Art. 9c Abs. 1 Satz 1 Kommissionsvorschlag sind *Related Party Transactions*, die mehr als 1% ihres Vermögens betreffen, bekanntzumachen. Der Bekanntmachung ist nach Art. 9c Abs. 1 Satz 2 Kommissionsvorschlag ein Bewertungsbericht beizufügen; ausführlich hierzu unten Kap. 3.B.I., C.I.

Zustimmungsvorbehalt[170] vor, knüpfen die Bekanntmachungs-, Bewertungs- und Zustimmungspflichten im Parlamentsvorschlag[171] sowie in der Endfassung des Art. 9c Abs. 1 AktR-RL 2017 ausschließlich an „wesentliche" Geschäfte an. Der Unionsgesetzgeber hat insoweit einen transaktionsbezogenen Ansatz gewählt – und sich dabei maßgeblich an den Regularien der Consob orientiert. Nicht verwunderlich ist vor diesem Hintergrund, dass die Idee, in Art. 9c AktR-RL 2017 auf den Topos der Wesentlichkeit abzustellen, erst unter der italienischen Ratspräsidentschaft ins Spiel kam.

Ebenso wie beim Parlamentsvorschlag obliegt es gem. Art. 9c Abs. 1 UAbs. 1 Satz 1 AktR-RL 2017 den Mitgliedstaaten, den Begriff der „Wesentlichkeit" zu konkretisieren („Die Mitgliedstaaten legen fest, ..."). Es besteht insoweit ein obligatorischer Regelungsauftrag der Mitgliedstaaten.[172]

Sinn und Zweck des Wesentlichkeitskriteriums ist es, die verschiedenen Interessen miteinander in Einklang zu bringen: Einerseits soll es dem Ziel des Unionsgesetzgebers, nachteilige *Related Party Transactions* zu verhindern,[173] in angemessener Weise Rechnung tragen; andererseits sollen die neuen regulatorischen Vorgaben die Geschäftsführungskompetenz des zuständigen Organs nicht so stark einschränken, dass die wirtschaftliche Betätigung des börsennotierten Unternehmens übermäßig behindert wird. Hätte der Gesetzgeber das Wesentlichkeitskriterium außen vor gelassen, hätte der Anwendungsbereich des Art. 9c AktR-RL 2017 sämtliche *Related Party Transactions* erfasst und sie allesamt einem Zustimmungsvorbehalt der Hauptversammlung bzw. dem Verwaltungs-/Aufsichtsrat unterworfen. In letzter Konsequenz wäre es dadurch zu einer Umkehr der den in Aktiengesellschaften bestehenden Geschäftsführungs- und Überwachungsorganen zugewiesenen Aufgaben gekommen, da die Richtlinie das Geschäftsführungsorgan faktisch zum Vertreter des Überwachungsorgans degradiert hätte. Gem. dem in Art. 9c Abs. 3 AktR-RL 2017 normierten Zustimmungsvorbehalts wäre stets die Zustimmung der Hauptversammlung bzw. des Verwaltungs-/Aufsichtsrats erforderlich gewesen. Dies hätte die Geschäftsführungstätigkeit des geschäftsführenden Organs erheblich beschnitten. Die Beschneidung dieser Kompetenzen wiederum hätte zur Folge gehabt, dass das

---

170 Gem. Art. 9c Abs. 2 Satz 1 Kommissionsvorschlag unterliegen *Related Party Transactions*, die mehr als 5% des Vermögens des Unternehmens betreffen, der Zustimmung der Hauptversammlung; ausführlich hierzu unten Kap. 3.D.I.

171 Vgl. hierzu Art. 9c Abs. 4a Parlamentsvorschlag.

172 So auch *Tarde*, ZGR 2017, 360, 365; *ders.*, Related Party Transactions, S. 198.

173 Vgl. ErwG 42 AktR-RL 2017.

geschäftsführende Organ nicht mehr in der Lage gewesen wäre, flexibel auf aufkommende Geschäftsmöglichkeiten zu reagieren. Hierdurch wäre die Gefahr entstanden, dass die Wirtschaftlichkeit des börsennotierten Unternehmens beschnitten wird. Des Weiteren wären aufgrund des zwingenden Zustimmungsvorbehalts stets Abstimmungsprozesse mit der Hauptversammlung bzw. dem Verwaltungs-/Aufsichtsrats erforderlich gewesen. Hinsichtlich der Hauptversammlungskompetenz wäre des Weiteren schon allein aufgrund der Einladungsfristen ein Erliegen der wirtschaftlichen Betätigung des börsennotierten Unternehmens zu befürchten gewesen. Ein vergleichbarer Einschnitt bestünde bei einem Zustimmungsvorbehalt des Verwaltungs-/Aufsichtsrats zwar nicht. Jedoch hätte auch die inhaltliche Überprüfung einer jeden *Related Party Transaction* eine zeitliche Verzögerung zur Folge gehabt, die die Wirtschaftlichkeit des börsennotierten Unternehmens beschnitten hätte. In der Endfassung hat der Unionsgesetzgeber deshalb davon abgesehen, eine Generalzustimmung für *Related Party Transactions* mit bestimmten nahe stehenden Parteien des börsennotierten Unternehmens vorzusehen.

Will man die beiden Zielrichtungen miteinander vereinen, wird man erst dann davon ausgehen können, dass eine *Related Party Transaction* wesentlich ist, wenn sie – neben den oben bereits angesprochenen Geschäften, die ein Unternehmen im ordentlichen Geschäftsgang und zu marktüblichen Bedingung geschlossen hat – nach ihrer Art oder ihrem Umfang ein *besonderes finanzwirtschaftliches Risiko* in sich birgt, das einer zusätzlichen und verstärkten Überwachung bedarf. Damit das Wesentlichkeitskriterium nicht vollständig der Entscheidungsfreiheit der Mitgliedstaaten obliegt, hat der Unionsgesetzgeber ihnen qualitative (siehe hierzu 1.) sowie quantitative (siehe hierzu 2) Kriterien an die Hand gegeben.

Maßgeblicher Zeitpunkt für die Bewertung ist dabei der Abschluss der *Related Party Transaction*. Zum einen besteht erst mit Abschluss der Transaktion das Risiko, dass sich diese vermögensmindernd auf das börsennotierte Unternehmen und dessen außenstehenden Aktionäre auswirkt. Zum anderen ergibt sich dies im Umkehrschluss zu Art. 9c Abs. 2 Satz 1 AktR-RL 2017, wonach *Related Party Transactions* „spätestens zum Zeitpunkt ihres Abschlusses" öffentlich bekanntzumachen sind. Besteht für das börsennotierte Unternehmen ab diesem Zeitpunkt eine Bekanntmachungspflicht, dann muss auch die Bewertung der Wesentlichkeit auf diesen Zeitpunkt abstellen.

1. Qualitative Kriterien

Bei der Herausforderung, den Wesentlichkeitsbegriff nach Art. 9c Abs. 1 UAbs. 1 AktR-RL 2017 näher auszugestalten, haben die Mitgliedstaaten einerseits den

Einfluss zu berücksichtigen, den Informationen über das Geschäft auf die wirtschaftlichen Entscheidungen der Aktionäre der Gesellschaft haben können (siehe hierzu a.), sowie andererseits das Risiko, das für das börsennotierte Unternehmen und seine außenstehenden Aktionäre, mit der *Related Party Transaction* verbunden ist (siehe hierzu b). Dass sie die qualitativen Kriterien auflistet, ohne dass diese durch ein Bindeglied miteinander verbunden sind, macht Kraft ihrer Syntax deutlich, dass die AktR-RL 2017 die Kriterien abschließend aufzählt.

a. Einfluss der Transaktion auf die wirtschaftlichen Entscheidungen der Aktionäre der Gesellschaft

Zentraler Anknüpfungspunkt für die wirtschaftliche Entscheidung der Aktionäre des börsennotierten Unternehmens sind deren Interessen. Art. 9c Abs. 1 lit. a) AktR-RL 2017 gibt vor, dass dafür auf *alle* Aktionäre des börsennotierten Unternehmens abzustellen ist. Als Inhaber der Aktiengesellschaft sind die Aktionäre vorrangig daran interessiert, das eingesetzte Kapital maximal zu verzinsen und streben an, den Unternehmenswert zu steigern; weitergehenden Aspekten kommt als ausgleichender und mäßigender Einfluss allenfalls eine untergeordnete Bedeutung zu.[174] Die Aktionäre werden ihre wirtschaftlichen Entscheidungen also stets danach ausrichten, ob eine *Related Party Transaction* den Unternehmenswert zu steigern in der Lage ist. Kommen sie zu dem Schluss, dass dies nicht der Fall ist, werden sie ihre Anteile an dem Unternehmen im Extremfall verkaufen.

Der Unternehmenswert lässt sich jedenfalls dann nicht steigern, wenn die *Related Party Transaction* für das börsennotierte Unternehmen nachteilig ist. Aus diesem Grund ist der vermögenswerte Nachteil für den Unternehmenswert, der sich aus dem Geschäft ergibt, von entscheidender Bedeutung, um ihre Wesentlichkeit zu bestimmen.

b. Risiko für das börsennotierte Unternehmen und die außenstehenden Aktionäre

Weiteres qualitatives Kriterium der Bestimmung, ob eine *Related Party Transaction* wesentlich ist, ist das dem Geschäft innewohnende Risiko für das börsennotierte Unternehmen und dessen außenstehende Aktionäre, Art. 9c Abs. 1 UAbs. 1 lit. b) AktR-RL 2017.

174 *K. Schmidt*, Gesellschaftsrecht, S. 805 f.

Erstens lässt sich darunter die Möglichkeit verstehen, dass sich Ergebnisse einstellen, die von dem Erwarteten abweichen. Daneben ist dem Risikobegriff, zweitens, vor allem die semantische Bedeutung eigen, dass sich unerwünschte Ergebnisse einstellen, also solche, die schlechter sind, als das erwartete Ergebnis. Insoweit kann der Erwartungswert des Verlusts als Risikomaß dienen. Drittens kann der Begriff des Risikos auch bedeuten, dass ein Ergebnis einen bestimmten Mindestwert nicht erreicht.[175]

Den drei Möglichkeiten ist gemein, dass sich negative Folgen durch die Ergebnisse einstellen müssen, um als Risiko eingeordnet werden zu können. Sofern sich eine zum gegenwärtigen Zeitpunkt getroffene Entscheidung sofort und ohne zusätzliche Kosten korrigieren lässt, geht das Unternehmen kein Risiko ein.[176] Eine Risikosituation liegt also erst dann vor, wenn das Unternehmen langfristig an eine Entscheidung gebunden ist und es diese nur durch einen außerordentlichen Aufwand rückgängig machen oder korrigieren kann. Berücksichtigt man Sinn und Zweck des Art. 9c AktR-RL 2017 – wirtschaftlich nachteilige Transaktionen für das Unternehmen und die außenstehenden Aktionäre zu verhindern[177] – sind wesentliche *Related Party Transactions* letztlich daran zu messen, ob ein Gefahrenpotenzial für das Unternehmen und die außenstehenden Aktionäre besteht.

Das skizzierte Risikoverständnis bedeutet jedoch auch, nicht auf die mit einer einzelnen Maßnahme verbundenen Risiken abzustellen, sondern auf den Gesamtrisikoumfang.[178] Andernfalls könnte das Geschäftsleitungsorgan das in Art. 9c AktR-RL 2017 normierte Regelwerk umgehen, indem es eine insgesamt risikoreiche Maßnahme in mehrere risikoarme Geschäfte teilt. Somit ist das einer Maßnahme innewohnende Risiko zwar notwendiges, aber nicht hinreichendes Kriterium, um die Wesentlichkeit zu konkretisieren. Es kommt vielmehr auch darauf an, ob sich durch die Maßnahme das Risiko für das Unternehmen und die außenstehenden Aktionäre *verändern* kann. Da die Interessen der außenstehenden Aktionäre die Interessen des Unternehmens ausfüllen,[179] ist dabei auf

---

175 Zu den verschiedenen Möglichkeiten siehe *Perridon/Steiner/Rathgeber*, Finanzwirtschaft der Untersuchung, S. 110 f. m.w.N.

176 *Perridon/Steiner/Rathgeber*, Finanzwirtschaft der Unternehmung, S. 113.

177 ErwG 19 Parlamentsvorschlag.

178 Die Risiken kann das Unternehmen gleichsam wegdiversifizieren, indem sie mehrere Projekte bzw. Maßnahmen in einem Pool zusammenfasst, so dass ihnen im Rahmen der Bestimmung des Gesamtrisikos nur eine relative Bedeutung zukommt; vgl. *Perridon/Steiner/Rathgeber*, Finanzwirtschaft der Unternehmung, S. 119, 255.

179 Vgl. zum sog. *shareholder value* die Ausführungen unter Kap. 3.A.IV.2.a.

die individuelle Einstellung des außenstehenden Aktionärs abzustellen, um das Risiko zu beurteilen. Maßgeblich ist deshalb, wie sehr sich die wirtschaftliche Lage des Unternehmens durch die *Related Party Transaction* verändert und ob sie dazu führen kann, dass Aktionäre ihre Beteiligung neu bewerten. Orientiert sich die Entscheidung z.B. am Erwartungswert des Ergebnisses und einem daraus abgeleiteten Risikomaß, wird der außenstehende Aktionär – je nach Einstellung zum Risiko – zwischen dem Vorteil eines hohen Erwartungswerts und dem Nachteil eines höheren Risikos abwägen.[180]

Related Party Transactions sind also erst dann als wesentlich anzusehen, wenn sie die individuelle Neigung bzw. Einstellung der außenstehenden Aktionäre zu der Gefahr, dass in einem bestimmten Zeitraum mit einer bestimmten Wahrscheinlichkeit finanzielle Verluste entstehen, verändern können.[181] Nicht erforderlich ist indes, dass die Gefahr der finanziellen Verluste mit *hinreichender Sicherheit* besteht. Mit Blick auf den Sinn und Zweck des Wesentlichkeitskriteriums muss es bereits ausreichen, wenn *konkrete Anhaltspunkte* vorliegen, die darauf schließen lassen, dass die wirtschaftliche Lage des börsennotierten Unternehmens in einer Weise gefährdet ist, dass es zu einer Neubewertung der Beteiligung durch den außenstehenden Aktionär führen könnte.

c. Ergebnis

Die beiden qualitativen Kriterien ziehen eine Untergrenze, um die Wesentlichkeit einer Transaktion zu bestimmen. Zum einen sind nur solche Geschäfte erfasst, die sich *nachteilig* auf den Unternehmenswert auswirken können. Zum anderen müssen *konkrete Anhaltspunkte* vorliegen, die auf eine Gefährdung der wirtschaftlichen Lage des börsennotierten Unternehmens schließen lassen. Maßgeblich dafür ist, ob die *Related Party Transaction* zu einer Neubewertung der Beteiligung durch den jeweiligen Aktionär führt.

2. Quantitative Kriterien

Der Parlamentsvorschlag[182] hatte es den Mitgliedstaaten noch freigestellt, eine oder mehrere quantitative Kennzahlen festzulegen, um die Wesentlichkeit eines

---

180 *Franke/Hax*, Finanzwirtschaft des Unternehmens, S. 302; *Perridon/Steiner/Rathgeber*, Finanzwirtschaft der Unternehmung, S. 273.

181 Im Ergebnis so auch *Lutter/Bayer/J. Schmidt*, Europäisches Unternehmens- und Kapitalmarktrecht, § 29 Rn. 29.177.

182 In Art. 9c Abs. 4a Abs. 1 Satz 3 Parlamentsvorschlag heißt es: „Bei der Festlegung dessen, was wesentliche Transaktionen mit nahe stehenden Unternehmen und

Geschäfts näher zu bestimmen. In der Endfassung ist es nun jedoch zwingend geboten, dass der nationale Gesetzgeber quantitative Kennzahlen festlegt, Art. 9c Abs. 1 UAbs. 2 AktR-RL 2017.[183] Allein qualitative Kriterien bzw. unbestimmte Rechtsbegriffe (wie zum Beispiel „wesentliche Transaktion") reichen demnach nicht mehr aus, um den Anwendungsbereich zu konkretisieren.[184] Dies hat den Vorteil, dass es den Geschäftsführungsorganen auf diese Weise problemlos möglich ist, festzustellen, ob die Wesentlichkeitsgrenze überschritten ist. Gleichzeitig verhindern die damit einhergehenden Kennzahlen, dass die Geschäftsführungsorgane die Regelungen des Art. 9c AktR-RL 2017 umgehen können, indem sie die Vorschrift weit auslegen. Im Ergebnis führen quantitative Kriterien damit zu einem rechtssicheren Umgang mit den zu implementierenden Regelungen zu *Related Party Transactions*.

Kraft seiner syntaktischen Aufzählung („oder") macht Art. 9c Abs. 1 UAbs. 2 AktR-RL 2017 dabei deutlich, dass den Mitgliedstaaten mehrere Möglichkeiten zur Verfügung stehen, anhand derer quantitative Kennzahlen festgelegt werden können. Insbesondere der englische Wortlaut („*...based on the impact of ...*") zeigt, dass es sich – wie seinerzeit schon im Parlamentsvorschlag[185] – um eine abschließende Aufzählung handelt. Das Unternehmensinteresse ist dabei der zentrale Ausgangspunkt, um die Wesentlichkeit einer Transaktion quantitativ zu bestimmen (siehe hierzu a.). Es dient als Stellschraube, um die Wesentlichkeit anhand des Einflusses der Transaktion auf die finanzielle Lage, Einnahmen, Vermögen und Kapitalisierung oder auf den Umsatz des börsennotierten Unternehmens zu bestimmen (siehe hierzu b.). Darüber hinaus kann der Einfluss der Transaktion anhand der Art des Geschäfts und der Position des nahe stehenden Unternehmens oder der nahe stehenden Person festgelegt werden (siehe hierzu c.).

a. Unternehmensinteressen

Normativer Ausgangspunkt, um die Wesentlichkeit einer Transaktion anhand quantitativer Kriterien zu bestimmen, ist das Unternehmensinteresse. Dieses ist als Parameter heranzuziehen, da es sich bei dem Abschluss wesentlicher *Related Party Transactions* letztlich um eine Entscheidung des Geschäftsführungsorgans

---

Personen sind, können die Mitgliedstaaten eine oder mehrere quantitative Kennzahlen festlegen, ..."

183 Anders *Tarde*, ZGR 2017, Fn. 22, der die deutsche Sprachfassung eng auslegt.

184 Vgl. *Jung*, WM 2014, 2351, 2352.

185 Vgl. *Jung*, WM 2014, 2351.

handelt, dass sich stets an dem Unternehmensinteresse zu orientieren hat.[186] Die Vorgabe schlägt deshalb im Ergebnis auch auf die Wesentlichkeit von *Related Party Transactions* durch.

Der Entscheidung, auf das Unternehmensinteresse abzustellen, steht nicht entgegen, dass Art. 9c Abs. 1 AktR-RL 2017 sowohl auf die Interessen des börsennotierten Unternehmens als auch der außenstehenden Aktionäre abstellt. Denn unabhängig von der in der Literatur geführten Debatte über die – schwerpunktmäßig – zu berücksichtigenden Interessen,[187] besteht als Minimalkonsens jedenfalls Einigkeit darüber, dass das Geschäftsführungsorgan für den Bestand und die dauerhafte Rentabilität des Unternehmens zu sorgen hat.[188] Insoweit ist der Begriff „Unternehmensinteresse" nicht wörtlich zu verstehen, sondern im Sinne eines „abbrevierten Funktionsbegriffs"[189] als bildliche Beschreibung eines bestimmten juristischen Konstrukts.[190]

Da es sich bei juristischen Personen um eine rechtliche Fiktion handelt, die keine „eigenen" willensgebundenen Interessen haben können, füllen die hinter dem Unternehmen stehenden Interessen den Begriff auf. Dazu gehören neben den Aktionären einer Aktiengesellschaft (*shareholder*), auch die Arbeitnehmer, die Gläubiger, die Konsumenten, der Staat und die Öffentlichkeit (*stakeholder*).[191] Die Aufgabe des Geschäftsführungsorgans ist es dabei, die Interessen in einen angemessenen Ausgleich zu bringen, ohne dass eine Gruppe das Präjudiz hat,[192] also gleichsam die Überhand gewinnt. Gleichzeitig darf das Interesse am Unternehmenserfolg (im Sinne eines angemessenen Gewinns, der zur substanziellen Erhaltung der Kapital- und Ertragskraft ausreicht) gegenüber anderen Zielen nicht unangemessen zurücktreten.[193] Ausgangspunkt sämtlicher

186 In der deutschen Literatur *K. Schmidt,* Gesellschaftsrecht, S. 813.

187 Ausführlich zum Vorrang der Aktionärsinteressen (sog. *shareholder value*) z.B. *Fleischer,* in: Spindler/Stilz, AktG, § 76 Rn. 34; *Kuhner*, ZGR 2004, 244, 254 ff.

188 Vgl. hierzu in der deutschen Literatur *Koch,* in: Hüffer/Koch, AktG, § 76 Rn. 28 ff.; *Mertens/Cahn,* in: KK-AktG, § 76 Rn. 21; *Spindler,* in: MüKo-AktG, § 76 Rn. 32; *Fleischer,* in: Spindler/Stilz, AktG, § 76 Rn. 27; *Semler,* Leitung und Überwachung, Rn. 34 ff. jeweils m.w.N.

189 *Goette*, in: FS 50 Jahre BGH (2000), 123, 127.

190 *Klöhn/Schmolke,* ZGR 2016, 866, 875.

191 *Goette*, in: FS 50 Jahre BGH (2000), 123, 127.

192 *Kort,* in: GK-AktG, § 76 Rn. 52; *Koch,* in: Hüffer/Koch, AktG, § 76 Rn. 28 ff.; *Spindler*, in: MüKo-AktG, § 76 Rn. 63.

193 *Kort,* in: GK-AktG, § 76 Rn. 45; *Koch,* in: Hüffer/Koch, AktG, § 76 Rn. 33 ff.; *Spindler,* in: MüKo-AktG, § 76 Rn. 63.

Partikularinteressen in einem Unternehmen ist vielmehr ihr gemeinsames Interesse daran, den Bestand des Unternehmens als produktive und wertschöpfende Einheit zu erhalten. Das Interessenkonglomerat der Akteure hinter einem Unternehmen läuft also im Ergebnis darauf hinaus, dass der wesentliche Einfluss einer *Related Party Transaction* auf das Unternehmensvermögen im Mittelpunkt steht.

b. Auswirkung auf die finanzielle Lage, Einnahmen, Vermögen, Kapitalisierung oder Umsatz der Gesellschaft

Neben dem Unternehmensinteresse sind bei der Bestimmung der quantitativen Kriterien insbesondere der Einfluss der Transaktion auf die finanzielle Lage, die Einnahmen, das Vermögen, die Kapitalisierung oder der Umsatz des Unternehmens zu berücksichtigen, Art. 9c Abs. 1 UAbs. 2 AktR-RL 2017. In den Gesetzesunterlagen finden sich jedoch keine Anhaltspunkte darüber, was unter den vorgenannten Parametern des Unternehmens im Einzelnen zu verstehen ist.

Zwar bezieht sich der Wortlaut des Art. 9c Abs. 1 UAbs. 2 AktR-RL 2017 – ebenso wie beim Transaktionsbegriff[194] – nicht ausdrücklich auf die internationalen Rechnungslegungsstandards IAS/IFRS. Für einen Rückgriff auf diese spricht jedoch auch hier, dass der Unionsgesetzgeber die bereits bestehenden bilanzrechtlichen Regelungen zur *ex post*-Überwachung der *Related Party Transactions* im Rahmen von (Jahres-)Abschlüssen erweitern wollte, indem er zusätzliche *ex ante*-Kontrollmechanismen implementiert.[195] Um ein in sich geschlossenes Schutzsystem gegen nachteilige *Related Party Transactions* zu gewährleisten, ist es dabei sinnvoll und erforderlich bei der Konkretisierung der Parameter, welche die Wesentlichkeit einer Transaktion bestimmen, dasselbe Begriffsverständnis heranzuziehen wie bei den internationalen Rechnungslegungsstandards IAS/IFRS. Eingang in das Unionsrecht haben sie mittels Art. 2 der IAS-VO gefunden; sie gelten mithin bereits für alle börsennotierten Aktiengesellschaften in der EU. Da auch das „nahe stehende Unternehmen"[196] sowie die „Transaktion"[197] im Rahmen des Art. 9c AktR-RL 2017 unter Rückgriff auf die Standards IAS/IFRS zu bestimmen sind, ist es ferner sachgerecht, auch bei der Konkretisierung des Wesentlichkeitskriteriums auf ihre Vorgaben abzustellen. Darüber hinaus ist zu berücksichtigen, dass ein IFRS-(Jahres-)Abschluss dazu dient, Informationen über die Vermögens-, Finanz- und Ertragslage sowie die

194 Vgl. hierzu die Ausführungen unter Kap. 3.A.III.

195 Vgl. ErwG 3 AktR-RL 2017 mit Bezug auf den Aktionsplan 2012, S. 11.

196 Vgl. hierzu die Ausführungen unter Kap. 3.A.II.

197 Vgl. hierzu die Ausführungen unter Kap. 3.A.III.

Cashflows eines Unternehmens bereitzustellen.[198] Sie sollen im Einzelfall aufzeigen, welche Veränderungen eine Transaktion mit sich bringt, und erlauben einen Ausblick auf möglicherweise veränderte Unternehmensinteressen. Den Aktionären ermöglichen die Informationen, eine wirtschaftliche Entscheidung zu treffen; darüber hinaus zeigen sie Risiken für das börsennotierte Unternehmen und die außenstehenden Aktionäre auf. Die wirtschaftliche Entscheidung beruht dabei im Wesentlichen darauf, die perioden- bzw. stichtagsbezogenen Ergebnisse vergleichend darzustellen. Nichts anderes geschieht bei der Bewertung einer *Related Party Transaction.* Auch hier sind die Auswirkungen der *Related Party Transaction* auf die finanzielle Lage, die Einnahmen, das Vermögen, die Kapitalisierung oder den Umsatz des börsennotierten Unternehmens mit vergleichbaren Transaktionen zu vergleichen.

Gegen einen Rückgriff auf die benannten Parameter des betroffenen Unternehmens, um die Auswirkungen der *Related Party Transaction* zu bewerten, spricht auch nicht, dass die (Jahres-)Abschlüsse lediglich einen Einblick in den Status Quo der wirtschaftlichen Lage eines Unternehmens zum gegenwärtigen Zeitpunkt geben.[199] Vielmehr markieren sie einen Ausgangspunkt, anhand dessen sich die weiteren, künftigen Entwicklungen beurteilen lassen. Geht es etwa darum, über eine Gewinnverwendung bzw. ein Engagement der Gesellschaft oder dessen Beendigung zu entscheiden, lässt sich eine Prognose für die künftige Entwicklung allein anhand der bereits vollzogenen Entwicklung treffen.[200] Nichts anderes gilt für die Beurteilung, ob eine *Related Party Transaction* wesentlich ist. [201] Auch hier lassen sich die Auswirkungen der *Related Party Transaction* auf die Vermögens-, Ertrags- und Finanzlage des börsennotierten Unternehmens – ausgehend vom aktuellen Status Quo und mittels Fortschreibung – eruieren.

Bei einem Konzern kommt es ausschließlich auf die Auswirkungen der Transaktion auf den gesamten Konzern und nicht allein auf das börsennotierte Unternehmen an, denn das wirtschaftliche Gewicht der Maßnahme für die Interessen der Aktionäre lässt sich nicht beurteilen, ohne die gesamten unternehmerischen Aktivitäten einzubeziehen.[202]

---

198 Vgl. IFRS 2.1.

199 So auch *Selchert,* BB 1993, 753, 755 f. zum Jahresabschluss.

200 *Selchert,* BB 1993, 753, 756.

201 So auch *Selchert,* BB 1993, 753, 756 zum Jahresabschluss.

202 Vgl. insoweit auch die deutsche Literatur zur ungeschriebenen Zustimmungspflicht der Hauptversammlung im deutschen AktG *Kubis,* in: MüKo-AktG, § 119 Rn. 50; *Krieger,* in: MHdB AktG, § 70 Rn. 11; *Kiesenwetter/Spengler,* Der Konzern 2009, 451, 456; *Liebscher,* ZGR 2005, 1, 16; a.A. *Habersack,* in: Emmerich/Habersack,

Die prognostizierten Auswirkungen der *Related Party Transaction* auf die finanzielle Lage, Einnahmen, Vermögen, Kapitalisierung oder den Umsatz des börsennotierten Unternehmens ermöglichen insofern einen Ausblick auf möglicherweise wirtschaftlich nachteilige Folgen für das börsennotierte Unternehmen und die außenstehenden Aktionäre.

c. *Berücksichtigung der Art der Transaktion und der Stellung der nahe stehenden Partei*

Darüber hinaus können die Mitgliedstaaten nach Art. 9c Abs. 1 UAbs. 2 AktR-RL 2017 auch auf die Art der Transaktion und die Stellung der nahe stehenden Partei abstellen, um den Wesentlichkeitsbegriff zu konkretisieren. Die Syntax der Kriterien („und") macht deutlich, dass – sollte sich der Mitgliedstaat dafür entscheiden, sie heranzuziehen – beide Aspekte Berücksichtigung finden müssen.

Bei den benannten Kriterien handelt es sich gleichwohl nicht um quantitative, sondern um rein qualitative Kriterien. Aus diesem Grund können sie nur dann Berücksichtigung finden, wenn sich der nationale Gesetzgeber dafür entscheidet, konkrete Schwellenwerte festzulegen. Denn die qualitativen Kriterien „Art des Geschäfts" oder „Position der nahe stehenden Partei" können nur dann im Rahmen quantitativer Kennzahlen Berücksichtigung finden, wenn sich Letztere aus anderen Indizes ergeben. Um zu zeigen, dass wesentliche *Related Party Transactions* zu einer wirtschaftlich nachteiligen Veränderung führen, bieten sich insbesondere Schwellenwerte für die Bekanntmachung bzw. das Bewertungsgutachten sowie den Zustimmungsvorbehalt an. Je nach Art des Geschäfts und der Position des nahe stehenden Unternehmens könnten die nationalen Gesetzgeber dann Mechanismen vorsehen, die die Schwellenwerte im konkreten Einzelfall erhöhen oder absenken.

Denkbar wäre es etwa, höhere Schellenwerte für die (nahezu) unentgeltliche Überlassung eines Grundstücks, das der einzige Vermögensgegenstand des börsennotierten Unternehmens ist, festzulegen als für den Abschluss eines einmaligen Geschäftsbesorgungsvertrages. Möglich wäre es auch, unterschiedliche Grenzwerte für Transaktionen mit unmittelbar und mittelbar beteiligten nahe stehenden Unternehmen festzulegen. Vergleichbare Regelungen finden sich etwa in Ziff. 1.2 des Annex 3 Consob, der in Italien einen höheren Schwellenwert für

---

Aktien- und GmbH-Konzernrecht, Vor § 311 Rn. 46; *Spindler*, in: K. Schmidt/Lutter, AktG, § 119 Rn. 29.

unmittelbar zwischen dem Mutter- und dem Tochterunternehmen stattfindende *Related Party Transactions* vorsieht als bei mittelbaren Transaktionen. Möglich wäre es auch, nach der Höhe der Beteiligung des nahe stehenden Unternehmens zu differenzieren.

d. Ergebnis

Normativer Ausgangspunkt für die Bestimmung der quantitativen Kriterien ist das Unternehmensinteresse. Von diesem ausgehend sind die prognostizierten Auswirkungen der *Related Party Transaction* auf die finanzielle Lage, Einnahmen, Vermögen, Kapitalisierung oder Umsatz des börsennotierten Unternehmens zu evaluieren. Innerhalb eines Konzerns sind dabei nicht die nachteiligen Auswirkungen für das einzelne Unternehmen, sondern die gesamte Gruppe in Augenschein zu nehmen. Bei der Festlegung der quantitativen Kriterien kann auch zwischen der Art der Transaktion sowie der Stellung der nahe stehenden Partei differenziert und unterschiedliche Schwellenwerte festgelegt werden.

3. Stellungnahme

Das Wesentlichkeitskriterium in Art. 9c Abs. 1 AktR-RL 2017 dient dazu, ausschließlich solche *Related Party Transactions* den Bekanntmachungs-, Bewertungs- und Zustimmungspflichten zu unterwerfen, denen ihrer Art oder ihrem Umfang nach ein besonderes finanzwirtschaftliches Risiko anhaftet. Insofern begrenzt die unionsrechtliche Vorgabe den Gestaltungsspielraum des deutschen Gesetzgebers.

Entsprechend können nur solche Transaktionen dem Pflichtenregime unterworfen werden, die einen inneren Bezug zu der Risikoexposition für die außenstehenden Aktionäre, die aus einer *Related Party Transaction* resultieren, aufweisen. Da die Beurteilung der Wesentlichkeit einer Transaktion *ex ante* zum Zeitpunkt des Abschlusses der Transaktion erfolgt, müssen konkrete Anhaltspunkte vorliegen, die auf eine Gefährdung der wirtschaftlichen Lage des börsennotierten Unternehmens schließen lassen. Bei der Beurteilung, ob die Vermögensgefährdung wesentlich ist, kommt dem Unternehmensinteresse eine zentrale Bedeutung zu. Eine Aktiengesellschaft ist primär auf die Erhaltung der Kapital- und Ertragskraft des Gesellschaftsunternehmens als produktive und wertschöpfende Einheit ausgerichtet. Dieser Bezugspunkt begrenzt den deutschen Gesetzgeber in seinem Gestaltungsspielraum dahingehend, als er nur solche Transaktionen der Bekanntmachungs-, Bewertungs- und Zustimmungspflicht unterwerfen kann, die einen inneren Bezug zu der aus der *Related Party Transaction* resultierenden Risikoexposition für die außenstehenden Aktionäre aufweisen, indem sich die *Related Party Transaction* negativ auf die Kapital- und Ertragskraft des börsennotierten Unternehmens, mithin dessen Vermögens-, Finanz- oder Ertragslage, auswirkt.

Bei der Normierung des Kriteriums „Wesentlichkeit" hat der deutsche Gesetzgeber stets die im deutschen Aktienrecht bestehende Kompetenzordnung zwischen Vorstand und Aufsichtsrat zu berücksichtigen,[203] die Handlungsfähigkeit der Gesellschaft zu gewährleisten und sicherzustellen, dass der Wesentlichkeitsbegriffs rechtssicher handhabbar ist. Insbesondere mit Blick auf die Rechtssicherheit ist es daher zu begrüßen, dass der Unionsgesetzgeber sich im Rahmen der AktR-RL 2017 für eine verpflichtende Anwendung quantitativer Kennzahlen entschieden hat. Nicht zuletzt wäre es auch ohne bezifferte Wertgrenze kaum möglich gewesen, die Aggregationsregelung nach Art. 9c Abs. 8 AktR-RL 2017 zu implementieren,[204] da ohne konkrete Kennzahlen das Erreichen von Wertgrenzen nur schwerlich feststellbar gewesen wäre.

Dabei müssen die Wertgrenzen jedoch entsprechend hoch angesetzt werden. Wird eine zu niedrige Wertgrenze verwendet, stünde hinsichtlich der Bekanntmachungspflichten zu befürchten, dass die Bekanntmachung von *Related Party Transaction* ein inflationäres Maß erreicht. Darunter würde die Aussagekraft und Informationsqualität der Bekanntmachungen leiden – es drohte ein sog. *information overload*.[205] Im Falle des Zustimmungsvorbehalts bestünde des Weiteren die Gefahr, dass die im deutschen Aktienrecht bestehende Kompetenzverteilung zwischen Vorstand und Aufsichtsrat durchbrochen würde. Der Vorstand würde in seiner Geschäftsführungskompetenz faktisch eingeschränkt und die Hauptversammlung bzw. der Verwaltungs-/Aufsichtsrat als zweites Geschäftsführungsorgan implementiert. Ferner hätte eine Zustimmungspflicht kleinvolumiger Geschäfte durch die Hauptversammlung einen beträchtlichen Verwaltungsaufwand zur Folge, der außer Verhältnis zu der Anzahl der *Related Party Transactions* stünde. Auch würden die zu berücksichtigenden Einberufungsfristen für die Hauptversammlung die wirtschaftliche Betätigung innerhalb des Konzerns faktisch zum Erliegen bringen.

---

203 Für die Wahrung der deutschen Kompetenzordnung auch *Bungert/de Raet*, Der Konzern 2015, 289, 293.

204 *Tarde*, ZGR 2017, 360, 374 f.

205 Vgl. dazu *Bungert/de Raet*, DB 2015, 289, 293; *Bungert/Wansleben*, DB 2017, 1190, 1194; allg. ferner *Moellers*, 36 N.C.J. Int'l L.& Com. Reg., 57, 58, 67 (2010); *Paredes*, 81 Wash. U.L.Rev., 416, 419 (2003).

a. Unterschiedliche Wertgrenzen

Für die Bekanntmachung, das Bewertungsgutachten und das Zustimmungserfordernis[206] sollte der deutsche Gesetzgeber unterschiedliche Wesentlichkeitskriterien festlegen. Den Weg dafür eröffnet Art. 9c Abs. 1 UAbs. 3 AktR-RL 2017. Aus rechtsvergleichender Perspektive scheint es sachgerecht, nach den verschiedenen Pflichten zu differenzieren. So geht jedenfalls das britische *Related Party Transactions*-Regime vor:[207] Überschreitet eine Kennzahl, die UK LR 11.1.17 R festlegt,[208] den Schwellenwert von 0,25%, ohne jedoch die Schwelle von 5% zu überschreiten, hat ein unabhängiger Dritter (der sog. *sponsor*) zu bestätigen, dass die Transaktion fair und vernünftig ist; zusätzlich muss die Gesellschaft die Transaktion über das *Research Information System* (RIS) öffentlich bekanntmachen, UK LR 11.1.2010 R. Sofern eine der Kennzahlen mindestens 5% beträgt, ist zusätzlich ein Beschluss der Gesellschafterversammlung mit einfacher Mehrheit der nicht involvierten Gesellschafter erforderlich. Die Bestätigung des *sponsors* zur Fairness und Vernünftigkeit der Transaktion dient ihnen dabei als Entscheidungsgrundlage.

Des Weiteren scheinen unterschiedliche Wertgrenzen sinnvoll. Würden für die Bekanntmachung und den Zustimmungsvorbehalt dieselben Wertgrenzen festgelegt, stünde zu befürchten, dass die wirtschaftliche Handlungsfähigkeit des börsennotierten Unternehmens erheblich geschmälert wird. So dient die Bekanntmachungspflicht nicht nur der Information der am Zustimmungsprozess Beteiligten, sondern auch und insbesondere – und das hebt die AktR-RL 2017 in Art. 9c Abs. 1 UAbs. 2 (a) AktR-RL 2017 nun hervor – den Aktionären der Gesellschaft. Um diesem Informationserfordernis angemessen Rechnung tragen zu können, bedürfte es bei lediglich einer einheitlichen Wertgrenze eine entsprechend niedrige Grenze. Die einheitliche Wertgrenze hätte des

---

206 Vgl. hierzu die Ausführungen unter Kap. 3.B, C und D.

207 Vgl. FCA Handbook LR 11.1.10.

208 UK LR 10 Annex 1 G sieht dafür vier Kennzahlen vor: (i) Division der Bruttovermögenswerte der Transaktion durch Bruttovermögenswerte der Gesellschaft; (ii) Verhältnis zwischen Gewinn aus der Transaktion und Gewinne der Gesellschaft; (iii) Verhältnis zwischen Wert der Gegenleistung und Marktpreis der Aktien; (iv) beim Unternehmenskauf Division des Bruttokapitals des zu erwerbenden Unternehmens durch Bruttokapital der Gesellschaft. Siehe hierzu auch *Pierce/Kirby*, in: Blair/Walker/Willy, Financial Markets and Exchanges Law, 173, 183 f.; zu den aktuellen Reformüberlegungen FCA Consultation Paper CP17/4, Februar 2017, Rn. 4.1 ff., abrufbar unter https://www.fca.org.uk/publication/consultation/cp17-04.pdf.

Weiteren zur Folge, dass diese *Related Party Transactions* auch einem Zustimmungsvorbehalt unterworfen wären. Die mit dem Zustimmungsvorbehalt einhergehenden zeitlichen Verzögerungen würden schlussendlich dazu führen, dass das börsennotierte Unternehmen einen erheblichen Wettbewerbsnachteil gegenüber Gesellschaften erleiden würde, die nicht im Rahmen eines Konzerns wirtschaftlich tätig sind. Eine Beschneidung dieser wirtschaftlichen Handlungsfähigkeit vermag sich bei gewichtigen *Related Party Transactions*, bei denen die finanziellen Nachteile für die außenstehenden Aktionäre tiefgreifender Natur sind, auch mit Blick auf den in Art. 14 GG verankerten Recht am eingerichteten und ausgeübten Gewerbebetrieb, [209] wohl rechtfertigen lassen. Bei weniger einschneidenden *Related Party Transactions* wird man davon jedoch nicht mehr ausgehen können, zumal die finanziellen Nachteile in diesen Fällen für die außenstehenden Aktionäre überschaubar sind und auch zum unternehmerischen Risiko der außenstehenden Aktionäre gehören.[210] Die Wertgrenze des optional zu implementierenden Bewertungsgutachtens hängt davon ab, ob der nationale Gesetzgeber der Hauptversammlung oder dem Aufsichtsorgan die Zustimmungskompetenz überträgt. Wird der Hauptversammlung diese Kompetenz übertragen, ist es sinnvoll, das Bewertungsgutachten denselben Wertgrenzen zu unterwerfen wie der Bekanntmachung. In diesem Fall dient sie nicht nur als Kontrollmittel, sondern dient auch den Aktionären als Entscheidungsgrundlage. Ist hingegen das Aufsichtsorgan mit der Zustimmung zu *Related Party Transactions* betraut, bietet es sich an, das Bewertungsgutachten mit den Wertgrenzen der Zustimmung zu verknüpfen.

b. Wertgrenzen

Der nationale Gesetzgeber steht mithin vor der Aufgabe, konkrete Wertgrenzen für die Bekanntmachung und Bewertung von sowie Zustimmung zu *Related Party Transactions* festzulegen. Dabei ist es – wie eben dargelegt – sinnvoll, verschiedene Wertgrenzen für die Bekanntmachung, Bewertung und den Zustimmungsvorbehalt festzulegen.

i. Parameter für die Bestimmung der Wertgrenzen

Voraussetzung für die Festlegung der Wesentlichkeit ist zunächst die Entscheidung, auf welchen der in Art. 9c Abs. 1 UAbs. 2 AktR-RL 2017 benannten

---

209 *Papier*, in: Maunz/Dürig, GG, Art. 14 Rn. 95.

210 A.A. DAI, Stellungnahme zur Umsetzung der geänderten EU-Aktionärsrechterichtlinie, S. 47.

Parameter abzustellen ist. Rechtsvergleiche zu England und Italien zeigen, dass es sich hierbei anbietet, die Auswirkungen der *Related Party Transaction* ins Verhältnis zur Größe des Unternehmens zu setzen. Die UK LR 11 operiert dabei mit dem Bruttovermögenswert, dem Gewinn, der Gegenleistung und beim Unternehmenskauf dem Bruttokapital der *Related Party Transaction.*[211] Ähnlich verhält es sich in Italien, wo nach Annex 3 Consob die Gegenleistung, der Bruttovermögenswert und der Gewinn als Parameter für das Erreichen der Wertgrenze herangezogen werden.

Ausgangspunkt für die Bestimmung der die Wertgrenze konkretisierenden Parameter ist der durch die *Related Party Transaction* entstehende finanzielle Schaden für das Unternehmen und die außenstehenden Aktionäre. Dieser Schaden manifestiert sich für die außenstehenden Aktionäre in der Verringerung des Eigenkapitals, der sich anhand des Vermögenswerts der Kapitalbeteiligung der außenstehenden Aktionäre bemessen lässt. Ausgehend von dem Schutzgedanken des Unionsgesetzgebers, die Kapitalbeteiligung des außenstehenden Aktionärs zu schützen, erscheint es aus diesem Grund geboten, ausschließlich auf die Auswirkung der *Related Party Transaction* auf das Eigenkapital abzustellen.

Dabei ist es jedoch nicht ausreichend, die Auswirkungen der *Related Party Transaction* auf das Eigenkapital als Parameter heranzuziehen. Vielmehr müssen die Auswirkungen der *Related Party Transaction* ins Verhältnis zu den Auswirkungen einer zu marktüblichen Bedingungen geschlossenen Transaktion zwischen denselben Vertragsparteien gesetzt werden. Schließlich sollen *Related Party Transactions* nur dann den Anforderungen des Art. 9c Abs. 2, 3 und 4 AktR-RL 2017 unterworfen werden, wenn die Auswirkungen nicht mehr marktüblich sind. Dies ergibt sich aus dem Zusammenhang zu Art. 9c Abs. 5 AktR-RL 2017. Vor diesem Hintergrund müssen die Auswirkungen der beiden Transaktionen auf das Eigenkapital miteinander verglichen werden.

Hierfür sind in einem ersten Schritt die Auswirkungen der *Related Party Transaction* auf das Eigenkapital des Unternehmens festzumachen. In einem zweiten Schritt sind die Auswirkungen der *Related Party Transaction* ins Verhältnis zu den Auswirkungen auf das Eigenkapital einer zwischen denselben Vertragsparteien geschlossenen Transaktion zu setzen, die jedoch zu marktüblichen Bedingungen geschlossenen wurde.

211 Zu den aktuellen Reformüberlegungen FCA Consultation Paper CP17/4, Februar 2017, Rn. 4.1 ff., abrufbar unter https://www.fca.org.uk/publication/consultation/cp17-04.pdf.

ii. Wertgrenzen

Weicht die Related Party Transaction zu stark ab von den Auswirkungen, die eine marktübliche Transaktion auf das Eigenkapital gehabt hätte, ist sie den Anforderungen des Art. 9c Abs. 2, 3, und 4 AktR-RL 2017 zu unterwerfen.

Für die Bekanntmachung wird man eine Transaktion, die von marktüblichen Konditionen abweicht, schon dann als wesentlich ansehen müssen, wenn die Abweichungen der nachteiligen Auswirkungen auf das bilanzielle Eigenkapital über 1% betragen. Für ein Abstellen auf diese Wertgrenze spricht, dass bereits der Kommissionsvorschlag in Art. 9c Abs. 1 AktR-RL 2017 eine entsprechende Grenze für die Bekanntmachung von *Related Party Transactions* vorsah und es grundsätzlich nicht ersichtlich ist, dass der Unionsgesetzgeber von dieser Wertgrenze abweichen wollte. Dem steht insbesondere nicht entgegen, dass der Unionsgesetzgeber von den noch im Kommissionsvorschlag vorgesehenen starren Wertgrenzen Abstand genommen hatte. Dies hat er wohl nur getan, um allen Mitgliedstaaten hinreichend Flexibilität bei der Umsetzung des Art. 9c AktR-RL 2017 zu ermöglichen, so dass die nationalen Besonderheiten berücksichtigt werden zu können. Insoweit kann Art. 9c Kommissionsvorschlag als Richtschnur herangezogen werden, die, insbesondere mangels spezieller gesetzlicher Regelungen zu *Related Party Transactions* im deutschen Aktienrecht, vom deutschen Gesetzgeber berücksichtigt werden sollte.[212]

Für die Zustimmungspflicht empfiehlt es sich hingegen nicht, auf die 5%-Werthürde zurückzugreifen, die die Kommission in Art. 9c Abs. 2 Kommissionsvorschlag noch vorgeschlagen hatte. Zwar spräche hierfür aus rechtsvergleichender Sicht, dass die Genehmigungspflichten sowohl im britischen wie auch im italienischen Regelwerk zu *Related Party Transactions* zur Anwendung kommen, wenn die 5%-Werthürde erreicht[213] bzw. überschritten[214] ist. Eine 5%-Abweichung von marktüblichen Transaktionen ist auch dazu geeignet, die wirtschaftliche Lage des börsennotierten Unternehmens nachteilig zu gefährden; ferner blieben die qualitativen Untergrenzen des Art. 9c Abs. 1 UAbs. 1 AktR-RL 2017 gewahrt. Gegen eine 5%-Werthürde spricht jedoch, dass sich weder im englischen noch im italienischen Recht Regelungen finden, die sich ganz allgemein mit dem Konzernrecht und den damit einhergehenden

212 Ohne Nennung eines konkreten Schwellenwerts aber wohl auch auf den Schwellenwert von 1% abstellend *Tarde,* Related Party Transactions, S. 214.

213 FCA Handbook LR 10 Annex, LR 11.1.10.

214 Annex 3 des Consob Beschluss Nr. 17221, Abs. 1.1.

Regelungen für *Related Party Transactions* auseinandersetzen.[215] Anders verhält es sich hingegen im deutschen Aktienrecht. Zwar fehlt es hier bislang an expliziten Regelungen zum Umgang mit *Related Party Transactions*.[216] Der Gefahr der Vermögensverschiebung und Risikoexposition begegnet das deutsche Recht jedoch auf andere Art und Weise.[217] So bestehen neben den allgemeinen Vorschriften (wie §§ 57, 62 AktG) bereits heute Schutzmechanismen im Vertragskonzern – und zwar in Form der Zustimmung der Hauptversammlung mit ¾-Mehrheit (§ 293 AktG), der Verlustübernahmepflicht durch die herrschende Gesellschaft (§ 302 AktG), des Ausgleichs (§ 304 AktG) und des Abfindungsangebots (§ 305 AktG) für die außenstehenden Aktionäre. Im faktischen Konzern finden sich der Nachteilsausgleich (§ 311 AktG) und die Prüfung durch Abschlussprüfer und Aufsichtsrat (§§ 313 f. AktG). Liegt eine verbotene Einlagenrückgewähr vor, haftet der Vorstand der Gesellschaft in beiden Fällen gem. § 93 Abs. 3 Nr. 1 AktG. Darüber hinaus unterliegen Geschäfte und Maßnahmen von grundlegender bzw. existenzbedrohender Bedeutung nach § 111 Abs. 4 Satz 2 AktG bereits der Zustimmung des Aufsichtsrats. Zwar ist im Einzelnen umstritten, wann bei § 111 Abs. 4 Satz 2 AktG von einem Geschäft bzw. einer Maßnahme im vorgenannten Sinne auszugehen ist. Es herrscht jedoch Einigkeit darüber, dass das Geschäft oder die Maßnahme dabei keine Bagatellen erfassen soll, sondern vielmehr von einschneidender Auswirkung für die Vermögens-, Finanz- und Ertragslage sein muss.[218] Berücksichtigt man sowohl die Schutzmechanismen, die im deutschen Aktienrecht bereits bestehen, als auch die dringende Notwendigkeit, den weit gefassten Anwendungsbereichs des Art. 9c Abs. 1 AktR-RL 2017 einzugrenzen, scheint im Ergebnis eine Wertgrenze von 10% sachgerecht.[219]

c. *Ergebnis*

Wesentliche *Related Party Transactions* sind Geschäfte, welche die Ertragsaussichten oder die Risikoexposition des börsennotierten Unternehmens nachteilig verändern. Ob eine *Related Party Transaction* wesentlich ist, bestimmt sich

---

215 *Bungert/Wansleben*, DB 2017, 1190, 1195.

216 *Fleischer*, BB 2014, 2691 („Blinder Fleck im System des deutschen Aktienrechts"); auch *Selzner*, ZIP 2015, 753, 755; *Veil*, NZG 2017, 521, 523 („bunte[r] Strauß an Schutzvorschriften").

217 So auch *Wiersch*, NZG 2014, 1131, 1134.

218 Vgl. hierzu die Ausführungen unter Kap. 4.B.II.

219 A.A. *Tarde*, Related Party Transactions, S. 215, der ohne Berücksichtigung der konzernrechtlichen Besonderheiten einen Schwellenwert von 5% als angemessen ansieht.

anhand eines Vergleichs einer marktüblichen und der in Rede stehenden *Related Party Transaction* hinsichtlich ihrer Auswirkung auf das bilanzielle Eigenkapital des börsennotierten Unternehmens. Weichen die negativen Auswirkungen der *Related Party Transaction* zu 1% bzw. 10% von den Auswirkungen einer zu marktüblichen Bedingungen geschlossenen Transaktion ab, unterliegt die *Related Party Transaction* den in Art. 9c Abs. 2, 3 bzw. 4 AktR-RL 2017 normierten Verpflichtungen. Da die *Related Party Transaction* nach dem hier zugrunde liegenden Verständnis jeweils ins Verhältnis zu marktüblichen Transaktionen zu setzen ist, ist eine Differenzierung nach der Art des Geschäfts und der Position des nahe stehenden Unternehmens nicht erforderlich, vgl. Art. 9c Abs. 1 UAbs. 2 AktR-RL 2017.

V. Aggregation

Ebenso wie der Kommissions[220]- und Parlamentsvorschlag[221] sieht die AktR-RL 2017 in Art. 9c Abs. 8 die Aggregation einzelner *Related Party Transactions* vor. Eine Aggregation stellt die Zusammenfassung mehrerer Einzelgrößen zu einer Gesamtgröße dar. Im vorliegenden Fall sind dabei sämtliche *Related Party Transactions* aufzusummieren, die für sich genommen nicht wesentlich waren. Diese Addition ist geboten, damit die Anforderungen an wesentliche Geschäfte nicht durch den Abschluss mehrerer kleiner Transaktionen unterlaufen werden können.[222] Darüber hinaus stellt die Aggregation sicher, dass auch sich sukzessiv verstärkende oder auf Dauer angelegte wesentliche Geschäftsverbindungen mit nahe stehenden Parteien einer Kontrolle unterzogen werden.[223]

1. *Konkretisierung*

Nach Art. 9c Abs. 8 AktR-RL 2017 fallen nur solche Transaktionen unter die Aggregationsregelung, die nicht bereits den Bekanntmachungs-, Bewertungs- und Zustimmungsverpflichtungen unterworfen sind. So heißt es in Art. 9c Abs. 8 AktR-RL 2017, dass nur solche *Related Party Transactions* zusammengerechnet werden, die „nicht den Verpflichtungen nach den Absätzen 2, 3 oder 4 unterliegen". Nicht erfasst sind demnach marktübliche *Related Party Transactions*

---

220 Vgl. hierzu Art. 9c Abs. 3 Kommissionsvorschlag.

221 Vgl. hierzu Art. 9c Abs. 7 Parlamentsvorschlag.

222 *Bungert/de Raet*, Der Konzern 2015, 289, 293; *J. Vetter*, ZHR 179 (2015), 273; *Kleinert/Mayer*, EuZW 2018, 314, 320.

223 *Tarde*, ZGR 2017, 360, 366; *ders.*, Related Party Transactions, S. 209.

im ordentlichen Geschäftsgang sowie Geschäfte von Tochterunternehmen, da diese gem. Art. 9c Abs. 5 AktR-RL 2017 vom Anwendungsbereich des Art. 9c Abs. 1 AktR-RL 2017 ausgeschlossen sind.[224] Gleiches gilt, wenn die *Related Party Transactions* einem Ausnahmetatbestand unterliegen, den die Mitgliedstaaten aufgrund von Art. 9c Abs. 6 AktR-RL 2017 implementiert haben.[225] Daraus ist zu schließen, dass nur solche *Related Party Transactions* i.S.v. Art. 9c Abs. 1 AktR-RL 2017 von der Aggregationsregelung erfasst sind, die für sich genommen die Wesentlichkeitsschwelle nicht überschreiten. Der Unionsgesetzgeber will damit sicherstellen, dass die Aggregationsregelungen keinen starren Wesentlichkeitsschwellen unterliegen, sondern entlang der Wesentlichkeitsschwellen, die der nationale Gesetzgeber festlegt, zur Anwendung gelangen.

Wie sich dem Wortlaut des Art. 9c Abs. 8 AktR-RL 2017 („...Geschäfte mit denselben nahe stehenden Unternehmen...“) entnehmen lässt, ist es dabei nicht zulässig, pro nahe stehender Partei mehrere Töpfe mit verschiedenen Transaktionsarten zu bilden. Vielmehr ist für jede einzelne nahe stehende Partei zu überwachen und zu kontrollieren, ob die *Related Party Transactions* die Wesentlichkeitsschwelle in Summe erreichen.[226] Unerheblich ist hingegen, welchen wertmäßigen Umfang die *Related Party Transaction* hat, die den zu normierenden Schwellenwert der Bekanntmachung bzw. das Bewertungsgutachten oder den Zustimmungsvorbehalt hat.

Da es den Mitgliedstaaten freigestellt ist, für die Bekanntmachung-, Bewertungs- und Zustimmungsverpflichtungen unterschiedliche Schwellenwerte festzulegen,[227] ist zu berücksichtigen, ob bzw. dass die Mitgliedstaaten entsprechende Differenzierungen implementiert haben. Sieht ein Mitgliedstaat etwa unterschiedliche Schwellenwerte für die Bekanntmachung und Bewertung auf der einen Seite und den Zustimmungsvorbehalt auf der anderen Seite vor, so muss die Aggregationsregelung auch bei beiden Schwellenwerten greifen. Dies ergibt sich maßgeblich aus Art. 9c Abs. 8 AktR-RL 2017, wonach solche Geschäfte von der Aggregationsregelung ausgeschlossen sind, die den Verpflichtungen nach den Abs. 2, 3 *oder* 4 unterliegen.

Sah der Kommissionsvorschlag noch keine Regelungen für den Beginn des Aggregationszeitraums vor,[228] konkretisiert der Unionsgesetzgeber diesen

---

224 So auch *Bungert/Wansleben,* DB 2017, 1190, 1195; *Tarde,* Related Party Transactions, S. 209.

225 Vgl. *Bungert/Wansleben,* DB 2017, 1190, 1195.

226 Vgl. *Bungert/Wansleben,* DB 2017, 1190, 1195.

227 Vgl. hierzu die Ausführungen unter Kap. 3.A.IV.3.a.

228 Dies kritisierend etwa *Bungert/de Raet,* Der Konzern 2015, 289, 293.

Zeitpunkt in Art. 9c Abs. 8 AktR-RL 2017 dahingehend, dass *Related Party Transactions*, „die in einem beliebigen Zeitraum von 12 Monaten oder in demselben Geschäftsjahr getätigt wurden", zusammenzurechnen sind. Wann ein Geschäftsjahr beginnt, bestimmt regelmäßig die Satzung. Geht es um den Zeitraum von zwölf Monaten ist die Regelung dem Wortlaut entsprechend („Zeitraum von 12 Monaten") dahingehend auszulegen, dass der Aggregationszeitraum mit der ersten *Related Party Transaction* mit einem nahe stehenden Unternehmen beginnt.

Welche Rechtsfolgen die Aggregation auslöst, regelt Art. 9c Abs. 8 AktR-RL 2017 nicht. Insbesondere lassen sich Art. 9c Abs. 8 AktR-RL 2017 keine Anhaltspunkte entnehmen, die Aufschluss darüber geben, ob alle *Related Party Transactions*, die nicht vom Anwendungsbereich des Art. 9c Abs. 1 AktR-RL 2017 erfasst sind, den Verpflichtungen nach den Abs. 2, 3 oder 4 der AktR-RL 2017 zu unterwerfen sind und/oder – in Anlehnung an die Regelungen der UK LR 11.1.11 – neben der die Wesentlichkeitsschwelle überschreitenden Transaktion ausschließlich die *nachfolgenden* Transaktionen den Anforderungen der Art. 9c Abs. 2, 3 und 4 AktR-RL 2017 zu unterwerfen sind.[229] Gegen die Schlussfolgerung, alle Transaktionen zu erfassen, spricht, dass einige von ihnen den Wesentlichkeitsschwellenwert aufgrund ihres geringen Transaktionsvolumens gerade nicht erreicht haben. Würde man diese Transaktionen im Rahmen der Aggregation rückwirkend wieder dem Pflichtenregime für *Related Party Transactions* unterwerfen, führte das die Entscheidung des Unionsgesetzgebers *ad absurdum*, nur wesentliche *Related Party Transactions* den Anforderungen der Art. 9c Abs. 2, 3 und 4 AktR-RL 2017 zu unterwerfen.[230] Auch wäre in diesem Fall nicht rechtssicher gewährleistet, ob sämtliche Geschäfte mit einer nahe stehenden Partei innerhalb der zwölf Monate bzw. des Geschäftsjahres überhaupt rechtmäßig zustande gekommen sind.[231] Vielmehr wären die *Related Party Transactions* mit der Gefahr behaftet, dass die Hauptversammlung oder der Aufsicht- bzw. Verwaltungsrat einer oder mehreren Transaktionen nicht zustimmt. Zwar werden die Transaktionen nicht rückwirkend im Außenverhältnis unwirksam.[232] Es bestünde jedoch im Innenverhältnis ein Schwebezustand, dem das Geschäftsführungsorgan mit Blick auf etwaige Haftungsrisiken nur dadurch begegnen könnte, dass er sämtliche wesentliche *Related Party Transactions* prophylaktisch den Anforderungen der Abs. 2, 3 und 4 der AktR-RL 2017

229 Vgl. hierzu *Jung*, WM 2015, 2351, 2355; *Bungert/Wansleben*, DB 2017, 1190, 1195.

230 *Bungert/de Raet*, Der Konzern 2015, 289, 293.

231 *Bungert/de Raet*, Der Konzern 2015, 289, 293.

232 Zur Unwirksamkeit der Transaktion bei fehlender Zustimmung siehe unten Kap. 3.E.

unterwirft. Wie sich aus den Regelungen des Art. 9c Abs. 1 AktR-RL 2017, der differenzierende Wertgrenzen bei der Bekanntmachung und Bewertung sowie Zustimmung ausdrücklich zulässt, ergibt, war dies jedoch gerade nicht die Intention des Unionsgesetzgebers.

Ohnehin besteht kein Bedarf für eine Auslegung, die ausnahmslos alle Transaktionen (rückwirkend) der Aggregation unterwirft, sobald die Wesentlichkeitsschwelle überschritten ist. Eine missbräuchliche Umgehung der Regelungen zu *Related Party Transaction* stellt bereits eine Pflichtverletzung des Geschäftsführungsorgans dar, die durch den Verwaltungs-/Aufsichtsrat zu verfolgen ist.[233] Schon allein die Gefahr der immensen Schadensersatzansprüche wird das Geschäftsführungsorgan zu einem rechtskonformen Verhalten anhalten. Durch eine weite Auslegung würde darüber hinaus ein Sanktionscharakter geschaffen, den der Unionsgesetzgeber mit Blick auf Art. 14 AktR-RL 2017 nicht beabsichtigt haben kann.[234] Es ist insofern naheliegend, dass der Unionsgesetzgeber hier weiterhin an seinem regulatorischen Vorbild,[235] der UK LR 11.1.11, festhalten wollte.[236] Diese Regelung lässt die Voraussetzungen der UK LR 11 nur zur Anwendung kommen, wenn die Schwellenwerte zur Eröffnung des Anwendungsbereichs erreicht sind.

In der Folge ist davon auszugehen, dass ausschließlich die die Wesentlichkeitsschwelle überschreitende Transaktion einschließlich der nachfolgenden Transaktionen mit demselben nahe stehenden Unternehmen von den Verpflichtungen nach Abs. 2, 3, und 4 des Art. 9c AktR-RL 2017 erfasst sind.[237] Bis zum Ablauf der zwölf Monate bzw. dem Geschäftsjahr eröffnen Letztere den Anwendungsbereich des Art. 9c AktR-RL 2017.

---

233 So auch *Bungert/de Raet,* Der Konzern 2015, 289, 293; *J. Vetter,* ZHR 179 (2015), 273, 322.

234 *Bungert/de Raet,* Der Konzern 2015, 289, 293.

235 Vgl. hierzu Kap. 3.A.IV.

236 *Bungert/Wansleben,* DB 2017, 1190, 1195.

237 So auch *Bungert/Wansleben,* DB 2017, 1190, 1195; DAI, Stellungnahme zur Umsetzung der geänderten EU-Aktionärsrechterichtlinie, S. 58; vgl. auch *Zetsche,* NZG 2014, 1121, 1126; ebenso *Tarde,* Related Party Transactions, S. 209, der aber eine nachträgliche Publizitätspflicht gem. Abs. 2 für alle aufsummierten *Related Party Transactions* fordert.

2. *Stellungnahme*

Transaktionen, die für sich genommen nicht wesentlich sind, werden mit Hilfe des Art. 9c Abs. 8 AktR-RL 2017 zusammengefasst. Für den Fall, dass sie in Summe das Wesentlichkeitskriterium erfüllen, unterstehen sie den Anforderungen für *Related Party Transactions*. Der Unionsgesetzgeber will dadurch sicherstellen, dass börsennotierte Unternehmen die Regelungen für *Related Party Transactions* nicht gezielt umgehen können.

Durch die Aggregationsregelung entsteht jedoch zugleich ein bürokratischer Aufwand, der sich auch durch eine enge Normierung der Aggregationsregeln nicht gänzlich vermeiden lässt.[238] So wird es in Konzernen nur mittels eines strengen Kontrollsystems möglich sein, jede einzelne *Related Party Transactions* auszumachen und zu gewährleisten, dass die zusammengenommen die Wesentlichkeitsschwelle überschreitenden *Related Party Transactions* den Voraussetzungen der Abs. 2, 3 und 4 der AktR-RL 2017 unterworfen werden. Bedenken bestehen insbesondere dahingehend, dass aufgrund der zum Teil schwierigen Einordnung als nahe stehende Partei nach IAS 24[239] sich diese Schwierigkeiten bei aggregierten *Related Party Transactions* kumulieren. Denn wenn schon die Einordnung als *Related Party Transaction* Schwierigkeiten schafft, liegt die Vermutung nahe, dass dies erst recht bei der Aggregation dieser Transaktionen der Fall ist. Selbst wenn der deutsche Gesetzgeber auf eine Bewertung der *Related Party Transaction*[240] verzichtet, die optionalen Bereichsausnahmen[241] vollends ausgeschöpft und die Ausnahme von Transaktionen im ordentlichen Geschäftsgang und zu marktüblichen Bedingungen extensiv auslegt,[242] verbleibt ein Restrisiko, das nicht zu Lasten des Geschäftsführungsorgans gehen darf. Es muss den Geschäftsführungsorganen auch tatsächlich möglich sein, den gesetzlichen Anforderungen gerecht zu werden.

Um den steigenden gesetzlichen Anforderungen in angemessener Weise Rechnung tragen zu können, werden börsennotierte Unternehmen ein internes Überwachungssystem für sämtliche *Related Party Transactions* implementieren müssen; nur so werden sie rechtzeitig erkennen können, ob aggregierte

238 Kritisch hierzu *Bungert/de Raet,* Der Konzern 2015, 289, 293; *Kleinert/Mayer,* EuZW 2018, 320, 321; *J. Vetter*, ZHR 179 (2015), 273, 322; *Wiersch,* NZG 2014, 1131, 1132; *Tarde,* Related Party Transactions, S. 209.

239 Vgl. hierzu die Ausführungen unter Kap. 3.A.II.2.

240 Vgl. hierzu die Ausführungen unter Kap. 3.C.

241 Vgl. hierzu die Ausführungen unter Kap. 3.A.VI.

242 *Tarde,* ZGR 2017, 360, 377.

Transaktionen die Wesentlichkeitsschwelle überschreiten.[243] Die neu zu schaffenden internen Überwachungsapparate werden gleichzeitig dazu dienen müssen, sämtliche *Related Party Transactions*, die nach der Überschreitung der Wesentlichkeitsschwelle zustande kommen, ordnungsgemäß bekanntzumachen und genehmigen zu lassen. Zeitliche Verzögerungen sind insoweit vorprogrammiert.

Um den aufgezeigten Gefahren der Aggregationsregel zumindest im Ansatz begegnen zu können, sollte der deutsche Gesetzgeber den Wortlaut des Art. 9c Abs. 8 AktR-RL 2017 nicht wortwörtlich in das deutsche Recht übernehmen. Erforderlich sind vielmehr klare(re) Regelungen, die es gewährleisten, aggregierte *Related Party Transactions* schnell, aber auch rechtssicher zu erkennen. Hilfreiche Anhaltspunkte dafür geben zum Beispiel Regelungen der UK LR[244] und des Consob[245].

VI. Ausnahmetatbestände

Dem Unionsgesetzgeber war gleichwohl bewusst, dass in der Unternehmensgruppe aufgrund einer „stark zentralisierten Ressourcenallokation gesamtgesellschaftliche Gewinne“[246] entstehen. Zu denken sei etwa an die zentral gesteuerte Personalleitung oder die Bündelung von Produktionsstätten. Sie zu behindern war nicht seine Intention. Aus diesem Grund sieht Art. 9c AktR-RL 2017 Ausnahmen vor.

Eine Ausnahmemöglichkeit vom Kontrollregime für *Related Party Transactions* sah der Unionsgesetzgeber im Kommissionsvorschlag zunächst bei Transaktionen zwischen dem börsennotierten Unternehmen und seinen 100%-igen Tochterunternehmen als geboten an.[247] Nach der starken Kritik, insbesondere auch durch die deutsche Literatur,[248] dass es für Konzernsachverhalte in zu geringem Umfang Ausnahmetatbestände gebe, nahm der Unionsgesetzgeber

243 *Tarde*, ZGR 2017, 360, 377.

244 Vgl. UK LR 11.1.11 sowie UK LA Technical Note 307.1.

245 Vgl. 1.4 Annex 3 Consob.

246 *Tröger*, AG 2015, 53, 62.

247 Vgl. hierzu Art. 9c Abs. 4 Kommissionsvorschlag.

248 Dazu *Bayer/Selentin*, NZG 2015, 7, 8; *Drygala*, AG 2013, 198, 207 ff.; *Fleischer*, BB 2014, 2691, 2700; *Hommelhoff*, KSzW 2014, 63, 67; *Jung*, WM 2014, 2351, 2354; *Lanfermann/Maul*, BB 2014, 1283, 1387 f.; *U.H. Schneider*, EuZW 2014, 641, 642; *Seibt*, BDI/FBD, S. 20 ff.; *ders.*, DB 2014, 1910, 1914 f.; *Verse/Wiersch*, EuZW 2014, 330, 335; *J. Vetter*, ZHR 179 (2015), 273, 315 ff.; *Wiersch*, NZG 2014, 1131, 1136; *Zetsche*, NZG 2014, 1121, 1126 f.

im Parlamentsvorschlag auch Transaktionen zwischen dem börsennotierten Unternehmen und dessen Tochterunternehmen aus, sofern kein nahe stehendes Unternehmen des börsennotierten Unternehmens gleichzeitig an dem Tochterunternehmen beteiligt ist.[249] Die deutsche Literatur hielt die tatbestandlichen Ausnahmen gleichwohl für unzureichend.[250] Daraufhin entschloss sich der Unionsgesetzgeber, mit Art. 9c Abs. 6 AktR-RL 2017 einen noch umfassenderen Ausnahmekatalog zu implementieren.

So können die Mitgliedstaaten nach Art. 9c Abs. 6 lit. a) AktR-RL 2017 nun zusätzlich zu den vorgenannten Ausnahmetatbeständen auch solche Konzernsachverhalte von der Bekanntmachungs-, Bewertungs- und Zustimmungspflicht ausnehmen, wenn das nationale Recht Vorschriften zum angemessenen Schutz der Interessen des börsennotierten Unternehmens, des Tochterunternehmens und ihren jeweiligen Aktionären vorsieht. Daneben existieren Ausnahmen für genau festgelegte Arten von Geschäften, die nach nationalem Recht hauptversammlungspflichtig sind, die Organvergütung, Stabilisierungsmaßnahmen für Finanzinstitute und Geschäfte, die allen Aktionären unter gleichen Bedingungen angeboten werden.[251] Die Regelungen orientieren sich dabei offensichtlich an den Regelungen der Art. 13 und 14 Consob, die vergleichbar lautende Ausnahmetatbestände vorsehen.

Da im Rahmen der Untersuchung ausschließlich die Regelungen des Unionsgesetzgeber zu *Related Party Transactions* mit Blick auf Konzernsachverhalte im analytischen Fokus stehen, fällt der Blick im Weiteren hauptsächlich auf den Ausnahmetatbestand zu Konzernsachverhalten (siehe hierzu 1.) – die weiteren Ausnahmetatbestände werden lediglich überblicksartig dargestellt (siehe hierzu 2.).

1. Konzernsachverhalte

Der Unionsgesetzgeber räumt den Mitgliedstaaten in Art. 9c Abs. 6 lit. a) AktR-RL 2017 konzernbezogene Ausnahmemöglichkeiten ein. Sie sollen eine Erleichterung für große Unternehmensgruppen schaffen, um das „legitime Interesse nach einem effizienzsteigernden zentralisierten Gruppenmanagement“[252] zu wahren.

---

249 Vgl. hierzu Art. 9c Abs. 4 lit. b) Parlamentsvorschlag.

250 So insb. *Habersack*, AG 2016, 691, 697; *Kindler*, in: FS Eccher (2017), 529, 548; *Kumpan*, Zentrum für Europäisches Wirtschaftsrecht Nr. 215, S. 32 ff.; *Lanfermann/Maul*, BB 2017, 1218, 1223; *Zollner/Dollenz*, Aufsichtsrat aktuell 2016, 6, 9.

251 Siehe hierzu Art. 9c Abs. 6 lit. b) bis e) AktR-RL 2017.

252 *Tröger*, AG 2015, 53, 62.

a. Tochterunternehmen

Dreh- und Angelpunkt der in Art. 9c Abs. 6 lit. a) AktR-RL 2017 normierten Ausnahmetatbestände ist das Verhältnis zwischen dem börsennotierten Unternehmen und dessen Tochterunternehmen. Eine Definition des Begriffs „Tochterunternehmen" enthält AktR-RL 2017 indes nicht. Die Absicht des Unionsgesetzgeber, ein in sich schlüssiges System für den Schutz der außenstehenden Aktionäre vor nachteiligen *Related Party Transactions* zu schaffen, erlaubt es jedoch,[253] auch hier auf die in der IAS-VO enthaltenen Legaldefinitionen zurückzugreifen.[254]

Nach IAS 27.4 umfasst der Begriff „Tochterunternehmen" ein von einem Mutterunternehmen beherrschtes Unternehmen sowie jedes mittelbar über das Tochterunternehmen kontrollierte Unternehmen.[255] Der Umstand, dass Art. 9c Abs. 6 lit. a) AktR-RL 2017 von Transaktionen zwischen dem börsennotierten Unternehmen „*und* ihren Tochtergesellschaften" spricht, lässt darauf schließen, dass ausschließlich solche *Related Party Transactions* vom Ausnahmetatbestand erfasst sind, die einen Vermögensnachteil auf Ebene des börsennotierten Unternehmens befürchten lassen (sog. Transaktionen „nach unten").[256] Hätte der Unionsgesetzgeber auch Transaktionen erfassen wollen, die zum Nachteil auf Ebene des Tochterunternehmens führen (Transaktionen „nach oben"), hätte er wohl einen weitergehenden Wortlaut gewählt. Etwas anderes ergibt sich auch nicht aus der englischen Sprachfassung des Art. 9c Abs. 6 lit. a) AktR-RL 2017. Diese stellt ebenfalls nur auf „*transactions ... between the company* ***and*** *its subsidiaries*" ab.

Fraglich ist vor diesem Hintergrund, ob der Begriff „Tochtergesellschaft" nicht über seinen Wortlaut hinaus teleologisch dahingehend ausgelegt werden kann, dass auch Transaktionen „nach oben" vom Ausnahmetatbestand des Art. 9c Abs. 6 lit. a) AktR-RL 2017 erfasst sind. Die insbesondere von *Bungert* und *Wansleben*[257] vertretene Ansicht beruht auf der Überlegung, dass es in sich widersprüchlich sei, wenn die Transaktion zwischen börsennotiertem Unternehmen

253 Vgl. hierzu auch die Ausführungen unter Kap. 3.A.II, III, IV.

254 Ähnlich *Veil*, NZG 2017, 521, 528 ff., der aber auf Art. 2 Nr. 10 BilRL abstellt; diesem folgend *Tarde*, Related Party Transaction, S. 208.

255 Auch „Enkelunternehmen" genannt.

256 So die überwiegende Meinung in der deutschen Literatur *Bayer/J. Schmidt*, BB 2017, 2114, 2117 f.; *Berliner Kreis für Gesellschaftsrecht* bei *Inci*, NZG 2017, 579, 580; *Tarde*, ZGR 2017, 360, 384; *Veil*, NZG 2017, 521, 528 f.; vgl. auch bereits *Jung*, WM 2014, 2351, 2356 f.; *Tröger*, AG 2015, 53, 65 ff.

257 *Bungert/Wansleben*, DB 2017, 1190, 1196 f.

und Tochtergesellschaft nicht von den Ausnahmetatbeständen des Art. 9c Abs. 6 lit. a) AktR-RL 2017 erfasst ist, jedoch die zwischen dem nahe stehenden Unternehmen und dem börsennotierten Unternehmen. Zu Recht weisen *Bungert* und *Wansleben* darauf hin, dass die Gefährdungssituation für die Minderheitsaktionäre beider Gesellschaften vergleichbar ist. In beiden Fällen sind das börsennotierte Unternehmen bzw. das Tochterunternehmen und deren jeweiligen außenstehenden Aktionäre hinreichend geschützt. Bei 100%-igen Tochterunternehmen fehlt es bei Transaktionen „nach oben" bereits an außenstehenden Aktionären auf Ebene des Tochterunternehmens. Bei Transaktionen, an denen kein anderes dem börsennotierten Unternehmen nahe stehendes Unternehmen an dem Tochterunternehmen beteiligt ist, steht mangels kollusivem Zusammenwirken dieser beiden Unternehmen dieselbe Gefahr für die außenstehenden Aktionäre auf Ebene des Tochterunternehmens wie auf Ebene des Mutterunternehmens. Sieht das nationale Recht darüber hinaus auch auf Ebene des Tochterunternehmens bereits einen angemessenen Schutz für die Interessen aller vor, besteht auch hier kein Grund für eine unterschiedliche Handhabung. Aus Sicht von *Bungert* und *Wansleben*[258] werde die teleologische Extension ferner durch den Wortlaut des Art. 9c Abs. 6 lit. a) Var. 3 AktR-RL 2017 gestützt. Dieser fordere einen angemessenen Schutz auch der Minderheitsaktionäre der Tochtergesellschaft.[259] Daraus ließe sich der Schluss zu ziehen, dass zumindest dann auch Transaktionen „nach oben" vom Ausnahmetatbestand erfasst sein können, wenn das nationale Recht einen ausreichenden – den Art. 9c AktR-RL 2017 vergleichbaren Schutz vorsieht.[260]

Dieser Ansicht ist dahingehend zuzustimmen, dass sich nur so erklären lässt, warum im Rahmen der Ausnahmetatbestände nicht mehr nur die Interessen der Minderheitsaktionäre des börsennotierten Unternehmens, sondern auch die der Tochterunternehmen zu berücksichtigen sind. Für diese Ansicht spricht auch, dass so eine von Praktikern und Verbänden nachdrücklich geforderte vollständige Ausnahme von Konzernsachverhalten[261] möglich wäre. Die teleologische Extension darf jedoch nicht dafür missbraucht werden, die Richtlinie den Bedürfnissen der Mitgliedstaaten entsprechend auszulegen. Vielmehr

---

258 *Bungert/Wansleben,* DB 2017, 1190, 1196 f.

259 *Bungert/Wansleben,* DB 2017, 1190, 1196 f.

260 *Bungert/Wansleben,* DB 2017, 1190, 1196 f.

261 Vgl. etwa BDA/DAI, Positionspapier vom 12. November 2015, passim; *Bungert/de Raet,* Der Konzern 2015, 289, 297; *Jung,* WM 2015, 2351, 2356; *Selzner,* ZIP 2015, 753, 759 f.

findet sie dort ihre Grenzen, wo die Auslegung nicht mehr vom erkennbaren Willen des Unionsgesetzgebers getragen wird. Im Rahmen der Beratungen war im Rat insbesondere von deutscher Seite darauf hingewiesen worden, dass auch Transaktionen „nach oben" vom Ausnahmetatbestand erfasst werden müssten, um sämtliche Konzernsachverhalte vom Ausnahmetatbestand ausnehmen zu können. Da man das „Gesamtpaket" jedoch nicht wieder „aufschnüren" wollte, wurden die Transaktionen „nach oben" nicht in den Ausnahmetatbestand aufgenommen.[262] Eine teleologische Extension auf Transaktionen „nach oben" ist vor diesem Hintergrund nicht möglich. Vom Ausnahmetatbestand erfasst sind mithin nur Transaktionen „nach unten".

b. 100%-ige Tochterunternehmen

Nach Art. 9c Abs. 6 lit. a) Var. 1 AktR-RL 2017 können Mitgliedstaaten Transaktionen zwischen einem Unternehmen und ihren Tochterunternehmen von den Anforderungen gemäß den Absätzen 2, 3 und 4 ausnehmen, sofern es sich um 100%-ige Tochterunternehmen handelt.

Die Ausnahmemöglichkeit deckt sich inhaltlich mit Art. 17 Abs. 1 lit. r) UAbs. 3 BilRL. Der Unionsgesetzgeber berücksichtigt sowohl hier als auch da den Umstand, dass bei Vermögensverschiebungen zwischen dem börsennotierten Unternehmen und dessen 100%-igen Tochterunternehmen weder die Vermögensinteressen außenstehender Aktionäre noch des Mutterunternehmen gefährdet sind.[263] Überträgt das börsennotierte Unternehmen Vermögen auf das 100%-ige Tochterunternehmen, können nämlich keine Interessen von außenstehenden Aktionären auf Ebene des Mutterunternehmens beeinträchtigt sein, da das Vermögen einer 100%-igen Tochtergesellschaft dem Mutterunternehmen zuzurechnen ist.[264] Interessen außenstehender Aktionäre auf Ebene des Tochterunternehmens erfahren ebenfalls keine Beeinträchtigung durch *Related Party Transactions*, da es solche nicht gibt. Außenstehende Aktionäre des börsennotierten Unternehmens sind also sogar dann nicht betroffen, wenn die Transaktion aus Sicht des börsennotierten Unternehmens ungünstig ist. Fließt dem Mutterunternehmen bei Transaktionen nach „unten" keine angemessene Gegenleistung zu, erhöht sich der Unternehmenswert der Tochter, der

---

262 *Lutter/Bayer/J. Schmidt*, Europäische Unternehmens- und Kapitalmarktrecht, § 29 Rn. 29.195.

263 Die Ausnahme der in Rede stehenden Transaktionen fordert bereits *Wiersch*, NZG 2014, 1131, 1135.

264 *J. Vetter*, ZHR 179 (2015), 273, 321.

durchgerechnete Wert der Aktien der außenstehenden Aktionäre auf Ebene des Mutterunternehmens bleibt aber konstant.[265]

Zum Teil wird darüber hinaus vertreten, dass Transaktionen zwischen 100%-igen Tochter- und 100%-igen Enkelunternehmen des börsennotierten Unternehmens vom Ausnahmetatbestand erfasst sein sollen.[266] Hierbei bliebe jedoch unberücksichtigt, dass solche Transaktionen nur dann vom Ausnahmetatbestand erfasst sein können, wenn sie überhaupt in den Anwendungsbereich des Art. 9c AktR-RL 2017 fallen. Nach der in dieser Arbeit vertretenen Ansicht muss das börsennotierte Unternehmen aber an der Transaktion unmittelbar beteiligt sein, um eine Zurechnung der Transaktion des Tochterunternehmens zum börsennotierten Unternehmen zu begründen.[267] Bei Transaktionen zwischen Tochter- und Enkelunternehmen ist das aber gerade nicht der Fall. Aus demselben Grund erfasst die Ausnahmemöglichkeit auch keine Transaktionen zwischen Schwestergesellschaften.[268] Etwas anderes gilt hingegen, wenn sowohl Tochter- als auch Mutterunternehmen börsennotiert sind. In diesem Fall gilt das Tochterunternehmen wiederum selbst als börsennotiertes Unternehmen und unterfällt dem Regelwerk des Art. 9c AktR-RL 2017 und kann dessen Ausnahmen unterworfen werden.

c. *Keine Beteiligung an dem Tochterunternehmen*

Die Mitgliedstaaten können auch Geschäfte zwischen dem börsennotierten Unternehmen und ihren Tochterunternehmen ausnehmen, wenn keine andere dem börsennotierten Unternehmen nahe stehende Partei an dem Tochterunternehmen beteiligt ist, Art. 9c Abs. 6 lit. a) Var. 2 AktR-RL 2017.

Der Unionsgesetzgeber ist insoweit der – in der Literatur bereits frühzeitig vertretenen[269] – Forderung nachgekommen, solche Sachverhalte vom Anwendungsbereich des Art. 9c AktR-RL 2017 auszuschließen, bei denen das nahe stehende Unternehmen keinen Einfluss auf das Tochterunternehmen des börsennotierten Unternehmens über eine weitere dem börsennotierten Unternehmen nahe stehende Partei ausüben kann. Dabei handelt es sich um den Fall,

---

265 So auch *Wiersch,* NZG 2014, 1131, 1135; ebenso *Mörsdorf/Piroth,* ZIP 2018, 1469, 1477.

266 So etwa *Seibt,* BDI/FBD, S. 15; *Tröger,* AG 2015, 53, 63; *Wiersch,* NZG 2014, 1131, 1132; *Zetsche,* NZG 2014, 1121, 1127.

267 Vgl. hierzu die Ausführungen oben unter Kap. 3.A.II.2.

268 So auch *Veil,* NZG 2017, 521, 528; diese Ausnahme aber bereits frühzeitig fordernd *Enriques,* Law Working Paper Nr. 267/2014, S. 31; *Wiersch,* NZG 2014, 1131, 1135.

269 So *Enriques,* Law Working Paper Nr. 267/2014, S. 33; *Wiersch,* NZG 2014, 1131, 1135.

dass Aktionäre des nahe stehenden Unternehmens an dem Tochterunternehmen beteiligt sind; diese gelten nach IAS 24 (9) (a) auch für das börsennotierte Unternehmen als nahe stehend. Ist der Aktionär des nahe stehenden Unternehmens auch an dem Tochterunternehmen beteiligt, steht zu befürchten, dass dieser Aktionär seinen Einfluss sowohl auf Ebene des börsennotierten Unternehmens als auch auf Ebene des Tochterunternehmens geltend macht, um *Related Party Transactions* zu seinen Gunsten durchzusetzen. Hierbei besteht die Möglichkeit von Vermögensverschiebungen auf das Tochterunternehmen zugunsten der nahe stehenden Partei, die dann über das Tochterunternehmen auf das Vermögen zugreifen kann. Aus Sicht der nahe stehenden Partei ergibt ein solches Vorgehen Sinn, wenn eine höhere Beteiligung an dem Tochterunternehmen besteht oder eine Entnahme bei dem Tochterunternehmen leichter bewerkstelligt werden kann.[270] Ähnliche Konstellationen können bei Gleichordnungskonzernen oder Joint-Ventures vorkommen.[271] Steht *a priori* jedoch nicht zu befürchten, dass es zu einem solch kollusiven Handeln kommt, ist ein Schutz des börsennotierten Unternehmens und dessen außenstehenden Aktionären nicht erforderlich.[272]

Problematisch ist hierbei, dass ausweißlich des Wortlauts ausschließlich Transaktionen zwischen dem Mutter- und dem Tochterunternehmen vom Ausnahmetatbestand erfasst sind, nicht aber Transaktionen zwischen dem Tochter- und dem Mutterunternehmen, mithin Transaktionen „nach oben". Dies ergibt sich nicht zuletzt auch aus der Entstehungsgeschichte der Norm.[273] Der Kommissionvorschlag stellte ganz allgemein die Anwendbarkeit des Art. 9c auf Geschäfte zwischen einem börsennotierten Unternehmen und „einem oder mehreren Mitgliedern seiner Gruppe" zur Disposition der Mitgliedstaaten.[274] Dabei beschränkte sich die Ausnahme auf hundertprozentige Tochterunternehmen, so dass sich diese Ausnahme faktisch nur auf Transaktionen „nach unten" bezog. Im weiteren Gesetzgebungsverfahren wurde der Ausnahmetatbestand auf Geschäfte ausgeweitet, an denen keine andere nahe stehende Partei des börsennotierten Unternehmens beteiligt ist. Aufgrund der neutralen Formulierung

270 DAI, Stellungnahme zur Umsetzung der geänderten EU-Aktionärsrechterichtlinie, S. 54; *Mörsdorf/Piroth*, ZIP 2018, 1469, 1477.

271 Vgl. hierzu *Tröger*, AG 2015, 53, 63 f.

272 So *Enriques*, Law Working Paper Nr. 267/2014, S. 33; *Wiersch*, NZG 2014, 1131, 1135.

273 *Mörsdorf/Piroth*, ZIP 2018, 1469, 1477.

274 Auch noch in der ersten Lesung des Europäischen Parlaments vom 8. Juli 2015, erstmals anders in der Erörterung im Rat vom 13. Dezember 2016.

(„Mitglieder seiner Gruppe") im Parlamentsvorschlag konnte man dabei annehmen, dass die Ausnahme auch für Transaktionen „nach oben" anwendbar ist. Die Rückkehr des Unionsgesetzgebers zu der Beschränkung des Ausnahmetatbestands auf Transaktionen zwischen dem börsennotierten Unternehmen und dessen „Tochterunternehmen" zeigt jedoch, dass der Unionsgesetzgeber schlussendlich nur Transaktionen „nach unten" vom Ausnahmetatbestand des Art. 9c Abs. 6 lit. a) Var. 2 AktR-RL 2017 erfassen wollte.[275] Da der Unionsgesetzgeber trotz Hinweisen aus Deutschland von dem begrenzten Ausnahmetatbestand nicht abzubringen war, weil man diesen nicht wieder „aufschnüren" wollte, ist insoweit von einer bewussten Nichtregelung auszugehen.[276]

In der Folge kommt mangels planwidriger Regelungslücke eine analoge Anwendung dieses Ausnahmetatbestands auf Transaktionen zwischen Tochter- und Mutterunternehmen nicht in Betracht.[277] Nicht ganz zu Unrecht weißt *Seidel* jedoch darauf hin, dass die „Reziprozität" einer Transaktion dazu führt, dass Transaktionen zwischen Mutter- und Tochterunternehmen in beide Richtungen zu betrachten sind.[278] Eine solch weite Auslegung des Wortlauts stünde jedoch der Intention des Unionsgesetzgebers, die Interessen der außenstehenden Aktionäre des Mutterunternehmens zu wahren, entgegen. Denn unabhängig davon, ob eine nahe stehende Partei an dem Tochterunternehmen beteiligt ist, ist die nahe stehende Partei kraft ihres Einflusses auf das Mutterunternehmen in der Lage, für das Mutterunternehmen nachteilige Vermögensverschiebungen zu veranlassen.[279] Aus diesem Grund verbietet sich eine weite Auslegung des Art. 9c Abs. 6 lit. a) Var. 2 AktR-RL 2017.

d. Angemessener Schutz der Interessen

Die Mitgliedstaaten können ferner Geschäfte zwischen dem börsennotierten Unternehmen und ihren Tochtergesellschaften nach Art. 9c Abs. 6 lit. a Var. 3 AktR-RL 2017 von den Anforderungen der Absätze 2, 3 und 4 AktR-RL 2017 ausnehmen, sofern das nationale Recht Vorschriften zum angemessenen Schutz

---

275 *Mörsdorf/Piroth,* ZIP 2018, 1469, 1477.

276 Vgl. *Lutter/Bayer/J. Schmidt,* Europäisches Unternehmens- und Kapitalmarktrecht, § 29 Rn. 29.195.

277 So aber *Bungert/Wansleben,* DB 2017, 1190, 1196 f.; dagegen *Lutter/Bayer/J. Schmidt,* Europäisches Unternehmens- und Kapitalmarktrecht, § 29 Rn. 29.195; wohl auch der Berliner Kreis für Gesellschaftsrecht, vgl hierzu *Inci,* NZG 2017, 579, 580.

278 *Seidel,* AG 2018, 423, 425.

279 *Mörsdorf/Piroth,* ZIP 2018, 1469, 1477.

der Interessen des börsennotierten Unternehmens, der Tochtergesellschaft und deren jeweiligen außenstehenden Aktionäre vorsieht. Der Unionsgesetzgeber geht in diesen Fällen davon aus, dass dann ein Schutzstandard gewährleistet ist, der dem Konzept des Art. 9c AktR-RL 2017 gleichwertig ist.[280]

Der Unionsgesetzgeber hat mit Art. 9c Abs. 6 lit. a Var. 3 AktR-RL 2017 den Vorschlag der italienischen Ratspräsidentschaft vom 11. November 2014 wieder eingeführt,[281] den der Parlamentsvorschlag nicht mehr berücksichtigt hatte. Jedoch findet sich eine leichte Abwandlung: Ausweißlich der englischen Sprachfassung des Art. 9c Abs. 6 lit. a Var. 3 AktR-RL 2017 („*their*") ist nicht nur ein angemessener Schutz für die außenstehenden Aktionäre der Tochterunternehmen zu gewährleisten, sondern für alle Beteiligten, d.h. sowohl für das börsennotierte Unternehmen und seine Tochterunternehmen als auch für deren außenstehende Aktionäre.[282] Der Unionsgesetzgeber ist damit zu seinem ursprünglichen Zweck, außenstehende Aktionäre des börsennotierten Unternehmens vor Vermögensabflüssen zu schützen, zurückgekehrt.[283] Gleichzeitig behielt er jedoch den Schutz des Tochterunternehmens sowie dessen außenstehenden Aktionäre bei. Gründe dafür, den zu schützenden Adressatenkreises zu erweitern, und die sich hieraus ergebende Diskrepanz zur Begründung der AktR-RL 2017[284] und den Regelungen des Art. 9c AktR-RL 2017 hinzunehmen (beide haben nur den Vermögensschutz der außenstehenden Aktionäre des börsennotierten Unternehmens im Blick), lassen sich den Unterlagen des Unionsgesetzgebers nicht entnehmen.[285]

280 *Lutter/Bayer/J. Schmidt*, Europäisches Unternehmens- und Kapitalmarktrecht, § 29 Rn. 29.194.

281 In Art. 9c Abs. 4 lit. b) des italienischen Kompromissvorschlags vom 11. November 2014 heißt es dazu: „...transactions entered into between the company and its subsidiaries provided that national law provides for adequate protection of interests of minority shareholders of subsidiaries."

282 *Lutter/Bayer/J. Schmidt*, Europäisches Unternehmens- und Kapitalmarktrecht, § 29 Rn. 29.194; ebenso *Tarde*, Related Party Transaction, S. 205 mit Verweis auf die englische Sprachfassung des Art. 9c Abs. 6 lit. a) AktR-RL 2017, die eine „*adequate protection of interests of the company, of the subsidiary and of their shareholders who are not a related party*" voraussetzt.

283 Vgl. *Veil*, NZG 2017, 521, 528.

284 Vgl. ErwG 42 AktR-RL 2017.

285 Kritisch bereits *Tröger*, AG 2015, 53, 64; vgl. hierzu auch *Tarde*, ZGR 2017, 360, 370; *ders.*, Related Party Transaction, S. 205; *Veil*, NZG 2017, 521, 528.

Die Diskrepanz zwischen dem *Telos* des Art. 9c AktR-RL 2017 – das börsennotierte Unternehmen und dessen außenstehende Aktionäre schützen – und der Erweiterung des Schutzumfangs durch Art. 9c Abs. 6 lit. a) Var. 3 AktR-RL 2017 wirft die Frage auf, ob der Wortlaut des Art. 9c Abs. 6 lit. a) Var. 3 AktR-RL 2017 teleologisch auf den Schutz des börsennotierten Unternehmens und dessen Tochterunternehmen zu reduzieren ist. Die nationalen Regelungen wären dann bereits als angemessen anzusehen, wenn sie *nur* die Interessen der außenstehenden Aktionäre des börsennotierten Unternehmens schützen. Das wäre jedoch nur unter zwei kumulativen Voraussetzungen möglich: Zum einen müsste die Aufnahme der außenstehenden Aktionäre des Tochterunternehmens in den zu schützenden Adressatenkreis vom Unionsgesetzgeber nicht beabsichtigt gewesen sein; zum anderen dürfte der weite Wortlaut den Sinn und Zweck des Art. 9c AktR-RL 2017 nicht erreichen können.[286] Die historische Entwicklung des Ausnahmetatbestands zeigt allerdings bereits, dass der Unionsgesetzgeber sich bewusst dafür entschieden hat, die Interessen der außenstehenden Aktionäre des Tochterunternehmens zu erfassen. So sah der Unionsgesetzgeber bereits im Vorschlag der italienischen Ratspräsidentschaft vom 11. November 2014 den Schutz des Tochterunternehmens und dessen außenstehenden Aktionäre vor. Trotz Kritik an der Erweiterung des Schutzzwecks[287] behielt er diese Regelung über den Vorschlag der italienischen Ratspräsidentschaft hinweg bei. Es kann vor diesem Hintergrund nicht davon ausgegangen werden, dass der Unionsgesetzgeber das Tochterunternehmen und dessen außenstehenden Aktionäre unbewusst aufgenommen hat. Eine teleologische Reduktion kommt daher nicht in Betracht.[288]

Da eine teleologische Reduktion ausscheidet, erfasst der Ausnahmetatbestand zwei unterschiedliche Konstellationen schützenswerter Interessen.[289] Die erste Konstellation erfasst Sachverhalte in denen ein angemessener Schutz der Interessen des börsennotierten Unternehmens und dessen außenstehender Aktionäre bestehen muss. Ein solches Schutzbedürfnis dürfte insbesondere dann bestehen, wenn das herrschende nahe stehende Unternehmen Transaktionen des börsennotierten Unternehmens mit sich oder seinen Tochterunternehmen veranlasst. Letzteres wäre dann der Fall, wenn das nahe stehende Unternehmen seine beherrschende Stellung und den damit rekurrierenden Einfluss auf die Geschäftsführung des börsennotierten Unternehmens nutzt, um dieses zu

286 *Larenz/Canaris*, Methodenlehre d. Rechtswissenschaft, S. 241.

287 *Tröger*, AG 2015, 53, 64.

288 A.A. *Mörsdorf/Piroth*, ZIP 2018, 1469, 1478.

289 Hierzu *Veil*, NZG 2017, 521, 529; vgl. auch bereits *Tröger*, AG 2015, 53, 64.

nachteiligen Transaktionen mit seinen Tochter- oder Enkelunternehmen zu veranlassen. Der Nachteil der *Related Party Transactions* wird sich dabei auf Ebene des börsennotierten Unternehmens auswirken. So kann etwa die Veranlassung des nahe stehenden Unternehmens gegenüber einem Technologieunternehmen in seiner Eigenschaft als börsennotiertes Unternehmen dazu führen, dass das börsennotierte Unternehmen wesentliche Vermögensbestandteile an dessen Tochterunternehmen zu marktunüblichen Konditionen veräußert. Durch die Veräußerung des Vermögensbestandteils unter Wert verzeichnet das börsennotierte Unternehmen Vermögensverluste, die sich auch auf seine außenstehenden Aktionäre nachteilig auswirken. Die zweite Konstellation erfasst Sachverhalte, in denen das nationale Recht sicherstellt, dass ein angemessener Schutz der Interessen des Tochterunternehmens und seiner außenstehenden Aktionäre besteht. Hierfür kommen sämtliche Vermögensverschiebungen des Tochterunternehmens auf das börsennotierte Unternehmen in Betracht.

Wann der Unionsgesetzgeber Schutzmechanismen als angemessen erachtet, gibt die AktR-RL 2017 nicht ausdrücklich vor. Sie fordert jedoch keinen *gleichwertigen*, sondern nur einen *angemessenen* Schutz. Der terminologische Unterschied zeigt, dass ein begrenztes Maß an Übereinstimmung zwischen den Vergleichsgegenständen zulässig und eine qualitative Beurteilung erlaubt ist.[290] Es ist aus diesem Grund anzunehmen, dass sich im nationalen Recht zumindest keine *identischen* Schutzmechanismen wie in der AktR-RL 2017 finden müssen. Mit Rücksicht auf den Zweck der Unionsregelungen, börsennotierte Unternehmen, der Tochterunternehmen und die jeweiligen außenstehenden Aktionäre vor nachteiligen *Related Party Transactions* zu schützen, kommt es in der Folge nicht nur auf die im nationalen Recht bestehenden Publizitäts- und Mitwirkungspflichten an.[291] Aus deutscher Sicht stellt sich insoweit die Frage, ob etwaige Ausgleichspflichten, wie z.B. im deutschen Recht in §§ 302, 304, 305 und 311 AktG vorgesehen, den Anforderungen eines angemessenen Schutzes i.S.v. Art. 9c Abs. 6 lit. a) Var. 3 AktR-RL 2017 gerecht wird.[292]

2. *Ohnehin zustimmungsbedürftige Transaktionen*

Nach Art. 9c Abs. 6 lit. b) AktR-RL 2017 können die Mitgliedstaaten auch genau festgelegte Arten von Geschäften ausschließen, für die nach nationalem Recht die Zustimmung durch die Hauptversammlung erforderlich ist – allerdings nur

290 *Veil*, NZG 2017, 521, 529.
291 So *Tröger*, AG 2015, 53, 64; *Veil*, NZG 2017, 521, 529.
292 Vgl. hierzu die Ausführungen und Literaturverweise unter Kap. 3.A.VI.1.d.

sofern die Rechtsvorschriften ausdrücklich regeln, dass alle Aktionäre angemessen zu behandeln und die Interessen der Gesellschaft und der außenstehenden Aktionäre angemessen geschützt sind.

Nach dem Wortlaut bezieht sich diese rein optionale Bereichsausnahme nicht auch auf wesentliche Transaktionen, die nach nationalem Recht bereits der Zustimmung des Verwaltungs- oder Aufsichtsorgan unterliegen. Gegen eine Auslegung, die über den Wortlaut hinausginge, und auch Zustimmungsvorbehalte des Verwaltungs-/Aufsichtsrat unter den Ausnahmetatbestand fasst, spricht gleichwohl der Sinn und Zweck dieser Regelung. Denn der Unionsgesetzgeber erachtet die Bekanntmachungs-, Bewertungs- und Zustimmungspflichten dort nicht für erforderlich, wo bereits jetzt ein Organ die Geschäftsführungsentscheidungen korrigierend tätig ist und die Interessen des börsennotierten Unternehmens und dessen außenstehenden Aktionäre wahrt. Diese Aufgabe obliegt zwar grundsätzlich auch den Verwaltungs- und Aufsichtsorganen. Der Unionsgesetzgeber teilt jedoch offensichtlich die international rechtsökonomische herrschende Auffassung, dass ein optimaler Schutz vor missbräuchlichen *Related Party Transactions* stets gewährleistet ist, wenn die Hauptversammlung mitwirkt, also die Aktionäre, beteiligt ist.[293] Gegen eine weite Auslegung spricht im Übrigen auch, dass es sich vorliegend um einen Ausnahmetatbestand handelt, die grundsätzlich restriktiv auszulegen sind.

Unklar ist gleichwohl, was unter „genau festgelegten Arten von Geschäften" zu verstehen ist. Einige Anhaltspunkte hinsichtlich der „Arten von Geschäften" lassen sich der historischen Entwicklung des Ausnahmetatbestands entnehmen. Dieser hat bereits mit dem Kompromissvorschlag der italienischen Ratspräsidentschaft vom 10. November 2014 Aufnahme in das Regelwerk zu *Related Party Transactions* gefunden. Anders als Art. 9c Abs. 6 lit. b) AktR-RL 2017 nannte er beispielhaft Bezugsrechtskapitalerhöhungen und Dividendenzahlungen. Die AktR-RL 2017 sieht zwar keine ausdrücklichen Beispiele mehr vor. Es ist jedoch davon auszugehen, dass die Aufzählungen nur deshalb einer Streichung zum Opfer gefallen sind, um die Richtlinie lesbarer zu gestalten – und keine tatsächliche Abkehr von den Vorgängerversionen beabsichtigt war. In Anlehnung an die damaligen beispielhaften Nennungen ist davon auszugehen, dass ausschließlich *gesetzlich normierte* Zustimmungsvorbehalte der Hauptversammlung vom

293 Vgl. *Djankov/La Porta/Lopez-de-Silanes/Shleifer,* 88 Journ. Financ. Econ, 430, 463 (2008); *Enriques,* EBOR 2015, 1, 15; *Hamadani/Yafeh,* 17 Review on Finance, 691, 692 (2013).

Ausnahmetatbestand umfasst sind.[294] Der Ausnahmetatbestand gilt aus diesem Grund nicht für *ungeschriebene* Hauptversammlungskompetenzen, welche die (nationale) höchstrichterliche Rechtsprechung entwickelt hat. Zu denken sei in Deutschland etwa an die Holzmüller[295]/Gelatine[296] -Rechtsprechung des BGH, wonach eine ungeschriebene Hauptversammlungskompetenz dann besteht, wenn zu befürchten ist, dass die mitgliedschaftlichen Herrschafts- und Vermögensrechte der Aktionäre eine faktische Verkürzung erfahren.

3. *Weitere Ausnahmemöglichkeiten*

Nach Art. 9c Abs. 6 lit. c) AktR-RL 2017 sind Geschäfte, die entweder die Vergütung oder bestimmte Elemente der Vergütung von Mitgliedern der Unternehmensleitung betreffen, von den Vorschriften des Art. 9c Abs. 2, 3 und 4 AktR-RL 2017 ausgeschlossen. Vorbild für die Ausnahmemöglichkeit war offenbar Art. 13 Abs. 1, 3 Consob: Sie halten eine Bekanntmachungs-, Begutachtungs- und Zustimmungspflicht bei Vergütungsvereinbarungen für nicht erforderlich, wenn die Hauptversammlung dazu bereits einen Grundlagenbeschluss getroffen hat. Aus demselben Grund räumt der Unionsgesetzgeber wohl auch den Mitgliedstaaten die Möglichkeit ein, Ausnahmen vorzusehen, wenn es um Vergütungsvereinbarungen der Mitglieder der Unternehmensleitung geht.

Ebenfalls nicht erfasst sind Kursstabilisierungsmaßnahmen, sofern sie die Behörde angenommen hat, die für die Aufsicht über Kreditinstitute zuständig ist (Art. 9c Abs. 6 lit. d) AktR-RL 2017). Die *Safe Harbour*-Regelung für Kursstabilisierungsmaßnahmen findet sich auch in Art. 13 Abs. 4 Consob, der Transaktionen, welche die italienische Zentralbank zu Stabilisierungszwecken verlangt, von den Anforderungen an *Related Party Transactions* ausschließt. Hintergrund dieses Ausnahmetatbestands ist, dass Kursstabilisierungsmaßnahmen grundsätzlich zeitlich befristet sind. Hierbei kann es nur in dem einzuhaltenden Zeitfenster zu bilanziell erfassbaren vermögensrechtlichen Nachteilen für das börsennotierte Unternehmen und dessen außenstehende Aktionäre kommen. Der vermögensrechtliche Nachteil ist nicht dauerhaft. Darüber hinaus wird durch Kursstabilisierungsmaßnahmen das Vertrauen der Anleger und der Emittenten in die Finanzmärkte gestärkt, da die vorübergehende Stützung des

294 So auch DAI, Stellungnahme zur Umsetzung der geänderten EU-Aktionärsrechterichtlinie, S. 56; zu der Frage, ob auch Beherrschungsverträge i.S.v. §§ 293 ff. AktG erfasst sind vgl. *Mörsdorf/Piroth*, ZIP 2018, 1469, 1478 f.

295 BGH, Urteil vom 25. Februar 1982, BGHZ 83, 122.

296 BGH, Urteil vom 26. April 2004, BGHZ 159, 30.

Emissionskurses im Interesse der Anleger und Emittenten geordnete Marktverhältnisse aufrechterhält.[297] Diese Maßnahmen dienen mithin einem den Interessen des börsennotierten Unternehmens und dessen außenstehenden Aktionären übergeordneten Zweck. Darüber hinaus ist bei diesen Maßnahmen auch die Zielrichtung eine andere: Anders als *Related Party Transactions* sind Kursstabilisierungsmaßnahmen nicht auf die zielgerichtete Vermögensverschiebung zu Lasten des börsennotierten Unternehmens und dessen außenstehenden Aktionären gerichtet. Es fehlt insoweit an der bewussten Schädigung des Vermögens des börsennotierten Unternehmens und dessen außenstehenden Aktionären.

Von dem Ausnahmetatbestand des Art. 9c Abs. 6 lit. e) AktR-RL 2017 sind auch Geschäfte erfasst, die allen Aktionären unter den gleichen Bedingungen angeboten werden und bei denen die Gleichbehandlung aller Aktionäre und der Schutz der Interessen der Gesellschaft gewährleistet sind. Der Unionsgesetzgeber hatte dabei wohl Übernahmeangebote der Mehrheitsgesellschafter im Auge, die gem. Art. 5 Abs. 1 Satz 2 Übernahmerichtlinie[298] stets allen Aktionären zu unterbreiten sind. Gleiches gilt für Kapitalerhöhungen, denen grundsätzlich von allen Aktionären zugestimmt werden muss.[299] Die Übernahmerichtlinie sichert aus Sicht des Unionsgesetzgebers ausreichend ab, dass das Unternehmen alle Aktionäre gleich behandelt: Es hat den Aktionären ein angemessenes Angebot für den Erwerb der Aktien zu unterbreiten und umfangreich über den Zweck der geplanten Übernahme, die Finanzkraft des Übernehmers und seine Absichten für die Zukunft zu informieren.[300]

4. *Stellungnahme*

Die Ausnahmetatbestände ermöglichen es den Mitgliedstaaten, solche *Related Party Transactions* vom Anwendungsbereich zu befreien, bei denen die Interessen außenstehender Aktionäre nicht gefährdet oder anderweitig gewährleistet sind oder einem übergeordneten Zweck dienen. Davon kann eine große Anzahl an Transaktionen betroffen sein. Konzernunternehmen, die einen umfangreichen internen Leistungsverkehr aufweisen, entlasten die Ausnahmetatbestände von sonst wahrscheinlich weitreichenden Bekanntmachungs- und

297 Vgl. ErwG 11 Durchführungsverordnung Nr. 2273/2003.

298 Richtlinie 2004/25/EG des Europäischen Parlaments und des Rates vom 21. April 2004 betreffend Übernahmeangebote („Übernahmerichtlinie").

299 DAI, Stellungnahme zur Umsetzung der geänderten EU-Aktionärsrechterichtlinie, S. 56.

300 Vgl. ErwG 2 Übernahmerichtlinie.

Genehmigungspflichten erheblich.[301] Da die Untersuchung ausschließlich Konzernsachverhalte bei Aktiengesellschaften analysiert, setzt sie sich im Weiteren auch nur mit den in Art. 9c Abs. 6 lit. a) AktR-RL 2017 vorgesehenen Regelungen zu 100%-igen Tochterunternehmen (siehe hierzu a.) und den Ausnahmen bei angemessenem Schutz (siehe hierzu b.) näher auseinander.

a. 100%-ige Tochterunternehmen

Dass die Mitgliedstaaten Transaktionen mit 100%-igen Tochterunternehmen der börsennotierten Unternehmen vom Pflichtenregime ausnehmen können, ist in der deutschen Literatur grundsätzlich auf Zustimmung gestoßen.[302] Es wurden jedoch dahingehend Bedenken geäußert, dass die Ausnahmeregelung eine Umgehungsmöglichkeit schafft, die den Sinn und Zweck des Art. 9c AktR-RL 2017 konterkariert.[303] Diese Möglichkeit ergebe sich, da das nahe stehende Unternehmen seinen Einfluss auf die Geschäftsführung des börsennotierten Unternehmens geltend machen und so die Vermögensübertragung von dem börsennotierten Unternehmen auf dessen 100%-iges Tochterunternehmen und in einem zweiten Schritt auf sich selbst veranlassen könne.[304] In dem skizzierten Fall ist eine Umgehungsmöglichkeit nicht von der Hand zu weisen: Im ersten Schritt wäre eine Zustimmung der Hauptversammlung bzw. des Verwaltungs-/Aufsichtsrats aufgrund des Ausnahmetatbestands nicht erforderlich; im zweiten Schritt wäre ein Zustimmungserfordernis aufgrund der Zwischenschaltung des 100%-igen Tochterunternehmens ausgeschlossen.

Wie der Begründung des Unionsgesetzgeber[305] zu entnehmen ist, handelt es sich bei dem Recht der Hauptversammlung bzw. des Aufsichts-/Verwaltungsrats des börsennotierten Unternehmens, *Related Party Transactions* zuzustimmen, jedoch nicht um ein durch die AktR-RL 2017 zu schützendes Recht, sondern vielmehr um eine Reflexion der durch Art. 9c AktR-RL 2017 zu schützenden Vermögensinteressen der außenstehenden Aktionäre des börsennotierten

---

301 *Tröger*, AG 2015, 53, 62.

302 *Bungert/de Raet*, Der Konzern 2015, 289, 297; *Tröger*, AG 2015, 53, 62; *Veil*, NZG 2017, 521, 528 f.; *J. Vetter*, ZHR 179 (2015), 273, 320 f.; *Wiersch*, NZG 2014, 1131, 1132, 1135; *Zetsche*, NZG 2014, 1121, 1127.

303 *Tröger*, AG 2015, 53, 62; *Vetter*, ZHR 179 (2015), 273, 320 f.; *Wiersch*, NZG 2014, 1131, 1132, 1135; *Zetsche*, NZG 2014, 1121, 1127.

304 *Tröger*, AG 2015, 53, 62; das Beispiel findet sich ebenso bei *J. Vetter*, ZHR 179 (2015), 273, 320 f.; *Wiersch*, NZG 2014, 1131, 1132, 1135; *Zetsche*, NZG 2014, 1121, 1127.

305 Vgl. ErwG 42 AktR-RL 2017.

Unternehmens.[306] Darüber hinaus sind die Vermögensinteressen der außenstehenden Aktionäre des börsennotierten Unternehmens gerade bei Vermögensverschiebungen auf 100%-ige Tochterunternehmen nicht beeinträchtigt, da das Vermögen dieser Tochterunternehmen dem börsennotierten Unternehmen vollständig zugerechnet werden. In der Folge droht den außenstehenden Aktionäre durch die Vermögensverschiebung im ersten Schritt kein von Art. 9c AktR-RL 2017 geschützter Vermögensnachteil. Dass es in einem zweiten Schritt mittelbar zu nachteiligen Vermögensverschiebungen für die außenstehenden Aktionäre kommt, kann nicht bestritten werden. Wie die obigen Ausführungen zum Anwendungsbereich des Art. 9c AktR-RL 2017 gezeigt haben,[307] sind nur mittelbar wirkende Vermögensverschiebungen vom Schutz des Art. 9c AktR-RL 2017 jedoch nicht erfasst. Dies erscheint aus ökonomischer Sicht auch sinnvoll. Denn wenn auch nur mittelbar wirkende Vermögensverschiebungen von Art. 9c AktR-RL 2017 erfasst wären, würde der ohnehin schon sehr weit gefasste Anwendungsbereich des Art. 9c AktR-RL 2017 uferlos. Aufgrund der damit einhergehenden Bekanntmachungs-, Bewertungs- und Zustimmungspflichten würde die Geschäftstätigkeit in einem unangemessenen Maße beschränkt, die sich auch mit dem Schutz des börsennotierten Unternehmens und dessen außenstehenden Aktionären nicht mehr rechtfertigen ließe.

Hinzu kommt, dass die skizzierte Umgehungsmöglichkeit auch unabhängig von der Ausnahme für 100%-ige Tochterunternehmen des börsennotierten Unternehmens besteht. Vielmehr ist sie eine Konsequenz des vom Unionsgesetzgeber normierten Anwendungsbereichs des Art. 9c AktR-RL 2017. Denn – jedenfalls nach der hier vertretenen Ansicht[308] – sind von ihm nur solche Transaktionen erfasst, an denen das börsennotierte Unternehmen unmittelbar beteiligt ist. Das Mutterunternehmen ist aber am skizzierten zweiten Schritt nicht (unmittelbar) beteiligt. Die Umgehungsmöglichkeit ließe sich nur dadurch unterbinden, dass über den Wortlaut des Art. 9c AktR-RL 2017 hinaus Transaktionen des 100%-igen Tochterunternehmens den Transaktionen des börsennotierten Unternehmens gleichgesetzt werden.[309] Für eine Extension fehlt

---

306 Anders *Tröger*, in: Fleischer/Hansen/Ringe, German and Nordic Perspectives on Company Law and Capital Markets Law, 157, 185: „*Yet, it is precisely the interest of minority shareholder of the parent level that militates in favor of a vote on transactions that involve wholly owned subsidiaries.*"

307 Siehe oben die Ausführungen unter Kap. 3.A.IV.

308 Siehe oben die Ausführungen unter Kap. 3.A.III.1.b.

309 So auch *J. Vetter*, ZHR 179 (2015), 273, 321; vgl. hierzu auch die Ausführungen unter Kap. 3.A.III.1.b.

jedoch eine teleologische Rechtfertigung. Denn auch die Verfahrenspflichten des Art. 9c AktR-RL 2017 sehen gerade keinen umfassenden Schutz aller Gruppengesellschaften im Konzern vor, sondern beschränken sich darauf, die Interessen derjenigen Unternehmen zu wahren, die dem Anwendungsbereich des Art. 9c AktR-RL 2017 unterliegen. Dies ergibt sich insbesondere aus Art. 9c Abs. 7 AktR-RL 2017, der für Transaktionen zwischen Tochterunternehmen und dem nahe stehenden Unternehmen ausschließlich Bekanntmachungspflichten vorsieht – nicht jedoch auch Zustimmungspflichten von Seiten des Verwaltungs-/Aufsichtsrat bzw. der Hauptversammlung. Insbesondere die Regelung des Art. 9c Abs. 7 AktR-RL 2017 lässt darauf schließen, dass dem Unionsgesetzgeber die Umgehungsmöglichkeit bewusst war, er für diesen Fall jedoch eine Bekanntmachung für ausreichend hielt. Insoweit fehlt es schon an einer planwidrigen Regelungslücke, die für eine teleologische Extension erforderlich gewesen wäre.

Vor diesem Hintergrund scheint die Umgehungsmöglichkeit eine hinnehmbare Beschränkung der Rechte des Mutterunternehmens sowie der außenstehenden Aktionäre.[310]

b. Angemessener Schutz

Wie den voranstehenden Ausführungen zu entnehmen ist, erachtet der Unionsgesetzgeber die Bekanntmachungs-, Bewertungs- und Zustimmungspflichten dort nicht für erforderlich, wo bereits jetzt ein Organ die Geschäftsführungsentscheidungen korrigiert und die Interessen des börsennotierten Unternehmens und dessen außenstehenden Aktionäre wahrt. Ob das deutsche Recht für *Related Party Transactions* innerhalb von faktischen Konzernen einen angemessenen Schutz vorsieht, ist vor diesem Hintergrund zu beurteilen. Unerheblich ist dabei, ob die bestehenden Regelungen der Mitgliedstaaten dabei intendiert oder nur reflexartig über ein angemessenes Schutzsystem für die außenstehenden Aktionäre verfügen.

Fraglich ist jedoch, ob die außenstehenden Aktionäre allein durch konzernrechtliche Ausgleichs-, Abfindungs- und Schadensersatzregelungen ausreichend geschützt sein können.[311] Dem ließe sich entgegenhalten, dass solche

---

310 Dafür *Jung*, WM 2014, 2351, 2356; *Veil*, NZG 2017, 521, 528; *Tarde*, Related Party Transactions, S. 225 f.; dagegen *Bayer/Selentin*, NZG 2015, 7, 12; DAV-Handelsrechtsausschuss Stellungnahme, NZG 2015, 54, 65; vgl. auch *Spindler/Seidel*, AG 2017, 169, 170.

311 So aber *Seibt*, BDI/FBD 2014, S. 21; DAV-Handelsrechtsausschuss Stellungnahme, NZG 2015, 54, 63.

Schutzmechanismen allesamt retrospektiver Natur sind. Die Intention der AktR-RL 2017 ist es jedoch gerade, den Bedarf an nachträglichen Ausgleichspflichten dadurch zu minimieren, dass sie die *Corporate Governance* durch prospektive Schutzmechanismen anreichert.[312] Ob aktionärsrechtliche Fragerechte und das Recht der Entlastungsverweigerung den weiteren Anforderungen genügen, die Art. 9c AktR-RL 2017 vorsieht, ist jedenfalls ungewiss. Die Entscheidung darüber, ob der Ausnahmetatbestand in Art. 9c Abs. 6 lit. a) Var. 3 AktR-RL 2017 in Anspruch genommen werden kann, wird vom deutschen Gesetzgeber eingehend zu untersuchen sein.

VII. Zusammenfassung

Eine der wesentlichen Aufgaben des deutschen Gesetzgebers wird es sein, den Anwendungsbereich rechtssicher und anhand einfach bestimmbarer Kriterien zu normieren, so dass nicht nur die betroffene Gesellschaft, sondern auch ihre außenstehenden Aktionäre den Anwendungsbereich erfassen können. Hierbei wird die Definition mit der – bis auf die Rechnungslegung – im deutschen Recht üblichen Abgrenzung betroffener Unternehmenskreise im deutschen Gesellschafts- und Konzernrecht in Einklang zu bringen sein.

Als börsennotierte Unternehmen sind nur solche anzusehen, deren Aktien zum Handel an einem in einem Mitgliedstaat gelegenen oder dort betriebenen geregelten Markt zugelassen sind. In Deutschland bezieht sich der Anwendungsbereich insoweit auf Unternehmen, die an einem organisierten Markt i.S.d. § 2 Abs. 11 WpHG gelistet sind. Dazu gehören beispielsweise der *General Standard* und der *Prime Standard* der Frankfurter Wertpapierbörse.

Für die Definition des „nahe stehenden Unternehmen" ist auf IAS 24 zurückzugreifen. Maßgeblich ist danach der beherrschende oder maßgebliche Einfluss der nahe stehenden Partei auf das börsennotierte Unternehmen. Ein Beherrschungsverhältnis liegt vor, wenn die nahe stehende Partei über 50% der stimmberechtigten Aktien hält; ein Einfluss ist hingegen bereits dann als maßgeblich anzusehen, sobald die nahe stehende Partei über 20% der stimmberechtigten Aktien verfügt. Dies gilt gleichermaßen für einen unmittelbaren wie auch mittelbaren Einfluss der nahe stehenden Partei.

Bei dem Geschäftsbegriff des Art. 9c Abs. 1 AktR-RL 2017 handelt es sich um einen unionsautonom verwendeten Begriff. Insoweit ist auch hier auf das bereits bestehende Begriffsverständnis in IAS 24.9 zurückzugreifen. In der Folge

312 Vgl. ErwG 44 AktR-RL 2017.

fallen alle tatsächlichen und rechtlichen Maßnahmen, die zwischen einem solch nahe stehenden Unternehmen und dem börsennotierten Unternehmen stattfinden, unter den Geschäftsbegriff. Hierbei muss das börsennotierte Unternehmen unmittelbar in die Transaktion eingebunden sein. Unerheblich ist hingegen, ob die *Related Party Transaction* unentgeltlich oder entgeltlich erfolgt; sie muss vielmehr für das börsennotierte Unternehmen und dessen außenstehenden Aktionäre unmittelbar wirtschaftlich nachteilig sein. Aufgrund des Erfordernisses eines sich unmittelbar realisierenden wirtschaftlichen Nachteils sind organschaftliche Verträge, wie Beherrschungs- und Gewinnabführungsverträge oder Beschlüsse über die Einräumung satzungsmäßiger Sonderrechte nicht als Geschäft i.S.v. Art. 9c AktR-RL 2017 anzusehen. Einer Begrenzung unterliegt der Geschäftsbegriff – sofern von den Mitgliedstaaten nicht anders vorgesehen – jedoch insoweit, als dass nur solche Maßnahmen vom Anwendungsbereich des Art. 9c AktR-RL 2017 erfasst sind, die nach Art, Inhalt, Zweck, Umfang und Risiko in Bezug auf das konkrete Unternehmen als ungewöhnlich und marktunüblich anzusehen sind, mithin einem Drittvergleich nicht standhalten. Normativer Maßstab dafür, ob ein Geschäft im gewöhnlichen Geschäftsverlauf liegt, ist die Satzung. Sie konkretisiert den Unternehmensgegenstand und damit die Art der Tätigkeit des börsennotierten Unternehmens. Die Aggregationsvorschriften des Art. 9c Abs. 8 AktR-RL 2017 kommen hinsichtlich der im ordentlichen Geschäftsgang und zu marktüblichen Bedingungen geschlossenen Geschäften nicht zur Anwendung.

Es muss sich ferner um wesentliche *Related Party Transactions* handeln. Dies ist bei solchen Geschäften der Fall, die die Ertragsaussichten oder die Risikoexposition des börsennotierten Unternehmens nachteilig verändern. Ob eine *Related Party Transaction* wesentlich ist, bestimmt sich anhand der negativen Auswirkungen einer *Related Party Transaction* auf das Eigenkapital des börsennotierten Unternehmens. Weichen die negativen Auswirkungen zu stark ab, die eine zu marktüblichen Konditionen abgeschlossene Transaktion gehabt hätte, handelt es sich um eine wesentliche *Related Party Transaction.* Angemessen erscheint eine Abweichung von der Marktüblichkeit in Höhe von 1% für die Bekanntmachung und von 10% für die Zustimmung. Da die *Related Party Transaction* nach dem hier zugrunde liegenden Verständnis jeweils ins Verhältnis zu marktüblichen Transaktionen zu setzen ist, ist eine Differenzierung nach der Art des Geschäfts und der Position des nahe stehenden Unternehmens nicht erforderlich.

Transaktionen, die für sich genommen nicht wesentlich sind, werden mit Hilfe des Art. 9c Abs. 8 AktR-RL 2017 aggregiert. Für den Fall, dass sie in Summe das Wesentlichkeitskriterium erfüllen, untersteht die die Wertgrenze überschreitende sowie sämtliche nachfolgenden *Related Party Transactions* den Anforderungen der Art. 9c Abs. 2, 3 und 4 AktR-RL 2017. Diesen Anforderungen unterliegen Transaktionen gleichwohl nur für zwölf Monate, beginnend ab dem Zeitpunkt der ersten *Related Party Transaction.*

Vom Anwendungsbereich des Art. 9c AktR-RL 2017 können die Mitgliedstaaten u.a. Konzernsachverhalten ausnehmen. Darunter fallen insbesondere *Related Party Transactions*, die zwischen einem börsennotierten Unternehmen und dessen 100%-igen Tochterunternehmen stattfinden. In diesen Fällen fehlt es an einer für die außenstehenden Aktionäre des börsennotierten Unternehmens nachteiligen Vermögensverschiebung. Ausgenommen werden können darüber hinaus solche Sachverhalte, bei denen das börsennotierte Unternehmen keinen Einfluss auf das Tochterunternehmen über ein weiteres dem börsennotierten Unternehmen nahe stehendes Unternehmen ausüben kann. In diesen Fällen ist *a priori* nicht zu befürchten, dass es zu einem kollusiven Handeln des nahe stehenden Unternehmens mit anderen nahestehenden Unternehmen kommt, die sich im Ergebnis zu Lasten der außenstehenden Aktionäre des börsennotierten Unternehmens auswirken. Die Mitgliedstaaten können ferner Geschäfte zwischen dem börsennotierten Unternehmen und ihren Tochtergesellschaften von den Anforderungen der Absätze 2, 3 und 4 AktR-RL 2017 ausnehmen, sofern das nationale Recht Vorschriften zum angemessenen Schutz der Interessen des börsennotierten Unternehmens, der Tochtergesellschaft und der außenstehenden Aktionäre enthält. Maßgeblich ist, ob das nationale Recht bereits jetzt Mechanismen vorsieht, die die Geschäftsführungsentscheidungen korrigieren und die Interessen des börsennotierten Unternehmens und dessen außenstehenden Aktionäre wahren.

B. Bekanntmachungspflicht

Der erste präventive Schutzmechanismus, den der Unionsgesetzgeber bei *Related Party Transactions* vorsieht, ist deren öffentliche Bekanntmachung. So haben die Mitgliedstaaten nach Art. 9c Abs. 2 Satz 1 AktR-RL 2017 sicherzustellen, dass Unternehmen „wesentliche Transaktionen mit nahe stehenden Unternehmen spätestens zum Zeitpunkt ihres Abschlusses“ öffentlich bekanntmachen. Der Unionsgesetzgeber erachtet die öffentliche Bekanntmachung dabei als geboten, „damit sich Aktionäre, Gläubiger, Arbeitnehmer und andere interessierte Parteien über potenzielle Auswirkungen informieren können, die [*Related Party Transactions*] unter Umständen auf den Wert der Gesellschaft haben“[313]. Es

313 ErwG 43 AktR-RL 2017.

sollen durch die Bekanntmachungspflicht mithin bestehende Informationsasymmetrien zwischen den Aktionären beseitigen werden.[314] Der Wortlaut der AktR-RL 2017 („stellen sicher") macht dabei deutlich, dass er den Mitgliedstaaten insofern eine Regelungsobliegenheit auferlegt. Die öffentliche Bekanntmachung solcher Geschäfte, beispielsweise auf der Website einer Gesellschaft oder durch problemlos zugängige sonstige Mittel, ist insoweit notwendig.

Die AktR-RL 2017 geht dabei über bereits vorhandene Offenlegungspflichten im unionsrechtlichen Bilanz- und Kapitalmarktrecht hinaus. Nach Art. 17 Abs. 1 lit. r) BilRL[315] und IAS 24 sind Unternehmen dazu verpflichtet, *Related Party Transactions* in den Anhang ihres (Jahres-)Abschlusses aufzunehmen. Im Gegensatz dazu sind die *Related Party Transactions* nach der AktR-RL 2017 aber nicht erst *ex post* bekanntzumachen, sondern *ex ante*, also spätestens zum Zeitpunkt des Abschlusses des Vertrages über die *Related Party Transaction*.

Ausgangspunkt für die Bekanntmachungspflicht war offenbar die Anregung des europäischen *Corporate-Governance*-Forums. Dieses sah gegenüber der zuständigen Finanzaufsichtsbehörde eine Bekanntmachungspflicht für Transaktionen vor, die mehr als 1% des Unternehmensvermögens umfassen.[316] Zudem bestehen vergleichbare Pflichten bereits in England und Italien. In England findet sich die maßgebliche Regelung in UK LR 11.1. Abhängig vom Umfang der Transaktion sind *Related Party Transactions* mittels eines *RIS announcement* der *Financial Conduct Authority* (FCA)[317], UK LR 11.1.10 R (2),[318] oder der Öffentlichkeit, UK LR 11.1.7, mitzuteilen und gegenüber den Aktionären im Wege eines sog. *circulars* bekanntzugeben.[319] In beiden Fällen hat die Bekanntmachung unverzüglich nach Abschluss der *Related Party Transaction* zu erfolgen.[320] Ähnlich verhält es sich in Italien. Dort müssen die Unternehmen *Related Party*

314 So ausdrücklich bereits Kommissionsvorschlag, S. 8.

315 Umgesetzt im deutschen Recht durch §§ 285 Nr. 21, 314 Abs. 1 Nr. 13 HGB.

316 Erklärung des Europäischen Corporate-Governance-Forums zu Transaktionen mit nahe stehenden Unternehmen und Personen bei börsennotierten Unternehmen vom 10. März 2011, Ziff. 3.

317 Bei der FCA handelt es sich um die Finanzaufsichtsbehörde des Vereinigten Königreichs.

318 In diesem Fall handelt es sich um sog. *small transactions*, die weniger als 5%, aber eine oder mehrere näher spezifizierte Bezugsgrößen mehr als 0,25% ausmachen, Annex 1 (1) der UK LR 11.

319 In diesem Fall handelt es sich um *Related Party Transactions*, die nicht als *small transactions* einzuordnen sind.

320 Siehe hierzu *Fleischer*, BB 2014, 2691, 2694

Transactions[321] nach Art. 5 Consob veröffentlichen; der Inhalt der bekanntzumachenden Informationen ist in Annex 4 Consob geregelt. Im Gegensatz zu der UK LR 11.1.7 sind die *Related Party Transactions* gem. Art. 5 Abs. 3 Consob jedoch innerhalb von sieben Tagen nach der Zustimmung des Aufsichtsrats bzw. der Hauptversammlung zu veröffentlichen.[322]

I. Inhalt der Bekanntmachung

Gem. Art. 9c Abs. 2 Satz 2 AktR-RL 2017 muss die Bekanntmachung „mindestens" die Art des Verhältnisses mit den nahe stehenden Unternehmen, den Namen des nahe stehenden Unternehmens, das Datum und den Wert der Transaktion sowie alle weiteren Informationen enthalten, die aus Sicht des Unternehmens und der außenstehenden Aktionäre erforderlich sind, um beurteilen zu können, ob die Transaktion fair und angemessen ist. Im Gegensatz zum Kommissions- und Parlamentsvorschlag, die aufgrund ihres Wortlauts beide noch auf eine abschließende Aufzählung der in der Bekanntmachung enthaltenen Informationen schließen ließen,[323] kennzeichnet Art. 9c Abs. 2 AktR-RL 2017 die Bekanntmachung damit nun ausdrücklich als Mindestnorm. Den Mitgliedstaaten steht es damit frei, höhere Anforderungen an die Bekanntmachung zu stellen.

1. Art des Näheverhältnis

Mit der Bekanntmachung der Art des Näheverhältnis zwischen dem börsennotierten Unternehmen und der ihm nahe stehenden Partei bezweckt der Unionsgesetzgeber das Beziehungsgeflecht zwischen dem nahe stehenden Unternehmen und dem berichtspflichtigen börsennotierten Unternehmen für den Adressatenkreis der Bekanntmachung klar zu umreißen. Es stellt sich vor diesem Hintergrund allerdings die Frage, was unter der „Art des Verhältnisses" zu verstehen ist.

Denkbar wäre es, für die Beschreibung des Verhältnisses die Angabe prozentualer Beteiligungen als ausreichend zu erachten. Dafür spräche, dass die

321 Abgestellt wird hier auf „Transaktionen von größerer Bedeutung", die nach Annex 3 Abs. 1.1 des Consob 5% näher spezifizierter Bezugsgrößen überschreiten müssen.

322 Siehe hierzu *Fleischer*, BB 2014, 2691, 2695.

323 Nach Art. 9c Abs. 1 UAbs. 1 Satz 3 Kommissionsvorschlag „sind [die dort genannten Informationen] beizufügen"; nach Art. 9c Abs. 1 UABs. 1 Satz 2 Parlamentsvorschlag „muss die Bekanntmachung [die Informationen] enthalten".

Bekanntmachung nach Art. 9c Abs. 2 AktR-RL 2017 die bereits bestehenden Bekanntmachungspflichten erweitern soll. So haben die Aktionäre aus Sicht des Unionsgesetzgebers „vor geplanten Transaktionen keinen ausreichenden Zugang zu Informationen".[324] In Bezug auf die Art des Verhältnisses ließe sich daraus schließen, dass der Unionsgesetzgeber die Bekanntmachungspflichten zu Beteiligungen an börsennotierten Unternehmen nach Art. 9 TransparenzRL[325] nicht für ausreichend erachtet. Danach ist das Über- und Unterschreiten gesetzlich normierter Schwellenwerte öffentlich bekanntzumachen. Mangels Informationen über die tatsächliche Höhe der Beteiligung an dem börsennotierten Unternehmen, sind die außenstehenden Aktionäre nicht in der Lage festzustellen, ob das nahe stehende Unternehmen beherrschenden oder zumindest maßgeblichen Einfluss i.S.v. IAS 24 auf das börsennotierte Unternehmen hat. Diese Informationslücke ließe sich schließen, indem die Beteiligung des nahe stehenden Unternehmens an dem börsennotierten Unternehmen zusammen mit der Bekanntmachung der *Related Party Transaction* erginge.

Die Erforderlichkeit, die genaue Beteiligungshöhe der nahe stehenden Partei an dem börsennotierten Unternehmen bekanntzumachen, darf jedoch bezweifelt werden. Dies gilt insbesondere, weil es für den Adressatenkreis der Bekanntmachung lediglich entscheidend ist, ob es sich um ein beherrschendes bzw. maßgebliches Beteiligungsverhältnis handelt. Gegen die Angabe der prozentualen Beteiligung spricht auch der Wortlaut des Art. 9c Abs. 2 Satz 2 AktR-RL 2017, der sich über den Kommissions- und Parlamentsvorschlag hinweg nicht verändert hat. In allen drei Fassungen spricht der Unionsgesetzgeber ausschließlich von der „Art des Näheverhältnisses" und gerade nicht – wie in Art. 9c TransparenzRL – von Schwellenwerten. Nichts anderes ergibt sich aus der englischen Sprachfassung des Art. 9c Abs. 2 Satz 2 AktR-RL 2017. Auch hier ist ausschließlich die *„nature of the related party relationship"* anzugeben, worunter die Einordnung in ein bestimmtes Näheverhältnis zu verstehen ist. Einer solchen

324 Vgl. Kommissionsvorschlag, S. 5.

325 Richtlinie 2013/50/EU des Europäischen Parlaments und Rates vom 22. Oktober 2013 zur Änderung der Richtlinie 2004/109/EG des Europäischen Parlaments und des Rates in Bezug auf Informationen über Emittenten, deren Wertpapiere zum Handel auf einem geregelten Markt zugelassen sind, der Richtlinie 2003/71/EG des Europäischen Parlaments und des Rates betreffend den Prospekt der beim öffentlichen Angebot von Wertpapieren oder bei deren Zulassung zum Handel zu veröffentlichen ist, sowie der Richtlinie 2007/14/EG der Kommission mit Durchführungsbestimmungen zu bestimmten Vorschriften der Richtlinie 2004/109/EG (Transparenzrichtlinie, „TransparenzRL"); umgesetzt in den §§ 33 ff. WpHG.

Auslegung steht des Weiteren entgegen, dass Art. 9c Abs. 2 AktR-RL 2017 dazu dient, die in Art. 17 Abs. 1 lit. r) BilRL normierten Bekanntmachungspflichten weiter auszubauen. Art. 17 Abs. 1 lit. r) BilRL stellt jedoch ausschließlich auf die Einordnung in bestimmte Näheverhältnisse, nicht aber den tatsächlichen Schwellenwert ab. Um einen Gleichlauf zwischen den einzelnen Regelungen zu gewährleisten, ist auch im Rahmen des Art. 9c Abs. 2 AktR-RL 2017 auf die Einordnung in ein bestimmtes Näherverhältnis abzustellen. Ein solches Verständnis lässt sich ferner Art. 2.2 Annex 4 Consob entnehmen, der als Grundlage für die gleichlautende Regelung im Parlamentsvorschlag diente. Der Umstand, dass sich an der inhaltlichen Ausgestaltung seitdem nichts mehr änderte, spricht ebenfalls dafür, dass der Unionsgesetzgeber an der Art des Näheverhältnisses festhalten und gerade nicht die Schwellenwerte bekanntmachen wollte. Gleiches lässt sich dem Erwägungsgrund 45 AktR-RL 2017 entnehmen. Danach wird „Gesellschaften, institutionelle Anleger, Vermögensverwalter und Stimmrechtsberater [durch die Richtlinie] nicht vorgeschrieben, bestimmte einzelne Informationen der Öffentlichkeit gegenüber offenzulegen, deren Offenlegung ihrer Geschäftsposition [...] schwer schaden würde". Dazu ist auch die Angabe der tatsächlichen Höhe der Beteiligung an einem Unternehmen zu zählen. Schließlich kann nicht ausgeschlossen werden, dass durch die Bekanntmachung der aktuellen Schwellenwerte eine Anlagestrategie oder Einwirkungsmöglichkeiten offenbart wird, die der Geschäftsposition der nahe stehenden Partei schaden können. Gegen eine Bekanntmachung der Schwellenwerte spricht darüber hinaus, dass zum Zeitpunkt der *Related Party Transaction* ausschließlich die nahe stehende Partei Kenntnis über die Höhe ihrer Beteiligung an dem börsennotierten Unternehmen hat. Denn die nahe stehende Partei hat auch gegenüber dem börsennotierten Unternehmen nur das Über- bzw. Unterschreiten der in Art. 9c TransparenzRL benannten Schwellenwerte anzuzeigen. Da das börsennotierte Unternehmen die Bekanntmachung vorzunehmen hat, hätte es entweder die prozentuale Beteiligung der nahe stehenden Partei bei jeder *Related Party Transaction* erneut abzufragen oder ein Meldesystem zu implementieren, was in beiden Fällen einen gesteigerten Organisationsaufwand zur Folge hätte. Dieser stünde jedoch außer Verhältnis zu den Interessen der außenstehenden Aktionäre, zumal der Schutz dieser bereits durch die Information über ein beherrschendes bzw. maßgebliches Beteiligungsverhältnis gewahrt ist.

In Bezug auf die „Art des Verhältnisses" ist mithin anzugeben, ob ein beherrschendes bzw. maßgebliches Beteiligungsverhältnis zwischen der nahe stehenden Partei und dem börsennotierten Unternehmen besteht.

2. *Wert der Transaktion*

Verlangten sowohl der Kommissionsvorschlag als auch der Parlamentsvorschlag noch, auch den „Betrag der Transaktion“ bekanntzumachen, nennt der Unionsgesetzgeber nun – in Übereinstimmung mit IAS 24.18 und dem herrschenden Verständnis zu Art. 17 Abs. 1 lit. r) BilRL – den „Wert der Transaktion“ als weiteren Bekanntmachungsgegenstand. Der Unionsgesetzgeber verhindert mit dem gleichlaufenden Wortlaut Auslegungsunsicherheiten über den Umfang der Bekanntmachungspflicht, wie sie etwa in Bezug auf den „Betrag“ bei Art. 17 Abs. 1 lit. r) BilRL bestehen.[326]

Unter Berücksichtigung des gesetzgeberischen Bestrebens, ein möglichst umfassendes Bild der einzelnen *Related Party Transaction* zu schaffen, ist davon auszugehen, dass der „Wert der Transaktion“ möglichst weit zu verstehen ist. Es erscheint dabei zulässig, auf das zu Art. 17 Abs. 1 lit. r) BilRL bestehende Begriffsverständnis zurückzugreifen: Zum einen aufgrund des gleichlautenden Wortlauts – hier wie auch dort spricht der Unionsgesetzgeber von dem „Wert der Transaktion“; zum anderen aufgrund des gleichen Adressatenkreises – in beiden Fällen sollen Aktionäre, Gläubiger, Arbeitnehmer und andere interessierte Parteien in die Lage versetzt werden, sich über potenzielle Auswirkungen von *Related Party Transactions* auf den Wert des börsennotierten Unternehmens zu informieren.[327] Auch sollen die in Art. 17 Abs. 1 lit. r) BilRL bestehenden Bekanntmachungspflichten gerade durch Art. 9c Abs. 2 AktR-RL 2017 weiter ausgebaut werden.[328] Es erscheint vor diesem Hintergrund geboten, unter dem „Wert der Transaktion“ über die vereinbarte Gegenleistung hinaus sämtliche eingegangenen Verpflichtungen, einschließlich ihrer Bedingungen und Konditionen, zu verstehen.

Für ein solches Begriffsverständnis spricht auch IAS 24.18 lit. b). Danach sind nicht nur die Höhe der ausstehenden Salden, sondern auch die weiteren eingegangenen Verpflichtungen, einschließlich ihrer Bedingungen und Konditionen, sowie die Art der Leistungserfüllung bekanntzumachen.[329] Zwar spricht IAS 24.18 lit. b) in seiner deutschen Sprachfassung nicht explizit vom „Wert der Transaktion“. Ein Blick auf die englische Sprachfassung der beiden Vorschriften

326 Zum Streit über den Umfang des Art. 17 Abs. 1 lit. r) BilRL siehe *Rimmelspacher/Fey*, WpG 2010, 180, 187.

327 ErwG 4 BilRL; ErwG 44 AktR-RL 2017.

328 Kommissionsvorschlag, S. 5 f.

329 Vgl. hierzu auch *Senger/Prengel*, in: IFRS-Handbuch, § 20 Rn. 43.

zeigt jedoch, dass ihnen ein gleichlaufendes Begriffsverständnis zugrunde liegt: Beide nennen den Terminus „*amount*".

Auch der Sinn und Zweck der Bekanntmachung, der in IAS 24, Art. 17 Abs. 1 lit. r) BilRL und Art. 9c Abs. 1 UAbs. 1 Satz 3 identisch ist, spricht für ein solches Begriffsverständnis. Mit ihrer Hilfe sollen die außenstehenden Aktionäre zeitnah bzw. vor Durchführung einer *Related Party Transaction* Informationen über diese erhalten. Dadurch sollen die Aktionäre ein Verständnis hinsichtlich der potenziellen Auswirkungen der *Related Party Transaction* erlangen und gleichzeitig in der Lage sein, eine informierte Entscheidung über ihre Beteiligung treffen zu können.[330] Die *ex post-* als auch die *ex ante*-Bekanntmachung sind insofern den gleichen Zielen verschrieben. Um sie zu erreichen kommt es neben dem vereinbarten Betrag der Gegenleistung auch entscheidend darauf an, ob und in welcher Art und Weise sich die Transaktionsparteien auf zusätzliche Bedingungen und Konditionen geeinigt haben.[331]

Eine weite Auslegung impliziert auch UK LR 11.1.7 R Abs. 1 i.V.m. UK LR 10.4.1 R Abs. 2 (c). Anzugeben ist danach die Gegenleistung, einschließlich der Art der Gegenleistung, der Konditionen und Bedingungen. Da der Unionsgesetzgeber für die Ausgestaltung der Bekanntmachungspflichten beim Kommissionsvorschlag maßgeblich auf die UK LR 11 zurückgegriffen hat und sich die Bekanntmachungspflichten über den Kommissionsvorschlag hinaus nicht wesentlich verändert haben, ist anzunehmen, dass der Unionsgesetzgeber dem *Wert der Transaktion* einen ebenso weiten Sinn zuteil kommen lässt. Die Annahme, dass der Unionsgesetzgeber von dieser Einstellung auch nicht wieder Abstand genommen hat, zeigt ferner ein Blick auf die italienischen Regelungen zur Bekanntmachung von *Related Party Transactions*, die den Parlamentsvorschlag wesentlich beeinflusst haben. So sind nach Art. 2.1 Annex 4 Consob nicht nur der Betrag der Gegenleistung, sondern auch die darüber hinaus getroffenen Bedingungen und Konditionen der Transaktion bekanntzumachen.

Neben der Gegenleistung sind mithin sämtliche in diesem Zusammenhang vereinbarte Verpflichtungen, einschließlich deren Bedingungen und Konditionen, bekanntzugeben.

---

330 ErwG 44 AktR-RL 2017.

331 Vgl. *Klene*, Related Party Transactions, S. 211.

3. *Datum der Transaktion*

Im Gegensatz zum Kommissionsvorschlag und Parlamentsvorschlag fordert Art. 9c Abs. 2 Satz 1 AktR-RL 2017 des Weiteren die Angabe des Datums der Transaktion. Mit Blick auf den Bekanntmachungszeitpunkt[332] und die Aggregationsregelungen[333] ist davon auszugehen, dass hierbei der Zeitpunkt des Transaktionsabschlusses gemeint ist.

4. *Alle weiteren Informationen, die für die Bewertung der Transaktion erforderlich sind*

Bestand beim Kommissionsvorschlag noch Unsicherheit darüber, welche Informationen der Bekanntmachung des Weiteren beizufügen sind, da dieser ganz allgemein die Bekanntmachung „weitere[r] für die Bewertung der Transaktion erforderliche[n] Informationen"[334] forderte, konkretisierte der Unionsgesetzgeber im Rahmen des Parlamentsvorschlags die Anforderungen an die Bekanntmachung weiter und machte deutlich, dass es ausschließlich auf die „der Bewertung der wirtschaftlichen Fairness zugrundeliegenden Informationen" ankommt[335]. Warum es dem Unionsgesetzgeber dabei ausschließlich auf die wirtschaftliche Fairness ankam, die Einschätzung hinsichtlich der Vernünftigkeit der Transaktion, die ebenfalls bekanntzumachen war, nicht jedoch auch durch dieser Entscheidung zugrundeliegenden Informationen gestützt werden sollte, ließ sich dabei nicht aufklären, wurden im Rahmen des Art. 9c Abs. 2 Satz 2 AktR-RL 2017 jedoch behoben. Danach muss die Bekanntmachung nun alle weiteren Informationen enthalten, die aus Sicht des Unternehmens und der außenstehenden Aktionäre erforderlich sind, um die Angemessenheit dieser Transaktion bewerten zu können.[336]

Da die Bekanntmachung vornehmlich der angemessenen Informationsversorgung der Aktionäre dient, hängt die Ausgestaltung der Angemessenheitsbekanntmachung davon ab, ob die Zustimmungskompetenz der Hauptversammlung oder dem Aufsichtsrat obliegt. Während das Bewertungsgutachten bei der Übertragung der Zustimmungskompetenz auf die Hauptversammlung den Aktionären

332 Vgl. hierzu die Ausführungen unter Kap. 3.B.II.
333 Vgl. hierzu die Ausführungen unter Kap. 3.A.V.
334 Art. 9c Abs. 1 UAbs. 1 Satz 3 Kommissionsvorschlag.
335 Art. 9c Abs. 1 UAbs. 1 Satz 2 Parlamentsvorschlag.
336 *Enriques*, ECGI Law Working Paper Nr. 267/2014, S. 29 spricht in Bezug auf den Kommissionsvorschlag hier zutreffend von einer *„catch all-phrase"*.

vornehmlich als Entscheidungshilfe herangezogen werden wird, dient die Bekanntmachung bei der Zustimmungskompetenz des Überwachungsorgans vornehmlich zur Kontrolle dieser Entscheidung.[337] Die Behauptung *Tardes*', den Aktionären verbleibe auch bei Fehlen eines Vetorecht bei ausreichender Informationslage die „frühzeitige Abstimmung mit den Füßen“[338], vermag nur dann überzeugen, wenn der nationale Gesetzgeber sich gegen eine Bekanntmachung des Bewertungsgutachtens entscheidet. Nur dann stellt die Bekanntmachung die einzige Möglichkeit für die Aktionäre dar, die Entscheidung des Verwaltungs-/Aufsichtsrats zu überprüfen, wodurch die Bekanntmachung eine bedeutendere Aufgabe bei der hinreichenden Informationsversorgung zuteilwird. Etwas anderes gilt allerdings, wenn das Bewertungsgutachten bei allen *Related Party Transactions* oder zumindest bei Zustimmungsentscheidungen des Verwaltungs-/Aufsichtsrats zu erstellen und bekanntzumachen ist. In diesem Fall versorgt auch das Bewertungsgutachten die Aktionäre mit Informationen. Das pauschalierte Verlangen einer möglichst umfassenden Informationsversorgung durch die Bekanntmachung würde in diesem Fall den Sinn und Zweck dieser überstrapazieren. Vielmehr ist der Umfang der Bekanntmachung davon abhängig zu machen, wie sich die nationalen Gesetzgeber hinsichtlich der Bekanntmachung des Bewertungsgutachtens entscheiden.

Weiter hat sich der Unionsgesetzgeber als regulatorisches Vorbild der detaillierten Veröffentlichungskataloge in UK LR 11.1.7 i.V.m. UK LR 10.4.1, 13.3 sowie 13.6 bzw. Annex 4 Consob bedient.[339] Wie sich Erwägungsgrund 44 AktR-RL 2017 entnehmen lässt, hat die Bekanntmachung hier wir dort etwaige Informationen zu enthalten, die den Bekanntmachungsadressaten Auskunft darüber geben, welche Auswirkungen die *Related Party Transaction* auf den Wert des börsennotierten Unternehmens haben könnten. UK LR 10.4.1 R (2) lit. f) hebt diesbezüglich hervor, dass sich diese Vorgabe auf die finanziellen Auswirkungen der Transaktion bezieht. Mit Blick auf UK LR 11.1.7 R (1) i.V.m. UK LR 10.4.1 R (2) lit. e) scheint es darüber hinaus geboten, auch auf Vorteile, die durch die *Related Party Transaction* für das börsennotierte Unternehmen entstehen, einzugehen. Mittels dieser Informationen sind die Bekanntmachungsadressaten in der Lage, sich über potenzielle Auswirkungen der *Related Party Transaction* zu informieren, mithin diese gewissenhaft zu überprüfen.[340] Nicht umsonst sieht auch Art. 2 Annex 4 Consob eine entsprechende Bekanntmachungsregelung vor.

337 A.A. *Tarde,* ZGR 2017, 360, 378.
338 *Tarde,* ZGR 2017, 360, 377 f.
339 So auch *Tarde,* ZGR 2017, 360, 378.
340 ErwG 44 AktR-RL 2017.

Unabhängig davon ist zu verhindern, dass das nahe stehende Unternehmen seinen Einfluss auf das börsennotierte und damit berichtspflichtige Unternehmen ausnutzt und bestimmt, welche Informationen für die Bewertung der Transaktion erforderlich sind. Aus diesem Grund sind die Mitgliedstaaten gehalten, den Umfang der Bekanntmachung hinreichend zu konkretisieren.[341]

Als „alle weiteren, für die Bewertung der *Related Party Transaction* erforderlichen Informationen" sind mithin die Informationen anzusehen, die für die Bewertung der Angemessenheit der Transaktion erforderlich sind. Das Begriffsverständnis ist dabei zum Schutze des Adressatenkreises denkbar weit zu verstehen. Angegeben werden sollten die positiven wie auch negativen Auswirkungen der *Related Party Transaction* auf das börsennotierte Unternehmen. Gleiches gilt für die Beschreibung des Geschäfts, wie sie UK LR 11.1.10 Abs. 2 (c) vorsieht, sowie ggfls. die Bestätigung des Verwaltungs-/Aufsichtsrats.[342] Den Umfang der Bekanntmachung sollten die nationalen Gesetzgeber dabei hinreichend konkretisieren und nicht der Geschäftsführung oder dem Verwaltungs-/Aufsichtsrat überlassen. Anhaltspunkte für eine hinreichend konkretisierten Katalog lassen sich der UK LR sowie Consob entnehmen.

5. *Ergebnis*

Die Bekanntmachung hat darzulegen, ob ein beherrschendes oder maßgebliches Beteiligungsverhältnis zwischen der nahe stehenden Partei und dem börsennotierten Unternehmen besteht und den Namen der nahe stehenden Partei zu nennen. Dem beizufügen sind Ausführungen zur Gegenleistung nebst sämtlicher im Zusammenhang mit der *Related Party Transaction* vereinbarten Bedingungen und Konditionen. Neben dem ebenfalls anzugebenden Datum des Abschlusses der Transaktion, wobei es auf die Wirksamkeit des der Transaktion zugrundeliegenden Vertrages ankommt, sind die Informationen anzugeben, die für die Bewertung der Angemessenheit der Transaktion erforderlich sind. Das Begriffsverständnis ist dabei zum Schutze des Adressatenkreises weit zu verstehen. Angegeben werden sollten zumindest die positiven wie auch negativen Auswirkungen der *Related Party Transaction* auf das börsennotierte Unternehmen.

---

341 So *Enriques*, ECGI Law Working Paper Nr. 267/2014, S. 31.
342 *Tarde*, Related Party Transaction, S. 215.

II. Zeitpunkt der Bekanntmachung – Vertragsschluss oder Wirksamwerden?

Related Party Transactions sind zum Zeitpunkt ihres Abschluss bekanntzumachen (Art. 9c Abs. 2 Satz 1 AktR-RL 2017). Fraglich ist gleichwohl, wann eine Transaktion als abgeschlossen gilt. Als Anknüpfungspunkt bieten sich der Zeitpunkt des Vertragsschlusses sowie der Zeitpunkt an, ab dem die Transaktion Wirksamkeit entfaltet. Letzteres ist der Fall, wenn sämtliche (aufschiebenden) Bedingungen eingetreten sind und für keinen Vertragspartner mehr die Möglichkeit besteht, sich von dem der *Related Party Transaction* zugrundeliegenden Vertrag einseitig zu lösen.

Für Letzteres spräche, dass die Gefahr der Vermögensgefährdung, die der *Related Party Transaction* anhaftet, sich erst dann realisiert, wenn sämtliche Bedingungen eingetreten sind. Auch sollen die *ex post-* und *ex ante-*Bekanntmachung von *Related Party Transactions* grundsätzlich gleichlaufen. Dies ergibt sich insbesondere aus dem 2012 veröffentlichen Aktionsplan. Danach sind aus Sicht des Unionsgesetzgebers „die derzeitigen EU-Vorschriften" nicht ausreichend und sollen ausgebaut werden. In diesem Zusammenhang bezieht sich der Unionsgesetzgeber per Fußnote auf die Regelungen zur Erstellung des Jahresabschlusses bzw. Konzernabschluss.[343] Hieraus ist der Schluss zu ziehen, dass der Unionsgesetzgeber die bestehenden bilanzrechtlichen Regelungen weiter ausbauen wollte. Dann kann im Rahmen des Art. 9c Abs. 2 AktR-RL 2017 jedoch nicht darauf abgestellt werden, wann die der *Related Party Transaction* zugrundeliegenden Verträge abgeschlossen wurden. Denn aus bilanzrechtlicher Sicht werden Transaktionen erst dann in der Bilanz erfasst, wenn ihre Forderungen unbedingt sind.[344]

Für ein Abstellen auf den Abschluss des der *Related Party Transaction* zugrundeliegenden Vertrags spricht gleichwohl die englische Sprachfassung des AktR-RL 2017, wonach die Bekanntmachung *„at the time of the conclusion of the transaction"* zu erfolgen hat. Dabei handelt es sich um den Abschluss des Vertrages[345] und eben nicht um dessen Wirksamwerden. Auch der Sinn und Zweck der Bekanntmachung spricht dafür, auf den Zeitpunkt des Transaktionsabschlusses abzustellen. Die Informationsasymmetrie zwischen den Mehrheits- und Minderheitsaktionären soll möglichst frühzeitig behoben werden. Dadurch soll den

---

343 Aktionsplan 2012, S. 11.

344 Vgl. hierzu IAS 38.AG35(b)/IFRS 9.B3.1.2(b).

345 *Dietl,* Dictionary, S. 151 li. Spalte.

außenstehenden Aktionären die Möglichkeit eingeräumt werden, unverzüglich auf die Bekanntmachung zu reagieren, indem sie etwa gerichtlich gegen die *Related Party Transaction* vorgehen oder die eigenen Aktien verkaufen. Der Schutz der Aktionäre wäre erheblich minimiert, wenn es auf den Zeitpunkt ankäme, in dem bereits alle Vertragsbedingungen erfüllt sind. Vielmehr stünde zu befürchten, dass es den außenstehenden Aktionären mitunter nicht mehr möglich wäre, ihre Aktien zu einem angemessenen Preis zu veräußern. Der Schutz der außenstehenden Aktionäre wäre insoweit nicht mehr gewährleistet. Für den Zeitpunkt des Vertragsschlusses spricht zudem, dass es nach dem Kommissionsvorschlag andernfalls zu der widersprüchlichen Situation kommen könnte, dass die *Related Party Transaction* erst zu veröffentlichen wäre, nachdem die Hauptversammlung ihr zugestimmt hat. Geht man davon aus, dass die Bekanntmachung den Aktionären auch dazu dient, sich auf die Hauptversammlung vorzubereiten, kann das Wirksamwerden der *Related Party Transaction* jedoch nicht der maßgebliche Zeitpunkt sein. Dafür spricht auch ein Blick auf die englischen Regelungen für *Related Party Transactions*, die bereits dem Kommissionsvorschlag als Grundlage dienten: Nach UK LR 11.1.7 i.V.m. UK LR 10.4.1 Abs. 1 sind *Related Party Transactions* zum Zeitpunkt des Vertragsschlusses bekanntzumachen. Des Weiteren ist zu berücksichtigen, dass bereits zum Zeitpunkt des Vertragsschlusses Rechtsansprüche bestehen können, die sich erheblich auf den Gewinn oder Umsatz und damit auf das Eigenkapital auswirken. So können bei Nichteintritt von Bedingungen etwa vorvertragliche Schadensersatzansprüche entstehen bzw. Vertragsstrafenklauseln zum Tragen kommen.

Im Ergebnis sprechen daher die besseren Gründe für ein Abstellen auf den Abschluss der *Related Party Transactions.*

III. Bekanntmachung bei Tochterunternehmen

Nach Art. 9c Abs. 7 Satz 1 AktR-RL 2017 sind – anders als noch im Kommissions- oder Parlamentsvorschlag und abweichend vom Anwendungsbereich des Art. 9c Abs. 1 AktR-RL 2017 – auch wesentliche *Related Party Transactions* zwischen nahe stehenden Parteien des börsennotierten Unternehmens und Tochterunternehmen des börsennotierten Unternehmens durch das börsennotierte Unternehmen öffentlich bekannt zu machen. Es obliegt mithin den börsennotierten Unternehmen nicht nur, seine eigenen *Related Party Transactions* bekanntzumachen, sondern auch solche des Tochterunternehmens. Augenscheinlich wollte der Unionsgesetzgeber mit diesen zusätzlichen Publizitätspflichten Bedenken aus der Literatur Rechnung tragen. Diese hatte bemängelt, dass die fehlende Erstreckung des Anwendungsbereichs auch auf Transaktionen zwischen dem nahe stehenden Unternehmen und dessen Tochterunternehmen des börsennotierten Unternehmens zu Umgehungsmöglichkeiten der in Art. 9c Abs. 2, 3 und 4 AktR-RL normierten Regelungen führen würde, indem Vermögensgegenstände unter angemessenen Bedingungen zunächst auf das Tochterunternehmen und anschließend zu unangemessenen Bedingungen auf die nahe stehende Partei übertragen werden.[346]

Das Tochterunternehmen wird von der Richtlinie nicht definiert. Ebenso wie bei den Ausnahmetatbeständen erscheint es jedoch geboten, auf die Definition des IAS 24 zurückzugreifen.[347] Nach IAS 27.4 umfasst der Begriff „Tochterunternehmen" ein von einem Mutterunternehmen beherrschtes Unternehmen sowie jedes mittelbar über das Tochterunternehmen kontrollierte Unternehmen.

Die zusätzlichen Bekanntmachungspflichten bestehen gleichwohl nicht bei allen, sondern nur bei wesentlichen *Related Party Transactions*. Zwar verweist Art. 9c Abs. 7 AktR-RL 2017 nicht ausdrücklich auf Art. 9c Abs. 1 AktR-RL 2017; jedoch lässt schon die in Abs. 2 und Abs. 7 gleichlaufende Begriffsverwendung („wesentliche Geschäfte") darauf schließen, dass das Wesentlichkeitskriterium auch im Rahmen des Art. 9c Abs. 7 AktR-RL 2017 zur Anwendung kommt. Lässt man die Bekanntmachungspflicht auch hier nur für wesentliche *Related Party Transactions* zur Anwendung gelangen, gelten für Geschäfte von Tochterunternehmen die Ausnahmen für *Related Party Transactions* im ordentlichen Geschäftsgang gem. Art. 9c Abs. 5 AktR-RL 2017 sowie die optionalen Bereichsausnahmen nach Art. 9c Abs. 6 AktR-RL 2017 gleichermaßen.[348]

Fraglich ist gleichwohl, ob es den Mitgliedstaaten hier offensteht, andere Wertgrenzen festzulegen als bei der Bekanntmachung von Transaktionen zwischen einem börsennotierten Unternehmen und einem ihm nahe stehenden Unternehmen. Dagegen spräche, dass Art. 9c Abs. 7 AktR-RL 2017 ebenso wie Art. 9c Abs. 2 AktR-RL 2017 von der Bekanntmachung spricht. Daraus könnte der Schluss gezogen werden, dass für die Bekanntmachung in den Abs. 2 und 7 dieselben Wertgrenzen zur Anwendung gelangen sollen. Gegen eine solche Auslegung spricht jedoch, dass Art. 9c Abs. 1 UAbs. 2 AktR-RL 2017, der unterschiedliche Wertgrenzen ausdrücklich zulässt, sich ausschließlich auf Abs. 2 bzw. 3 und Abs. 4 bezieht, auf Abs. 7 jedoch nicht eingeht. Art. 9c Abs. 1 UAbs. 2

---

346 *Enriques*, ECGI Law Working Paper Nr. 267/2014, S. 31; *Tröger*, AG 2015, 53, 62 f. (jeweils bezugnehmend auf die Lücken im Kommissionsvorschlag).

347 Vgl. hierzu die Ausführungen unter Kap. 3.A.VI.1.a.; anders wieder *Veil*, NZG 2017, 521, 528; diesem wieder folgend *Tarde*, Related Party Transactions, S. 208.

348 *Tarde*, Related Party Transactions, S. 208.

AktR-RL 2017 regelt insoweit den „Normalfall“ im Umgang mit *Related Party Transactions*. Er umfasst die Trias aus Bekanntmachung, Bewertung sowie Zustimmung. Bei dieser Trias ist eine entsprechende Klarstellung erforderlich, da andernfalls dieselbe Wertgrenze für alle drei gelten würde. Anders liegt es hingegen bei Art. 9c Abs. 7 AktR-RL 2017. Dieser bezieht sich ausschließlich darauf, zwischen dem nahe stehenden Unternehmen und dem Tochterunternehmen des börsennotierten Unternehmens geschlossenen *Related Party Transactions* bekanntzumachen. Abs. 7 behandelt insoweit einen zwar vergleichbaren jedoch getrennt von Abs. 2, Abs. 3 und Abs. 4 zu behandelnden Sonderfall. Darüber hinaus lässt sich eine Verlinkung der Bekanntmachung nach Art. 9c Abs. 2 AktR-RL 2017 mit der nach Abs. 7 nicht erkennen. Vielmehr zeigt bereits die systematische Stellung des Art. 9c Abs. 7 AktR-RL 2017, dass ein Gleichlauf der beiden Bekanntmachungspflichten vom Unionsgesetzgeber offensichtlich nicht intendiert war. Die besseren Gründe sprechen insoweit gegen einen Gleichlauf der Bekanntmachungspflichten in Art. 9c Abs. 2 und Abs. 7 AktR-RL 2017. Die Mitgliedstaaten können für die Anwendung des Abs. 7 eine andere Definition für wesentliche Geschäfts festlegen als für die Anwendung der Abs. 2, 3 und 4.

Art. 9c Abs. 7 AktR-RL 2017 enthält darüber hinaus keinerlei Ausführungen zum Inhalt oder Zeitpunkt der Bekanntmachung. Es könnte den Mitgliedstaaten daher freistehen, wie sie die Bekanntmachung bei Tochterunternehmen näher ausgestalten. Für einen Rückgriff insbesondere auf die inhaltlichen Anforderungen des Art. 9c Abs. 2 Satz 2 AktR-RL 2017 spricht, dass es auch den durch Art. 9c Abs. 7 AktR-RL 2017 geschützten Parteien möglich sein muss, die Transaktion zu bewerten. Hierfür ist ebenso wie bei der Bekanntmachung nach Art. 9c Abs. 2 AktR-RL 2017 eine umfassende Informationsversorgung erforderlich. Des Weiteren lassen sich keine sachlichen Gründe dafür finden, warum die außenstehenden Aktionäre des Tochterunternehmens sich mit weniger Informationen zufriedengeben sollten als bei Transaktionen mit nahe stehenden Unternehmen. Zu beachten ist auch, dass der Unionsgesetzgeber mit der zusätzlichen Bekanntmachungspflicht in Abs. 7 darauf abzielt, die Befürchtungen zu zerstreuen, das börsennotierte Unternehmen könnte die Pflichten aus Art. 9c Abs. 2, 3 und 4 AktR-RL 2017 umgehen. Diesem Anspruch kann die Bekanntmachung nur dann gerecht werden, wenn die außenstehenden Aktionäre des Tochterunternehmens über dieselben Informationen hinsichtlich der Transaktion verfügen wie die außenstehenden Aktionäre des börsennotierten Unternehmens. Die gewichtigeren Argumente sprechen für einen Rückgriff auf die Regelungen in Art. 9c Abs. 2 AktR-RL 2017. Es sind daher neben dem Verhältnis des nahe stehenden Unternehmens zu dem börsennotierten Unternehmen, nicht nur der Name der nahe stehenden Partei, der Wert der *Related Party Transaction* und das Datum des Transaktionsabschlusses anzugeben – sondern auch sämtliche Informationen, die für eine Bewertung der *Related Party Transaction* aus Sicht des börsennotierten Unternehmens und der außenstehenden Aktionäre angemessen und vernünftig sind.[349]

In Bezug auf den Zeitpunkt scheint es hingegen zulässig, nicht auf Art. 9c Abs. 2 Satz 1 AktR-RL 2017 zurückzugreifen. Wie die obigen Ausführungen gezeigt haben, wollte der Unionsgesetzgeber gerade keinen Gleichlauf der Bekanntmachungspflichten. Andernfalls hätte er die hier in Rede stehende Bekanntmachungspflicht ebenfalls in Abs. 2 des Art. 9c AktR-RL 2017 implementiert. Im Gegensatz zu Art. 9c Abs. 1 AktR-RL 2017 findet auch kein unmittelbarer Vermögensabfluss auf Ebene des börsennotierten Unternehmens ab. Ausschließlich dessen außenstehenden Aktionären hatte der Unionsgesetzgeber jedoch als so schützenswert erachtet, dass er ihn dem Trias aus Bekanntmachung, Bewertung und Zustimmung unterwarf. Eine zeitlich verzögerte Bekanntmachung scheint mithin zulässig. Denkbar ist etwa die quartalsweise Bekanntmachung sämtlicher *Related Party Transactions*.

IV. Stellungnahme

Der Unionsgesetzgeber folgt bei der Bekanntmachungspflicht einer sachgerechten Regulierungsstrategie, indem er die *ex ante*-Bekanntmachung zusätzlich zu den bilanziell-rechtlichen Offenlegungspflichten nach §§ 285 Nr. 21, 314 Abs. 1 Nr. 21 HGB vorsieht. Die Bekanntmachung nach Art. 9c AktR-RL 2017 fügt sich dabei stimmig in die bereits bestehenden Offenlegungsregelungen nach IAS 24 und Art. 17 Abs. 1 lit. r) BilRL ein und ergänzt sie in sinnvoller Weise. Sie trägt dazu bei, die außenstehenden Aktionäre des börsennotierten Unternehmens unabhängig vom Bilanzierungssystem über die wesentlichen *Related Party Transactions* spätestens zum Zeitpunkt ihres Abschlusses zu informieren. Es stellt sich gleichwohl die Frage, wie diese Bekanntmachungspflicht in das deutsche Recht zu implementieren wäre.

1. Bekanntmachung

Eine Pflicht, *Related Party Transactions* spätestens zum Abschlusszeitpunkt öffentlich bekannt zu machen, ist dem deutschen Aktienrecht grundsätzlich fremd. Sowohl der alte § 15a WpHG, den das 1. FiMaNoG[350] aufgehoben hat, als

349 Vgl. hierzu die Ausführungen unter Kap. 3.B.I.

350 Erstes Gesetz zur Novellierung von Finanzmarktvorschriften auf Grund europäischer Rechtsakte („FiMaNoG"), BGBl. 31 vom 1. Juli 2016.

auch der jetzt geltende Art. 19 MAR sehen zwar Bekanntmachungspflichten für sog. *Director's Dealings* vor (d.h. für Transaktionen zwischen dem Unternehmen und seinen mit Führungsaufgaben betrauten Personen) vor. *Related Party Transactions* im (faktischen) Konzern waren bzw. sind jedoch kein Bestandteil dieser *Ad hoc*-Bekanntmachungspflicht.

Gleichwohl wird die Notwendigkeit, *ex ante*-Offenlegungspflichten für *Related Party Transaction* zu etablieren, teilweise mit der Begründung verneint, dass Transaktionen, die ein börsennotiertes Unternehmen zu marktunüblichen Bedingungen getätigt hat, bereits dadurch bekanntgemacht würden, dass sie im Jahres- bzw. Konzernabschluss auftauchen. Aus diesem Grund ist eine weitere Publizitätspflicht nicht erforderlich.[351] Im Ergebnis setzen die Vertreter dieser Ansicht die bilanziell-rechtliche Offenlegungspflicht mit der Bekanntmachungspflicht für (wesentliche) *Related Party Transactions* gleich. Ob das teleologisch gerechtfertigt und sachgerecht ist, bedarf jedoch einer kritischen Analyse. In der Tat dienen beide Bekanntmachungspflichten dazu, Aktionäre darüber zu informieren, welche Auswirkungen *Related Party Transactions* auf die Vermögens-, Finanz- und Ertragslage des berichtspflichtigen Unternehmen haben. Es besteht jedoch ein wesentlicher Unterschied: Die bilanziell-rechtliche Offenlegungspflicht zielt darauf ab, den Abschlussadressaten ein Bild zu vermitteln, das den tatsächlichen Verhältnissen der Vermögens-, Finanz- und Ertragslage entspricht.[352] Demgegenüber dient die Bekanntmachung nach Art. 9c Abs. 2 AktR-RL 2017 dazu, dass Unternehmen und Aktionäre die Risiken, die mit einer *Related Party Transaction* einhergehen, vorab besser bewerten können. Ihnen soll dadurch die Möglichkeit eröffnet werden, das Geschäft – auch auf dem Rechtsweg – anfechten zu können bzw. ihre Anteile frühzeitig verkaufen zu können.[353] Anders als die bilanziell-rechtlichen Offenlegungspflichten dienen die Bekanntmachungspflicht nach Art. 9c Abs. 2 AktR-RL 2017 deshalb nicht erst der Information über die *Related Party Transaction*, wenn diese bereits abgeschlossen ist und sich die nachteiligen Auswirkungen der Transaktion bereits auf den Wert der Aktien durchgeschlagen haben. Vielmehr soll das börsennotierte Unternehmen so frühzeitig Auskunft über die *Related Party Transaction* geben müssen, dass sich nachteilige Auswirkungen noch im Vorfeld verhindern lassen.[354] Der Bekanntmachung nach Art. 9c Abs. 2 AktR-RL 2017 kommt damit

---

351 *Seibt*, BDI/FBD, S. 20; ebenfalls die Gemeinsame Stellungnahme von BDA, BDI und DIHK, S. 17; DAV-Handelsrechtsausschuss Stellungnahme, NZG 2015, 54, 62.

352 Begr. RegE BilMoG, BT-Drucks. 16/10067, S. 34.

353 ErwG 44 AktR-RL 2017.

354 So auch *J. Vetter*, ZHR 179 (2015), 273, 314.

eine zusätzliche Präventivfunktion zu, die der bilanziell-rechtlichen Offenlegungspflicht nicht innewohnt. Das Ziel des Vorfeldschutzes hebt die neue Bekanntmachungspflicht von der bisherigen Rechtslage ab. Es vermag deshalb nicht zu überzeugen, die bilanziell-rechtlichen Offenlegungspflichten unreflektiert mit ihr gleichzusetzen und das Erfordernis zusätzlicher Bekanntmachungspflichten zu verneinen.

Den neuen Regelungen ihre Sinnhaftigkeit abzusprechen, würde zudem vernachlässigen, dass ein börsennotiertes Unternehmen *Related Party Transactions* innerhalb des Konzerns nach § 314 Abs. 1 Nr. 13 HS 2 HGB sowie IAS 24.18 nicht gesondert im Anhang angeben muss, sondern sie auch zusammengefasst angegeben werden können.[355] Eine ausführliche Berichtspflicht für Geschäfte mit Tochterunternehmen gilt demnach nur, wenn diese nicht in den Konzernabschluss einbezogen sind oder das konkrete Geschäft nicht nach §§ 303, 305 HGB konsolidiert wird.[356]

Nicht zu überzeugen vermag auch der Einwand, Emittenten müssten bei einem öffentlichen Angebot von Aktien (und bestimmten anderen Gattungen von Wertpapieren bzw. bei deren Zulassung zum Regulierten Markt offenlegen) *Related Party Transactions* bereits im zu veröffentlichenden Wertpapierprospekt[357] offenlegen, so dass für eine zusätzliche Bekanntmachung kein Bedarf bestehe.[358] Die Offenlegung im Rahmen eines Wertpapierprospekts kommt ausschließlich dann zur Anwendung, wenn Aktien öffentlich angeboten werden, vgl. Art. 3 Abs. 1 ProspektVO. Wie die obigen Ausführungen gezeigt haben,[359] ist Art. 9c AktR-RL 2017 jedoch nicht nur auf diese Situation beschränkt.

Darüber hinaus hält *Seibt*[360] eine *ex ante*-Bekanntmachung von *Related Party Transactions* im Rahmen des Art. 9c AktR-RL 2017 für nicht notwendig, da bereits die Veröffentlichungspflichten nach Art. 17 Abs. 1 MAR eine Vorab-Berichterstattung wesentlicher *Related Party Transactions* mit sich brächten.

---

355 *IDW*, RS HFA 33 Rn. 30.

356 BT-Drs. 16/10067, S. 86; *IDW*, RS HFA 32 Rn. 29f.

357 Siehe hierzu Ziff. VIII. des Anhang I der Verordnung (EU) 2017/1129 des Europäischen Parlaments und des Rates vom 14. Juni 2017 über den Prospekt, der beim öffentlichen Angebot von Wertpapieren oder bei deren Zulassung zum Handel an einem geregelten Markt zu veröffentlichen ist und zur Aufhebung der Richtlinie 2003/71/EG („ProspektVO“).

358 DAV-Handelsrechtsausschuss Stellungnahme, NZG 2014, 54, 63.

359 Vgl. hierzu die Ausführungen unter Kap. 3.A.III.1.a.

360 *Seibt*, BDI/FDB 2014, S. 20; DAV-Handelsrechtsausschuss Stellungnahme, NZG 2015, 54, 63.

Seibt ist insoweit zuzustimmen, dass *Related Party Transactions* in der Regel wohl auch als Insiderinformationen i.S.v Art. 7 Abs. 1 a) MAR einzuordnen und in der Folge nach Art. 17 Abs. 1 MAR zu veröffentlichen sind. Er berücksichtigt dabei jedoch nicht, dass Emittenten die Offenlegung von Insiderinformationen nach Art. 17 Abs. 4 MAR aufschieben können.[361] In der Folge wird die Offenlegung zeitlich nach hinten verlagert. Art. 17 Abs. 1 MAR unterscheidet sich insoweit von dem vom Unionsgesetzgeber zutage getretenen Bestreben, *Related Party Transactions* im unmittelbar zeitlichen Zusammenhang mit dem Abschluss dieser bekanntzumachen. Auch erstreckt sich die *ad-hoc*-Veröffentlichungspflicht nach Art. 17 MAR nicht auf Informationen, die insbs. den außenstehenden Aktionären die Bewertung ermöglichen, ob eine *Related Party Transaction* fair und angemessen ist. Darüber müssen die Aktionäre jedoch Bescheid wissen, um die Auswirkungen der Transaktion auf die finanzielle Situation des börsennotierten Unternehmens bewerten zu können. Ferner differenzieren die zu schützenden Parteien: Art. 17 Abs. 1 MAR schützt sämtliche Marktteilnehmer,[362] mithin alle Personen, die an einem geregelten Markt involviert sind,[363] nicht aber das börsennotierte Unternehmen; Art. 9c AktR-RL 2017 schützt hingegen das börsennotierte Unternehmen und dessen außenstehenden Unternehmen. Die in Art. 9c Abs. 2 AktR-RL 2017 normierte Bekanntmachung stellt insoweit eine Ergänzung zu Art. 17 Abs. 1 MAR dar. Dies sieht auch der Unionsgesetzgeber so, macht er doch klar, dass Art. 17 MAR nicht durch Art. 9c AktR-RL 2017 berührt wird, vgl. Art. 9c Abs. 9 AktR-RL 2017.

Gegen die neue Bekanntmachungspflicht wird des Weiteren vorgetragen, dass es zu erheblichen Wettbewerbsnachteilen kommen könne, wenn vertrauliche operative Verträge mit Joint-Venture-Gesellschaften und sonstige Vereinbarungen, die Gegenstand der Vorlagepflicht werden können, an die Öffentlichkeit geraten.[364] Schließlich sehe Art. 9c Abs. 2 AktR-RL 2017 keine Schutzklausel für Betriebs- und Geschäftsgeheimnisse vor. Diese Gefahr lässt sich in der Tat nicht gänzlich von der Hand weisen. Ein „Nachteil“ ist nach dem allgemeinen Sprachgebrauch jedoch nur dann gegeben, wenn sich eine Situation für jemanden negativ auswirkt, ihn beeinträchtigt oder schadet.[365] Ein *Wettbewerbs*nachteil

---

361 *Bungert/Wansleben,* DB 2017, 1190, 1198; *Veil,* NZG 2017, 521, 526.

362 ErwG 4 MAR.

363 Art. 3 Abs. 1 Nr. 5 MAR i.V.m. Art. 4 Abs. 1 Nr. 18 der Richtlinie 2014/65/EU des Europäischen Parlaments und des Rates vom 15. Mai 2014 über Märkte für Finanzinstrumente sowie zur Änderung der Richtlinie 2002/92/EG und 2011/61/EU.

364 BDA/BDI/DIHK, Gemeinsame Stellungnahme, S. 18.

365 Duden.

entstünde mithin dann, wenn einige börsennotierte Unternehmen bestimmte Informationen nicht bekanntgeben müssten, andere jedoch schon. Bei *Related Party Transactions* ist das aber nicht der Fall. Vielmehr müssen alle Unternehmen *Related Party Transactions* wesentlicher Natur bekanntgeben. Demnach besteht für alle Unternehmen dieselbe und gleichgelagerte Gefahr – womit *per se* kein Nachteil einhergeht. Darüber hinaus ist zu berücksichtigen, dass die *ex ante*-Bekanntmachung wesentlicher *Related Party Transactions* im Einklang mit einer grundsätzlichen Wertung steht, von der sich der Unionsgesetzgeber immer öfter leiten lässt: Die Publizität zum Wohle des Unternehmens und der Aktionäre genießt Vorrang vor dem Geheimnisschutz.[366]

Dafür, dass die in Art. 9c Abs. 2 AktR-RL 2017 vorgesehene Bekanntmachungspflicht für wesentliche generell sinnvoll ist, spricht vielmehr, dass sie den Vorstand zu besonders sorgfältigem Verhalten beim Abschluss von wesentlichen *Related Party Transactions* anhält.[367]

Im Ergebnis folgt der Unionsgesetzgeber einer sachgerechten Regulierungsstrategie, indem er die *ex ante*-Bekanntmachung zusätzlich zu den bilanziellrechtlichen Offenlegungspflichten nach §§ 285 Nr. 21, 314 Abs. 1 Nr. 21 HGB vorsieht. Die Bekanntmachung nach Art. 9c AktR-RL 2017 fügt sich dabei stimmig in die bereits bestehenden Offenlegungsregelungen nach IAS 24 und Art. 17 Abs. 1 lit. r) BilRL ein und ergänzt sie in sinnvoller Weise. Sie trägt dazu bei, die außenstehenden Aktionäre des börsennotierten Unternehmens unabhängig vom Bilanzierungssystem über die wesentlichen *Related Party Transactions* spätestens zum Zeitpunkt ihres Abschlusses zu informieren. Die Pflicht, wesentliche *Related Party Transactions ex ante* bekannt zu machen, ist rechtspolitisch daher zu begrüßen.[368]

---

366 So auch *Fleischer*, BB 2014, 835, 837; *Seidel*, AG 2018, 423, 427; monographisch *Petsch*, Kapitalmarktrechtliche Informationspflichten versus Geheimhaltungsinteressen des Emittenten, passim.

367 *Bayer/Selentin*, NZG 2015, 7, 11 f.; *Fleischer*, BB 2014, 2691, 2698; *J. Schmidt*, Der Konzern, 1, 10; *Selzner*, ZIP 2015, 753, 760; *Seidel*, AG 2018, 423, 427; *J. Vetter*, ZHR 179 (2015), 273, 314; *Wiersch*, NZG 2014, 1131, 1136.

368 Die Bekanntmachung der *Related Party Transaction* begrüßen auch *Bayer/Selentin*, NZG 2015, 7, 13; *Drygala*, AG 2013, 198, 207 f.; *Fleischer*, BB 2014, 2691, 2698; *U.H. Schneider*, EuZW 2014, 641, 642; *Selzner*, ZIP 2015, 753, 760; *J. Vetter*, ZHR 179 (2015), 273, 314.

2. *Bekanntmachung von Transaktionen zwischen nahe stehendem Unternehmen und Tochterunternehmen*

So sinnvoll die Bekanntmachungspflicht für Transaktionen zwischen Mutter- und Tochterunternehmen nach Art. 9c Abs. 7 AktR-RL 2017 auch sein mag, um zu verhindern, dass Unternehmen das Pflichtenregime für *Related Party Transactions* umgehen, so weitreichend wirkt sie sich jedoch im Konzern aus. So können die zusätzlichen Bekanntmachungspflichten den Kreis der betroffenen Transaktionen – je nach Höhe der Wesentlichkeitsschwelle – beträchtlich erweitern und das börsennotierte Unternehmen dazu verpflichten, alle wesentlichen Geschäfte in allen Tochterunternehmen zu beobachten. In Folge kann es zu einer weiteren Konkretisierung konzerndimensionaler Überwachungspflichten kommen, die zu einem beträchtlichen Mehraufwand für die börsennotierten Unternehmen führt.[369] Um diesem Mehraufwand in angemessener Weise Einhalt zu gebieten, sollte lediglich eine periodische Bekanntmachung vorgesehen werden. Dies ist mit Blick auf Art. 9c Abs. 7 AktR-RL 2017 auch zulässig; denn anders als die Bekanntmachungspflichten in Art. 9c Abs. 2 AktR-RL 2017 setzt diese Bekanntmachungsregelung nicht voraus, dass die wesentlichen *Related Party Transactions* „zum Zeitpunkt ihres Abschlusses" öffentlich bekanntzumachen sind.[370]

Mit Blick auf die Ausnahmeregelungen in Art. 9c Abs. 6 lit. a) AktR-RL 2017 wäre es zudem denkbar, dass Art. 9c Abs. 7 Satz 1 AktR-RL 2017 nicht nur die Interessen der außenstehenden Aktionäre des börsennotierten Unternehmens zu wahren beabsichtigt, sondern auch diejenigen der außenstehenden Aktionäre der Tochterunternehmen. Den Schutzzweck des Art. 9c Abs. 7 Satz 1 AktR-RL 2017 auch auf Letztere zu erstrecken, erscheint auf den ersten Blick sinnvoll. Denn bei Transaktionen mit dem nahe stehenden Unternehmen sind sowohl die Aktionäre der Tochterunternehmen als auch die Aktionäre des börsennotierten Unternehmens der gleichen Gefahr ausgesetzt. Es kann ohne ihr Wissen zu Transaktionen kommen, die Vermögensabflüsse zur Folge haben.

Gegen einen Schutz der Minderheitsaktionäre des Tochterunternehmens spricht jedoch der Wortlaut des Art. 9c Abs. 7 Satz 2 AktR-RL 2017. Danach hat eine Bewertung der in Rede stehenden *Related Party Transaction* im Rahmen des Bewertungsgutachtens nur darauf abzustellen, ob die Transaktion aus Sicht des börsennotierten Unternehmens und der außenstehenden Aktionäre fair ist.

---

369 *Tarde*, ZGR 2017, 350, 383.

370 Vgl. hierzu die Ausführungen unter Kap. 3.B.II.

Muss schon das Bewertungsgutachten nur auf diesen Personenkreis abstellen, kann im Rahmen der gesamten Bekanntmachung nichts anderes gelten. Bei der Ausgestaltung dieser Bekanntmachungspflicht haben die Mitgliedstaaten daher ausschließlich die Interessen der außenstehenden Aktionäre des börsennotierten Unternehmens zu schützen.

3. *Art der Bekanntmachung*

Unklar ist auch, wie die Bekanntmachung im Einzelnen zu erfolgen hat, um dem Sinn und Zweck, den die AktR-RL 2017 ihr mit auf den Weg gegeben hat, in angemessener Weise Rechnung zu tragen. Die AktR-RL 2017 macht hierzu keine Aussagen.[371]

Lediglich Erwägungsgrund 44 der AktR-RL 2017 führt an, dass die Veröffentlichung auf der Website der Gesellschaft geschehen könne. Denkbar ist es darüber hinaus, sie im Anhang des Jahresabschlusses, nach den Vorgaben des nationalen Aktienrechts, nach dem verbandsrechtlichen Regelungsmuster des § 161 AktG (Entsprechungserklärung) oder kapitalmarktrechtlich über die WpHG-Informationsmedien offenzulegen. Welche der Varianten dem Sinn und Zweck der Bekanntmachung am besten gerecht wird, wird nachfolgend diskutiert.

Da es sich bei der hier in Rede stehenden Offenlegungspflicht im Grunde um eine Konkretisierung des *materiality*-Kriteriums (IAS 08.8 i.V.m. 1.31) handelt, sieht *Zetsche* es als systemgerecht an, die Bekanntmachung separat im Anhang des Jahresabschlusses zu veröffentlichen.[372] Dafür zieht er den Wortlaut heran, der auf den „Zeitpunkt des Abschlusses" abstellt. Aus seiner Sicht bezieht sich der Unionsgesetzgeber dabei auf den Zeitpunkt des Jahresabschlusses. Bei seiner Analyse lässt *Zetsche* jedoch die englische Sprachfassung des Art. 9c Abs. 2 AktR-RL 2017 außer Acht, die ausdrücklich auf den Zeitpunkt des Transaktionsabschlusses abstellt.[373] Gegen eine Veröffentlichung im Jahresabschluss spricht zudem, dass so der Zweck der Bekanntmachung im Rahmen des Art. 9c AktR-RL 2017 konterkariert würde. Ihr Ziel ist es, den Aktionären die Möglichkeit zu geben, für sie nachteilige Vermögensabflüsse frühzeitig zu bemerken und rechtzeitig auf sie reagieren zu können. An diesem Erfordernis fehlt es indes, wenn

---

371 *Veil*, NZG 2017, 521, 525.

372 *Zetsche*, NZG 2014, 1121, 1127.

373 Vgl. auch Art. 9c Abs. 1 UAbs. 1 Kommissionsvorschlag, Art. 9c Abs. 1 Parlamentsvorschlag 2015, Art. 9c Abs. 2 AktR-RL 2017 in deren englische Fassungen es jeweils heißt: „*at the time of the conclusion of the transaction*".

die Bekanntmachung im Jahresabschluss und im Zweifel auch im Rahmen des Halbjahresfinanzberichts veröffentlicht würde. Vielmehr stünde zu befürchten, dass die Aktionäre erst von der *Related Party Transaction* erführen, wenn der Vermögensabfluss bereits erfolgt ist. Eine präventive Kontrolle wäre dann aber nicht möglich. Mit den gleichen Argumenten ist auch eine Offenlegung im Rahmen der Entsprechungserklärung i.S.v. Art. 20 Abs. 1 BilRL, wie sie zum Teil vertreten wird,[374] zu verneinen.[375]

Da die Offenlegung im Anhang des Jahresabschlusses, den aktienrechtlichen oder verbandsrechtlichen Offenlegungsregelungen ausscheiden, kommt ausschließlich in Betracht, die Bekanntgabe im Rahmen einer *ad hoc*-Mitteilung über die WpHG-Informationsmedien zu veröffentlichen.[376] Für eine Heranziehung dieses Informationsmediums spricht insbesondere, dass nur dieser Weg dem Willen des Unionsgesetzgebers in angemessener Weise entspricht, *Related Party Transactions* durch problemlos zugängige Mittel bekanntzumachen.[377] Ebenso wird man davon ausgehen können, dass eine unverzügliche, spätestens innerhalb von vier Handelstagen nach Abschluss der Transaktion erfolgende Mitteilung[378] der Veröffentlichung „spätestens zum Zeitpunkt ihres Abschlusses" gemäß Art. 9c Abs. 2 AktR-RL 2017 nicht genügt.[379] Auch entspricht sie den Vorbildrechtsformen Englands und Italien.[380] Für die WpHG-Informationsmedien spricht ferner ihre Effektivität: Die Unternehmen können auf ein bereits bestehendes Informationssystem zurückgreifen, das bereits grenzüberschreitend anerkannt ist und auch die ausländischen Aktionäre in zuverlässiger Weise erreicht. Vor diesem Hintergrund scheint es mithin geboten, die Bekanntmachung im Rahmen von WpHG-Informationsmedien vorzunehmen.

---

374 Dies zumindest andenkend *Seibt*, BDI/FDB, 2014, S. S. 11.

375 Art. 20 BilRL hat der deutsche Gesetzgeber durch § 161 AktG umgesetzt.

376 So auch *Fleischer*, BB 2014, 2691, 2697; *Seibt*, BDI/FBD, S.11; a.A. *Zollner*, in: FS Nowotny (2015), 499, 512.

377 ErwG 44 AktR-RL 2017.

378 Vgl. § 21 Abs. 1 Satz 1 WpHG.

379 *Bungert/Wansleben*, DB 2017, 1190; *Veil*, NZG 2017, 521, 526; i.Erg. ebenso *Tarde*, Related Party Transactions, S. 214.

380 So auch *Veil*, NZG 2017, 521, 526 unter Verweis auf die kapitalmarktrechtliche Verankerung im Vereinigten Königreich und den USA.

V. Zusammenfassung

Der Unionsgesetzgeber folgt einer sachgerechten Regulierungsstrategie, indem er die *ex ante*-Bekanntmachung zusätzlich zu den bilanziell-rechtlichen Offenlegungspflichten nach §§ 285 Nr. 21, 314 Abs. 1 Nr. 21 HGB vorsieht. Die Bekanntmachung nach Art. 9c AktR-RL 2017 fügt sich dabei stimmig in die bereits bestehenden Offenlegungsregelungen nach IAS 24 und Art. 17 Abs. 1 lit. r) BilRL ein und ergänzt sie in sinnvoller Weise.

Um diesen Erwartungen gerecht zu warden, hat die Bekanntmachung Ausführungen darüber zu enthalten, ob es sich in dem konkreten Einzelfall um ein beherrschendes bzw. maßgebliches Beteiligungsverhältnis zwischen der nahe stehenden Partei und dem börsennotierten Unternehmen handelt. Dem beizufügen sind der Name der nahe stehenden Partei sowie Ausführungen zur Gegenleistung nebst sämtlicher im Zusammenhang mit der *Related Party Transaction* vereinbarten Bedingungen und Konditionen. Neben dem ebenfalls anzugebenden Datum des Abschlusses der Transaktion sind die Informationen anzugeben, die für die Bewertung der Angemessenheit der Transaktion erforderlich sind. Das Begriffsverständnis ist dabei zum Schutze des Adressatenkreises denkbar weit zu verstehen. Angegeben werden sollten zumindest die positiven wie auch negativen Auswirkungen der *Related Party Transaction* auf das börsennotierte Unternehmen. Gleiches gilt für die Beschreibung des Geschäfts sowie ggfls. die Zustimmung des Verwaltungs-/Aufsichtsrats.

Darüber hinaus hat die Bekanntmachung alle weiteren für die Bewertung der Angemessenheit der Transaktion erforderlichen Informationen zu enthalten. Um Einwirkungsmöglichkeiten des nahe stehenden Unternehmens von vorneherein zu unterbinden, ist es erforderlich, den Umfang der Bekanntmachung diesbezüglich hinreichend zu konkretisieren. Angegeben werden sollten die positiven wie auch negativen Auswirkungen der *Related Party Transaction* auf das börsennotierte Unternehmen. Weiterführende Anhaltspunkte für eine hinreichend konkretisierten Katalog ergeben sich aus der UK LR sowie Consob.

Die Bekanntmachung hat zum Abschluss der *Related Party Transactions* im Rahmen von WpHG-Informationsmedien zu erfolgen; unerheblich ist hingegen, ob die Transaktion auch wirksam ist.

Darüber hinaus sind wesentliche *Related Party Transactions* zwischen dem Tochterunternehmen des börsennotierten Unternehmens und der nahe stehenden Partei durch das börsennotierte Unternehmen bekanntzumachen. Das Verständnis hinsichtlich des Begriffs „Tochterunternehmen" lässt sich auch hier IAS 24 entnehmen. Die Mitgliedstaaten können für die Anwendung des Abs. 7 jedoch andere Wesentlichkeitsschwellenwerte festlegen als für die Anwendung der Absätze 2, 3 und 4, sofern nicht die Ausnahmen für *Related Party Transactions* im ordentlichen Geschäftsgang gem. Art. 9c Abs. 5 AktR-RL 2017 sowie die optionalen Bereichsausnahmen nach Art. 9c Abs. 6 AktR-RL 2017 zum Tragen kommen. Die Bekanntmachung hat – anders als bei *Related Party Transactions* des börsennotierten Unternehmens – nicht zwingend zum Zeitpunkt ihres Abschlusses zu erfolgen. Denkbar ist etwa die quartalsweise Bekanntmachung sämtlicher *Related Party Transactions.*

Es obliegt dabei den börsennotierten Unternehmen die *Related Party Transactions* der Tochterunternehmen bekanntzumachen.

C. Beifügung eines Bewertungsgutachtens

Der zweite präventive Schutzmechanismus sieht die Bewertung von *Related Party Transactions* vor. Der Unionsgesetzgeber betritt hiermit Neuland.[381] In der Übernahmerichtlinie hatte er sich – trotz damaliger Diskussion[382] – noch dagegen entschieden, ein Bewertungsgutachten zur Substantiierung der Stellungnahme der Geschäftsleitung zu Übernahmeangeboten vorzusehen.[383] Sie grenzt sich auch von den unionsrechtlich vorgeprägten Anforderungen an Strukturmaßnahmen und Gründungsvorgängen (Verschmelzung, Spaltung, ähnlich auch Nachgründung) ab, bei denen die intensivere Prüfung durch

381 So auch *Seibt*, BDI/FBD, S. 12.

382 Zur Diskussion in Deutschland siehe zum Beispiel § 14 BMF-Diskussionsentwurf eines Gesetzes zur Regelung von Unternehmensübernahmen, abgedruckt in NZG 2000, 844, 848: Er sah vor, dass der Bieter und die Zielgesellschaft „bei der Vorbereitung und Durchführung einer Übernahme einen geeigneten Berater hinzuzuziehen" haben; hierzu siehe *Land/Hasselbach*, DB 2000, 1747, 1749; *Harbarth*, in: Baums/Thoma, WpÜG, § 27 Rn.72; krit. zu fehlenden Annahme von § 14 DiskE-ÜG *Hopt*, ZGR 2002, 333, 355; *ders.*, ZHR 166 (2002), 383, 401. In Österreich ist es etwa vorgeschrieben, ein Sachverständigengutachten zur Erstellung der Stellungnahme zu Übernahmeangeboten von Vorstand und Aufsichtsrat sowohl auf Seiten des Bieters (§ 9 Abs. 1 ÜbG) als auch der Zielgesellschaft (§ 13 ÜbG) einzuholen.

383 Weder die Kommission noch der deutsche Gesetzgeber hatten es bei der Übernahmerichtlinie bzw. deren Umsetzung in das deutsche Übernahmerecht als erforderlich angesehen, dass die Stellungnahme der Geschäftsleitung zu Übernahmeangeboten i.S.v. § 27 WpÜG auf einem Bewertungsgutachten basiert.

einen sachverständigen Gutachter erforderlich ist.[384] Eine solch sachverständige Bewertung sieht der Unionsgesetzgeber seit dem Parlamentsvorschlag nicht mehr zwingend vor.

Anders als noch im Kommissions- und Parlamentsvorschlag steht es den Mitgliedstaaten in der Endfassung frei, ob sie den Unternehmen die Pflicht auferlegen, der Bekanntmachung ein Bewertungsgutachten beizufügen (Art. 9c Abs. 3 AktR-RL 2017). Es war wohl der geäußerten Kritik zu der Frage, ob ein Bewertungsgutachten überhaupt sinnvoll ist, geschuldet, dass der Unionsgesetzgeber davon abgesehen hat, eine unionsrechtliche Pflicht zu etablieren, der Bekanntmachung eine *Fairness Opinion* beizufügen.[385]

Ziel des Unionsgesetzgebers ist es, mit Hilfe des Bewertungsgutachten den außenstehenden Aktionären einerseits die Gewissheit zu geben, dass die *Related Party Transaction* für sie zumindest nicht nachteilig ist, und andererseits eine Entscheidungsgrundlage zu schaffen, die es ihnen ermöglicht, im Rahmen der Hauptversammlung ihre Zustimmung zu einer *Related Party Transaction* zu geben. Darüber hinaus sichert das Bewertungsgutachten die Geschäftsführungsorgane – wenngleich wohl unintendiert – gegen spätere Schadensersatzansprüche durch die außenstehenden Aktionäre ab. Sie werden sich unter Verweis auf das Ergebnis des Bewertungsgutachtens gegen den Vorwurf einer Sorgfaltspflichtverletzung verteidigen können. Sollte sich später gleichwohl herausstellen, dass das Bewertungsgutachten unrichtig oder unvollständig war, dient es als Grundlage, um den Beschluss der Hauptversammlung bzw. des Verwaltungs-/Aufsichtsrats anzufechten.[386]

In England hat das berichtspflichtige Unternehmen gem. UK LR 11.1.7 R (2) mittels eines Rundschreibens (*circular*) umfassend über *Related Party Transactions* zu unterrichten. Hierbei hat das *board*, mithin der Verwaltungsrat, gem. UK LR 13.6.1 R (5) zu erklären, dass die Transaktion aus Sicht der Aktionäre angemessen und vernünftig (*fair and reasonable*) ist und dass ein sog. *sponsor* die Geschäftsführung dabei beraten hat. Wie sich UK LR 8.2.3 R (2)

---

384 Vgl. für Verschmelzung Art. 10 Abs. 1 Satz 1 der Dritten Richtlinie 78/855/EWG des Rates vom 9. Oktober 1978; für die Spaltung Art. 8 Abs. 1 Satz 1 der Sechsten Richtlinie 82/891/EWG des Rates vom 17. Dezember 1982; für die Nachgründung Art. 13 i.V.m. Art. 10 der Zweiten Richtlinie 77/91/EWG des Rates vom 13. Dezember 1976.

385 *Enriques*, ECGI Law Working Paper Nr. 267/2014, S. 32; *Seibt*, BDI/FBD, S. 12.

386 ErwG 44 AktR-RL 2017, der sich diesbezüglich nur auf die Bekanntmachung bezieht. Da das Bewertungsgutachten jedoch zusammen mit der Bekanntmachung zu veröffentlichen ist, ist davon auszugehen, dass diese Erwägungen auch auf das Bewertungsgutachten zu übertragen sind.

entnehmen lässt, unterstützt der *sponsor*, ein unabhängiger fachkundiger Dritter, das Unternehmen nicht nur bei der Wahrung der Regelungen der UK LR und den Bekanntmachungsanforderungen, sondern auch bei den Transparenzregelungen. Er selbst erstellt dabei jedoch keine *Fairness Opinion*, sondern überwacht die Geschäftsführung des berichtspflichtigen Unternehmens bei der Fairness- und Angemessenheitsprüfung der *Related Party Transaction*. Entscheidet sich das berichtspflichtige Unternehmen gleichwohl, eine *Fairness Opinion* von einem unabhängigen Dritten erstellen zu lassen, ist sie dem *circular* beizufügen (UK LR 13.6.1 R (1)(f)).[387]

In Frankreich wiederum hat der Rechnungsprüfer der Gesellschaft gem. art. L. 225-40 Abs. 3 C.com einen Sonderbericht zu erstellen, der nach art. L 225-31 C.com Informationen zu den Geschäftsparteien, zum Vertragsgegenstand und zu den wesentlichen Vertragsbedingungen enthält. Auf Grundlage dieses Sonderberichts entscheidet die Hauptversammlung nach art. L. 225-40 Abs. 3, 4 C.com über die *Related Party Transaction*. [388]

In Italien steht es dem berichtspflichtigen börsennotierten Unternehmen hingegen frei, ob es seine Bekanntmachung bezüglich der wirtschaftlichen Fairness und unternehmerischen Angemessenheit der *Related Party Transaction* sowie der Marktüblichkeit der Gegenleistung auf das Gutachten eines unabhängigen Dritten fußen möchte. Entscheidet sich das Unternehmen dafür, ist der Bericht des unabhängigen Dritten der nach Art. 5 Consob zu veröffentlichenden Bekanntmachung beizufügen (Annex 4 Abs. 2 Consob).[389]

I. Ersteller des Bewertungsgutachtens

Den Bericht erstellen kann nach Art. 9c Abs. 3 UAbs. 2 AktR-RL 2017 ein unabhängiger Dritter (siehe dazu unter 1.), der Verwaltungs- oder Aufsichtsrat der Gesellschaft (siehe dazu unter 2.) oder der Prüfungsausschuss bzw. ein anderer Ausschuss, der mehrheitlich mit unabhängigen Mitgliedern besetzt ist (siehe dazu unter 3.). Dabei räumt der Unionsgesetzgeber den Mitgliedstaaten nun eine Wahlmöglichkeit ein.[390] Den Kreis der möglichen Autoren hat der Unionsgesetzgeber damit sukzessive erweitert. So konnte im Kommissionsvorschlag

387 *Fleischer*, BB 2014, 2691, 2694

388 *Fleischer*, BB 2014, 2691, 2692 f.

389 *Fleischer*, BB 2014, 2691, 2695.

390 *Lutter/Bayer/J. Schmidt*, Europäisches Unternehmens- und Kapitalmarktrecht, § 29 Rn. 29.183, die darüber hinaus jedoch davon ausgehen, dass eine Entscheidung ggfls. auch an die Gesellschaft delegiert werden kann.

ausschließlich ein unabhängiger Dritter und im Parlamentsvorschlag darüber hinaus nur der Verwaltungs- bzw. Aufsichtsrat der börsennotierten Gesellschaft das Bewertungsgutachten erstellen.

Aus rechtspolitischer Sicht ist die Entscheidung des Unionsgesetzgebers zu begrüßen, den möglichen Kreis der Gutachtenersteller zu erweitern. Insbesondere greift er damit auf bereits etablierte Organstrukturen zurück, die über dieselbe Expertise verfügen wie der unabhängige Dritte und gleichfalls in der Lage sind, die Transaktionen ordnungsgemäß zu bewerten. Das hat der Unionsgesetzgeber etwa in Art. 39 Abs. 1 APRL zum Ausdruck gebracht. Danach müssen die Mitgliedstaaten einen Prüfungsausschuss bei börsennotierten Gesellschaften implementieren, der aus nicht an der Geschäftsführung beteiligten Mitgliedern des Verwaltungsorgans und/oder Mitgliedern des Aufsichtsorgans des geprüften Unternehmens besteht. Wenn den Verwaltungs-/Aufsichtsratsmitgliedern aber im Rahmen der Art. 39 Abs. 1 APRL die Expertise für Prüfungen zugesprochen wird, lassen sich keine validen Gründe dafür finden, warum das nicht auch für die hier in Rede stehende *Fairness Opinion* gelten soll. Des Weiteren sind die nun aufgenommenen Gesellschaftsorgane mit den operativen Tätigkeiten der Gesellschaft bereits vertraut und können die Transaktion insofern effizient bewerten. Dadurch ist der Unionsgesetzgeber gleichzeitig in der Lage, der im Rahmen des Kommissionsvorschlags geäußerten Befürchtung wirksam entgegengetreten,[391] dass die zusätzlichen Kosten zu nicht unwesentlichen Beeinträchtigungen des Unternehmensvermögens führen können.

1. Unabhängiger Dritter

a. Sachkunde des Dritten

Hinsichtlich des unabhängigen Dritten könnte aus dem Wortlaut des Art. 9c Abs. 3 UAbs. 2 lit. a) AktR-RL 2017 geschlossen werden, dass es sich bei dem „Dritten“ um einen fachkundigen Sachverständigen, z.B. einen Abschlussprüfer, handeln muss.

Für eine solche Annahme spricht, dass auf diesem Wege eine Bewertung innerhalb des von der Kommission seinerzeit vorgesehenen zeitlichen Rahmens möglich wäre.[392] Nur ein erfahrener und versierter Sachverständiger wird eine Bewertung innerhalb weniger Stunden bearbeiten können – gerade bei großen

391 *Bayer/Seletin*, NZG 2015, 7, 9; Regierungskommission DCGK, Stellungnahme vom 30. Januar 2015, S. 17.

392 Vgl. Kommissionsvorschlag, S. 10.

und umfangreichen Transaktionen. Dafür spricht auch, dass im Grünbuch der Kommission das Verständnis zutage tritt, „ein unabhängiger Sachverständiger [müsse] bestellt werden, der für die Minderheitsaktionäre eine unparteiische Stellungnahme zu den Bedingungen und Konditionen von Transaktionen mit nahe stehenden Unternehmen und Personen abgibt".[393] Ein solch enges Begriffsverständnis könnte auch auf die BilRL gestützt werden, welche durch Art. 9c AktR-RL 2017 ergänzt werden sollen.[394] Da ein Harmonisierungsbedürfnis besteht, ist beiden Richtlinien ein gleichlaufendes Begriffsverständnis zugrunde zu legen. So hat gem. der BilRL der Abschlussprüfer den Jahres- bzw. Konzernabschluss zu überprüfen[395] und zu bestätigen;[396] nach der APRL[397] muss er dafür gewisse Anforderungen erfüllen. Ebenso wie das Bewertungsgutachten verfolgen der Jahres- und Konzernabschluss u.a. das Ziel, Informationen über das Unternehmen für die Aktionäre bereitzustellen.[398] Durch die Erhöhung des Transparenzniveaus wird gleichzeitig der Aktionärsschutz erhöht. Dass die Informationsversorgung ordnungsgemäß ist, nimmt der Unionsgesetzgeber sowohl bei der BilRL wie auch bei der APRL wohl nur dann an, wenn ein Fachkundiger – der Abschlussprüfer – das Ergebnis des Gutachtens erstellt hat. Etwas anderes kann dann aber nicht in Bezug auf Art. 9c Abs. 3 AktR-RL 2017 gelten. Denn nur so kann der gleichlaufende Interessenschutz gewährleistet werden.

Gegen eine solch enge Auslegung, die nur fachkundige Sachverständige als „Dritte" definiert, spricht jedoch der Wortlaut als äußerste Auslegungsgrenze. Art. 9c Abs. 3 AktR-RL 2017 spricht ausdrücklich nur von einem nicht näher definierten „Dritten".[399] Auch ist zu berücksichtigen, dass es sich bei dem Bewertungsgutachten – anders als bei dem jährlich zu erstellenden Jahres- und Konzernabschluss – um einen Sonderbericht handelt. Während der Jahres- und der Konzernabschluss über die gesamte Unternehmensführung berichten, bezweckt das Bewertungsgutachten, in sich geschlossene Sachverhalte aufzuklären. Es

393 Europäische Kommission, Grünbuch Europäischer Corporate Governance-Rahmen vom 5. April 2011, S. 20.

394 Kommissionsvorschlag, S. 2.

395 Vgl. Art. 34 Abs. 1 BilRL.

396 Vgl. Art. 28 BilRL.

397 Richtlinie 2006/43/EG des Europäischen Parlaments und des Rates vom 17. Mai 2006 über Abschlussprüfungen von Jahresabschlüssen und konsolidierten Abschlüssen, zur Änderung der Richtlinien 78/660/EWG und 83/340/EWG des Rates und zur Aufhebung der Richtlinie 84/253/EWG des Rates („APRL").

398 Vgl. ErwG 5 BilRL; ErwG 44 AktR-RL 2017.

399 Ebenso *Reynisson*, 13 No. 5 ECL, 175, 179 (2016).

beschränkt sich dabei sachlich und zeitlich auf einzelne Vorgänge der Geschäftsführung. Ein Sachverständiger ist dafür regelmäßig nicht erforderlich. Darüber hinaus scheint der Unionsgesetzgeber seine strengen Überlegungen im Grünbuch im Laufe des Gesetzgebungsverfahrens relativiert zu haben. Sprach die Kommission im Grünbuch noch von einem Sachverständigen, erwähnt sie in der Begründung ihres Richtlinienvorschlags einmal einen „unabhängigen Berater" und einmal einen „Prüfer"[400].[401] In Art. 9c Abs. 3 AktR-RL 2017 taucht indes ausschließlich der Begriff „Dritter" auf. Die unterschiedliche und scheinbar ohne Systematik verwandte Begriffsverwendung lässt darauf schließen, dass es sich bei dem „Dritten" nicht zwingend um einen Sachverständigen handeln muss. Dem steht nicht entgegen, dass gem. den Ausführungen im Grünbuch[402] und der Begründung des Kommissionsvorschlags[403] der „Dritte" einen für die Bewertung erforderlichen Sachverstand mitbringen muss.[404] Denn ein solcher Sachverstand ist auch denkbar, ohne dass es sich zwingend um einen staatlich geprüften Abschlussprüfer handeln muss.

Die erforderlichen Eigenschaften des unabhängigen Dritten lassen sich des Weiteren aus der systematischen Stellung zu den in Art. 9c Abs. 3 UAbs. 2 AktR-RL 2017 darüber hinaus genannten Gesellschaftsorganen klar erkennen: Die beiden, über den unabhängigen Dritten hinaus, genannten Organe sind innerhalb eines Unternehmens gerade aufgrund ihrer Expertise und Fachkenntnis geeignet, die Geschäftsführung zu überwachen und in der Folge, auch in der Lage, eine *Related Party Transaction* ordnungsgemäß zu bewerten. Hieraus lässt sich ableiten, dass an den „unabhängigen Dritten" vergleichbare Anforderungen zu stellen sind.

Es muss sich bei dem unabhängigen Dritten daher nur um eine Person handeln, die aufgrund ihrer Fähigkeiten in der Lage ist, für das börsennotierte Unternehmen und die außenstehenden Aktionäre nachteilige *Related Party Transactions* zu bewerten. Nicht erforderlich scheint jedoch zu sein, dass es sich bei dem Dritten um einen Fachexperten oder Sachverständigen mit einer spezifischen Qualifikation handeln muss. Denn wenn die Anforderungen an die

400 Kommissionsvorschlag, S. 10.

401 DAV-Handelsrechtsausschuss Stellungnahme, NZG 2015, 54, 63.

402 Europäische Kommission, Grünbuch Europäischer Corporate Governance-Rahmen vom 5. April 2011, S. 20.

403 Kommissionsvorschlag, S. 10.

404 *Enriques*, ECGI Law Working Paper Nr. 267/2014, S. 31 f.; DAV-Handelsrechtsausschuss Stellungnahme, NZG 2015, 54, 63; *Zollner*, in: FS Nowotny (2015), 499, 512.

Fachkenntnisse für die Bewertung schon so gering sind, dass das Unternehmen sie Organen übertragen kann, die über die erforderliche Fachkompetenz verfügen, dann können auch die fachlichen Erwartungen an den unabhängigen Dritten nicht höher liegen.[405]

Einen „Dritten“ wird man mithin bereits dann als geeignet ansehen können, wenn er aufgrund seiner Expertise und Fachkenntnis in der Lage ist, eine *Related Party Transaction* ordnungsgemäß zu bewerten.

b. Unabhängigkeit des Dritten

Darüber hinaus muss der Dritte von dem börsennotierten Unternehmen rechtlich unabhängig sein. Der Wortlaut der Richtlinie gibt eine entsprechende Konkretisierung der Unabhängigkeit nicht vor. Man könnte deshalb geneigt sein, die Unabhängigkeit des Dritten bereits zu verneinen, wenn eine von dem Erfolg der Transaktion abhängige Vergütung vereinbart wurde; mithin der Dritte wirtschaftlich abhängig von dem börsennotierten Unternehmen ist. Bereits bei einer erfolgsabhängigen Vergütung stünde grundsätzlich zu befürchten, dass der Dritte die Bewertung zugunsten des Auftraggebers, namentlich dem börsennotierten Unternehmens, ausfallen lässt. Empirische Untersuchungen zeigen jedoch, dass bisher keine Anhaltspunkte dafür zu finden sind, dass bei einem Erfolgshonorar eine höhere Fehleranfälligkeit besteht als bei einer Fixvergütung.[406]

Schon allein aus diesem Grund scheidet eine wirtschaftliche Unabhängigkeit als Kriterium aus. Dagegen sprich auch, dass es dem Unionsgesetzgeber augenscheinlich vielmehr darauf ankam, eine neutrale Bewertung stattfinden zu lassen. Diese ist nur gewährleistet, wenn der Dritte von der nahe stehenden Partei rechtlich unabhängig ist. Denn bei einer rechtlichen Abhängigkeit besteht die Gefahr, dass die nahe stehende Partei auf den Dritten Einfluss nimmt und so den Sinn und Zweck der *Fairness Opinion* – eine unabhängige Bewertung der *Related Party Transaction* – konterkariert.[407]

Als unabhängig wird man den Dritten also letztlich nur dann einordnen können, wenn die nahe stehende Partei und der Dritte weder in einer persönlichen noch geschäftlichen Beziehung zueinander stehen, die einen nicht nur vorübergehenden Interessenkonflikt geriert, der sein Urteilsvermögen beeinflussen könnte.[408]

---

405 *Bayer/Seletin*, NZG 2015, 7, 9 zu dem Kompromissvorschlag der italienischen Ratspräsidentschaft.

406 Vgl. *Cain/Denis*, Fairness Opinion, 2010, S. 3.

407 *Enriques*, ECGI Law Working Paper Nr. 267/2014, S. 32.

408 So auch *Zollner*, in: FS Nowotny (2015), 499, 512.

c. Ergebnis

Ein Dritter ist dann geeignet das Bewertungsgutachten zu erstellen, wenn er aufgrund seiner Expertise und Fachkenntnis in der Lage ist, eine *Related Party Transaction* ordnungsgemäß zu bewerten. Die Unabhängigkeit des Dritten ist gewahrt, wenn die nahe stehende Partei und der Dritte weder in einer persönlichen noch geschäftlichen Beziehung zueinander stehen.

2. Verwaltungs- oder Aufsichtsrat des börsennotierten Unternehmens

Auch ein Aufsichtsgremium des Unternehmens kann mit der Erstellung des Bewertungsgutachtens beauftragt werden. Um zu verhindern, dass die nahe stehende Partei gleichwohl Einfluss auf den Inhalt des Berichts nimmt, müssen die Mitgliedstaaten sicherstellen, dass diese nicht an der Ausarbeitung des Bewertungsberichts beteiligt sind, Art. 9c Abs. 3 UAbs. 3 AktR-RL 2017. Dies ist zumindest dann der Fall, wenn die nahe stehende Partei selbst im Verwaltungs-/ Aufsichtsrat sitzt. Fraglich ist jedoch, ob darüber hinaus auch dann ein Interessenkonflikt zu bejahen ist, wenn das Mitglied von der nahe stehenden Partei in den Aufsichtsrat entsandt wurde.

Dafür spräche der Sinn und Zweck der Regelung. Diese soll das börsennotierte Unternehmen sowie die außenstehenden Aktionäre vor nachteiligen Vermögensabflüssen schützen, indem es die nahe stehende Partei von der Teilnahme am Bewertungsprozess ausschließt. Zwar ist die nahe stehende Partei nicht unmittelbar an der Bewertung beteiligt. Die Gefahr, dass die nahe stehende Partei auf das von ihm entsandte Mitglied Druck ausübt und so zu seinen Gunsten beeinflusst, besteht jedoch auch hier. Für ein weites Begriffsverständnis spricht ferner Art. 9c Abs. 3 UAbs. 3 AktR-RL 2017, der eine solch weite Auslegung mit einer solch offen gehaltenen Wortwahl zulässt. Auch wird man zwar nicht pauschal davon ausgehen können, dass jedes entsandte Mitglied einem Interessenskonflikt unterliegt, den es zugunsten der nahe stehenden Partei auflösen wird.[409] Der Umstand, dass die Vertreter des nahe stehenden Unternehmens bei der Entscheidung über *Related Party Transactions* grundsätzlich auf das Unternehmensinteresse verpflichtet sind und weisungsfrei agieren, vermag die Gefahr einer Einflussnahme jedoch nicht zu eliminieren.

Mit Blick auf die Empfehlungen der Kommission aus dem Jahre 2005[410] scheint jedoch auch der Unionsgesetzgeber ein solch weites Verständnis an den

409 So auch DAI, Stellungnahme zur Umsetzung der geänderten EU-Aktionärsrechterichtlinie, S. 51.

410 Kommissionsempfehlung 2005, Rn. 13.1.

Tag zu legen. Danach sind Verwaltungs-/Aufsichtsratsmitglieder ausgeschlossen, wenn sie in einer persönlichen oder geschäftlichen Beziehung zu der nahe stehenden Partei, deren Organen, einem kontrollierenden Aktionär oder einem mit diesem verbundenen Unternehmen stehen – und dadurch ein wesentlicher und nicht nur vorübergehender Interessenkonflikt entstehen kann, der sein Urteilsvermögen beeinflussen könnte.[411]

Die Gefahr der Einflussnahme besteht zumindest dann, wenn die in Rede stehende Person mit der nahe stehenden Partei wirtschaftlich identisch ist, also z.B. bei einer Transaktion mit dem hundertprozentigen Tochterunternehmen eines Aufsichtsratsmitglieds. Gleiches gilt, wenn es sich um ein Geschäftsführungsorgan der nahe stehenden Partei handelt. Auch hier können die widerstreitenden Interessen so gegenläufig sein, dass ein Besinnen auf die Interessen des börsennotierten Unternehmens und dessen außenstehenden Aktionäre nicht zu erwarten ist.

3. *Prüfungsausschuss/Ausschuss unabhängiger Mitglieder*

Darüber hinaus können die Mitgliedstaaten nach Art. 9c Abs. 3 UAbs. 2 lit. c) AktR-RL 2017 die Erstellung des Bewertungsgutachtens auch einem Prüfungsausschuss bzw. einem Ausschuss unabhängiger Mitglieder übertragen.

Hinsichtlich des Prüfungsausschusses greift der Unionsgesetzgeber auf eine Organstruktur zurück, die durch Art. 39 Abs. 1 UAbs. 1 APRL bereits in den Mitgliedstaaten zu finden ist. Dieser setzt sich aus nicht an der Geschäftsführung beteiligten Mitgliedern des Verwaltungsorgans und/oder Mitgliedern des Aufsichtsorgans des geprüften Unternehmens und/oder Mitgliedern zusammen, welche die Gesellschafterversammlung oder Aktionärshauptversammlung des geprüften Unternehmens bestellt, Art. 39 Abs. 1 UAbs. 1 Satz 2 APRL. Da nach Art. 39 Abs. 1 UAbs. 2 APRL mindestens ein Mitglied des Prüfungsausschusses über Sachverstand im Bereich der Rechnungslegung und/oder der Abschlussprüfung verfügen muss, ist auch die erforderliche Expertise für die Begutachtung der *Related Party Transaction* gewährleistet. Ebenso wie beim Verwaltungs-/Aufsichtsrat ist nach Art. 9c Abs. 3 UAbs. 3 AktR-RL 2017 sicherzustellen, dass die nahe stehende Partei bei der Erstellung des Gutachtens ihren Einfluss nicht geltend machen kann. Dass sich das Einflussnahmeverbot auch auf die dritte Variante erstreckt, lässt sich bereits der systematischen Stellung

411 So auch *Zollner/Dollenz*, Aufsichtsrat Aktuell 2016, 10, 11.

dieser Ausschlussregelung entnehmen. Insoweit gelten dieselben Voraussetzungen wie bei den Mitgliedern des Verwaltungs- bzw. Aufsichtsrats.[412]

Mit der Möglichkeit, dass ein Ausschuss unabhängiger Mitglieder der Unternehmensleitung das Bewertungsgutachten erstellen kann, hebt das Parlament jedoch womöglich ein weiteres Kontrollorgan aus der Taufe. Auch hier ist davon auszugehen, dass der Ausschuss unabhängiger Mitglieder sich durch seine dauerhafte Zusammensetzung auszeichnen muss. Dies hat zur Folge, dass nicht – wie noch beim Verwaltungs-/Aufsichtsrat – im konkreten Fall Einzelfall ein konfliktbeladenes Mitglied von der Erstellung des Gutachtens ausgeschlossen ist, sondern dass ausschließlich unabhängige Mitglieder in den Ausschuss gewählt werden dürfen. Da die Möglichkeit der konkreten Einzelfallbetrachtung entfällt, muss bereits bei Wahl der Ausschussmitglieder die Gefahr eines Interessenskonflikts verhindert werden. Dies ist nur denkbar, wenn – anders als noch bei der Übertragung auf den Verwaltungs-/Aufsichtsrat – nicht auf eine konkrete Gefahr der Störung des Urteilsvermögens abgestellt wird, sondern bereits die abstrakte Gefahr ausreicht. Ausgeschlossen sind demnach bereits die Mitglieder, die in einer persönlichen oder geschäftlichen Beziehung zu der nahe stehenden Partei, deren Organen, einem kontrollierenden Aktionär oder einem mit diesem verbundenen Unternehmen stehen. Ein vergleichbares Organ lässt sich bis dato im Unionsrecht nicht finden.

Gleichzeitig würden die Anforderungen an die Zusammensetzung des Verwaltungs-/Aufsichtsrats weiter steigen. Denn nur aus der Mitte dieses Organs können die Mitglieder des Ausschusses unabhängiger Mitglieder rekrutiert werden. Eine solche Zusammensetzung könnte mit der Präponderanz der Anteilseigner schwer vereinbar sein.

4. Ergebnis

Ein Dritter ist dann geeignet das Bewertungsgutachten zu erstellen, wenn er aufgrund seiner Expertise und Fachkenntnis in der Lage ist, eine *Related Party Transaction* ordnungsgemäß zu bewerten.

Darüber hinaus unterliegen der Dritte, aber auch die Mitglieder des Verwaltungs-/Aufsichtsrats, des Prüfungsausschuss bzw. des Unabhängigen-Ausschuss dem Kriterium der Unabhängigkeit. Die Unabhängigkeit hat dabei von der nahe stehenden Partei zu bestehen. Dieses Charakteristikum ist als nicht erfüllt anzusehen, wenn es sich bei dem Bewertenden um die nahe stehende

412 Vgl. hierzu die Ausführungen unter Kap. 3.C.I.2.

Person selbst handelt oder der Bewertende in einer persönlichen noch geschäftlichen Beziehung mit der nahe stehenden Person steht und die Gefahr der Einflussnahme besteht. Eine solche Gefahr besteht zumindest dann, wenn die in Rede stehende Person mit der nahe stehenden Partei wirtschaftlich identisch ist, also z.B. bei einer Transaktion mit dem hundertprozentigen Tochterunternehmen eines Aufsichtsratsmitglieds. Gleiches gilt, wenn es sich um ein Geschäftsführungsorgan der nahe stehenden Partei handelt.

II. Inhalt des Bewertungsgutachtens

Das Bewertungsgutachten hat darzulegen, ob das Geschäft aus Sicht der Gesellschaft und der außenstehenden Aktionäre angemessen ist (siehe hierzu 1.) und auf welchen Annahmen das Bewertungsergebnis beruht sowie mit Hilfe welcher Methoden die Bewertung erstellt wurden (siehe hierzu 2.).

1. Angemessenheit

Gegenstand der Bewertung waren beim Kommission[413]- sowie Parlamentsvorschlag[414] noch die Frage der Marktüblichkeit auf der einen sowie der Fairness und Angemessenheit der *Related Party Transaction* auf der anderen Seite.

Die Aufnahme der Marktüblichkeit einer Transaktion in das Bewertungsgutachten war im Kommissions- sowie Parlamentsvorschlag noch erforderlich gewesen, da die *Related Party Transactions*, die das börsennotierte Unternehmen im Rahmen eines ordentlichen Geschäftsgangs und zu marktüblichen Bedingungen abschloss, nicht von vornherein vom jeweiligen Anwendungsbereich des Art. 9c ausgeschlossen waren. Nachdem der Unionsgesetzgeber im Rahmen der AktR-RL 2017 marktübliche *Related Party Transactions* vom Anwendungsbereich jedoch ausgeschlossen hatte, war eine Bewertung der Marktüblichkeit nicht mehr geboten. In der Folge wurden die Anforderungen an das Bewertungsgutachten hinsichtlich der Marktüblichkeit einer *Related Party Transaction* gestrichen.

Da den Mitgliedstaaten nach Art. 9c Abs. 5 UAbs. 2 AktR-RL 2017 jedoch die Möglichkeit offensteht, Geschäfte, die ein Unternehmen im ordentlichen Geschäftsgang und zu marktüblichen Bedingungen getätigt hat, den in Abs. 2, 3 und 4 normierten Regelungen zu unterwerfen,[415] entstünde – im Vergleich zu

413 Art. 9c Abs. 1 UAbs. 1 HS 2 Kommissionsvorschlag.

414 Art. 9c Abs. 1 Satz 1 Parlamentsvorschlag.

415 Siehe hierzu die Ausführungen unter Kap. 3.A.III.3.

dem Kommissions- und Parlamentsvorschlag – bezüglich der Marktüblichkeit von *Related Party Transactions* eine Bewertungslücke. Es stünde den nationalen Regelungen daher gut zu Gesicht, das Bewertungsgutachten in diesen Fällen auch auf die Marktüblichkeit der *Related Party Transaction* zu erstrecken. Aufgrund des Mindestnormcharakters des Art. 9c AktR-RL 2017 wäre dies auch zulässig.

Gem. Art. 9c Abs. 3 AktR-RL 2017 hat sich das Bewertungsgutachten nicht nur auf das rein objektive Kriterium der Angemessenheit, sondern auch auf das subjektive Kriterium der Vernünftigkeit zu konzentrieren. Die Erstreckung des Bewertungsmaßstabs auch auf subjektive Kriterien steht dabei allerdings im Widerspruch zum Sinn und Zweck des Bewertungsgutachtens, eine Entscheidungs- sowie Haftungsgrundlage für die außenstehenden Aktionäre zu schaffen.[416] Um diesen Anforderungen gerecht zu werden, muss das Bewertungsgutachten eine Entscheidungsgrundlage darstellen, die allen Adressaten gerecht wird. Berücksichtigt man die verschiedenen und zum Teil gegenläufigen Interessen der Aktionäre, Gläubiger, Arbeitnehmer und anderen interessierten Parteien zeigt sich, dass eine Bewertung auch subjektiver Kriterien dem Sinn und Zweck des Bewertungsgutachtens nie gerecht würde. Denn das Bewertungsgutachten müsste sämtliche Interessen aller Aktionäre berücksichtigen, was rein tatsächlich schon nicht möglich erscheint. Es ist vor diesem Hintergrund davon auszugehen, dass ausschließlich objektive Kriterien in dem Bewertungsgutachten zu berücksichtigen sind.

Dass auch der Unionsgesetzgeber eine rein objektive Entscheidungsgrundlage im Blick hatte, lässt sich insbesondere der Begründung des Kommissionsvorschlags entnehmen, die ausdrücklich von einer „Fairness Opinion“ spricht. Darunter ist gemeinhin die sachverständige Stellungnahme zur Angemessenheit einer Unternehmenstransaktion zu verstehen, [417] die einer rein objektiven Bewertung folgt. Die Tatsache, dass der Begriff „Fairness Opinion“ weder in der Begründung des Parlamentsvorschlags noch der AktR-RL 2017 zu finden ist,

---

416 ErwG 33 AktR-RL 2017.

417 Vgl. hierzu *Schwetzler*, Grundsätze für Fairness Opinion, DVFA-Finanzschriften Nr. 07/08; dazu *Schwetzler*, in: Essler/Lobe/Röder, Fairness Opinion, S. 2; *Grün/Salcher/Fecher/Kupke*, WpG 2010, 645; aus dem US-amerikanischen Schrifttum bspw. *Davidoff*, 55 Am. U.L. Rev., 1557, 1558 (2006): *„A fairness opinion is an opinion provided by an outside advisor, usually, but not necessarily, an investment bank, that a transaction meets a threshold level of fairness from a financial perspective."* Für eine Zusammenfassung deutscher und US-amerikanischer Definitionen, *Schwetzler*, in: Essler/Lobe/Röder, Fairness Opinion, S. 5, 11 f.

steht der Annahme nicht entgegen, dass der Unionsgesetzgeber an der Einordnung des Bewertungsgutachtens festhalten wollte. Vielmehr lassen die unveränderten englischen[418] und französischen[419] Sprachfassungen des in Rede stehenden Abschnitts über den Kommissions-, Parlamentsvorschlags sowie AktR-RL 2017 hinweg den Schluss zu, dass der Unionsgesetzgeber die Einordnung des Bewertungsgutachtens als „Fairness Opinion“ beibehalten hat. Für diese Annahme spricht auch der Erwägungsgrund 44 der AktR-RL 2017, der im Zusammenhang mit dem Bewertungsgutachten ausschließlich auf die Angemessenheit der *Related Party Transaction* abstellt, die Vernünftigkeit eben dieser jedoch außen vor lässt.

Denkbar wäre es vor diesem Hintergrund, die deutsche Sprachfassung des Art. 9c Abs. 3 AktR-RL 2017 teleologisch auf die Angemessenheit als einzig maßgeblichen Bewertungsmaßstab zu reduzieren. Eine solch einschränkende Auslegung erscheint mit Blick auf die englische Sprachfassung des Art. 9c Abs. 3 AktR-RL 2017 jedoch nicht zulässig. Danach muss sich das Bewertungsgutachten mit der Frage auseinandersetzen, ob die *Related Party Transaction „fair and reasonable“* ist. Hierbei handelt es sich um einen *terminus technicus*, der in seiner syntaktischen Verknüpfung in der deutschen Sprache mit „angemessen“ übersetzt wird, [420] was dem Charakter eines objektiven Bewertungsgutachtens entspricht und gleichzeitig die Intention des Unionsgesetzgebers wiederspiegelt. Es ist vor diesem Hintergrund davon auszugehen, dass die deutsche Sprachfassung des Art. 9c Abs. 2 Satz 2 AktR-RL 2017 an ihrem Versuch, die Bekanntmachungspflichten wortwörtlich zu übersetzen, gescheitert ist.

Das Bewertungsgutachten bezieht sich ausschließlich auf die Angemessenheit der *Related Party Transaction.*

2. *Bewertungsmethoden*

Musste nach dem Kommissionsvorschlag das Bewertungsgutachten noch keine Ausführungen darüber enthalten, welche Unterlagen der unabhängige Dritte für sein Gutachten herangezogen hat, welche Methoden er hierfür und warum verwendet hat und aufgrund welcher Annahmen er zu dem Ergebnis des Gutachtens gelangt ist,[421] enthalten die Regelungen des Art. 9c seit dem dritten Kompromissvorschlag der italienischen Ratspräsidentschaft vom 5. Dezember

418 In der englischen Sprachfassung heißt es *„fair and reasonable“*.

419 In der französischen Sprachfassung heißt es *„juste et raisonnable“*.

420 *Dietl/Lorenz,* Dictionary, S. 682 linke Spalte.

421 Krit. hierzu *Enriques,* ECGI Law Working Paper Nr. 267/2014, S. 32.

2014[422] entsprechende Vorgaben. Gem. Art. 9c Abs. 3 UAbs. 1 AktR-RL 2017 hat das Bewertungsgutachten die Annahmen, auf denen die Bewertung beruht, sowie die angewandten Methoden darzulegen und zu erläutern.

III. Zeitpunkt/Art der Bekanntmachung

Entscheiden sich die Mitgliedstaaten dafür, der Bekanntmachung ein Bewertungsgutachten beizufügen, ist dieses gem. Art. 9c Abs. 3 UAbs. 1 AktR-RL 2017 mit der Bekanntmachung zu veröffentlichen. Nach der hier vertretenen Auffassung[423] ist dies der Fall, sobald die *Related Party Transaction* abgeschlossen wurde.

Ausführungen dazu, wie das Bewertungsgutachten im Einzelnen gegenüber den Aktionären zu veröffentlichen ist, enthält die AktR-RL 2017 nicht. Da das Bewertungsgutachten jedoch zusammen mit der Bekanntmachung zu veröffentlichen ist, laufen die Vorgaben im Ergebnis mit dieser gleich.[424]

IV. Stellungnahme

Das Bewertungsgutachten konkretisiert den der *Related Party Transaction* zugrundeliegenden Sachverhalt und liefert sowohl dem börsennotierten Unternehmen als auch den außenstehenden Aktionären Anhaltspunkte darüber, wie sich *Related Party Transactions* auf das Unternehmen und den Wert der Aktien auswirken werden. Bereits die verpflichtende Bekanntmachung dieses Gutachtens sichert ein umfassendes Informationssystem für den zu schützenden Adressatenkreis,[425] das über die bis dato ausschließlich *ex post* zu erlangenden Informationen deutlich hinausgeht. Nicht umsonst kommt dem Bewertungsgutachten in der aktuellen *Corporate Governance*-Diskussion eine zentrale Bedeutung zu.[426]

---

422 Vgl. Art. 9c Abs. 1a des Kompromissvorschlags der italienischen Ratspräsidentschaft vom 5. Dezember 2014: „*Member States may provide that the announcement publish according to Paragraph 1 is accompanied by a report assessing whether or not the transaction is fair [...] and explaining the assumption is based upon together with the methods used.*"

423 Siehe hierzu Kap. 3.B.II.

424 Siehe hierzu Kap. 3.B.IV.3.

425 So auch *Bayer/Selentin,* NZG 2015, 7, 11; *Enriques,* ECGI Law Working Paper Nr. 267/2014, S. 21; *Fleischer,* BB 2014, 2691, 2700; *van der Elst,* ECGI Law Working Paper Nr. 318/2016, S. 17.

426 So auch *Enriques,* ECGI Law Working Paper Nr. 267/2014, S. 21; *Fleischer,* BB 2014, 2691, 2692 ff.; *van der Elst,* ECGI Law Working Paper Nr. 318/2016, S. 17.

1. *Verpflichtend zu erstellendes Bewertungsgutachten?*

Dass es notwendig ist, ein Bewertungsgutachten über *Related Party Transactions* zu erstellen und bekanntzumachen, stößt trotz der aktuellen *Corporate Governance*-Diskussion gleichwohl auf Kritik. So sei es in der Praxis schon heute üblich, ein Bewertungsgutachten einzuholen, insbesondere um eine Haftung, gerade auch innerhalb des Konzerns, zu vermeiden; eine zusätzlich Regelung für *Related Party Transactions* sei deshalb nicht erforderlich.[427] Vertreter dieser Ansicht tragen darüber hinaus vor, dass die unionsrechtlichen Regelungen der BilRL bereits ausreichend sicherstellten, dass die außenstehenden Aktionäre alle erforderlichen Informationen erhalten. Zudem habe die (von der Kommission eingesetzte) *Reflection Group on the Future of EU Company Law* den in den letzten Jahren auf EU-Ebene gesetzten Rahmen zur Verbesserung der Transparenz bei Gruppen, und damit insbesondere auch bei wesentlichen *Related Party Transactions*, für ausreichend erachtet.[428] Wohl auch aus diesen Gründen hat sich der Unionsgesetzgeber dazu entschlossen, es in die Entscheidungshoheit der Mitgliedstaaten zu legen, ob sie die Unternehmen dazu verpflichten, der Bekanntmachung ein Bewertungsgutachten beizufügen.

Den geäußerten Bedenken ist zuzugestehen, dass Art. 17 Abs. 1 lit. r) BilRL die Unternehmen dazu verpflichtet, im Anhang der Bilanz verschiedene Informationen bereitzustellen. Sie müssen dort die Art der Beziehung zu den nahestehenden Unternehmen und Personen beschreiben sowie weitere Angaben zu den Geschäften machen, die für die Beurteilung der finanziellen Lage des Unternehmens erforderlich sind.[429] Diese Angaben überprüft auch der Abschlussprüfer – und damit ein unabhängiger Dritter.[430] Jedoch muss das Unternehmen im Anhang des Jahresabschlusses weder die Annahmen begründen noch die hierfür herangezogenen Methoden angeben. Den zu schützenden Parteien ist es deshalb nicht bzw. nicht vollständig möglich, die Angemessenheit der Transaktion und die angewandten Bewertungsmethoden selbst zu prüfen. Des Weiteren fordern Art. 17 Abs. 1 lit. r) BilRL und IAS 24.18 nicht, jede Transaktion einzeln aufzulisten und zu bewerten. Vielmehr können Unternehmen Angaben

---

427 *Fleischer*, ZIP 2011, 201, 207; ausführlich *Schiessl*, ZGR 2003, 814, 847 ff.

428 DAI, Stellungnahme zur Umsetzung der geänderten EU-Aktionärsrechterichtlinie, S. 48 f.; DAV-Handelsrechtsausschuss Stellungnahme, NZG 2015, 54, 63; *J. Vetter*, ZHR 179 (2015), 273, 310 f.; *Tarde*, ZGR 2017, 360, 378 f.

429 Umgesetzt in §§ 285 Nr. 21, 314 Abs. 1 Nr. 13 HGB.

430 Regierungskommission DCGK, Stellungnahme vom 30. Januar 2015, S. 17.

zu Einzelgeschäften nach Geschäftsarten zusammenfassen.[431] Unter diesen Umständen können die zu schützenden Parteien jedoch nur begrenzt überprüfen, ob die einzelne Transaktion angemessen ist. Ihnen genau dies zu ermöglichen ist jedoch offensichtlich die Intention des Unionsgesetzgebers gewesen. Jedenfalls hält er durchgehend an der normativen Vorgabe fest, jede *Related Party Transaction* detailliert darzustellen.

Hinzu kommt, dass die Bekanntmachung von *Related Party Transactions* im Rahmen der Abschlussprüfung nur *ex post* erfolgt, während sie nach der AktR-RL 2017 *ex ante*, mithin spätestens zum Zeitpunkt des Abschlusses der Transaktion, zu erfolgen hat. Daraus ergibt sich sichtbar ein Mehrwert für den zu schützenden Adressatenkreis und schafft gleichzeitig ein insgesamt höheres Schutzniveau für diese. Ferner differenziert Art. 17 Abs. 1 lit. r) BilRL nicht zwischen wesentlichen und unwesentlichen *Related Party Transactions*; die Anwendungsbereiche sind also schon insoweit nicht deckungsgleich.

Auch die Tatsache, dass es die *Reflection Group on the Future of EU Company Law* nicht für notwendig gehalten hat, die Transparenz im Konzern weiter anzuheben, rechtfertigt es nicht, auf die Regelungen in Art. 9c AktR-RL 2017 zu verzichten. Denn die Schlussfolgerungen und Annahmen der *Reflection Group* sind für den Unionsgesetzgeber keinesfalls bindend. Vielmehr soll die Gruppe bestehende Probleme herausarbeiten und Handlungsempfehlungen vorschlagen. Selbst die *Reflection Group* hat in ihrem Bericht zur Zukunft des unionalen Gesellschaftsrechts diesbezüglich klargestellt, dass ihre Impulse lediglich eine informierte Debatte ermöglichen und als Inspiration für die Auseinandersetzung über das unionalen Gesellschaftsrecht dienen sollen.[432] In der Folge lässt sich die Anregung der *Reflection Group* dann aber nicht als durchschlagendes Argument dagegen heranziehen, es den Unternehmen vorzuschreiben, ein Bewertungsgutachten zu erstellen. Vielmehr steht es dem Unionsgesetzgeber frei, sich eine anderslautende Meinung hierüber zu bilden und entsprechend das Unionsrecht umzugestalten.

Ebenso wenig vermag das Argument zu überzeugen, dass Transaktionen schon heute bewertet würden, um eine Haftung zu vermeiden. Die Aussage stimmt allenfalls unter dem Aspekt der Managerhaftung, die im deutschen Aktienrecht in § 93 Abs. 1 Satz 2 AktG normiert ist. Zum gegenwärtigen Zeitpunkt

---

431 So auch in § 314 Abs. 1 Nr. 13 HGB.

432 Reflection Group on the Future of the European Company Law, 2011, S. 4: „*The Reflection Group hopes that the present report will enable an informed debate at the Brussels conference and serve as inspiration for the on-going debate on EU company law.*“

ist es jedoch nicht rechtlich verpflichtend, ein objektives Bewertungsgutachten einzuholen; das Unternehmen oder die außenstehenden Aktionäre können ein solches derzeit auch nicht einfordern. Weiter enthalten die Regelungen für Vertragskonzerne keine Pflicht, eine *Fairness Opinion* zu erstellen. Zwar ist im faktischen Konzern vorgesehen, nachteilige Transaktionen mittels eines Abhängigkeitsberichts i.S.v. § 312 AktG zu ermitteln. Den Bericht erstellt jedoch der Vorstand selbst, was schon Zweifel an einer objektiven Bewertung der Transaktion weckt. Daran ändert auch die Tatsache nichts, dass der Aufsichtsrat das Gutachten noch einmal überprüft. Überdies wird der Abhängigkeitsbericht nicht bekanntgemacht; er vermag den außenstehenden Aktionären deshalb keinen informierten Einblick in die einzelnen *Related Party Transactions* zu verschaffen.

Für eine Pflicht des Unternehmens, einen Bewertungsbericht nach Art. 9c Abs. 3 AktR-RL 2017 zu erstellen, spricht hingegen dessen präventive Wirkung. Sofern dem Vorstand bewusst ist, dass sein Verhalten in Bezug auf das herrschende Unternehmen bzw. die Tochterunternehmen einer intensiveren Prüfung unterliegt, empfindet er wirksame Anreize, auf zweifelhafte Geschäfte von vornherein zu verzichten.[433] Der Blick auf die bisherige Gesetzeslage hat zudem gezeigt, dass insbesondere die außenstehenden Aktionäre bislang keinen Einblick in die Bewertung der *Related Party Transactions* haben. Dies scheint mit den in Art. 9c insbesondere des Kommissions- und Parlamentsvorschlags zu Tage tretenden *Corporate Governance*-Regelungen jedoch ein ganz wesentliches Anliegen des Unionsgesetzgebers zu sein. Die überzeugenderen Argumente sprechen insoweit für ein verpflichtend zu erstellendes Bewertungsgutachten.

2. *Zuständigkeit*

Tarde[434] ist dahingehend zuzustimmen, dass die Kosten und Nutzen einer unabhängigen Bewertung in keinem angemessenen Verhältnis zueinander stehen. Insbesondere bei kleinvolumigen *Related Party Transactions* werden die Kosten für die Erstellung des Bewertungsgutachtens den Nutzen der *Related Party Transactions* häufig überwiegen. In der Folge stünde zu befürchten, dass solch kleinvolumige Transaktionen künftig nicht mehr durchgeführt werden. Dies würde jedoch den Sinn und Zweck des Konzerns konterkarieren, der gerade zum Zwecke der gesamtgesellschaftlichen Gewinnerzielung geschlossen wird.

---

433 So auch *Fleischer*, BB 2014, 835, 839; *J. Vetter*, in: Fleischer/Koch/Kropff, 50 Jahre Aktiengesetz, 232, 254.

434 *Tarde*, ZGR 2017, 360, 378; *ders.*, Related Party Transactions, S. 215 f.

Der sowohl finanzielle wie auch zeitliche Aufwand wäre aber überschaubar, wenn der deutsche Gesetzgeber die Überprüfung dem Aufsichtsrat übertrüge.[435] Im faktischen Konzern hat der Aufsichtsrat nach § 314 AktG ohnehin den Bericht des Vorstands über die Beziehung zu verbundenen Unternehmen nach § 312 AktG zu prüfen. Mit den konkreten Begebenheiten ist er deshalb bereits bestens vertraut. Wird darüber hinaus dem Aufsichtsrat die Kompetenz übertragen, über die Zustimmung zu wesentlichen *Related Party Transactions* zu beschließen, wird sich der Aufsichtsrat schon aus diesem Grund mit der Fairness und Angemessenheit der *Related Party Transaction* auf das Unternehmen auseinandersetzen müssen.

Auch steht es den Mitgliedstaaten frei, die Wesentlichkeitsschwelle in Bezug auf die Bewertungsgutachten hoch anzusetzen und zum Beispiel nicht mit dem Erreichen des Schwellenwerts für die Bekanntmachung die Erstellung eines Gutachtens zu verlangen, sondern die Schwellenwerte für das Bewertungsgutachten und die Zustimmung gleichzusetzen. Die zusätzlichen Kosten und zeitlichen Aufwendungen, um eine *Fairness Opinion* zu erstellen, blieben dann nicht nur in einem angemessenen Rahmen.

3. *Ergebnis*

Sinnvoll erscheint es daher aus deutscher Sicht dem Aufsichtsrat die Zuständigkeit für das Bewertungsgutachten zu übertragen. Dieser sollte frei entscheiden können, ob er die Erstellung des Gutachtens einem Ausschuss übertragen will. Die verpflichtende Übertragung auf den Prüfungsausschuss bzw. einen dauerhaft zu implementierenden Ausschuss unabhängiger Mitglieder vermag hingegen nicht zu überzeugen. Zum einen setzt dies voraus, dass ausreichend unabhängige Aufsichtsratsmitglieder vorhanden sind. Davon wird man mit Blick auf die Aktionärsstruktur des börsennotierten Unternehmens nicht ausgehen können. Zum anderen erscheint ein Ausschuss nur dann sinnvoll, wenn der Aufsichtsrat über mehr als drei Mitglieder verfügt; davon wird man nicht pauschal ausgehen können.

V. Zusammenfassung

Es ist offensichtlich, dass ein die angewandten Methoden erläuternder Bericht wertvolle Informationen für die außenstehenden Aktionäre enthält. Auch ist

---

435 *Tarde*, ZGR 2017, 360, 378; *J. Vetter*, ZHR 179 (2015), 273, 314; *Zollner*, in: FS Nowotny (2015), 499, 510.

das Bewertungsgutachten geeignet, ein zusätzliches Kontrollmittel sowohl für als auch gegen den Vorstand darzustellen. Der Vorstand ist in der Lage, sich bei Klagen wegen des Vorwurfs der Sorgfaltspflichtverletzung auf das Bewertungsgutachten zu berufen, um sein Verhalten zu rechtfertigen. Gleichzeitig ermöglicht es den Klägern, namentlich dem börsennotierten Unternehmen und dessen außenstehenden Aktionären, die Pflichtverletzung des Vorstands nachzuweisen.

Die Schwellenwerte für die verpflichtende Erstellung des Bewertungsgutachtens sowie die Zustimmung sollten dabei allerdings gleichlaufen. Nur so können zusätzliche Kosten und zeitliche Aufwendungen vermieden werden. Aus demselben Grund sollte dem Verwaltungs-/Aufsichtsrat die Erstellung des Gutachtens übertragen werden, sofern diese auch ihre Zustimmung zu wesentlichen *Related Party Transactions* zu geben haben.

Dabei ist es dem Aufsichtsrat zu überlassen, ob sie die Begutachtung einem Ausschuss übertragen oder das Gesamtgremium mit der Aufgabe betraut bleibt. Ist das Gesamtgremium zuständig, sind die Mitglieder ausgeschlossen, die im konkreten Einzelfall in einer persönlichen oder geschäftlichen Beziehung zu der nahe stehenden Partei, deren Organen, einem kontrollierenden Aktionär oder einem mit diesem verbundenen Unternehmen stehen, und dadurch ein wesentlicher und nicht nur vorübergehender Interessenkonflikt entstehen kann, der sein Urteilsvermögen beeinflussen könnte.

Das Bewertungsgutachten hat nicht nur festzustellen, ob die *Related Party Transaction* aus Sicht des Unternehmens und der außenstehenden Aktionäre angemessen ist, sondern auch darzulegen, auf welchen Annahmen die Bewertung beruht und welchen Methoden und warum angewandt wurden. Die Veröffentlichung des Bewertungsgutachtens hat zusammen mit der Bekanntmachung zu erfolgen, mithin sobald die *Related Party Transaction* abgeschlossen wurde. Die Bekanntmachung erfolgt aus diesem Grund über die WpHG-Informationsmedien.

D. Zustimmungsvorbehalt

Related Party Transactions muss ein börsennotiertes Unternehmen entsprechend den Vorgaben des Unionsgesetzgebers nicht nur bekanntmachen und über sie berichten – sie bedürfen auch einer Zustimmung. Mit dem Zustimmungserfordernis führt der Unionsgesetzgeber eine zusätzliche dritte Dimension des Aktionärsschutzes ein, die über die bereits etablierten Instrumente einer Transparenz- und Wertkontrolle hinausgehen.[436] Vergleichbare Regelungen

436 *J. Vetter*, ZHR 179 (2015), 273, 295.

finden sich im unionalen Gesellschaftsrecht. Ein Beispiel ist Art. 13 Abs. 1 Kapitalrichtlinie, wonach im Rahmen der Nachgründung die Zustimmung der Aktionäre für die Durchführung der Transaktion erforderlich ist. Darüber hinaus existieren vergleichbare Regelungen an verstreuten Stellen für Kapitalmaßnahmen, Verschmelzungen, Spaltungen und Verteidigungsmaßnahmen gegen feindliche Übernahmeangebote.[437]

Aus rechtsvergleichender Sicht finden sich Zustimmungsregelungen für *Related Party Transactions* in England, Frankreich und Italien. Aktionäre müssen zum Beispiel nach dem englischen Companies Act (CA) 2006 Transaktionen über erhebliches Sacheigentum und erheblichen Darlehensgeschäften mit Geschäftsführern zustimmen, 190 Abs. 1 CA 2006. Die Zustimmung der Aktionäre muss dabei grundsätzlich vorab erfolgen; eine nachträgliche Genehmigung ist nicht zulässig. Transaktionen zwischen der Gesellschaft und einer ihr nahe stehenden Person, ferner Geschäfte mit anderen Personen, die mittelbar eine Begünstigung der nahe stehenden Partei bezwecken und bewirken, unterliegen hingegen nur dann Zustimmungspflichten der Hauptversammlung, wenn das Geschäft den Schwellenwert von 5% übersteigt, UK LR 11.1.7 R (3). Der Einladung zur Hauptversammlung ist gem. UK LR 11.1.7 R (2) eine Erklärung des *boards* beizufügen, dass die Transaktion auch aus Sicht der Aktionäre fair und angemessen ist. Die Zustimmung ergeht gem. UK LR 11.1.7 R (3) entweder vor Abschluss der Transaktion oder, sofern die Transaktion einer Zustimmungsbedingung unterliegt, vor Eintritt der Bedingung. Weder die nahe stehende Partei noch ihre Geschäftspartner dürfen nach UK LR 11.1.7 R (4) an der Abstimmung teilnehmen.[438]

Im französischen Recht unterliegen Geschäfte mit nahe stehenden Personen und Unternehmen als sog. *conventions réglementées* gem. art. L. 225-38 C.Com einem besonderen Zustimmungsverfahren. So hat die nahe stehende Partei den Verwaltungsrat über den geplanten Abschluss einer *convention réglementée* zu unterrichten. Der Verwaltungsrat befindet in seiner nächsten Sitzung darüber, ob er der Transaktion zustimmt. Ist ein Verwaltungsratsmitglied von der Transaktion betroffen, unterliegt es einem Stimmverbot. Nachdem der Rechnungsprüfer der Gesellschaft einen Sonderbericht erstellt hat, entscheidet

437 Näher *Fleischer*, in: Bayer/Lutter, Aktienrecht im Wandel, Bd. II, Kap. 9 Rn. 26: „Aus einer Zusammenschau der zersplitterten Einzelzuständigkeiten lässt sich als gemeinschaftsprivatrechtliche Leitlinie lediglich herauslesen, dass die Hauptversammlung jedenfalls für Grundlagenentscheidungen und Strukturmaßnahmen zuständig ist."

438 *Fleischer*, BB 2014, 2691, 2694.

die Hauptversammlung auf Grundlage dieses Berichts nach art. L. 225.40 Abs. 3, 4 C.Com über die Transaktion. Die nahe stehende Partei darf dabei nicht mitstimmen; ihre Aktien werden bei der Berechnung des Quorums nicht berücksichtigt.[439]

In Italien ist schon während der Verhandlungen über wesentliche Transaktionen zwischen dem börsennotierten Unternehmen und ihm nahe stehenden Unternehmen und Personen ein Ausschuss unabhängiger Verwaltungsmitglieder zu beteiligen. Ihn muss das Unternehmen vollständig informieren und ihm eine begründete Stellungnahme dazu abgeben, ob das Geschäft im Gesellschaftsinteresse liegt und zu angemessenen Bedingungen erfolgt, vgl. Art. 7 Abs. 1 lit. a), 8 Abs. 1 lit. b) bzw. Annex 2 Abs. 1.1 lit. a), Abs. 2 lit. b) Consob. Auf Grundlage der Stellungnahme entscheidet dann der Verwaltungsrat über die *Related Party Transaction*, Art. 7 Abs. 1 lit. a), 8 Abs. 1 lit. b) bzw. Annex 2 Abs. 1.1 lit. a), Abs. 2 lit. b) Consob.[440]

I. Stimmverbot

Den Mitgliedstaaten steht es gem. Art. 9c Abs. 4 UAbs. 1 AktR-RL 2017 frei, *Related Party Transactions* der Zustimmung durch die Hauptversammlung oder den Verwaltungs-/Aufsichtsrat des börsennotierten Unternehmens zu unterwerfen. Die Wahl, den Zustimmungsvorbehalt der Hauptversammlung oder dem Verwaltungs-/Aufsichtsrat zu übertragen, ermöglicht den Mitgliedstaaten, die Zustimmungspflicht in das jeweilige nationale gesellschaftsrechtliche System zu integrieren,[441] ohne die bereits bestehende Balance zwischen Geschäftsführung und Überwachung zu durchbrechen.

In beiden Fällen will die Regelung jedoch verhindern, dass die nahe stehende Partei ihre beherrschende Position ausnutzt. Aus diesem Grund haben die Mitgliedstaaten die folgenden zwei Ziele sicherzustellen: Die Zustimmung muss im Rahmen solcher Verfahren ergehen, in denen die nahe stehende Partei keine Vorteile aus ihrer Position ziehen kann und es muss sichergestellt sein, dass die Interessen des Unternehmens und der außenstehenden Aktionäre einen angemessenen Schutz erfahren, Art. 9c Abs. 4 UAbs. 1 AktR-RL 2017. Hierfür sieht es der Unionsgesetzgeber als geboten an, einen an der *Related Party Transaction* beteiligten Aktionär von der Zustimmungskompetenz auszuschließen. Dabei ist zwischen der Zustimmung im Rahmen der Hauptversammlung (siehe dazu 1.)

439 *Fleischer*, BB 2014, 2691, 2692 f.
440 *Fleischer*, BB 2014, 2691, 2695.
441 Vgl. *Jung*, WM 2014, 2351, 2354.

und der Zustimmung im Verwaltungs-/Aufsichtsrats (siehe dazu 2.) zu unterscheiden. Das daraus resultierende Stimmverbot kann durch die Mitgliedstaaten nur gelockert werden, wenn das nationale Recht angemessene Schutzmechanismen enthält, die das börsennotierte Unternehmen sowie die außenstehenden Aktionäre angemessen schützt (siehe dazu 3.).

1. Hauptversammlung

Sofern die Hauptversammlung für die Zustimmung zuständig ist, sind – wie im Kommissions- als auch Parlamentsvorschlag – diejenigen Aktionäre von der Abstimmung ausgeschlossen, die an der Transaktion beteiligt sind, Art. 9c Abs. 4 UAbs. 3 AktR-RL 2017. Es kommt insoweit nicht auf die mehrheitliche Entscheidung der stimmberechtigten Aktionäre an, sondern auf die Entscheidung der stimmberechtigten unabhängigen Aktionäre. Damit folgt die AktR-RL 2017 dem Konzept der sog. „*Majority of the Minority*“[442].

Dabei ist es unerheblich, ob die nahe stehende Partei unmittelbar oder mittelbar als Aktionär an dem börsennotierten Unternehmen beteiligt ist; das Stimmverbot kommt in beiden Fällen zur Anwendung. Zwar ließe sich der Wortlaut des Art. 9c Abs. 4 UAbs. 3 AktR-RL 2017 dahingehend auslegen, dass ausschließlich solche nahe stehenden Parteien einem Stimmverbot unterliegen, die sowohl Aktionär als auch Vertragspartei der konkreten *Related Party Transaction* sind.[443] Schließlich spricht die Vorschrift an entsprechender Stelle nur von an der Transaktion beteiligten Aktionären. Mit Blick auf den Anwendungsbereich des Art. 9c AktR-RL 2017 und dessen Sinn und Zweck vermag ein solch enges Begriffsverständnis gleichwohl nicht zu überzeugen. Die Gefahr, dass ein nahe stehendes Unternehmen seinen Einfluss im Rahmen der Hauptversammlung dazu nutzt, die *Related Party Transaction* gegen den Willen der außenstehenden Aktionäre durchzusetzen, besteht nicht nur bei einer unmittelbaren Beteiligung, sondern auch dann, wenn das nahe stehende Unternehmen nur mittelbar an dem börsennotierten Unternehmen beteiligt ist.

Für eine weitgehende Auslegung spricht auch die englische Sprachfassung. Dort heißt es: „*Where the related party transaction involves a director or shareholder, the director or shareholder shall not take part in the approval of the vote*“. Maßgeblich ist danach, ob eine nahe stehende Partei als *involved* anzusehen ist.[444] Involviert ist jemand schon dann, wenn er mittels seines beherrschenden

---

442 Hierzu instruktiv *Zetsche*, NZG 2014, 1121, 1127.

443 *Zetsche*, NZG 2014, 1121, 1128.

444 *Bungert/Wansleben*, DB 2017, 1190, 1199; *Spindler/Seidel*, AG 2017, 169, 172; *Tarde*, Related Party Transactions, S. 202.

Einflusses auf ein Tochterunternehmen das Abstimmungsverhalten eben dieser bei Beschlüssen über die Zustimmung zu *Related Party Transactions* koordiniert.

Auch würde mit einem solch engen Begriffsverständnis eine vom Unionsgesetzgeber offensichtlich nicht gewollte Umgehungsmöglichkeit des Stimmverbots geschaffen. Dass dies vom Gesetzgeber nicht beabsichtigt gewesen sein kann, ergibt sich insbesondere im Umkehrschluss zu Art. 9c Abs. 4 UAbs. 4 AktR-RL 2017. Danach lässt der Unionsgesetzgeber nur dann ausnahmsweise die Teilnahme der nahe stehenden Partei an der Zustimmung zu, wenn es sich nicht gegen den Willen der außenstehenden Aktionäre durchsetzen kann. Die Gefahr der Einflussnahme besteht jedoch sowohl bei der unmittelbaren wie auch der mittelbaren Beteiligung.

Für ein weites Verständnis des Art. 9c Abs. 4 UAbs. 3 AktR-RL 2017 spricht weiter, dass schon bei der Eröffnung des Anwendungsbereichs nicht zwischen unmittelbaren und mittelbaren Beteiligungen differenziert wird.[445] Würde man beim Stimmverbot nun aber ein enges Verständnis zugrunde legen, führte dies zu dem widersprüchlichen Ergebnis, dass die *Related Party Transaction* mit einer nahe stehenden Partei bekanntgemacht werden müsste, eben diese Partei aber in der Hauptversammlung ihre Zustimmung der Transaktion geben könnte. Diese unterschiedliche Handhabung erscheint mit Blick auf den Telos des Stimmverbots vom Unionsgesetzgeber nicht beabsichtigt gewesen zu sein.

Die überzeugenderen Argumente sprechen insoweit für ein weites Begriffsverständnis. Jede unmittelbar oder mittelbar an der *Related Party Transaction* beteiligte nahe stehende Partei unterliegt folglich einem Stimmverbot. Den *Prinzipal Agent*-Konflikt, der zwischen Mehrheits- und Minderheitsaktionären besteht, durchbricht die Kommission demnach auf brachiale Weise.

2. Verwaltungs-/Aufsichtsrat

Wird nicht der Hauptversammlung, sondern dem Aufsichtsrat die Zustimmungskompetenz übertragen, unterliegen auch die Mitglieder des Aufsichts- bzw. Verwaltungsrats, die gleichzeitig als nahe stehende Partei an der *Related Party Transaction* beteiligt sind, einem Stimmverbot, Art. 9c Abs. 4 UAbs. 3 AktR-RL 2017. Ebenso wie im Rahmen der Hauptversammlung besteht die Gefahr, dass Interessenkonflikte zwischen der nahe stehenden Partei und dem durch Art. 9c Abs. 4 AktR-RL 2017 zu schützenden Adressatenkreis zu Lasten Letzterer aufgelöst werden.

445 Siehe hierzu Kap. 3.A.II.

Fraglich ist, ob darüber hinaus auch Verwaltungs- bzw. Aufsichtsratsmitglieder einem Stimmverbot unterliegen, die von einer an der *Related Party Transaction* beteiligten nahe stehenden Partei in den Verwaltungs-/Aufsichtsrat entsandt wurden.[446] Anders als im Parlamentsvorschlag[447] findet sich eine ausdrückliche Erstreckung auf diese in der AktR-RL 2017 nicht. Hieraus ließe sich der Schluss ziehen, dass sich das Stimmverbot nur (noch) auf die im Verwaltungs-/Aufsichtsrat agierenden nahe stehenden Parteien bezieht.

Für eine darüber hinausgehende Auslegung des Stimmverbots spricht– wie bereits bei der Zuständigkeit zur Erstellung des Bewertungsgutachtens[448] – der Sinn und Zweck des Stimmverbots. Dieses soll das börsennotierte Unternehmen sowie die außenstehenden Aktionäre vor nachteiligen Vermögensabflüssen schützen, indem es die nahe stehende Partei von der Teilnahme am Zustimmungsprozess ausschließt. Die nahe stehende Partei ist zwar nicht unmittelbar an dem Abstimmungsprozess beteiligt. Die Gefahr, dass die nahe stehende Partei auf das von ihm entsandte Mitglied Druck ausübt und so den Abstimmungsprozess zu seinen Gunsten beeinflusst, besteht jedoch gleichermaßen.

Für ein weites Begriffsverständnis spricht ferner auch hier Art. 9c Abs. 4 UAbs. 3 AktR-RL 2017. Ebenso wie im Rahmen der Hauptversammlung ist die Teilnahme einer nahe stehenden Partei nur zulässig, wenn durch die nationalen Regelungen sichergestellt ist, dass sich dieses nicht gegen den Willen des börsennotierten Unternehmens und der außenstehenden Aktionäre durchsetzen kann. Zwar wird man nicht pauschal davon ausgehen können, dass jedes entsandte Mitglied sich dem Willen der nahe stehenden Partei beugen und damit einem Interessenkonflikt unterliegt, den es zugunsten der nahe stehenden Partei auflösen wird.[449] Der Umstand, dass die Vertreter des nahe stehenden Unternehmens bei der Entscheidung über *Related Party Transactions* grundsätzlich auf das Unternehmensinteresse verpflichtet sind und weisungsfrei agieren, vermag die Gefahr einer Einflussnahme jedoch nur geringfügig einzudämmen.[450]

Von einer solchen Gefahr ist auszugehen, wenn die in Rede stehende Person mit der nahe stehenden Partei wirtschaftlich identisch ist, also z.B. bei einer

---

446 Ähnlich *Spindler/Seidel,* AG 2017, 169, 173.

447 Vgl. Art. 9c Abs. 2a Satz 1 Parlamentsvorschlag, wonach „nahe stehende Unternehmen und Personen sowie ihre Vertreter" einem Stimmverbot unterliegen.

448 Siehe hierzu Kap. 3.C.I.2.

449 So auch DAI, Stellungnahme zur Umsetzung der geänderten EU-Aktionärsrechterichtlinie, S. 51.

450 *Tarde,* Related Party Transactions, S. 202; so aber *Bungert/Wansleben,* DB 2017, 1190, 1199; *Veil,* NZG 2017, 521, 527.

Transaktion mit dem hundertprozentigen Tochterunternehmen eines Aufsichtsratsmitglieds. Gleiches gilt, wenn es sich um ein Geschäftsführungsorgan der nahe stehenden Partei handelt. Auch hier können die widerstreitenden Interessen so gegenläufig sein, dass ein Besinnen auf die Interessen des börsennotierten Unternehmens und dessen außenstehenden Aktionäre nicht zu erwarten ist.[451]

3. *Ausnahmemöglichkeiten*

Ein ausnahmsloses Stimmrechtsverbot bedeutet jedoch, dass der Unionsgesetzgeber die Belange der außenstehenden Aktionäre vollständig über die Interessen der nahe stehenden Partei stellt. Die Bestrebung des Unionsgesetzgebers, außenstehende Aktionäre vor nachteiligen *Related Party Transactions* zu schützen, erfolgte insoweit auf dem Rücken fest verankerter Aktionärsrechte. Insbesondere würde der Gleichbehandlungsgrundsatz der Aktionäre, den Art. 4 AktR-RL 2007 als wesentlich herausstellt, vollständig missachtet. Weiter würden die in der AktR-RL 2007 noch hervorgehobenen Bestrebungen, Aktieninhabern zur Wahrnehmung ihrer Stimmrechte zu verhelfen,[452] durch ein ausnahmsloses Stimmrechtsverbot konterkariert. Auch würde ein solches Verbot außenstehende Aktionäre des börsennotierten Unternehmens dazu befähigen, jede größere Transaktion mit dem nahe stehenden Unternehmen zu verhindern oder zu blockieren. Daraus resultiert ein erhebliches Missbrauchspotenzial.[453]

Um die Interessen der unterschiedlichen Aktionärsgruppen angemessen zu wahren, hat der Unionsgesetzgeber die insbesondere zum Kommissionsvorschlag geäußerte Kritik gehört. Bereits seit dem Parlamentsvorschlag[454] können die Mitgliedstaaten daher von einem absoluten Stimmverbot absehen, sofern das nationale Recht angemessene Schutzmechanismen etabliert. Das ist gem. Art. 9c Abs. 4 UAbs. 4 AktR-RL 2017 dann der Fall, wenn die Interessen der Gesellschaft

451 So auch *Kumpman*, Vorträge und Berichte Nr. 215 (2015), S. 19 f.; *Tröger*, AG 2015, 53, 70 (zu den Kompromissvorschlägen der italienischen Ratspräsidentschaft); *Tarde*, Related Party Transactions, S. 202 ff.; a.A. *Bungert/Wansleben*, DB 2017, 1190, 1199; *Veil*, NZG 2017, 521, 527; ebenfalls verneinend *Spindler/Seidel*, AG 2017, 169, 172, die aber die Bildung eines beschließenden, mit mehrheitlich unabhängigen Mitgliedern besetzten Ausschuss für notwendig erachten.

452 ErwG 3 AktR-RL 2007.

453 *J. Vetter*, in: Fleischer/Koch/Kropff/Lutter, 50 Jahre Aktienkonzernrecht, 231, 268; DAV-Handelsrechtsausschuss Stellungnahme, NZG 2015, 54, 65; *U.H. Schneider*, EuZW 2014, 641, 642; *Spindler/Seidel*, AG 2017, 169, 170; *J. Vetter*, ZHR 179 (2015), 273, 306 f.

454 Art. 9c Abs. 2a Satz 3 Parlamentsvorschlag.

und der außenstehenden Aktionäre gewahrt werden. Die nahe stehende Partei darf sich dafür nicht gegen den Willen der außenstehenden Aktionäre durchsetzen können.

Der Ausnahmetatbestand ist dabei nicht nur auf die Hauptversammlung beschränkt, sondern umfasst – anders als noch im Parlamentsvorschlag[455] – auch die Abstimmungen im Rahmen des Verwaltungs- bzw. Aufsichtsrats. Zwar wird an entsprechender Stelle nur von „Abstimmung" gesprochen, die – wie ein Blick in Art. 9c Abs. 4 UAbs. 2 AktR-RL 2017 zeigt – grundsätzlich nur im Zusammenhang mit der Hauptversammlung zum Tragen kommt. Später sind jedoch auch solche nationalen Schutzmechanismen maßgeblich für die Ausnahme vom Stimmverbot, die verhindern, dass die nahe stehende Partei sich nicht gegen die „Mehrheit der unabhängigen Mitglieder der Unternehmensleitung" durchsetzt. Ein entsprechender Passus wäre nicht erforderlich gewesen, wenn Ausnahmen vom Stimmverbot ausschließlich im Rahmen der Hauptversammlung zum Tragen kämen. Vielmehr ist davon auszugehen, dass es sich hier um eine sprachliche Ungenauigkeit der deutschen Sprachfassung handelt. So spricht die englische Sprachfassung an entsprechender Stelle ausschließlich von *„take part in the vote"*. Eine sprachliche Differenzierung zwischen „Abstimmung" durch die Aktionäre in der Hauptversammlung und „Zustimmung" der Mitglieder des Verwaltungs- bzw. Aufsichtsrat wird hingegen nicht vorgenommen. Daraus lässt sich der Schluss ziehen, dass der Unionsgesetzgeber bei den Stimmverboten der Mitglieder des Verwaltungs- bzw. Aufsichtsrats Ausnahmen zulässt. Auch hätte es andernfalls eine unterschiedliche Behandlung der nahe stehenden Partei im Rahmen der Hauptversammlung und dem Verwaltungs-/Aufsichtsrats zur Folge gehabt, die sich nicht durch schlüssige Argumente erklären ließe.[456]

Wie der Ausnahmetatbestand im Einzelfall ausgestaltet wird, obliegt den Mitgliedstaaten. Dafür wird die Wiedergabe des Art. 9c Abs. 4 UAbs. 2 AktR-RL 2017 jedoch auf jeden Fall nicht ausreichen.

4. *Ergebnis*

Das Stimmverbot ist sowohl in Bezug auf die Hauptversammlung als auch auf den Verwaltungs-/Aufsichtsrat weit zu verstehen. Dementsprechend unterliegt jede unmittelbar oder mittelbar an der *Related Party Transaction* beteiligte nahe stehende Partei im Rahmen der Hauptversammlung einem Stimmverbot.

455 Vgl. Art. 9c Abs. 2a Parlamentsvorschlag.

456 Im Ergebnis ebenso *Tarde*, Related Party Transactions, S. 201.

Beim Verwaltungs-/Aufsichtsrat ist die nahe stehende Partei bei der Abstimmung ausgeschlossen, wenn die nahe stehende Partei selbst oder ein Geschäftsführungsorgan der nahe stehenden Partei im Verwaltungs-/Aufsichtsrat sitzt. Gleiches gilt, wenn das Mitglied des Verwaltungs-/Aufsichtsrat wirtschaftlich identisch ist mit der nahe stehenden Partei.

Den nationalen Gesetzgebern stehen Ausnahmemöglichkeiten zur Verfügung. Aufgabe wird es sein, solche Regelungen zu implementieren, die verhindern, dass die nahe stehende Partei sich gegen den Willen der außenstehenden Aktionäre durchsetzen kann.

II. Beschlussfassung

Die thematische Einordnung der *Related Party Transactions*-Regelungen in die bereits bestehenden Regelungen der Aktionärsrechterichtlinie lässt darauf schließen, dass sich die Einberufung und der Ablauf der Hauptversammlung als auch die Beschlussfassung des Verwaltungs-/Aufsichtsrats nach den nationalen aktienrechtlichen Vorschriften richten, die aufgrund der Art. 4 ff. AktR-RL 2007 in die nationalen Rechte implementiert wurden.

Mangels weiterer Vorgaben des Art. 9c Abs. 4 Akt-RL 2017, steht es den Mitgliedstaaten dabei frei, die Mehrheitserfordernisse selbst festzulegen.[457] Bei der Hauptversammlung kann es jedoch nur auf die Mehrheit der Aktionäre ankommen, die bei Beschlussfassung stimmberechtigt sind.[458] Maßgeblich ist insoweit nicht die mehrheitliche Entscheidung des bei der Beschlussfassung vertretenen Grundkapitals. Die AktR-RL 2017 folgt vielmehr dem Konzept der sog. „*Majority of the Minority*"[459]. Gleiches gilt für den Verwaltungs-/Aufsichtsrat. Auch hier können nur die Stimmen der Aufsichtsratsmitglieder berücksichtigt werden, denen nicht die Gefahr eines Interessenkonflikts innewohnt und daher mit einem Stimmverbot belegt ist.

III. Zusätzliche Zustimmung durch die Hauptversammlung

Die Mitgliedstaaten können die nahe stehende Partei bzw. ihre Vertreter nicht nur von der Beschlussfassung ausschließen, sondern Aktionären auch nach

457 Dies unter Berücksichtigung der avisierten Harmonisierung der Behandlung von *Related Party Transactions* zu recht fordernd: Gemeinsame Stellungnahme von BDA, BDI und DIHK vom 31. Juli 2015, S. 19.

458 Vgl. hierzu die Ausführungen unter Kap. 3.D.II.

459 *Seibt*, BDI/FBD, S. 15; *Zetsche*, NZG 2014, 1121, 1127.

Art. 9c Abs. 4 UAbs. 2 AktR-RL 2017 das Recht einräumen, über wesentliche *Related Party Transactions* abzustimmen, denen der Verwaltungs-/Aufsichtsrat des börsennotierten Unternehmens zugestimmt hat. Hierbei steht es im Ermessen der Mitgliedstaaten ein entsprechendes Recht zu implementieren und auszugestalten.

Mit Blick auf die zeitaufwendigen und kostenintensiven Vorbereitungen einer Hauptversammlung ist allerdings davon auszugehen, dass der Unionsgesetzgeber dabei kein grundsätzliches Mitbestimmungsrecht der Hauptversammlung implementieren wollte. Für diese Annahme spricht der Wortlaut des Art. 9c Abs. 2 UAbs. 1 Parlamentsvorschlag („oder"), der die Zustimmung zu *Related Party Transactions* durch die Hauptversammlung in ein Exklusivitätsverhältnis zur Zustimmung des Verwaltungs- oder Aufsichtsorgans stellt. Gleichzeitig muss es den Aktionären aber möglich sein, von ihrem Recht auch tatsächlich Gebrauch zu machen.

Denkbar wäre es daher den Aktionären die Möglichkeit einzuräumen, auf ihr Verlangen hin die Hauptversammlung einzuberufen. Dieses Recht dürfte dabei nicht auf die außenstehenden Aktionäre beschränkt werden; denn auch der Mehrheitsaktionär hat das Recht auf nochmalige Kontrolle in Rede stehender *Related Party Transaction.* Nur indem man das Einberufungsrecht auch dem konfliktgeladenen Mehrheitsaktionär zugesteht, können die widerstreitenden Interessen der Aktionäre in einen angemessenen Ausgleich gebracht werden. Dem steht insbesondere Art. 9c Abs. 4 UAbs. 2 AktR-RL 2017 nicht entgegen, da sich dieser nur auf die Stimmabgabe im Rahmen der Beschlussfassung bezieht, nicht aber auch auf das Recht zur Einberufung der Hauptversammlung.

Des Weiteren ist das Recht nicht auf Transaktionen zu beschränken, denen der Verwaltungs-/Aufsichtsrat seine Zustimmung bereits erteilt hat. Denn wenn schon die *Related Party Transactions* noch einmal einer Kontrolle durch die Hauptversammlung unterzogen werden dürfen, denen der Verwaltungs-/Aufsichtsrat zugestimmt hat, dann gilt dies erst recht auch bei *Related Party Transactions*, denen die Zustimmung nicht erteilt wurde.

Ebenso wie beim Parlamentsvorschlag zeigt die systematische Stellung des Art. 9c Abs. 4 UAbs. 3 AktR-RL 2017, dass das nahe stehende Unternehmen in seiner Eigenschaft als Aktionär in diesen Fällen einem Stimmverbot unterliegt. Im Gegensatz zu Art. 9c Abs. 2a Satz 1 Parlamentsvorschlag enthält die AktR-RL 2017 zwar keine Erläuterung dazu, warum sie die nahe stehende Partei von der Abstimmung ausschließt. Das ist aber auch nicht erforderlich, da darüber bereits die systematische Stellung des Art. 9c Abs. 4 UAbs. 2 AktR-RL 2017 hinter Art. 9c Abs. 4 UAbs. 1 AktR-RL 2017 Auskunft gibt. Alle Ausnahmemöglichkeiten sind daran zu messen, ob sie einerseits vermeiden, dass nahe stehende

Unternehmen und Personen einen Vorteil aus ihrer besonderen Stellung ziehen können und sie andererseits den Interessen des Unternehmens gebührenden Schutz gewähren.[460] Dies gilt auch für die zusätzliche Zustimmung durch die Hauptversammlung.

IV. Zeitpunkt

Anders als noch im Kommissions- sowie Parlamentsvorschlag haben der Verwaltungs-/Aufsichtsrat bzw. die Hauptversammlung die *Related Party Transaction* nach Art. 9c Abs. 4 AktR-RL 2017 nicht zu „genehmigen", sondern müssen ihr „zustimmen". Das deutsche Begriffsverständnis hinsichtlich einer „Genehmigung" hätte zumindest zu der Überlegung führen können, dass auch eine nachträgliche Zustimmung i.S.v. § 184 Abs. 1 BGB zulässig wäre. Dass dem Sinn und Zweck des Art. 9c AktR-RL 2017 jedoch nur dann im adäquaten Umfang Rechnung getragen wird, wenn frühzeitig nachteilige Vermögensverschiebungen verhindert werden, sprach bereits im Kommissions- sowie Parlamentsvorschlag dafür, auf die englische Sprachfassung zurückzugreifen und von einer antizipierten, d.h. vorherigen, Zustimmungen auszugehen scheint.[461]

Indem der Unionsgesetzgeber im Rahmen des Art. 9c Abs. 4 AktR-RL 2017 dazu übergangen ist, in der deutschen Sprachfassung von der Verwendung des Begriffs „Genehmigung" abzusehen, machte er deutlich, dass nur dann die außenstehenden Aktionäre ausreichend geschützt sind, wenn die Zustimmung der Hauptversammlung *ex ante* erfolgt und so ihre präventive Wirkung entfalten kann. Er hat damit klargestellt, dass die Entscheidung von Hauptversammlung, Verwaltungs- oder Aufsichtsrat einzuholen ist, *bevor* die Transaktion abgeschlossen ist.

V. Ausnahmen

Anders als noch beim Kommissionsvorschlag hat der Unionsgesetzgeber seit dem Parlamentsvorschlag darauf verzichtet, die Zustimmung für genau definierte Transaktionen auszusetzen.[462]

Der Unionsgesetzgeber erkannte insoweit an, dass eine solche Ausnahmeregelung nicht geeignet gewesen wäre, Konzernsachverhalte vollends vor

---

460 DAI, Stellungnahme zur Umsetzung der geänderten EU-Aktionärsrechterichtlinie, S. 50.

461 Pons.

462 Vgl. Art. 9c Abs. 2 UAbs. 1 Kommissionsvorschlag.

Zustimmungsvorbehalten zu bewahren. So wäre es für das Geschäftsführungsorgan des Mutterunternehmens nahezu unmöglich gewesen, sämtliche Geschäfte innerhalb eines Konzerns ein Jahr im Voraus so konkret zu formulieren, dass diesen vorab zugestimmt werden kann.[463] Es konnte insoweit nicht davon ausgegangen werden, dass diese Ausnahmeregelung zu einem angemessenen Ausgleich zwischen der unternehmerischen Entscheidungsfreiheit des Geschäftsführungsorgans und den Interessen der außenstehenden Aktionäre geführt hätte.[464]

Darüber hinaus stand zu befürchten, dass das Geschäftsführungsorgan selbst bei einem umfangreichen Zustimmungskatalog versucht hätte, Zustimmungsvorbehalte zu umgehen, indem es beispielsweise eine große Transaktion auf zwei Kleine aufteilt, da diese sich noch im Rahmen der vorab zugestimmten *Related Party Transactions* bewegt. Diese hätte jedoch den Sinn und Zweck dieser Ausnahmemöglichkeit konterkarieren.

Der Unionsgesetzgeber hat insoweit gut daran getan, von dieser Ausnahmemöglichkeit Abstand zu nehmen.

VI. Stellungnahme

Der Unionsgesetzgeber räumt den Mitgliedstaaten hinsichtlich der Zustimmung von *Related Party Transaction* einen Gestaltungsspielraum ein und ermöglicht es ihnen damit, das neue Instrument passgenau in ihre nationalen Regelungssysteme einzubauen.

1. Übertragung der Zustimmung auf den Aufsichtsrat

Aus deutscher Sicht ist es zu begrüßen, dass den Mitgliedstaaten die Möglichkeit offensteht, die Zustimmung den Verwaltungs- bzw. Aufsichtsratsmitglieder zuzuteilen statt die Aktionäre im Rahmen der Hauptversammlung zu beteiligen.[465] Dass der Unionsgesetzgeber die Entscheidung über *Related Party*

---

463 Gemeinsame Stellungnahme von BDA, BDI und DIHK vom 31. Juli 2015, S. 19.

464 Gesamtverband der Deutschen Versicherungswirtschaft, Stellungnahme vom 25. Juli 2014, S. 4.

465 So auch *Bayer/Selentin,* NZG 2015, 7, 8; *Bungert/de Raet,* Der Konzern 2015, 289, 295; *Bungert/Wansleben,* DB 2017, 1190, 1199; DAI, Stellungnahme zur Umsetzung der geänderten EU-Aktionärsrechterichtlinie, S. 50; DAV-Handelsrechtsausschuss Stellungnahme, NZG 2015, 54, 62, 64; *Hommelhoff,* KSzW 2014, 63, 67; *Lanfermann/Maul,* BB 2014, 1283, 1287 f.; *J. Schmidt,* Der Konzern 2017, 1, 10; *Seibt,* BDI/FDB, S. 24;

Transactions ursprünglich ausschließlich auf die Hauptversammlung übertragen wollte, hat insbesondere die deutsche Literatur nicht nur früh und stark, sondern auch zu Recht kritisiert.[466]

Insbesondere wurde kritisiert, dass beim Kommissionsvorschlag unberücksichtigt blieb, dass in den Mitgliedstaaten zum Teil das monistische, wie zum Beispiel in England, aber eben auch das dualistische Führungssysteme, wie zum Beispiel in Deutschland und Italien, vorzufinden ist. Vielmehr bestehe in Deutschland bereits ein Organ, dessen originäre Aufgabe es ist, das Handeln der Geschäftsführung zu überwachen und dabei die Interessen der Aktionäre zu wahren: der Aufsichtsrat. Man mag zwar daran zweifeln, ob jedes einzelne Aufsichtsratsmitglied unabhängig ist. Es wäre jedoch verfehlt, die Wirksamkeit des Aufsichtsrats als Kontrollorgan ganz grundsätzlich in Abrede zu stellen.

Darüber hinaus sei die Übertragung des Zustimmungsvorbehalts auf die Hauptversammlung zu langwierig[467] sowie kostspielig.[468] Den vorgetragenen Bedenken wurde insoweit Rechnung getragen, als den Mitgliedstaaten nun die Möglichkeit offen steht, auch dem Aufsichtsrat die Zustimmungsobliegenheiten für *Related Party Transactions* zu übertragen. Zum einen werden so die mitgliedstaatlichen Besonderheiten in angemessener Weise berücksichtigt; zum anderen lassen sich Opportunitäts- sowie Transaktionskosten auf diese Weise möglichst geringhalten. Während die Hauptversammlung nach § 123 Abs. 1 Satz 1 AktG

Tröger, AG 2015, 53, 69; *Veil,* NZG 2017, 521, 526; *J. Vetter,* ZHR 179 (2015), 273, 304, *Wiersch,* NZG 2014, 1131, 1137.

466 Bundesrat vom 11. Juli 2014, BR-Drs. 166/14, S. 5; DAV-Handelsrechtsausschuss Stellungnahme, NZG 2015, 8, 8 f.; IDW-Schreiben vom 22. August 2014 an das BMJV zur Einbeziehung der Aktionäre; *J. Vetter,* in: Fleischer/Koch/Kropff/Lutter, 50 Jahre Aktienkonzernrecht, 231, 268; *Bayer/Selentin,* NZG 2015, 7, 8; *Bremer,* NZG 2014, 415; *Bungert/de Raet,* Der Konzern 2015, 289, 295 f.; *Drygala,* AG 2013, 198, 208 ff.; *Fleischer,* BB 2014, 2691, 2698; *Heldt,* BOARD 2014, 123, 124; *Hommelhoff,* KSzW 2014, 63, 67; *Jung,* WM 2014, 2351, 2354; *Lanfermann/Maul,* BB 2014, 1283, 1287 f.; *Osterloh,* AG 2014, R75, 76; *Schneider,* EuZW 2014, 641, 643; *Seibt,* DB 2014, 1910, 1914 f.; *Selzner,* ZIP 2015, 753, 758; *Temming,* RdA 2015, 280, 283; *Tröger,* AG 2015, 53, 65 ff.; *Verse/Wiersch,* EuZW 2014, 375, 380; *J. Vetter,* ZHR 179 (2015), 273, 304 ff.; *Wiersch,* NZG 2014, 1131, 1136; *Zetsche,* NZG 2014, 1121, 1126, wonach die „Entscheidungsgewalt [im deutschen Aktienrecht] vom Aufsichtsrat auf wirtschaftlich Interessierte verlagert" würde.

467 *Fleischer,* BB 2014, 2691, 2698; *Hopt,* ECGI Law Working Paper Nr. 296/2015, S. 31; *Tröger,* in: Fleischer/Hansen/Ringe, German and Nordic Perspectives on Company Law and Capital Markets Law, 157, 187; *J. Vetter,* ZHR 179 (2015), 273, 389.

468 *Fleischer,* BB 2014, 2691, 2699; *Klene,* Related Party Transactions, S. 220 f.

mindestens dreißig Tage vorher einzuberufen ist, sind es beim Aufsichtsrat nach § 110 Abs. 2 Satz 2 AktG nämlich nur zwei Wochen vor der Sitzung. Diese kann bei Zustimmung aller Aufsichtsratsmitglieder auch weiter verkürzt werden. Bereits die geringere Einberufungsfrist ermöglicht es der Gesellschaft, insoweit schneller über *Related Party Transactions* zu entscheiden und damit *ad hoc* und in angemessener Weise auf die Interessen des Unternehmens zu reagieren. Um hohe Kosten zu vermeiden, bliebe dem börsennotierten Unternehmen bei einer Übertragung auf die Hauptversammlung allenfalls die Möglichkeit, *Related Party Transactions* bis zur nächsten ordentlichen Hauptversammlung zurückstellen, was jedoch Opportunitätsverluste verursachen würde, weil das Unternehmen das Rechtsgeschäft langfristig planen müsste und nicht sofort umsetzen könnte.[469] Ferner würden gruppeninterne Geschäfte zweifellos erschwert.[470]

Augenscheinlich ging der Unionsgesetzgeber ferner davon aus, dass es einen zustimmenden Aktionärsbeschluss auf der Hauptversammlung problemlos erreichen kann – jedenfalls dann, wenn er in der Sache gerechtfertigt ist, d.h. die kollektive Willensbildung der Hauptversammlung reibungslos verläuft und nicht mit von der *Related Party Transaction* unabhängigen Interessenskonflikten befrachtet ist.[471] Diese zentrale regulatorische Prämisse trifft in der Praxis jedoch nicht uneingeschränkt zu, wie etwa das Phänomen sog. räuberischer Anfechtungsklagen[472] zeigt.[473] Vielmehr ist davon auszugehen, dass die

---

469 DAV-Handelsrechtsausschuss Stellungnahme, NZG 2015, 54, 65; Gemeinsame Stellungnahme von BDA, BDI und DIHK vom 31. Juli 2014, S. 18; *Drygala,* AG 2013, 198, 209; *Spindler/Seidel,* AG 2017, 169, 170; *Temming,* RdA 2015, 280, 283; *Tröger,* AG 2015, 53, 66; *J. Vetter,* ZHR 179 (2015), 273, 389; *ders.,* in: Fleischer/Hansen/Ringe, German and Nordic Perspectives on Company Law and Capital Markets Law, 157, 187.

470 *Drygala,* AG 2013, 198, 209; *Fleischer,* BB 2014, 2691, 2699; *Lanfermann/Maul,* BB 2014, 1283, 1287; *Spindler/Seidel,* AG 2017, 169, 170; *J. Vetter,* ZHR 179 (2015), 273, 304 ff.; *Rhiel,* Related Party Transactions, S. 190 f.

471 *Tröger,* in: Fleischer/Hansen/Ringe, German and Nordic Perspectives on Company Law and Capital Markets Law, 157, 187.

472 Die Gefahr räuberischer Anfechtungsklagen ergibt sich durch die Existenz sog. aktivistischen Aktionären, die durch Erhebung von Klage, die Eintragung wichtiger Hauptversammlungsbeschlüsse verhindern, um die Gesellschaft dadurch erheblich unter Druck zu setzen und dadurch finanzielle oder sonstige Vorteile für eine Klagerücknahme zu erzielen (vgl. hierzu auch *Rothley,* GWR 2009, 312, 313).

473 *Bayer/Selentin,* NZG 2015, 7, 8; *Drygala,* AG 2013, 198, 205; *Enriques,* ECGI Law Working Paper Nr. 267/2014, S. 30; *Fleischer,* BB 2014, 2691, 2699; Gemeinsame Stellungnahme von BDA, BDI und DIHK, S. 19; *Hommelhoff,* KSzW 2014, 63, 67;

Aktionäre in erster Linie ihre eigenen (ganz unterschiedlichen) Interessen verfolgen und nicht – wie der Aufsichtsrat – das Unternehmenswohl insgesamt vor Augen haben. Sobald die Beschlüsse angefochten sind, entstünden unvermeidbare Unsicherheiten für das Management; weitere Gefahren für die Rechtssicherheit wären die Folge.[474] Die Zustimmung zu *Related Party Transactions* würde sich dann noch weiter verzögern. Vergleichbare Gefahren bestehen beim Aufsichtsrat hingegen nicht. Insbesondere können aktivistische Aktionäre[475] in diesem Fall aufgrund ihrer finanziellen Partikularinteressen[476] nicht mit Klagen gegen einen Hauptversammlungsbeschluss sinnvolle *Related Party Transactions* verhindern.[477]

Zudem hätten die außenstehenden Aktionäre eine unverhältnismäßige Einflussmöglichkeit auf die Abstimmung über *Related Party Transactions*, wenn ein Mehrheitsaktionär, der am Geschäft mit nahe stehenden Parteien beteiligt ist, von der Abstimmung ausgeschlossen wäre.[478] So wäre es beispielsweise möglich, dass ein 99%-Mehrheitsaktionär mit der börsennotierten Gesellschaft eine

---

J. Schmidt, VGR, Gesellschaftsrecht in der Diskussion 2014, 25, 35; *Seibt*, BDI/FDB, S. 24; *Selzner*, ZIP 2015, 753, 758; *Tröger*, AG 2015, 53, 66 unter Hinweis auf das generelle Missbrauchspotential des Anfechtungsrechts; *J. Vetter*, in: Fleischer/Koch/Kropff/Lutter, 50 Jahre Aktienkonzernrecht, 231, 268; *ders*, ZHR 179 (2015), 273, 289; *Wiersch*, NZG 2014, 1131, 1136; *Klene*, Related Party Transactions, S. 221; so auch schon *Kalss*, ZHR 171 (2007), 146, 181 f.; *Roth*, ZHR 175 (2011), 605, 636.

474 *Bayer/Selentin*, NZG 2015, 7, 8; *Drygala*, AG 2013, 198, 205; *Enriques*, ECGI Law Working Paper Nr. 267/2014, S. 30; *Fleischer*, BB 2014, 2691, 2699; Gemeinsame Stellungnahme von BDA, BDI und DIHK, S. 19; *Hommelhoff*, KSzW 2014, 63, 67; *J. Schmidt*, VGR, Gesellschaftsrecht in der Diskussion 2014, 25, 35; *Seibt*, BDI/FDB, S. 24; *Selzner*, ZIP 2015, 753, 758; *Tröger*, AG 2015, 53, 66 unter Hinweis auf das generelle Missbrauchspotential des Anfechtungsrechts; *J. Vetter*, ZHR 179 (2015), 273, 289; *ders.*, in: Fleischer/Koch/Kropff/Lutter, 50 Jahre Aktienkonzernrecht, 231, 268; *Wiersch*, NZG 2014, 1131, 1136; *Klene*, Related Party Transactions, S. 221; so auch schon *Kalss*, ZHR 171 (2007), 146, 181 f.; *Roth*, ZHR 175 (2011), 605, 636.

475 Zu denken sei hier unter anderem an die aktivistischen Aktionäre bei der STADA AG; siehe hierzu die Frankfurter Allgemeine Zeitung vom 2. Mai 2016, Online-Ausgabe (abrufbar unter http://www.faz.net/aktuell/wirtschaft/unternehmen/der-arzneikonzern-stada-ist-im-visier-von-aktivisten-14212711.html).

476 *Seibt*, BDI/FBD, 2015, S. 24.

477 *Enriques*, ECGI Law Working Paper Nr. 267/2014, S. 34.; *Fleischer*, BB 2014, 2691, 2699; *Seibt*, DB 2014, 1910, 1915; *Wiersch*, NZG 2014, 1131, 1136; ferner bereits *Drygala*, AG 2013, 198, 210; *Hommelhoff*, KSzW 2014, 63, 67.

478 *Seibt*, DB 2014, 1910, 1915; *Tröger*, in: Fleischer/Hansen/Ringe, German and Nordic Perspectives on Company Law and Capital Markets Law, 157, 187.

für beide Gesellschaften sinnvolle Transaktion abschließt, die 1% (oder weniger) der Aktionäre zuerst genehmigen müsste – und durch Verweigerung der Zustimmung sogar komplett blockieren könnte.[479] Hierbei sind zwar *Related Party Transactions* vom Anwendungsbereich des Zustimmungserfordernisses bereits ausgeschlossen, die im ordentlichen Geschäftsgang und zu marktüblichen Konditionen abgeschlossen wurden. Die Blockadegefahr bezieht sich insoweit ohnehin ausschließlich auf wesentliche, marktunübliche *Related Party Transactions.* Die begrenzte Anzahl an Sachverhalten, in denen die Gefahr zum Tragen kommt, kann jedoch kein Argument für eine Übertragung des Zustimmungsvorbehalts auf die Hauptversammlung sein.

Auch hinsichtlich der Vertraulichkeit der geschlossenen Vereinbarungen entstehen Probleme, wenn sie den Aktionären offengelegt werden. Zwar kann die Hauptversammlung nur dann eine informierte Entscheidung treffen, wenn ihr gegenüber zumindest die Eckpunkte der Transaktion mit einer nahe stehenden Partei, wenn nicht sogar der gesamte Vertrag als solcher, offenliegen. *Related Party Transactions,* die wesentlicher Natur sind, werden wohl nicht zwingend Standard-Wirtschaftsgüter zum Inhalt haben. Vielmehr ist zu erwarten, dass es um wichtige Unternehmensteile, Beteiligungen und gewerbliche Schutzrechte geht. Die in den *Related Party Transactions* enthaltenen Informationen gegenüber der Hauptversammlung offenzulegen, hätte zur Folge, dass an sich geheimhaltungsbedürftige Informationen der Öffentlichkeit zugänglich gemacht würden. Berücksichtigt man, dass in Deutschland die Verflechtungen zwischen großen Banken, Versicherungen und Industrieunternehmen ganz wesentlich sind, stünde zu befürchten, dass diese Informationen an Konkurrenzunternehmen weitergegeben würden. Um daraus resultierende wirtschaftliche Nachteile zu verhindern, würden wohl sinnvolle *Related Party Transactions* unterbleiben.[480] Im Rahmen des Aufsichtsrats ließe sich diesen Bedenken hingegen ausreichend Rechnung tragen. Denn der Aufsichtsrat ist gegenüber jedermann – auch gegenüber den (Groß-)Aktionären – zur Wahrung der Vertraulichkeit verpflichtet.[481]

Unter dem Stichwort der Organadäquanz stellt sich zudem die Frage, ob der durchschnittliche Aktionär überhaupt in der Lage ist, teilweise sehr komplexe

479 Gemeinsame Stellungnahme von BDA, BDI und DIHK vom 31. Juli 2014, S. 18 f; *Hopt,* ECGI Law Working Paper Nr. 296/2015, S. 31; *U.H. Schneider,* EuZW 2014, 641, 642; *J. Vetter,* ZHR 179 (2015), 273, 306 f.; *Wiersch,* NZG 2014, 1131, 1136; *Klene,* Related Party Transactions, S. 222.

480 *Drygala,* AG 2013, 198, 209.

481 *Lutter/Krieger/Verse,* Rechte und Pflichten des Aufsichtsrats, Rn. 276.

unternehmerische Vorgänge sachgerecht zu bewerten.[482] Es ist insbesondere zweifelhaft, ob die Rechtsordnung den Aktionären eine informierte Entscheidung überantworten sollte, obwohl sie mit den geschäftlichen Verhältnissen der Gesellschaft nicht bis wenig vertraut sind. Um die Voraussetzungen für eine informierte Entscheidung der Aktionäre zu schaffen, bedürfte es umfangreicher Informationsmaßnahmen im Umfang der UK LR. Mit Blick auf das in Deutschland bestehende dualistische System erscheint dies unter ökonomischen Gesichtspunkten als nicht sinnvoll.[483] Diese Erkenntnis hatte auch schon den deutschen Gesetzgeber 1937 dazu bewogen, die Rechte der Hauptversammlung stark einzuschränken;[484] die damals getroffene Entscheidung hat bis heute nicht an Gültigkeit verloren.[485] Für ökonomisch komplizierte und unternehmensspezifische Entscheidungen sind (Minderheits-)Aktionäre auch deshalb weniger geeignet als der Aufsichtsrat, weil sie keinerlei Sorgfalts- und Treuepflichten unterliegen. Anders als der Aufsichtsrat müssen diese nicht befürchten, für ihre Entscheidungen zur Rechenschaft gezogen werden. In der Folge besteht zumindest die Gefahr, dass die Aktionäre sich nicht ausreichend mit den Folgen wesentlicher *Related Party Transactions* auseinandersetzen werden. Hinzu kommt, dass ihnen häufig die Kompetenz und regelmäßig die Zeit für eine intensive Abwägung der unterschiedlichen Argumente fehlt. Realistisch betrachtet müssten sich die Aktionäre letztlich entweder auf ein *„intelligent guessing"*[486] verlassen oder sich der Stimme enthalten. Im Ergebnis spricht deshalb vieles dafür, dass unternehmerische Entscheidungen, die nicht die Gesamtheit der Aktionäre als Souverän betrifft, nur Gremien treffen sollten, deren Mitglieder den Interessen der Gesellschaft verpflichtet sind und die bei Verletzung ihrer Treue- und Sorgfaltspflichten gegenüber der Gesellschaft haften.[487] Abgesehen vom Vorstand ist dies

482 *Drygala,* AG 2013, 198, 209; *Enriques,* ECGI Law Working Paper Nr. 267/2014, S. 32; *Fleischer,* BB 2014, 2691, 2699; *Selzner,* ZIP 2015, 753, 758; *Temming,* RdA 2015, 280, 283; *Tarde,* Related Party Transactions, S. 216 f.; zu der fehlenden Anreizsituation aufgrund möglichen Trittbrettfahrertums von Konkurrenten betrifft insbesondere institutionelle Anleger, hierzu ausf. *Fleischer,* ZGR 2011, 155, 164 f.

483 *Tarde,* Related Party Transactions, S. 217.

484 Vgl. BGH, Urteil vom 26. April 2004, BGHZ 159, 30, 43 f. – *Gelatine*; *Spindler,* in: MüKo-AktG, Vor § 76 Rn. 14 f.; *Kropff,* AktG 1965, S. 15.

485 Vgl. hierzu BGH, Urteil vom 26. April 2016, NJW 2016, 2569, 2571 Rn 35; BGH, Urteil vom 26. April 2004, BGHZ 159, 30, 44 – *Gelatine*; *Spindler,* in: MüKo-AktG, Vor § 76 Rn. 14 f.

486 *Seibt,* Der Betrieb 2014, 1910, 1915.

487 *J. Vetter,* in: Fleischer/Koch/Kropff/Lutter, 50 Jahre Aktienkonzernrecht, 231, 268.

bei dualistisch geführten Unternehmen ausschließlich beim Aufsichtsrat der Fall. Auch ist der Aufsichtsrat gehalten, sich stets umfassend über die Vorhaben und Geschehnisse des Vorstands zu informieren. Nur so kann er überprüfen, ob der Vorstand rechtmäßig, ordnungsmäßig, wirtschaftlich und zweckmäßig handelt. Von dieser Informationspflicht wären auch die *Related Party Transactions* erfasst. Das bei Aktionären zu befürchtende *intelligent guessing* wäre damit verhindert.

Für eine Zustimmungskompetenz des Aufsichtsrats spricht zudem, dass nur sie den Grundprinzipien des deutschen Aktienrechts in angemessener Weise Rechnung trägt.[488] Wäre die Hauptversammlung zuständig, wäre das aktienrechtliche Kompetenzgefüge durchbrochen, wonach die Hauptversammlung grundsätzlich nicht für Angelegenheiten der Geschäftsführung zuständig ist. Bei der Kompetenzverteilung handelt es sich jedoch um eines der Wesensmerkmale des deutschen Aktienrechts seit seiner Reform im Jahre 1937.[489] Damals verschob der Gesetzgeber das Machtzentrum von der damaligen Generalversammlung auf den Vorstand.[490] War bis dahin die Generalversammlung allzuständig und dem Vorstand gegenüber sogar weisungsbefugt, so tarierte das AktG 1937 die Machtverhältnisse zwischen diesen beiden Organen neu aus. Für die laufende Geschäftsführung ist seit der Reform aus dem Jahre 1937 der Vorstand zuständig; die Hauptversammlung kann darüber nur entscheiden, wenn der Vorstand es verlangt.[491] Es scheint nicht geboten, an diesem Grundsatz etwas zu ändern. Auf eine Zustimmungskompetenz der Hauptversammlung zu setzen, würde zudem die in den vergangenen Jahren zu beobachtende Tendenz zurückdrehen, der Hauptversammlung Kompetenzen sogar eher zu entziehen.[492]

---

488 *Kort,* in: GK-AktG, Vor § 76 AktG Rn. 77; *Bayer/Selentin,* NZG 2015, 7, 8; *Bremer,* NZG 2014, 515, 515 spricht sogar von einer faktischen Entmachtung; *Bungert/de Raet,* Der Konzern 2015, 289, 296; *Drygala,* AG 2013, 198, 206; *Fleischer,* BB 2014, 2691, 2699; *Seibt,* BDA/FDB, S. 15 ff.; *ders.,* DB 2014, 1910, 1914, *ders.,* Börsen-Zeitung v. 28. Juni 2014, S. 9; *Spindler/Seidel,* AG 2017, 169, 170; wohl auch *Zetsche,* NZG 2014, 1121, 1126; *Hommelhoff,* KSzW 2014, 63, 66 f.; daher für eine Prüfung durch den Aufsichtsrat statt der Hauptversammlung *J. Vetter,* in: Fleischer/Koch/Kropff/Lutter, 50 Jahre Aktienkonzernrecht, 231, 268; *Fleischer,* BB 2014, 2691, 2699 f.; *Selzner,* ZIP 2015, 753, 758; *Temming,* RdA 2015, 280, 283; *Wiersch,* NZG 2014, 1131, 1137.

489 RGBl. 1937, 107.

490 *Bayer/Engelke,* in: Bayer/Habersack, Aktienrecht im Wandel, Bd. 1, Kap. 15 Rn. 79.

491 Vgl. §§ 70, 103 AktG 1937.

492 BGH, Urteil vom 23. Juni 1997, BGHZ 136, 133 ff. – *Siemens/Nold*; BGH, Urteil vom 26. April 2004, BGHZ 159, 30 ff. – *Gelatine.*

Ferner steht nicht zu befürchten, dass sich die Funktionen Geschäftsführung und Kontrolle vermischen. Der Aufsichtsrat ist lediglich in der Lage, beabsichtigte *Related Party Transactions* durch den Vorstand zu verhindern (Vetorecht).[493] Die Entscheidung hinsichtlich der *Related Party Transaction* verbleibt jedoch beim Vorstand. Verbindliche Vorschriften über die Leitung der Aktiengesellschaft kann er dem Vorstand aber nicht machen; er muss die zustimmungsbedürftigen Maßnahmen in der Form akzeptieren oder ablehnen, wie der Vorstand sie ihm präsentiert.[494] Selbst nachdem der Aufsichtsrat einer *Related Party Transactions* zugestimmt hat, ist der Vorstand weiterhin dazu berechtigt, davon abzusehen, die betreffende Maßnahme durchzuführen.[495] Der Vorstand bleibt insoweit das Aktions- und Initiativzentrum des Unternehmens.[496] Im Ergebnis macht eine Befugnis des Aufsichtsrats, bestimmte Geschäfte lediglich zu billigen, ihn nicht zum gleichberechtigten Geschäftsführungsorgan der Aktiengesellschaft.[497]

Im Ergebnis ist davon auszugehen, dass der deutsche Gesetzgeber die Zustimmungskompetenz für wesentliche *Related Party Transactions* nach Art. 9c Abs. 4 AktR-RL 2017 ausschließlich auf den Aufsichtsrat überträgt.

2. *Unabhängigkeit des Aufsichtsrats*

Die Entscheidung, dem Aufsichtsrat die Zustimmungskompetenz zu übertragen, ist jedoch nicht frei von Konflikten. Nach Art. 9c Abs. 4 UAbs. 1 AktR-RL 2017 müssen die Mitgliedstaaten verhindern, dass der Mehrheitsaktionär im Rahmen der Zustimmung seine Begehren durchsetzen kann. Das Bestreben in die Tat umzusetzen, stellt den Gesetzgeber vor Herausforderungen.

Zum Teil wird vertreten, dass es normativ konsistent wäre, ein Stimmverbot auch für konfliktbelastete Aufsichtsratsmitglieder (insbesondere Vorstände des nahe stehenden Unternehmens, die auch im Aufsichtsrat des börsennotierten Unternehmens sitzen) oder vom nahe stehenden Unternehmen entsandte

493 Ebenso *Habersack*, in: MüKo-AktG, § 111 Rn. 127; *Koch*, in: Hüffer/Koch, AktG, § 111 Rn. 18; *Lutter/Krieger/Verse*, Aufsichtsrat, Rn. 103; *Berrar*, DB 2001, 2181, 2182; *Schulze-Osterloh*, ZIP 1998, 2129, 2130; *Lieder*, Aufsichtsrat, S. 845; *Matthießen*, Stimmrecht, S. 304.

494 *Henze*, BB 2005, 156, 166.

495 Vgl. *Habersack*, in: MüKo-AktG, § 111 Rn. 129; *Mertens*, in: KK-AktG, § 111 Rn. 88; *Lieder*, Aufsichtsrat, S. 845; *Schönberger*, Zustimmungsvorbehalt, S. 219.

496 *Lieder*, Aufsichtsrat, S. 845.

497 *Hoffmann-Becking*, in: MHdB AG, § 29 Rn. 37; *Kort*, in: GK-AktG, Vor § 76 Rn. 12; *Mertens*, in: KK-AktG, § 111 Rn. 25; *Lieder*, Aufsichtsrat, S. 845 f.

Aufsichtsratsmitglieder vorzusehen.[498] Insoweit entstünden jedoch mitunter Probleme hinsichtlich der Unternehmensmitbestimmung, denn es könnte eine Präpondanz der Arbeitnehmerbank entstehen.[499] Geht man davon aus, dass die Arbeitnehmervertreter im Aufsichtsrat als unabhängig anzusehen sind und der herrschende Aktionär zumindest Teile der Anteilseignerbank mit seinen Leuten füllt[500] – die dann einem Stimmverbot unterliegen – wäre im paritätisch mitbestimmten Aufsichtsrat keine eigenständige Anteilseignermehrheit bei der Zustimmung zu einer *Related Party Transactions* mehr vorstellbar.[501] Zwar sind auch die Arbeitnehmervertreter allein auf das Gesellschaftsinteresse verpflichtet.[502] Ziel der Arbeitnehmermitbestimmung ist es jedoch auch, über die Einsetzung von Arbeitnehmervertretern eine hinreichende Berücksichtigung der im Gesellschaftsinteresse enthaltenen Arbeitnehmerbelange zu gewährleisten.[503] Auch neigen sie teilweise dazu, bei Entscheidungen, die keine Arbeitnehmerbelange berühren, keine Konfrontation mit der Mehrheit der Anteilseignervertreter zu riskieren.[504] Es stünde deshalb zu befürchten, dass die Arbeitnehmervertreter keinen angemessenen Gegenpol zu den abhängigen Aufsichtsratsmitgliedern bilden.

Auch das vom Unionsgesetzgeber vorgeschlagene qualifizierte Mehrheitserfordernis[505] vermag dieses Problem nicht zu lösen. Ein solch qualifiziertes Mehrheitserfordernis wäre nur durch außerordentlich hohe Mehrheitsschwellen oder eine hohe Anzahl unabhängiger Mitglieder erreichbar. Setzt man z.B.

---

498 *Mülbert,* ZHR 179 (2015), 645, 657; *Spindler/Seidel,* AG 2017, 169, 173.

499 *Spindler/Seidel,* AG 2017, 169, 172; zur Frage, ob Arbeitnehmervertreter im Allgemeinen unabhängig sind, vgl. *Habersack,* ZHR 2004, 373, 376 f.; *Hommelhoff,* in: Habersack/Behme/Eidenmüller u.a., Deutsche Mitbestimmung unter europäischem Reformzwang, 6, 17 f.; *Langenbucher,* ZGR 2007, 571, 592 ff.; *Lieder,* NZG 2005, 569, 574.

500 Ziff. 5.4.2 S. 1 DCGK schreibt lediglich eine angemessene Anzahl unabhängiger Aufsichtsratsmitglieder vor, was nicht im Sinne einer Mehrheit Unabhängiger zu verstehen ist.

501 *Fleischer,* in: Fleischer/Koch/Kropff/Lutter, 50 Jahre AktG, 213, 269; *Hommelhoff,* in: Habersack/Behme/Eidenmüller, Deutsche Mitbestimmung unter europäischem Reformzwang, S. 6, 10; *Bungert/de Raet,* Der Konzern 2015, 289, 296; *Spindler/Seidel,* AG 2017, 169, 174; *J. Vetter,* ZHR 179 (2015), 273, 308 f.

502 *Habersack,* in: MüKo-AktG, § 116 Rn. 11; *Koch,* in: Hüffer/Koch, AktG, § 116 Rn. 2.

503 *Habersack,* in: MüKo-AktG, Vorb. §§ 95 ff. Rn. 12; *Wißmann,* in: Wißmann/Kleinsorge/Schubert, Mitbestimmungsrecht, Vorb. MitbestG Rn. 1.

504 So *J. Vetter,* ZHR 179 (2015), 273, 308 f.

505 ErwG 43 AktR-RL 2017.

eine qualifizierte Mehrheit der Aufsichtsratsstimmen von 75% fest, müssten bei einem zwölfköpfigen Gremium sieben der Aufsichtsratsmitglieder von der nahe stehenden Partei unabhängig sein, um eine *Related Party Transaction* ablehnen zu können. Da die Arbeitgebervertreter als von der nahe stehenden Partei unabhängig anzusehen sind, würden diese in einer paritätisch mitbestimmten Gesellschaft faktisch über diese Transaktion entscheiden.[506]

Denkbar wäre es daher, den Aufsichtsrat nur noch mit unabhängigen Aufsichtsratsmitgliedern zu besetzen.[507] Insbesondere mit Blick auf die Eigentumsfreiheit nach Art. 14 GG wird sich diese Vorgabe gleichwohl kaum rechtfertigen lassen.[508] Zwar könnte das Vorschlagsrecht des einzelnen Aktionärs beibehalten werden. Es wären damit jedoch drastische Einschnitte in die Privatautonomie der Gesellschaft verbunden, wenn die Aktionäre nicht mehr ihren Wunschkandidaten vorschlagen könnten. Zudem besteht das Unbehagen, gleichsam durch die Hintertür eine Extremlösung erzwungen zu haben, die keine Rücksicht auf eine ausbalancierte Mischung im Aufsichtsrat nimmt.[509]

Die überwiegende Literatur befürwortet daher zu Recht einen Mittelweg, indem sie die Zustimmung zu *Related Party Transactions* einem eigens dafür einzurichtenden Aufsichtsratsausschuss übertragen will. Die Vertreter dieser Ansicht tragen vor, dass sich im Rahmen eines Ausschusses sicherstellen ließe, dass die Entscheidungsträger gegenüber der nahe stehenden Partei unabhängig sind.[510] Gleichzeitig könnte das Vorschlagsrecht der Aktionäre gewahrt werden. *Tröger* tritt diesem Vorschlag gleichwohl mit dem Hinweis entgegen, dass die Ratsentwürfe nicht vorsähen, dass ein Ausschuss des Aufsichtsrats für die Zustimmung zuständig sein kann. Sie seien vielmehr so zu lesen, dass zwingend das Plenum handeln müsse.[511]

Dem Einwand ist insofern zuzustimmen, dass sich Art. 9c Abs. 4 AktR-RL im Gegensatz zu Art. 9c Abs. 3 lit. a) AktR-RL 2017 nicht ausdrücklich zu einem Ausschuss äußert. Damit ist der Vorschlag aber noch nicht vom Tisch. Denn

---

506 Zu Recht daher *Tarde*, Related Party Transactions, S. 219.

507 So etwa *Bayer/Selentin*, NZG 2015, 7, 12; *J. Vetter*, ZHR 179 (2015), 273, 308 f.

508 *Spindler/Seidel*, AG 2017, 169, 174.

509 Auf die Bedeutung des richtigen „Aufsichtsrats-Mix" hat schon *Lutter*, EuZW 2009, 799, 802 hingewiesen. Empirische Bestätigung zum Beispiel bei *Anderson/Reeb*, 49 Admin. Sci. Q, 209 ff. (2004).

510 *Bungert/de Raet*, Der Konzern 2015, 289, 296; *Habersack*, AG 2016, 691, 696; *Spindler/Seidel*, AG 2017, 169, 177 f.; *Temming*, RdA 2015, 280, 284; *J. Vetter*, ZHR 179 (2015), 273, 308 f.; *ders.*, in: Fleischer/Koch/Kropff/Lutter, 50 Jahre AktG, 231, 269

511 *Temming*, RdA 2015, 280, 284; *Tröger*, AG 2015, 53, 70.

die Aktionärsrechterichtlinie folgt – wie Art. 3 AktR-RL 2007 zu entnehmen ist – dem Grundsatz der Mindestharmonisierung. Sie will also lediglich einen Mindestschutz gewährleisten. Die Mitgliedstaaten können deshalb Regelungen vorsehen, die über die Richtlinie hinausgehen; ihre Gesetzgebungskompetenz hat der Unionsgesetzgeber insoweit nicht verdrängt. Da es sich bei einem Ausschuss um eine organisationsrechtliche Untergliederung des Aufsichtsrats handelt, dem eine lediglich unterstützende Funktion zukommt, steht Art. 9c Abs. 4 AktR-RL 2017 nicht dabei im Weg, die Zuständigkeit auf den Ausschuss zu erstrecken. Auch der Sinn und Zweck der AktR-RL 2017 wäre nicht konterkariert. Denn mit einer Übertragung auf einen Aufsichtsratsausschuss ist sichergestellt, dass einerseits eine nahe stehende Partei ihre Position nicht ausnutzen kann und andererseits ein angemessener Schutz der Interessen des börsennotierten Unternehmens und der außenstehenden Aktionäre gewährleistet ist. Den Anforderungen des Art. 9c Abs. Abs. 4 UAbs. 4 AktR-RL 2017 würde damit entsprochen.

Des Weiteren hätte die Übertragung auf einen Ausschuss den Vorteil, dass die Ausschussmitglieder sich dann mit den Besonderheiten der Geschäftsbeziehungen zwischen dem börsennotierten Unternehmen und seinen diversen nahe stehenden Unternehmen auskennt, die wirtschaftlichen Auswirkungen der *Related Party Transactions* auf das börsennotierte Unternehmen und dessen außenstehenden Aktionäre einschätzen kann und aufgrund des übersichtlicheren Entscheidungsgremiums in der Lage ist, schnell Entscheidungen zu treffen. Dafür sprechen auch die EU-Empfehlungen zum Aufsichtsrat, welche die Bildung von Ausschüssen vorsehen und befürworten.[512] Da nach Art. 39 Abs. 1 UAbs. 2 APRL mindestens ein Mitglied des Prüfungsausschusses und damit des Aufsichtsrats, über Sachverstand im Bereich der Rechnungslegung und/oder der Abschlussprüfung verfügen muss, wäre auch die erforderliche Expertise für die Begutachtung der *Related Party Transaction* gewährleistet. Es wäre lediglich sicherzustellen, dass dieses Mitglied dann aber auch im *Related Party Transaction*-Ausschuss sitzt.

Da bei kleineren Aktiengesellschaften die Anzahl der Aufsichtsratsmitglieder jedoch nicht notwendigerweise die Mindestanzahl von drei Mitgliedern überschreiten wird, wäre ein extra eingerichteter Ausschuss, der tatsächlich aus denselben Mitgliedern bestünde wie der Aufsichtsrat an sich, sinnlos. Es sollte daher den Unternehmen überlassen werden, ob sie spezielle *Related Party*

512 Ziff. 5 Satz 2, Ziff. 6.1 Kommissionsempfehlung 2005.

Transactions-Ausschüsse einrichten.[513] Dies ist im deutschen Recht auch unproblematisch, da Aufsichtsratsausschüsse keine eigenständigen Organe sind, sondern der Aufsichtsratsausschuss lediglich eine besondere Stelle des Aufsichtsrats sind.[514] Die Organzugehörigkeit des Aufsichtsrats wird insoweit gewahrt.

Es müsste gleichwohl sichergestellt werden, dass die Stimmmacht der unabhängigen Aufsichtsratsmitglieder auch im Ausschuss gewahrt wird. Bei mitbestimmten Gesellschaften könnte diese Voraussetzung gewahrt werden, indem der Ausschuss sich aus einem Repräsentanten des Mehrheitsaktionärs, einem unabhängigen Aufsichtsratsmitglied der Anteilseignerbank und einem Arbeitnehmervertreter zusammensetzt. In mitbestimmungsfreien Gesellschaften müsste der Aufsichtsrat mit mindestens zwei unabhängigen Mitgliedern besetzt werden. Zu Recht weist *Tarde* insoweit darauf hin, dass „die neue Regelung [...] die Bestellung unabhängiger Aufsichtsratsmitglieder in börsennotierten Gesellschaften“[515] zur Folge hätte. Mit Blick auf die bereits in Ziff. 5.4.2 Satz 1 DCGK geforderte „angemessene Anzahl unabhängiger Mitglieder“ würde damit eine gesetzliche Grundlage geschaffen, die diesen „best practice“-Ansatz zumindest faktisch fördert.[516]

Im Ergebnis sprechen daher gute Gründe für eine optionale Übertragung auf einen Ausschuss.

3. *Zustimmungsermessen*

Überträgt man dem Aufsichtsrat die Kompetenz, *Related Party Transactions* zu versagen oder diesen zuzustimmen, trifft er eigenverantwortlich eine unternehmerische Entscheidung. Mithilfe seines Vetorechts kann er das Ergebnis auch gegenüber dem Vorstand durchsetzen. Da unternehmerisches Handeln jedoch zwangsläufig mit einer wertenden Einschätzung verbunden ist, wird der Aufsichtsrat nach eigenem pflichtgemäßem Ermessen darüber zu entscheiden haben, ob er die Zustimmung erteilt oder versagt. Als Maßstab dienen im deutschen Recht §§ 116 Satz 1, 92 Abs. 1 Satz 1 AktG. Der Aufsichtsrat muss das

---

513 So auch DAI, Stellungnahme zur Umsetzung der geänderten EU-Aktionärsrechterichtlinie, S. 50; *Tarde,* Related Party Transactions, S. 219; strenger *Spindler/Seidel,* AG 2017, 169, 173, 174 ff., die einen zwingenden Ausschuss fordern; a.A. *Veil,* NZG 2017, 521, 527.

514 *Hopt/Roth,* in: GK-AktG, § 107 Rn. 240; *Semler,* AG 1988, 60, 64; *Tarde,* Related Party Transactions, S. 220.

515 *Tarde,* Related Party Transactions, S. 220.

516 Vgl. hierzu *Tarde,* Related Party Transactions, S. 220.

genehmigungspflichtige Geschäft also mit der Sorgfalt eines ordentlichen und gewissenhaften Kontrollorgans überprüfen.[517] Ebenso wie der Vorstand ist er dabei dem Ziel verpflichtet, das Vermögen der Gesellschaft zu mehren und sie vor Schaden zu bewahren.[518]

Da es sich bei der Zustimmung um ein Mittel präventiver Überwachung handelt, beurteilt der Aufsichtsrat ein zustimmungspflichtiges Geschäft anhand der Maßstäbe allgemeiner Überwachung, d.h. Rechtmäßigkeit, Ordnungsmäßigkeit, Wirtschaftlichkeit und Zweckmäßigkeit, und legt sie seiner Entscheidung zugrunde.[519]

4. Zustimmung durch die Hauptversammlung

Darüber hinaus erscheint es sinnvoll, neben der Zustimmung des Aufsichtsrats den Aktionären die Möglichkeit einzuräumen, die Hauptversammlung trotz Entscheidung des Aufsichtsrats einzuberufen und eine Entscheidung durch die Hauptversammlung herbeizuführen. Der zum Teil geäußerten Befürchtung, es würde damit ein weiteres Überwachungsverfahren implementiert, das die Zustimmungspflicht des Aufsichtsrats obsolet machen und die Entscheidung des Gesetzgebers, den Aufsichtsrat in die Verantwortung für *Related Party Transactions* zu nehmen, zuwiderlaufen würde, könnte auf diesem Wege entgegengetreten werden.[520] Denn räumt man den Aktionären das Recht, die Hauptversammlung trotz Entscheidung des Aufsichtsrats erneut anzurufen und eine Entscheidung durch die Hauptversammlung herbeizuführen, ist dies mehr ein Ausfluss des Mitgliedschaftsrechts als ein weiteres Überwachungsverfahren. Zumal die Einberufung und Entscheidung der Hauptversammlung nicht zwingend, sondern nur abhängig vom Willen der Aktionäre ist.

Auch kann nur so den Interessen des Mehrheitsaktionärs in angemessener Weise Rechnung getragen werden. Der Ausschluss der Mehrheitsaktionäre von der Abstimmung über die *Related Party Transactions* bedeutet einen tiefgreifenden Eingriff in seine Rechte. Dies gilt insbesondere dann, wenn sein

---

517 Vgl. zum Sorgfaltsmaßstab bei einzelnen zustimmungspflichtigen Geschäften nach § 111 Abs. 4 Satz 2 AktG: *Habersack,* in: MüKo-AktG, § 111 Rn. 127 f.; *Hopt/Roth,* in: GK-AktG, § 111 Rn. 149; *Rodewig,* in: Semler/Schenk, AHdB AR, § 8 Rn. 43 ff.

518 *Habersack,* in: MüKo-AktG, § 111 Rn. 128.

519 *Habersack,* in: MüKo-AktG, § 111 Rn. 127 f.; *Mertens/Cahn,* in: KK-AktG, § 111 Rn. 111; vgl. hierzu auch die Ausführungen unter Kap. 4.A.I.2.

520 So aber DAI, Stellungnahme zur Umsetzung der geänderten EU-Aktionärsrechterichtlinie, S. 52.

Entsendungsrecht mit Füßen getreten wird und die von ihm entsandten Aufsichtsratsmitglieder bei *Related Party Transactions*-Zustimmungsentscheidungen einem Stimmverbot unterliegen. Die Beschneidung dieses elementaren Rechts lässt sich nur dadurch ausgleichen, indem ihm die Möglichkeit zugestanden wird, im Rahmen der Hauptversammlung etwaig bestehenden Bedenken entgegenzutreten bzw. diese zu zerstreuen und die Entscheidung des Aufsichtsrats noch einmal durch die Hauptversammlung überprüfen zu lassen. Dabei steht gerade nicht zu befürchten, dass die nahe stehende Partei sich im Rahmen der Hauptversammlung gegen den Willen der außenstehenden Aktionäre durchsetzt. Zwar kann diese die Hauptversammlung einberufen, von der Beschlussfassung ist sie gem. Art. 9c Abs. 4 UAbs. 4 AktR-RL 2017 jedoch ausgeschlossen.

VII. Zusammenfassung

Die Zustimmungskompetenz sollte dem Aufsichtsrat übertragen werden. Das Stimmverbot ist dabei weit zu verstehen. Maßgeblich ist die Gefahr einer Aktionärsbenachteiligung. Insoweit unterliegt jede unmittelbar oder mittelbar an der *Related Party Transaction* beteiligte nahe stehende Partei einem Stimmverbot. Beim Verwaltungs-/Aufsichtsrat ist dies der Fall, wenn die nahe stehende Partei selbst oder ein Geschäftsführungsorgan der nahe stehenden Partei im Verwaltungs-/Aufsichtsrat sitzt. Gleiches gilt, wenn das Mitglied des Verwaltungs-/Aufsichtsrat wirtschaftlich identisch ist mit der nahe stehenden Partei. Der Aufsichtsrat muss das genehmigungspflichtige Geschäft mit der Sorgfalt eines ordentlichen und gewissenhaften Kontrollorgans überprüfen.

Den Aktionären sollte die Möglichkeit eingeräumt werden, die Hauptversammlung einzuberufen und über die in Rede stehende *Related Party Transaction* abzustimmen. Das Recht zur Einberufung der Hauptversammlung ist dabei allen Aktionären zuzugestehen. Im Rahmen der Beschlussfassung kommen die Stimmverbote des Art. 9c Abs. 4 UAbs. 3 AktR-RL 2017 zum Tragen.

E. Rechtsfolgen

Nach Art. 14 b AktR-RL 2017 müssen die Mitgliedstaaten Verstöße gegen die nationalen Vorschriften, die sie aufgrund der Richtlinie erlassen haben, sanktionieren. Ferner sollen sie alle erforderlichen Maßnahmen ergreifen, um sicherzustellen, dass die Regelungen tatsächlich Anwendung finden. Insbesondere Letzteres lässt darauf schließen, dass es auch den Mitgliedstaaten obliegt, die Rechtsfolgen bei unrechtmäßig zustande gekommenen *Related Party*

Transactions, mithin bei fehlender Zustimmung der Hauptversammlung bzw. dem Verwaltungs-/Aufsichtsrats, festzulegen.

Mangels weiterer Vorgaben des Art. 9c Abs. 4 Akt-RL 2017, steht es den Mitgliedstaaten dabei frei, die Mehrheitserfordernisse selbst festzulegen.[521] Bei der Hauptversammlung kann es jedoch nur auf die Mehrheit der Aktionäre ankommen, die bei Beschlussfassung stimmberechtigt sind.[522] Maßgeblich kann insoweit nicht die mehrheitliche Entscheidung des bei der Beschlussfassung vertretenen Grundkapitals sein. Die AktR-RL 2017 folgt insoweit dem Konzept der sog. „*Majority of the Minority*"[523]. Gleiches gilt für den Verwaltungs-/Aufsichtsrat. Auch hier können nur die Stimmen der Aufsichtsratsmitglieder berücksichtigt werden, denen nicht die latente Gefahr eines Interessenkonflikts innewohnt.

Denkbar wäre etwa, dass bei fehlender Zustimmung zu *Related Party Transaction* diese als nicht wirksam zustande gekommen anzusehen sind.[524] Für ein solch restriktives Verständnis spricht, dass so dem gesetzgeberischen Willen, das börsennotierte Unternehmen und die außenstehenden Aktionäre vor nachteiligen Vermögensverschiebungen zu wahren, sichergestellt würde. So heißt es in Erwägungsgrund 42 AktR-RL 2017, dass die Vorschriften zu *Related Party Transactions* Aktionäre davor schützen, dass nahestehende Personen sich Unternehmenswerte aneignen.[525] Der Schutz ist aber nur dann effektiv zu gewährleisten, wenn es von der Zustimmung des Kontrollorgans abhängt, ob die Transaktion wirksam ist. Aufgrund der Unwirksamkeit der Verträge bestünde für die Gesellschaft ferner die Möglichkeit, bereits erfolgte Vermögensverschiebungen wieder rückabzuwickeln bzw. Schadensersatzansprüche gegen das nahe stehende Unternehmen geltend zu machen. Auch ist zu erwarten, dass auf diese Weise missbräuchliches Verhalten der Geschäftsführungsorgane (wenn auch auf Druck des nahe stehenden Unternehmens) verhindert werden könnte. Denn die Nichteinholung der Zustimmung wäre dann ein pflichtwidriges Verhalten der Geschäftsführungsorgane. Das börsennotierte Unternehmen und dessen außenstehenden Aktionäre könnten aus diesem Grund Schadensersatzansprüche gegenüber dem Geschäftsführungsorgan geltend machen.

---

521 Dies unter Berücksichtigung der avisierten Harmonisierung der Behandlung von *Related Party Transactions* zu recht fordernd: Gemeinsame Stellungnahme von BDA, BDI und DIHK vom 31. Juli 2015, S. 19.

522 Vgl. hierzu die Ausführungen unter Kap. 3.D.I.

523 *Seibt,* BDI/FBD, S. 15; *Zetsche,* NZG 2014, 1121, 1127.

524 So bereits *Drygala,* AG 2013, 198, 209.

525 Kommissionsvorschlag, S. 10.

Gegen die weitreichenden Rechtsfolgen der Unwirksamkeit spricht jedoch der Wortlaut des Erwägungsgrunds 42 AktR-RL 2017, wonach das Unternehmen die Transaktion erst dann tätigen „sollte" und eben nicht „kann", wenn die Aktionäre ihr zugestimmt haben.[526] Die Verwendung des Konjunktivs zeigt, dass die Durchführung der *Related Party Transaction* nicht von der Zustimmung abhängen soll. Gegen eine solche Annahme spricht auch, dass damit gewissermaßen ein Vertretungsverbot der Geschäftsleitung einherginge. So wäre das Geschäftsführungsorgan nur dann zur Geschäftsleitung befähigt, wenn es für *Related Party Transactions* die Zustimmung einholt. Die Kompetenzen des Geschäftsführungsorgans können jedoch nicht allein durch den Abschluss von *Related Party Transactions* faktisch beschnitten werden. Weiter stehen das Gebot der Verhältnismäßigkeit (Art. 5 Abs. 4 EUV) und insbesondere auch der Gedanke des Verkehrsschutzes einer solchen Annahme entgegen.[527] Die Unwirksamkeitsfolge ist darüber hinaus auch gar nicht notwendig. So stehen der Gesellschaft und den außenstehenden Aktionäre Schadensersatz- und schuldrechtliche Rückabwicklungsansprüche zu, die sie vor den finanziellen Nachteilen, die aufgrund von *Related Party Transactions* im vorgenannten Sinne ergangen sind, in angemessener Weise schützen.[528]

Im Ergebnis sprechen die besseren Argumente dafür, dass eine *Related Party Transaction*, der das zuständige Organ nicht zugestimmt hat, wirksam ist. Vielmehr wirkt sich die Versagung der Zustimmung ausschließlich im Innenverhältnis aus.

F. Zusammenfassung

Der Unionsgesetzgeber ist den modernen Anforderungen der internationalen Kapitalmärkte gefolgt und hat für börsennotierte Unternehmen ein europaweites Schutzsystem in Bezug auf *Related Party Transactions* eingeführt, das die bereits bestehenden Einzelinstrumente durch Verfahrens- und Transparenzanforderungen ergänzt und flankiert. Eine der wesentlichen Aufgaben des deutschen Gesetzgebers wird es sein, den Anwendungsbereich rechtssicher und anhand einfach bestimmbarer Kriterien zu normieren.

---

526 *J. Vetter*, ZHR 179 (2015), 273, 289.

527 *J. Vetter*, ZHR 179 (2015), 273, 289.

528 DAI, Stellungnahme zur Umsetzung der geänderten EU-Aktionärsrechterichtlinie, S. 59; *Seibt*, BDI/FDB, S. 16; *J. Vetter*, ZHR 179 (2015), 273, 289; umfassend hierzu *Seidel*, AG 2018, 423, 428 f.

Für die Definition des „nahe stehenden Unternehmen“ ist auf IAS 24 zurückzugreifen. Als eine *Related Party Transaction* sind alle tatsächlichen und rechtlichen Maßnahmen zu sehen, die zwischen einem solch nahe stehenden Unternehmen und dem börsennotierten Unternehmen stattfinden. Das börsennotierte Unternehmen muss dabei aber unmittelbar in die Transaktion eingebunden sein. Unerheblich ist hingegen, ob die *Related Party Transaction* unentgeltlich oder entgeltlich erfolgt; sie muss vielmehr für das börsennotierte Unternehmen und dessen außenstehenden Aktionäre unmittelbar wirtschaftlich nachteilige Auswirkungen haben. Organschaftliche Verträge wie Beherrschungs- und Gewinnabführungsverträge oder Beschlüsse über die Einräumung satzungsmäßiger Sonderrechte sind hingegen nicht unter den Transaktionsbegriff i.S.v. Art. 9c AktR-RL 2017 zu fassen.

Von der Regel-Ausnahme sollte der nationale Gesetzgeber keinen Gebrauch machen und nur solche *Related Party Transactions* dem Anwendungsbereich unterwerfen, die nach Art, Inhalt, Zweck oder Umfang und Risiko in Bezug auf das konkrete Unternehmen als ungewöhnlich und marktunüblich anzusehen sind, mithin einem Drittvergleich nicht standhalten. Nur so kann verhindert werden, dass das unionsrechtlich vorgesehene Regelwerk die Wirtschaftlichkeit der börsennotierten Unternehmen zu stark hemmt.

Die Wesentlichkeit der *Related Party Transactions* hängt davon ab, wie weit ihre negativen Auswirkungen auf das Eigenkapital des börsennotierten Unternehmens von den Auswirkungen einer zu marktüblichen Konditionen abgeschlossenen Transaktion abweichen. Beträgt die Abweichung über ein 1% ist die *Related Party Transaction* so wesentlich, dass sie bekanntzumachen ist; beträgt die Abweichung 10% unterliegt die Transaktion einem Zustimmungsvorbehalt. Entscheiden sich die Mitglieder für ein zwingend zu erstellendes Bewertungsgutachten, so sollte ein solches nur dann zu erstellen sein, wenn die *Related Party Transaction* einem Zustimmungsvorbehalt unterliegt. Lediglich dann wird das Bewertungsgutachten seinem Sinn und Zweck umfassend gerecht. Vom Anwendungsbereich des Art. 9c AktR-RL 2017 können die Mitgliedstaaten u.a. Konzernsachverhalte ausnehmen.

Die Bekanntmachungspflicht nach Art. 9c Abs. 2 AktR-RL 2017 fügt sich stimmig in die bereits bestehenden Offenlegungsregelungen nach IAS 24 und Art. 17 Abs. 1 lit. r) BilRL ein und ergänzt diese in sinnvoller Weise. Die Bekanntmachung der *Related Party Transactions* hält die Geschäftsleitung zu einem ordnungsgemäßen Verhalten an und kann so nachteilige Transaktionen bereits frühzeitig verhindern. Um diesen Charaktereigenschaften gerecht zu werden, hat die Bekanntmachung darzulegen, ob es sich in dem konkreten Einzelfall um ein beherrschendes bzw. maßgebliches Beteiligungsverhältnis zwischen der nahe stehenden Partei und dem börsennotierten Unternehmen handelt. Dem beizufügen sind Ausführungen zur Gegenleistung nebst sämtlicher im Zusammenhang mit der *Related Party Transaction* vereinbarten Bedingungen und Konditionen. Neben dem ebenfalls anzugebenden Datum des Abschlusses der Transaktion, wobei es auf die Wirksamkeit des der Transaktion zugrundeliegenden Vertrages ankommt, sind ferner die Informationen beizufügen, die für die Bewertung der Angemessenheit der Transaktion erforderlich sind. Das Begriffsverständnis ist dabei zum Schutze des Adressatenkreises denkbar weit zu verstehen. Angegeben werden sollten daher zumindest die positiven wie auch negativen Auswirkungen der *Related Party Transaction* auf das börsennotierte Unternehmen. Gleiches gilt für die Beschreibung des Geschäfts sowie ggfls. Die Bestätigung des Verwaltungs-/Aufsichtsrats. Die Bekanntmachung ist zum Abschluss der *Related Party Transactions* vorzunehmen und sollte im Rahmen von WpHG-Informationsmedien erfolgen.

Darüber hinaus sind wesentliche *Related Party Transactions* zwischen dem Tochterunternehmen des börsennotierten Unternehmens und der nahe stehenden Partei durch das börsennotierte Unternehmen bekanntzumachen. Die Bekanntmachung hat jedoch – anders als bei *Related Party Transactions* des börsennotierten Unternehmens – nicht zwingend zum Zeitpunkt ihres Abschlusses zu erfolgen. Sinnvoll erscheint in diesem Zusammenhang die quartalsweise Bekanntmachung sämtlicher *Related Party Transactions.*

Des Weiteren sollte für *Related Party Transactions*, die einem Zustimmungsvorbehalt unterliegen, ein Bewertungsgutachten zu erstellen sein, dass die Angemessenheit der Transaktion bestätigt. Die Erstellung des Gutachtens sollte dem Aufsichtsrat übertragen werden, da er ohnehin mit den Beziehungen des börsennotierten Unternehmens vertraut ist. Dabei kann es den Mitgliedstaaten überlassen werden, ob sie die Begutachtung einem Ausschuss übertragen oder das Gesamtgremium damit beauftragen. In beiden Fällen sind jedoch die Mitglieder von der Erstellung des Gutachtens ausgeschlossen, die im konkreten Einzelfall in einer persönlichen oder geschäftlichen Beziehung zu der nahe stehenden Partei, deren Organen, einem kontrollierenden Aktionär oder einem mit diesem verbundenen Unternehmen stehen.

Dem Grundsatz der Organadäquanz folgend sollte auch die Zustimmungskompetenz für *Related Party Transaction* auf den Aufsichtsrat übertragen werden. Gegen die Hauptversammlung spricht insbesondere, dass sich das Verfahren als langwierig und kostspielig entpuppen könnte, was mit Blick auf die Wirtschaftlichkeit des Unternehmens nicht sinnvoll erscheint. Ferner besteht bei Entscheidungen der Hauptversammlung die Gefahr räuberischer Aktionäre, die die Hauptversammlung zu ihren Gunsten missbrauchen. In der

Hauptversammlung sind die Aktionäre nicht verpflichtet, für das Gemeinwohl zu stimmen. Es steht deshalb zu befürchten, dass ausschließlich Partikularinteressen Berücksichtigung finden. Auch ließe sich die Gefahr des *„intelligent guessing"* durch uninformierte Aktionäre im Aufsichtsrat verhindern. Denn der Aufsichtsrat ist mit Blick auf die geltenden Treue- und Sorgfaltspflichten des Aufsichtsrats dazu verpflichtet, sich über die geschäftlichen Begebenheiten der Gesellschaft zu informieren. Es sollte den Unternehmen freigestellt werden, die Zustimmungskompetenz auf einen Ausschuss zu übertragen.

Allen Aktionären ist das Recht einzuräumen, die Hauptversammlung noch einmal über die *Related Party Transaction* abstimmen zu lassen. Die Einberufung steht allen Aktionären, auch der nahe stehenden Partei, frei. Bei der Beschlussfassung ist die nahe stehende Partei jedoch gem. Art. 9c Abs. 4 UAbs. 3 AktR-RL 2017 ausgeschlossen, soweit das nationale Recht keinen angemessenen Schutzmechanismus enthält, die die Interessen des börsennotierten Unternehmens sowie der außenstehenden Aktionäre angemessen schützt, indem sich die nahe stehende Partei nicht gegen den Willen dieser durchsetzen kann.

4. Kapitel Die Zustimmung zu *Related Party Transactions* im Lichte des deutschen Aktienrechts

Die Analyse des Art. 9c AktR-RL 2017 in Kapitel 3 hat gezeigt, dass der deutsche Gesetzgeber die Zustimmungsobliegenheit für *Related Party Transactions* nicht der Hauptversammlung übertragen sollte, wenn er die Eigenheiten des deutschen dualistischen System für börsennotierte Unternehmen ernst nimmt. In der Hand des Aufsichtsrats ist die Zustimmung besser aufgehoben.[529] Zugleich bedarf es eines Blicks auf die Frage, ob und wie der deutsche Gesetzgeber den inhaltlichen Anforderungen des Art. 9c Abs. 4 AktR-RL 2017 in angemessener Weise Rechnung tragen kann und soll.

Diese Frage stellt sich gleichwohl nur, wenn das deutsche Aktienrecht nicht bereits einen adäquaten Schutz gegen die Missbrauchsgefahr bei *Related Party Transactions* bereithält; andernfalls käme der Ausnahmetatbestand in Art. 9c Abs. 6 lit. a) Var. 3 AktR-RL 2017 zum Tragen.[530] Als Schutzmechanismen des deutschen Aktienkonzernrechts kommen insbesondere Verlustausgleichspflichten des Mutterunternehmens in Betracht. Zu differenzieren ist dabei zwischen dem Vertrags- und dem faktischen Konzern, da §§ 300 ff. AktG einerseits und §§ 311 ff. AktG andererseits unterschiedliche Ausgleichsmechanismen vorsehen. Aufgrund der generellen Verlustausgleichspflicht im Vertragskonzern und der Eingangskontrolle durch die Hauptversammlung dürfte ein derartig adäquater Schutz beim Vertragskonzern wohl zu bejahen sein, so dass hier die Ausnahme i.S.d. Art. 9c Abs. 6 lit. a) Var. 3 AktR-RL 2017 zum Tragen kommt.[531] Über die Frage, ob auch beim faktischen Konzern ein angemessener Schutzmechanismus

529 Vgl. hierzu die Ausführungen unter Kap. 3.D.VI.1.

530 Vgl. hierzu die Ausführungen unter Kap. 3.A.VI.1.d.

531 So auch *Lutter/Bayer/J. Schmidt*, Europ. Unternehmens- und Kapitalmarktrecht, § 29 Rn. 29.194; *Bayer/J. Schmidt*, BB 2017, 2351, 2356; *Bungert/Wansleben*, DB 2017, 1190, 1196 f.; *Mülbert*, ZHR 179 (2015), 645, 657; *J. Schmidt*, AG 2016, 713, 717; *dies.*, Der Konzern 2017, 1, 10; *Selzner*, ZIP 2015, 753, 757; *Spindler/Seidel*, AG 2017, 169, 170; *Veil*, NZG 2017, 521, 529; *J. Vetter*, ZGR 179 (2015), 273, 300; *Wiersch*, NZG 2014, 1131, 1134.

existiert, herrscht mit Blick auf die in § 311 AktG normierten Ausgleichspflichten hingegen Unsicherheit.[532]

Umfassend zu analysieren, ob die deutschen Regelungen zum faktischen Konzern den Ausnahmetatbestand in Art. 9c Abs. 6 lit. a) Var. 3 AktR-RL 2017 erfüllen, würde jedoch den Rahmen dieser Arbeit übersteigen. Deshalb unterstellt sie im Folgenden, dass der in Art. 9c Abs. 6 lit a.) Var. 3 AktR-RL 2017 vorgesehene Ausnahmetatbestand *nicht* zum Tragen kommt. Für den weiteren Fortgang der Untersuchung zum faktischen Konzern ist es deshalb auch unerheblich, dass der vorbenannte Ausnahmetatbestand Transaktionen „nach unten" erfasst, nicht aber Transaktionen „nach oben". Im Fokus dieses Kapitels steht stattdessen die Frage, ob das deutsche Aktienrecht bereits Zustimmungsvorbehalte des Aufsichtsrats hinsichtlich *Related Party Transactions* im faktischen Konzern vorsieht.[533]

Vor diesem Hintergrund ist zunächst zu klären, ob das geltende deutsche Aktien(konzern)recht bereits in Einklang mit den in Art. 9c Abs. 4 UAbs. 1 AktR-RL 2017 normierten Anforderungen des Unionsgesetzgebers steht. Dabei handelt es sich um eine normative Begleitfrage zu der generellen Entscheidung, *Related Party Transactions* einem Zustimmungsvorbehalt des Aufsichtsrats zu unterwerfen. Im nationalen Gesetzgebungsprozess wird sie eine zentrale Rolle spielen.

Unionsrechtlich vorgezeichnet ist, dass die Aufsichtsratsmitglieder nach Art. 9c Abs. 4 UAbs. 3 AktR-RL 2017 einem Stimmverbot unterliegen, sofern sie gleichzeitig Vertragspartner der *Related Party Transaction* sind. Das Stimmverbot für nahe stehende Unternehmen erstreckt sich dabei nicht nur auf die juristische Person, sondern auch auf Personen, die von ihnen in den Aufsichtsrat des börsennotierten Unternehmens entsandt wurden. Voraussetzung dafür ist gleichwohl, dass die Gefahr einer Aktionärsbenachteiligung besteht. Dies ist etwa beim Vorstand des nahe stehenden Unternehmens denkbar, aber auch ein dem nahe stehenden Unternehmen verbundener Dritter. Der Unionsgesetzgeber lässt allerdings Ausnahmen von dem Stimmverbot zu. Das nationale Recht

532 Vgl. hierzu *Lutter/Bayer/J. Schmidt*, Europ. Unternehmens- und Kapitalmarktrecht, § 29 Rn. 29.194; *Bayer/J. Schmidt*, BB 2017, 2114, 2118; *Bayer/Selentin*, NZG 2015, 7, 11; *Bungert/Wansleben*, DB 2017, 1190, 1197; *Jung*, WM 2014, 2351, 2356; *Mülbert*, ZHR 179 (2015), 645, 657; *Selzner*, ZIP 2015, 753, 757; *Spindler/Seidel*, AG 2017, 169, 170; *Veil*, NZG 2017, 521, 530; *J. Vetter*, 179 (2015), 273, 300; *Wiersch*, NZG 2014, 1131, 1134.

533 Nachfolgend auch „*Related Party Transaction*-Zustimmungsvorbehalt" genannt.

muss dafür jedoch auf Ebene des Aufsichtsrats Schutzmechanismen enthalten, die verhindern, dass das nahe stehende Unternehmens seine Stellung im Aufsichtsrat ausnutzt, und gleichzeitig die Interessen des börsennotierten Unternehmens und dessen außenstehenden Aktionäre schützen.[534]

Die deutsche Rechtsdogmatik behandelt Zustimmungsvorbehalte in börsennotierten Unternehmen gemeinhin als Überwachungsinstrumente des Aufsichtsrats, die ihm bei der Kontrolle der Vorstandstätigkeit zur Seite stehen. Um rechtssicher bewerten zu können, ob auch Zustimmungsvorbehalte für *Related Party Transactions* als Überwachungsinstrument des Aufsichtsrats im deutschen Aktien(konzern)recht bestehen, bedarf es zunächst einer grundlegenden Auseinandersetzung mit der Aufgabe des Aufsichtsrats, die Geschäftsleitung zu überwachen; aufgrund des Schwerpunkts dieser Arbeit liegt der Fokus auf den Besonderheiten im faktischen Konzern (siehe hierzu A.). Mit den Konturen und dem konkreten Inhalt der Überwachungsaufgabe des Aufsichtsrats vor Augen, folgt eine Auseinandersetzung mit dem regulatorischen Instrument des Zustimmungsvorbehalts des Aufsichtsrats – erneut fällt ein besonderer Blick auf die Besonderheiten im faktischen Konzern (siehe hierzu B.). Daran anschließend ist zu klären, ob sich *Related Party Transactions* i.S.d. Art. 9c Abs. 1 AktR-RL 2017 in die im nationalen Recht bereits bestehende Systematik der Zustimmungsvorbehalte einordnen lässt (siehe hierzu C.). Da sich die gesamte Analyse aus Kapazitätsgründen ausschließlich auf das Verhältnis zwischen Aktiengesellschaften konzentriert, bleiben Besonderheiten bei anderen Rechtsformen unberücksichtigt.

Sofern die Analyse der nationalen Regelungen des Zustimmungsvorbehalts zu dem Schluss kommen sollte, dass sich *Related Party Transactions* i.S.d. Art. 9c Abs. 1 AktR-RL 2017 nicht in die Systematik der bereits vorhandenen Zustimmungsvorbehalte nach deutschem Recht einordnen lässt, rücken mögliche Reformansätze für das deutsche Aktiengesetz in den Vordergrund.

A. Überwachung durch den Aufsichtsrat

Nach § 111 Abs. 1 AktG hat der Aufsichtsrat die Geschäftsführung des Vorstands zu überwachen. Dem deutschen Aktiengesetz lassen sich darüber hinaus keine expliziten Aussagen entnehmen, die die Überwachungsaufgabe des Aufsichtsrats weiter konturieren.

534 Vgl. hierzu die Ausführungen unter Kap. 3.D.I.3.

Der deutsche Gesetzgeber bezweckt mit dieser Überwachungsaufgabe, Mängel bei der Geschäftsführung des Vorstands frühzeitig aufzudecken, zu verhindern und abzustellen.[535] Dadurch soll die Wirtschaftlichkeit der Aktiengesellschaften gewährleistet, die Aktionäre der Gesellschaft vor Vermögensverlusten geschützt, die Belange der Arbeitnehmer gewahrt und die Interessen der Gesellschaftsgläubiger geschützt werden.[536] Nähere Anhaltspunkte zu der Funktion des Aufsichtsrats gibt der Deutsche Corporate Governance Kodex in seiner aktuellen Fassung[537]. So gibt Ziff. 3.1 DCGK vor, dass der Vorstand und Aufsichtsrat zum Wohle des Unternehmens eng zusammenarbeiten. Zudem muss der Vorstand gem. Ziff. 3.2 DCGK die strategische Ausrichtung des Unternehmens mit dem Aufsichtsrat abstimmen und mit ihm in regelmäßigen Abständen den Stand der Strategieumsetzung erörtern. Nimmt man Sinn und Zweck des § 111 Abs. 1 AktG und die Vorgaben aus dem DCGK zusammen, handelt es sich bei der Aufgabe des Aufsichtsrats, den Vorstand zu überwachen, um ein Instrument, das Pflichtverletzungen des Vorstands durch präventive Maßnahmen verhindern, die Einhaltung dieser Pflichten kontrollieren sowie als Handlungsbefugnis dienen soll, um bei solchen Pflichtverletzungen einzuschreiten.[538]

Diese allgemeinen Schlussfolgerungen zur Überwachungsaufgabe des Aufsichtsrats lassen indes noch nicht erkennen, ob ein Zustimmungsvorbehalt für *Related Party Transactions* im deutschen Aktien(konzern)recht bereits besteht. Dafür bedarf es einer vertiefenden Auseinandersetzung mit den Aufgaben des Aufsichtsrats im faktischen Konzern. Sollte sich im Laufe der Untersuchung ergeben, dass das deutsche Aktienrecht keinen Zustimmungsvorbehalt für *Related Party Transactions* vorsieht, dient die Auseinandersetzung auch als Grundlage für die Ausgestaltung des Zustimmungsvorbehalts. Nur anhand einer klar umrissenen Überwachungsaufgabe ist es möglich, den Zustimmungsvorbehalt stimmig in die bestehenden Regelungen einzugliedern.

Um die Aufgabe(n) des Aufsichtsrats im faktischen Konzern vollumfänglich erfassen zu können, ist zunächst eine detaillierte Analyse der Überwachungsaufgaben in konzernfreien Unternehmen (sog. Einzelunternehmen, siehe

---

535 *Mertens/Cahn,* in: KK-AktG, § 111 Rn. 31.

536 Vgl. hierzu *Lieder,* Aufsichtsrat, S. 808 ff.

537 Deutscher Corporate Governance Kodex in der Fassung vom 7. Februar 2017 („DCGK"); Aufgabe des DCGK ist es, die gesetzlichen Vorschriften zur Leitung und Überwachung deutscher börsennotierter Unternehmen zu konkretisieren, vgl. hierzu Präambel des DCGK.

538 *Mertens/Cahn,* in: KK-AktG, § 111 Rn. 14.

hierzu I.) erforderlich. Anschließend geht die Untersuchung darauf ein, ob und inwiefern sich die Erkenntnisse zu Einzelunternehmen auf die Überwachungsaufgabe des Aufsichtsrats im faktischen Konzern übertragen lassen (siehe hierzu II.). In einem weiteren Schritt erfolgt ein Überblick über die Überwachungsinstrumente, die dem Aufsichtsrat bei der Kontrolle des Vorstands zur Verfügung stehen. Auf deren Grundlage ordnet die Untersuchung den Zustimmungsvorbehalt für *Related Party Transactions* in das Gesamtgefüge der Überwachungsinstrumente ein (siehe hierzu III.).

I. Einzelunternehmen

Die Aufgabe des Aufsichtsrats, den Vorstand zu überwachen, lässt sich im Einzelunternehmen anhand des Überwachungsgegenstands (siehe hierzu 1.) sowie des Überwachungsmaßstabs (siehe hierzu 2.) näher eingrenzen.

1. Gegenstand der Überwachung

Zur Konkretisierung der Überwachungsaufgabe, ist zunächst der Überwachungsgegenstand zu ermitteln. Dieser lässt sich anhand sachlicher (siehe hierzu a.) sowie zeitlicher Kriterien (siehe hierzu b.) bestimmen.

a. Sachliche Konkretisierung

Der Aufsichtsrat überwacht die Geschäftsführung des Vorstands, § 111 Abs. 1 Satz 1 AktG. Dabei hat der Aufsichtsrat zu kontrollieren, ob dieser seine Geschäftsführungspflichten einhält, bei Anhaltspunkten für Rechtsverstöße einzuschreiten[539] und den Vorstand zur Pflichterfüllung anzuhalten oder – in schwerwiegenden Fällen – auch abzuberufen[540]. Der sachliche Überwachungsrahmen bestimmt sich insoweit nach den Geschäftsführungsbefugnissen des Vorstands.

In der deutschen Literatur besteht dabei im Wesentlichen Einigkeit darüber, dass der Begriff „Geschäftsführung" in § 111 Abs. 1 Satz 1 AktG nicht deckungsgleich mit demjenigen in § 77 Abs. 1 AktG zu verstehen ist, sondern

539 BGH, Urteil vom 3. Dezember 2001, NZG 2002, 195, 198; OLG Düsseldorf, Beschluss vom 9. Dezember 2009, AG 2010, 126, 128; OLG Karlsruhe, Urteil vom 4. September 2008, AG 2008, 900, 902.

540 *Mertens/Cahn*, in: KK-AktG, § 111 Rn. 14.

vielmehr dem Begriff der „Leitung“ i.S.v. § 76 Abs. 1 AktG entspricht.[541] Dies ergibt sich insbesondere aus dem Umstand, dass der Aufsichtsrat nicht das einzelne Vorstandsmitglied, sondern ausweislich des Wortlauts des § 111 Abs. 1 AktG das Geschäftsführungsorgan, mithin den Vorstand in seiner Gesamtheit, überwacht.[542]

Die „Geschäftsführung“ im Sinne des § 111 Abs. 1 Satz 1 AktG und die „Leitung“ im Sinne des § 76 Abs. 1 AktG können dabei jedoch nicht synonym verwendet werden. Vielmehr ist die Leitung der Gesellschaft nach herrschender Auffassung nur ein Teil der Geschäftsführung.[543] Während die Leitung im Sinne des § 76 Abs. 1 AktG ausschließlich das Treffen originärer Führungsentscheidungen wie die Festlegung der Unternehmenspolitik, die Unternehmensplanung, Unternehmenskoordinierung und Unternehmenskontrolle umfasst,[544] erstreckt sich die Geschäftsführung auf jede tatsächliche oder rechtsgeschäftliche Tätigkeit für die Gesellschaft.[545] Legt man diese beiden Begrifflichkeiten übereinander wird deutlich, dass solche Maßnahmen nicht vom Anwendungsbereich des § 111 Abs. 1 AktG erfasst sind, die der Vorstand aufgrund seiner Kompetenzen gegenüber anderen Organen der Gesellschaft trifft, die zugleich außerhalb der Geschäftsführung liegen.[546] Dazu gehören zum Beispiel die Einberufung der Hauptversammlung nach § 121 Abs. 2 AktG, die Anfechtung von Beschlüssen der Hauptversammlung nach § 245 Nr. 5 AktG oder die Einberufung von Aufsichtsratssitzungen nach § 110 AktG. Vielmehr konzentriert sich der Aufsichtsrat darauf, alle Maßnahmen, die zur Umsetzung der Führungsentscheidung des

---

541 H.M. *Hopt/Roth*, in: GK-AktG, § 111 Rn. 160; *Spindler*, in: Spindler/Stilz, AktG, § 111 Rn. 7; *Schütz*, in: Semler/v. Schenk, AR, § 111 Rn. 166; *Hoffmann-Becking*, in: MHdB AG, § 29 Rn. 26; *Lutter/Krieger/Verse*, Rechte und Pflichten, Rn. 65.

542 *Hoffmann-Becking*, in: MHdB AG, § 29 Rn. 26.

543 *Koch*, in: Hüffer/Koch, AktG, § 76 Rn. 8; *Mertens/Cahn*, in: KK-AktG, § 76 Rn. 4; *Wiesner*, in: MHdB AG, § 19 Rn. 16; *Fleischer*, ZIP 2003, 1, 3; *Henze*, BB 2000, 209; *Schwark*, ZHR 142 (1978), 203, 215; zur früher vertretenen Gegenauffassung vgl. *Semler*, Leitung und Überwachung, Rn. 3 ff. m.w.N.

544 *Kort*, in: GK-AktG, § 76 Rn. 29; *Mertens/Cahn*, in: KK-AktG, § 76 Rn. 4; *Wiesner*, in: MHdB AG, § 19 Rn. 13 f.; *Arnold*, in: HdB börsennotierte AG, § 19 Rn. 8, 10.

545 *Koch*, in: Hüffer/Koch, AktG, § 77 Rn. 3; *Spindler*, in: MüKo-AktG, § 77 Rn. 3; *Seibt*, in: K. Schmidt/Lutter, AktG, § 77 Rn. 4; *Arnold*, in: HdB börsennotierte AG, § 19 Rn. 8.

546 *Hoffmann-Becking*, in: MHdB AG, § 29 Rn. 26.

Vorstands erforderlich sind, zu überwachen.[547] Die Intensität der Überwachung richtet sich dabei nach der wirtschaftlichen Lage, in der sich die Gesellschaft befindet.[548] Je mehr der Vorstand Führungsentscheidungen trifft und so gewichtiger diese Entscheidungen für die Gesellschaft sind, umso mehr muss auch der Aufsichtsrat seiner Überwachungsaufgabe nachkommen.

Uferlos ist die Überwachungspflicht des Aufsichtsrats allerdings nicht, wie sich § 110 Abs. 3 AktG entnehmen lässt. Dieser sieht vor, dass der Aufsichtsrat eines Unternehmens gesetzlich nur zur Abhaltung von zwei Sitzungen im Kalenderjahr verpflichtet ist. Aus der Mindestanzahl an Aufsichtsratssitzungen ist zu schließen, dass es nicht Aufgabe des Aufsichtsrats sein kann, die Leitungshandlungen des Vorstands „auf Schritt und Tritt zu verfolgen". Vielmehr impliziert die gesetzlich normierte Untergrenze, dass der Aufsichtsrat sich ausschließlich mit den wesentlichen Führungsentscheidungen des Vorstands auseinanderzusetzen hat. Denn nur wenn der Aufsichtsrat sich auf die wesentlichen Maßnahmen des Vorstands konzentriert, ist es ihm überhaupt möglich, seine Aufgaben innerhalb von zwei Sitzungen pro Jahr in angemessener Weise wahrzunehmen.

Implizit lässt sich dies auch § 100 Abs. 2 Satz 1 Nr. 1 AktG entnehmen, wonach Mitglied des Aufsichtsrats nicht sein kann, wer bereits in zehn anderen Aufsichtsräten sitzt. Die Wahrnehmung von zehn Aufsichtsratsmandaten ist aber überhaupt nur denkbar, wenn es sich jeweils um Nebentätigkeiten handelt.[549] Handelt es sich bei dem Aufsichtsratsmandat jedoch nur um eine Nebentätigkeit, dann ist der Aufsichtsrat in seiner Überwachungsaufgabe auf die wesentlichen Maßnahmen des Vorstands beschränkt.

---

547 *Hopt/Roth,* in: GK-AktG, § 111 Rn. 27; *Spindler,* in: KK-AktG, § 111 Rn. 6, 9; *Hoffmann-Becking,* in: MHdB AG, § 29 Rn. 27, 29; *E. Vetter,* in: HdB börsennotierte AG, § 26 Rn. 26.3.

548 *Drygala,* in: K. Schmidt/Lutter, AktG, § 111 Rn. 22; *Hopt/Roth,* in: GK-AktG, § 111 Rn. 317; *Koch,* in: Hüffer/Koch, AktG, § 111 Rn. 15; *Lutter/Krieger/Verse,* Rechte und Pflichten, Rn. 92 ff.; *Semler,* Leitung und Überwachung, Rn. 231 ff.

549 So auch BGH, Urteil vom 4. Juli 1977, BGHZ 69, 207, 213; OLG München, Beschluss vom 2. Juli 2009, ZIP 2009, 2001, 2002; OLG Stuttgart, Beschluss vom 19. Juni 2012, ZIP 2012, 1965, 1967 f.; *Hopt/Roth,* in: GK-AktG, § 111 Rn. 160; *Drygala,* in: K. Schmidt/Lutter, AktG, § 111 Rn. 11; *Habersack,* in: MüKo-AktG, § 111 Rn. 19 f.; *Koch,* in: *Hüffer/Koch,* AktG, § 111 Rn. 3; *Mertens/Cahn,* in: KK-AktG, § 111 Rn. 16; *Spindler,* in: Spindler/Stilz, AktG, § 111 Rn. 8; *Hoffmann-Becking,* in: MHdB AG, § 29 Rn. 23; *Lutter/Krieger/Verse,* Rechte und Pflichten, Rn. 65.

Dass die Überwachung in ihrer Reichweite beschränkt ist, zeigt auch die historische Entwicklung des § 111 AktG. So war der Aufsichtsrat nach Art. 225 ADHGB[550] und § 246 HGB a.F. zwar verpflichtet, die Geschäftsführung "in allen Zweigen der Verwaltung“ zu überwachen.[551] Schon bereits im 19. Jahrhundert ging man jedoch davon aus, dass sich die Überwachung nicht auf alle Einzelheiten der Geschäftsführung erstrecken müsse.[552] Im Jahre 1937 strich der Gesetzgeber bei § 95 Abs. 1 AktG und § 111 Abs. 1 AktG den Zusatz „in allen Zweigen der Verwaltung“. Angesichts der Tatsache, dass § 111 Abs. 1 AktG den Geschäftsführungsbegriff sehr weit fasst, herrscht seitdem Einvernehmen darüber, dass der Überwachung durch den Aufsichtsrat im Grundsatz – vorbehaltlich der bisweilen schwierigen Konkretisierung im Einzelfall – allein Geschäftsführungsmaßnahmen unterliegen, die für die Lage und die Entwicklung des Unternehmens bedeutsam sind; mithin alle Leitungs- und Führungsentscheidungen des Vorstands.[553] Nicht erfasst sind in der Folge Geschäfte des täglichen Lebens.[554]

Die besonderen Leitungs- und Führungsentscheidungen des Vorstands werden konkretisiert durch dessen Berichterstattungspflichten gegenüber dem Aufsichtsrat.[555] Denn nur die Berichterstattung ermöglicht es dem Aufsichtsrat, die

---

550 In der bis 1884 geltenden Fassung, vgl. *Hopt/Roth*, in: GK-AktG, § 111 Rn. 2 f.

551 In Art. 225 ADHGB 1861 hieß es: „Ist ein Aufsichtsrat bestellt, so überwacht derselbe die Geschäftsführung der Gesellschaft in allen Zweigen der Verwaltung“. Im HGB lautete die Vorschrift (§ 246): „Der Aufsichtsrat hat die Geschäftsführung der Gesellschaft in allen Zweigen der Verwaltung zu überwachen und sich zu dem Zwecke von dem Gang der Angelegenheiten der Gesellschaft zu unterrichten.“

552 Ausführlich dazu *Lieder,* Aufsichtsrat, S. 165 f., 794 ff.; ebenso *Habersack,* in: MüKo-AktG, § 111 Rn. 19 f. beide mit Verweis auf *Rathenau,* Vom Aktienwesen – Eine geschäftliche Betrachtung, S. 5: „Wollte ein Aufsichtsrat auch nur von den wichtigeren Geschäften einer Großunternehmung Kenntnis nehmen – geschweige sie beraten – so würde es nicht genügen, dass er in Permanenz tagte, und zwar jeden Tag, einschließlich Sonntags, vierundzwanzig Stunden lang.“

553 H.M. *Drygala,* in: K. Schmidt/Lutter, AktG, § 111 Rn. 12; *Habersack,* in: MüKo-AktG, § 111 Rn. 19 f.; *Hopt/Roth,* in: GK-AktG, § 111 Rn. 160 f.; *Koch,* in: Hüffer/Koch, AktG, § 111 Rn. 3; *Schütz,* in: Semler/v. Schenk, AR, § 111 Rn. 166; *Spindler,* in: Spindler/Stilz, AktG, § 111 Rn. 8; *Hoffmann-Becking,* in: MHdB AG, § 29 Rn. 27; *Lutter/Krieger/Verse,* Rechte und Pflichten, Rn 65; *E. Vetter,* in: HdB börsennotierte AG, § 26 Rn. 26.3; *Semler,* Überwachung und Leitung, Rn. 6.

554 *Drygala,* in: K. Schmidt/Lutter, AktG, § 111 Rn. 12; *Mertens/Cahn,* in: KK-AktG, § 111 Rn. 8; *Lutter/Krieger/Verse,* Rechte und Pflichten, Rn. 68; *v. Schenk,* in: Semler/v. Schenk, AHdB AR, § 7 Rn. 39.

555 Im Grundsatz unstr. *Habersack,* in: MüKo-AktG, § 111 Rn. 22; *Koch,* in: Hüffer/Koch, AktG, § 111 Rn. 3; *Mertens/Cahn, in:* KK-AktG, § 111 Rn. 10; *Hoffmann-Becking,*

Geschäftsführung des Vorstands in wirksamer Weise gem. § 111 AktG zu überwachen.[556] So hat der Vorstand dem Aufsichtsrat über die Lage und Entwicklung der Gesellschaft bzw. Vorgänge in der Gesellschaft zu berichten.[557] Dies ergibt sich aus § 90 Abs. 1 Satz 1 Nr. 1 AktG, demgemäß im Rahmen der Unternehmensplanung Gegenstand der Berichtserstattung insbesondere die Finanz-, Investitions- und Personalplanung, mithin die Unternehmensplanung, sind.[558] Des Weiteren unterfallen nach § 90 Abs. 1 Satz 1 Nr. 2 AktG auf die Rentabilität der Gesellschaft der Berichterstattungspflicht.[559] Nach § 90 Abs. 1 Nr. 4, Abs. 1 Satz 2 und Abs. 3 AktG erstreckt sich die Berichterstattungspflicht auch auf Vorgänge außerhalb des laufenden Geschäfts des Unternehmens. Dazu gehören zum Beispiel die Unternehmensplanung, die -koordinierung und die -kontrolle.[560] Da der Vorstand die originären Geschäftsführungsentscheidungen zwar selbst zu treffen hat, die Mitarbeiter sie aber in der Regel ausführen, unterfallen auch Ausführungsentscheidungen der Überwachung des Aufsichtsrats – nicht aber die Ausführung im Einzelnen.[561]

Die Berichtspflichten in § 90 Abs. 1 AktG zeigen, dass der Aufsichtsrat im Rahmen seiner Überwachungstätigkeit sicherzustellen hat, dass der Vorstand seine Leitungstätigkeit an den Unternehmenszielen ausrichtet: Dem Unternehmensinteresse und der Gewinnerzielungsabsicht. Die verschiedenen und hierbei miteinander konkurrierenden Interessen der Aktionäre, der Arbeitnehmer, der Gläubiger, anderer am Unternehmen interessierter Gruppen sowie die Interessen der Allgemeinheit muss der Vorstand dabei nach dem Prinzip der praktischen Konkordanz in einen angemessenen Ausgleich zueinander bringen.[562] Ob

---

in: MHdB AG, § 29 Rn. 23; *Lutter/Krieger/Verse*, Rechte und Pflichten, Rn. 66; *Raiser/Veil*, KapGesR, § 15 Rn. 2; *Lieder*, Aufsichtsrat, S. 794 f.; ausf. *Semler*, Leitung und Überwachung, Rn. 103 ff.; *Rowedder*, in: FS Duden (1977), 501, 503 bezeichnet die Berichtspflicht gar als „Korrelat" zur Überwachungsaufgabe des Aufsichtsrats; zu Streitpunkten, *Koch*, in: Hüffer/Koch, AktG, § 76 Rn. 7 f.; *Kort*, in: GK-AktG, § 76 Rn. 28 f.

556 *Spindler*, in: MüKo-AktG, § 90 Rn. 1.

557 *Semler*, Leitung und Überwachung, Rn. 103 ff.

558 *Drygala*, in: K. Schmidt/Lutter, AktG, § 111 Rn. 12; *Hopt/Roth*, in: GK-AktG, § 111 Rn. 164 f.; *Lutter/Krieger/Verse*, Rechte und Pflichten, Rn. 66 f.

559 *Drygala*, in: K. Schmidt/Lutter, AktG, § 111 Rn. 12; *Hopt/Roth*, in: GK-AktG, § 111 Rn. 164; *Lutter/Krieger/Verse*, Rechte und Pflichten, Rn. 66 f.

560 So die Aufzählung bei *Semler*, Leitung und Überwachung, Rn. 111.

561 *Schütz*, in: Semler/v. Schenk, AR, § 111 Rn. 182.

562 Wohl ganz h.M.: *Koch*, in: Hüffer/Koch, AktG, § 76 Rn. 33; *Mertens/Cahn*, in: KK-AktG, § 76 Rn. 19; ausführlich zu den Konflikten zwischen den Aktionärsinteressen

die Aktionärsinteressen dabei übergeordneter Natur sind[563] oder alle Interessen als gleichrangig anzusehen sind,[564] bedarf hier keiner weiteren Analyse. Denn sämtliche Partikularinteressen in einem Unternehmen vereinen sich letztlich in dem gemeinsamen Interesse, den Bestand des Unternehmens als produktive und wertschöpfende Einheit zu erhalten.[565] Bei einer Interessenkollision genießt das Unternehmensinteresse jedoch Vorrang vor Privatinteressen.[566] Darüber hinaus hat der Vorstand sicherzustellen, dass das Unternehmen seiner Eigenschaft als Renditeobjekt gerecht wird. Der Aufsichtsrat hat also im Ergebnis darauf zu achten, dass der Vorstand sowohl die einzelnen Interessen als auch das Gesamtinteresse des Unternehmens wahrt und seine Organstellung nicht zu Lasten der angestrebten Gewinnerzielung ausnutzt – weder zu seinem eigenen Vorteil noch zum Vorteil ihm oder dem Unternehmen nahe stehender Parteien.[567]

---

bzw. Unternehmensinteressen *Kort,* in: GK-AktG, § 76 Rn. 59 ff.; siehe auch die Rechtsprechung Unternehmensinteresse: BGH, Urteil vom 5. Juni 1975, BGHZ 64, 325, 331; Interesse der Gesellschaft aus unternehmerischer Sicht: BGH, Urteil vom 23. Juni 1997, BGHZ 136, 133, 139; sachliches unternehmerisches Interesse: BGH, Urteil vom 7. März 1994, BGHZ 125, 239, 243; Gesellschaftsinteresse: BGH, Urteil vom 13. März 1978, BGHZ 71, 40, 44; BGH, Urteil vom 19. April 1982, BGHZ 83, 319, 321; BGH, Urteil vom 7. März 1994, BGHZ 125, 239, 241, 242; BGH, Urteil vom 23. Juni 1997, BGHZ 136, 133, 139, 140.

563 *Fleischer,* in: Spindler/Stilz, AktG, § 76 Rn. 37; *Goslar,* in: Wilsing, DCGK, Kap. 4.1.1 Rn. 18; *Seibt,* in: K. Schmidt/Lutter, AktG, § 76 Rn. 23; *Wiedemann,* GesR, Bd. I, § 6 III 2 b) aa), S. 338 f.; *Groh,* DB 2000, 2153, 2158; *Zöllner,* AG 2003, 2, 7 f.; zur zunehmenden „Anlehnung an die angelsächsische Shareholder Primacy Norm“, vgl. hierzu auch OLG Frankfurt, ZIP 2011, 2009, 2010.

564 *Koch,* in: Hüffer/Koch, AktG, § 76 Rn. 31; *Raiser/Veil,* KapGesR, § 14 Rn. 13; *K. Schmidt,* GesR, § 28.II.1.a, S. 805 f.

565 *Fleischer,* in: Spindler/Stilz, AktG, § 76 Rn. 23.

566 *Lieder,* Aufsichtsrat, S. 819.

567 Ausführlich dazu *Lieder,* Aufsichtsrat, S. 818 f.; so auch Reg. Begr. BT-Drucks. 15/5092, S. 11; ebenso *Kort,* in: GK-AktG, § 76 Rn. 51; *Schütz,* in: Semler/v. Schenk, AR, § 111 Rn. 211; *Spindler,* in: MüKo-AktG, § 76 Rn. 63 ff.; *Hopt,* ZGR 2004, 1, 12 f.; *Kindler,* ZHR 162 (1998), 101, 106; *Lieder,* DB 2004, 2251, 2253; so auch Ziff. 4.3.3 DCGK, wonach kein Mitglied des Vorstands bei seinen Entscheidungen persönliche Interessen verfolgen und Geschäftschancen, die dem Unternehmen zustehen, für sich nutzen darf. Ferner sollen Interessenkonflikte dem Aufsichtsrat gegenüber unverzüglich offen gelegt und die übrigen Vorstandsmitglieder darüber informiert werden.

b. Zeitliche Konkretisierung

Im Fokus der Überwachungstätigkeit des Aufsichtsrats steht die vergangenheitsbezogene (*ex post*) Kontrolle. Der Blick fällt dabei auf diejenigen geschäftsleitenden Maßnahmen und Entscheidungen, über die der Vorstand vor dem Aufsichtsrat Rechenschaft abzulegen hat.[568]

Wie Ziff. 3.1 und 3.2 DCGK zu entnehmen ist, muss eine gute *Corporate Governance* jedoch nicht nur Maßnahmen einer vergangenheitsbezogenen Überwachung umfassen, sondern auch „im Sinne einer präventiven Kontrolle"[569] tätig werden.[570] Die präventiven Überwachungsaufgaben des Aufsichtsrats konkretisiert § 90 Abs. 1 Satz 1 Nr. 1 AktG. Danach muss der Vorstand dem Aufsichtsrat über die beabsichtigte Geschäftspolitik und andere grundsätzliche Fragen der Unternehmensplanung berichten. Hierdurch wird ersichtlich, dass der Aufsichtsrat nicht nur Kontroll- sondern auch mitunternehmerisches Organ der Gesellschaft ist, das – in einem klar umgrenzten Umfang – in die Unternehmensplanung einbezogen ist.[571] Die präventive (*ex ante-*)Kontrolle des Vorstands verfolgt dabei das Ziel, die zukunftsgerichtete Überwachungsdimension zu festigen und den Aufsichtsrat als Überwachungsorgan verstärkt in den unternehmerischen Entscheidungsfindungsprozess einzubinden. Hierdurch sollen die Maßnahmen der Aktiengesellschaft zeitnah und effektiv überwacht werden.[572]

Die präventive Überwachungsfunktion macht es dabei erforderlich, dass der Aufsichtsrat sich eine eigene Meinung über die unternehmerische Zielkonzeption der Gesellschaft bildet und versucht, die im Rahmen der ihm zustehenden

---

568 Vgl. hierzu die Ausführungen unter Kap. 4.A.I.1.a; ebenso *Habersack*, in: MüKo-AktG, § 111 Rn. 29; *Hopt/Roth*, in: GK-AktG, § 111 Rn. 280; *Koch*, in: Hüffer/Koch, § 111 Rn. 4; *Lutter/Krieger/Verse*, Rechte und Pflichten, Rn. 65; vgl. auch *Theisen*, Information und Berichterstattung, S. 178.

569 So treffend BGH, BGHZ 135, S. 244, 255.

570 Jeweils m.w.N. *Habersack*, in: MüKo-AktG, § 111 Rn. 39; *Hopt/Roth*, in: GK-AktG, § 111 Rn. 58; *Spindler*, in: Spindler/Stilz, AktG, § 111 Rn. 10; *Raiser/Veil*, KapGesR, § 15 Rn. 2; *Lieder*, Aufsichtsrat, S. 797; *Weyl*, Zustimmungsvorbehalte, S. 31; grds. ablehnend *Jäger*, DStR 1996, 671, 675; teilweise a.A. auch im betriebswirtschaftlichen Schrifttum, vgl. *Theisen*, AG 1995, 193, 199 f.

571 BGH, Urteil vom 21. April 1994, BGHZ 114, 127, 130 – *ARAG/Garmenbeck; Drygala*, in: K. Schmidt/Lutter, AktG, § 111 Rn. 4; *Habersack*, in: MüKo-AktG, § 111 Rn. 13; *Hopt/Roth*, in: GK-AktG, § 111 Rn. 79 ff.; *Koch*, in: Hüffer/Koch, AktG, § 111 Rn. 13; *Hoffmann-Becking*, in: MHdB AG, § 29 Rn. 27; *Lutter/Krieger/Verse*, Rechte und Pflichten, Rn. 58.

572 *Lieder*, Aufsichtsrat, S. 797.

Kompetenzen durchzusetzen.[573] Dabei ist er allerdings nicht dazu ermächtigt, eine Geschäftspolitik, die er für richtig hält, auch dann gegenüber dem Konzept des Vorstands durchzusetzen, wenn die Position des Vorstands ebenso gut vertretbar erscheint.[574] Es ist auch nicht Aufgabe des Aufsichtsrats, über Ermessensfragen in Angelegenheiten der Geschäftsführung zu entscheiden.[575] Wie sich § 76 Abs. 1 AktG entnehmen lässt, verbleibt die unternehmerische Leitungsverantwortung vielmehr stets beim Vorstand selbst.[576] Unzutreffend ist es daher, den Aufsichtsrat als „Co-Managementorgan"[577] zu bezeichnen.

2. Überwachungsmaßstab

Zusätzliche Konturen erfährt die Überwachungsaufgabe des Aufsichtsrats durch die Maßstäbe, die er bei ihrer Ausführung berücksichtigen muss. Da es stets Aufgabe des Aufsichtsrats ist, eine sorgfältige Unternehmensleitung durch den Vorstand sicherzustellen, müssen als Maßstab für die Überwachung zumindest die an den Vorstand gestellten Sorgfaltsanforderungen gem. § 93 Abs. 1 AktG gelten. Gravitationszentrum für den Aufsichtsrat ist dabei – nicht anders als für den Vorstand – das Unternehmensinteresse.[578]

---

573 *Schütz*, in: Semler/v. Schenk, AR, § 111 Rn. 213; so auch schon *Semler*, Leitung und Überwachung, Rn. 180, 216; *Lutter*, ZHR 159 (1995), 287, 290 f.

574 *Habersack*, in: MüKo-AktG, § 111 Rn. 42; *Mertens/Cahn, in:* KK-AktG, § 111 Rn. 31; *Schütz*, in: Semler/v. Schenk, AR, § 111 Rn. 218 f.; *Hoffmann-Becking*, in: MHdB AG, § 29 Rn. 40; *Lutter/Krieger/Verse*, Rechte und Pflichten, Rn. 988; *E. Vetter*, in: Fleischer/Koch/Kropff, 50 Jahre Aktiengesetz, 103, 117; *Goette*, in: FS 50 Jahre BGH (2000), 123, 126.

575 *Habersack*, in: MüKo-AktG, § 111 Rn. 29, 42 f.; *Mertens/Cahn*, in: KK-AktG, § 111 Rn. 31; *Schütz*, in: Semler/v. Schenk, AR, § 111 Rn. 214; *Spindler*, in: Spindler/Stilz, AktG, § 111 Rn. 16; *E. Vetter*, in: HdB börsennotierte AG, § 26 Rn. 13; *Lutter/Krieger/Verse*, Rechte und Pflichten, Rn. 988; *Lutter*, AG 1991, 249, 253; *Matthießen*, Stimmrecht und Interessenskollision, S. 283 f.; *Semler*, Leitung und Überwachung, Rn. 204 f.

576 Vgl. dazu LG Frankfurt a.M., AG 2005, 52, 52.

577 So aber *Lutter/Krieger/Verse*, Rechte und Pflichten Rn. 58; dagegen *Kort*, in: GK-AktG, § 76 Rn. 21 f.; umfassende Darstellung *Koch*, in: Fleischer/Koch/Kropff, 50 Jahre Aktiengesetz, 65, 77 ff.

578 *Hoffmann-Becking*, in: MHdB AG, § 29 Rn. 31 f.; zum Unternehmensinteresse s. *Goette*, in: FS 50 Jahre BGH (2000), 123, 127; *Henze*, BB 2000, 209, 212; *Semler*, Leitung und Überwachung Rn. 49 ff.

Ein zentraler Bestandteil der Überwachung ist demnach die regelmäßige Überprüfung, ob der Vorstand rechtmäßig handelt.[579] Hierbei hat der Aufsichtsrat sicherzustellen, dass der Vorstand die Regeln des Aktiengesetzes und der Satzung einhält. Darüber hinaus muss das Verhalten des Vorstands mit allen Normen in Einklang stehen, mit denen das Unternehmen in besonderem Maße in Berührung kommt.[580] Je nachdem, in welcher Branche das Unternehmen tätig ist, kommen etwa steuerrechtliche, bankrechtliche, umweltrechtliche oder kartellrechtliche Normen sowie solche des Vergabe- und Datenschutzrechts in Betracht.[581]

Des Weiteren hat der Aufsichtsrat zu überwachen, ob der Vorstand ordnungsgemäß handelt.[582] Eine ordnungsgemäße Geschäftsführung liegt gemeinhin dann vor, wenn die Gesellschaft über eine organisatorische Struktur verfügt, die ihren Besonderheiten im konkreten Einzelfall entspricht, und die es der Unternehmensführung ermöglicht, das Unternehmen unter Einhaltung gesellschaftsrechtlicher Vorgaben zu leiten und zu steuern.[583] Der Aufsichtsrat hat dabei nicht nur zu überwachen, ob der Vorstand richtig besetzt ist und ob er die maßgebende Geschäftsordnung einhält, sondern auch ob eine sachgerechte Organisation seiner Arbeitsweise und eine zweckmäßige Abgrenzung der einzelnen Arbeitsbereiche vorliegen. Ferner ist zu überwachen, ob die Vorschriften zur Berichterstattung an den Aufsichtsrat beachtet werden und ob Verfahren vorhanden sind, die eine informierte Willensbildung und sachkundige Entscheidungsfindung ermöglichen.[584]

Der Aufsichtsrat ist jedoch nicht nur darauf beschränkt, rechtswidrige Geschäftsführungsmaßnahmen oder die nicht ordnungsgemäße Unterneh-

---

579 H.M., vgl. BGH, Urteil vom 25. März 1991, BGHZ 114, 127, 129 f.; *Drygala*, in: K. Schmidt/Lutter, § 111 Rn. 15; *Habersack*, in: MüKo-AktG, § 111 Rn. 42; *Hoffmann-Becking*, in: MHdB AG, § 29 Rn. 26; *Hopt/Roth*, in: GK-AktG, § 111 Rn. 301; *Koch*, in: Hüffer/Koch, AktG, § 111 Rn. 6; *Mertens/Cahn*, in: KK-AktG, § 111 Rn. 14; *Spindler*, in: Spindler/Stilz, AktG, § 111 Rn. 16.

580 *Brouwer*, Zustimmungsvorbehalte, S. 83.

581 *Lutter/Krieger/Verse*, Rechte und Pflichten, Rn. 74; *Semler*, Leitung und Überwachung, Rn. 187.

582 *Hoffmann-Becking*, in: MHdB AG, § 29 Rn. 31; *Lutter/Krieger/Verse*, Rechte und Pflichten, Rn. 79; *Semler*, Leitung und Überwachung, Rn. 192 ff.

583 Vgl. *Lutter/Krieger/Verse*, Rechte und Pflichten, Rn. 79; *Semler*, Leitung und Überwachung, Rn. 183.

584 Vgl. *Lutter/Krieger/Verse*, Rechte und Pflichten, Rn. 75 ff.; *Henze*, BB 2000, 209, 214 f.

mensleitung zu beanstanden und zu unterbinden.[585] Im Rahmen seiner beratenden Tätigkeit hat er vielmehr auch sicherzustellen, dass der Vorstand dem Gebot der Zweckmäßigkeit und Wirtschaftlichkeit der Geschäftsführung in angemessenem Umfang nachkommt.[586] Hinsichtlich des Gebots der Zweckmäßigkeit hat der Aufsichtsrat sich nicht nur darüber Gewissheit zu verschaffen, ob die Unternehmensplanung existent und plausibel ist,[587] sowie zu überwachen, ob das Überwachungssystem i.S.d. § 91 Abs. 2 AktG errichtet worden ist und funktioniert. Vielmehr obliegt ihm auch die Kontrolle der allgemeinen Kontroll- und Compliancesysteme.[588]

Das Gebot der Wirtschaftlichkeit steht dabei in engem Zusammenhang mit der Zweckmäßigkeit. Diese fordert, dass der Aufsichtsrat überprüft, ob ein geplantes Vorhaben mit dem Gegenstand des Unternehmens vereinbar ist. Insbesondere hat er sich darüber zu informieren, welche Erträge und Aufwendungen mit der unternehmerischen Entscheidung einhergehen und darauf hinzuwirken, dass der Vorstand keine unangemessenen Risikogeschäfte eingeht.[589] Dabei hat er auch sicherzustellen, dass soziale Belange nicht auf Kosten der dauerhaften Rentabilität des Unternehmens verfolgt werden.[590]

---

585 BGH, Urteil vom 20. September 2010, BGHZ 187, 60 Rn. 14, 21; BGH, Urteil vom 16. März 2009, NZG 2009, 550, 551 Rn. 15; OLG Düsseldorf, Urteil vom 31. Mai 2012, ZIP 2012, 2299, 2300; OLG Karlsruhe, Urteil vom 4. September 2008, AG 2008, 900, 902; *Koch,* in: *Hüffer/Koch,* AktG, § 111 Rn. 6; *Habersack,* in: MüKo-AktG, § 111 Rn. 42.

586 BGH, Urteil vom 12. Juli 1979, BGHZ 75, 120, 133; BGH, Urteil vom 25. März 1991, BGHZ 114, 127, 129 f.; *Drygala,* in: K. Schmidt/Lutter, AktG, § 111 Rn. 20 f.; *Habersack,* in: MüKo-AktG, § 111 Rn. 42; *Hopt/Roth,* in: GK-AktG, § 111 Rn. 306; *Koch,* in: Hüffer/Koch, AktG, § 111 Rn. 14; *Mertens/Cahn,* in: KK-AktG, § 111 Rn. 16; *Schütz,* in: Semler/v. Schenk, AR, § 111 Rn. 167; *Spindler,* in: Spindler/Stilz, AktG, § 111 Rn. 16; *Lutter/Krieger/Verse,* Rechte und Pflichten, Rn. 79 ff.; *Semler,* Leitung und Überwachung, Rn. 184 ff.

587 *Habersack,* in: MüKo-AktG, § 111 Rn. 42; *Hopt/Roth,* in: GK-AktG, § 111 Rn. 306 f.; *Lutter/Krieger/Verse,* Rechte und Pflichten, Rn. 79 ff.

588 *Habersack,* in: MüKo-AktG, § 111 Rn. 20, 42; *Lutter/Krieger/Verse,* Rechte und Pflichten, Rn. 90 ff.; *Kropff,* NZG 2003, 346 ff.

589 *Hopt/Roth,* in: GK-AktG, § 111 Rn. 307; *Koch,* in: Hüffer/Koch, AktG, § 111 Rn. 14; *Lutter/Krieger/Verse,* Rechte und Pflichten, Rn. 89.

590 *Habersack,* in: MüKo-AktG, § 111 Rn. 42; *Hopt/Roth,* in: GK-AktG, § 111 Rn. 306; *Koch,* in: Hüffer/Koch, AktG, § 111 Rn. 14; *Lutter/Krieger/Verse,* Rechte und Pflichten, Rn. 89.

Maßstab der Aufsichtsratsüberwachung ist mithin die Rechtmäßigkeit des Vorstandshandelns, die Wirtschaftlichkeits- sowie Zweckmäßigkeitskontrolle eben dieses Handelns sowie dessen Ordnungsmäßigkeit.

3. *Ergebnis*

Gegenstand der Überwachung sind alle wesentlichen Leitungsentscheidungen des Vorstands. Insbesondere durch eine umfassende *ex ante*-Überwachung sollen unternehmerische Fehlentscheidungen und sich daraus ergebende unternehmerische Fehlentwicklungen frühzeitig verhindert werden. Überwachungsmaßstab ist die Rechtmäßigkeit des Vorstandshandelns, die Wirtschaftlichkeits- sowie Zweckmäßigkeitskontrolle eben dieses Handelns sowie dessen Ordnungsmäßigkeit.

II. Faktischer Konzern

Die bisherigen Ausführungen haben sich auf Einzelgesellschaften beschränkt. Die Regelungen des Unionsgesetzgebers zu *Related Party Transactions* sollen allerdings gerade auch Konzernstrukturen umfassen. Aus diesem Grund stellt sich die Frage, wie die Überwachungsaufgabe des Aufsichtsrats im faktischen Konzern ausgestaltet ist. Auf die Stellung des Aufsichtsrats im Vertragskonzern geht die Untersuchung indes nicht ein, da davon auszugehen ist, dass dieser ohnehin dem Ausnahmetatbestand in Art. 9c Abs. 6 lit. a) Var. 3 AktR-RL 2017 unterfällt.

Konzernstrukturen zeichnen sich im deutschen Recht dadurch aus, dass ein herrschendes und wenigstens ein abhängiges Unternehmen unter einheitlicher Leitung des herrschenden Unternehmens (§ 18 Abs. 1 AktG) zu einer wirtschaftlichen Einheit zusammengefasst sind, dabei aber nicht eine rechtliche Einheit darstellen (sog. Unterordnungskonzerne). Ein sog. Gleichordnungskonzern ergibt sich nach § 18 Abs. 2 AktG hingegen daraus, dass die einheitliche Leitung mehrerer Unternehmen ohne Beherrschung bzw. Abhängigkeit zustande kommt. Charakteristikum des Gleichordnungskonzerns ist dabei, dass sämtliche Unternehmen gleichberechtigt sind und sich die Leitungsgesellschaft in der Folge auf die Koordination der beiden Unternehmen beschränkt.[591] Einem Gleichordnungskonzern fehlt es insofern an einer beherrschenden Einheit, bei der die Gefahr der Durchsetzung einseitiger Interessen grundsätzlich nicht gegeben ist. Eine nachteilige *Related Party Transaction* kommt in diesen Fällen kaum

---

591 *Koch*, in: Hüffer/Koch, AktG, § 18 Rn. 20.

in Betracht. Aus diesem Grund beschränkt sich die Untersuchung im Weiteren auf Unterordnungskonzerne.

Im AktG finden sich gleichwohl keine konzernspezifischen Regelungen für die Überwachungspflicht des Aufsichtsrats. Aus diesem Grund ist auf die für Einzelgesellschaften geltenden Regelungen zurückzugreifen. Ausgangspunkt, um die Überwachungsaufgabe im faktischen Konzern zu konkretisieren, ist demnach das gesetzgeberische Überwachungsleitbild der Einzelgesellschaft in § 111 Abs. 1 AktG.[592] Zu untersuchen ist, ob und – wenn ja – wie sich die Überwachungsaufgabe des Aufsichtsrats in einem faktischen Konzern im Vergleich zur Einzelgesellschaft verändert. Dafür ist es geboten, zwischen dem Aufsichtsrat des Mutterunternehmens (siehe hierzu 1.) sowie des Tochterunternehmens (siehe hierzu 2.) zu differenzieren.

1. Aufsichtsrat des Mutterunternehmens im Rahmen des faktischen Konzerns

a. Gegenstand der Überwachung

Dass sich der Überwachungsgegenstand des Aufsichtsrats des Mutterunternehmens um die Konzerndimension erweitert, ist heute allgemein anerkannt.[593] Dies ergibt sich insbesondere aus § 18 Abs. 1 AktG, wonach Konzerne sich durch die „einheitliche Leitung“[594] mehrerer Unternehmen aus einer Obergesellschaft heraus definieren. Die „einheitliche Leitung“ ist ein Teil der Geschäftsführung des Mutterunternehmens. Die Beteiligung an den Tochterunternehmen ist dem Vermögen des Mutterunternehmens zuzurechnen; dessen unternehmerisches Potenzial hat der Vorstand des Mutterunternehmens zu nutzen.[595] Da die Tochterunternehmen zum Erfolg des Mutterunternehmens beitragen sollen, verpflichtet dies den Vorstand des Mutterunternehmens dazu, sicherzustellen, dass sich die Beteiligungen im Interesse des Mutterunternehmens entwickeln und dass er auf etwaige Fehlentwicklungen reagiert.[596] Zudem ist der Vorstand des

592 *Semler*, Leitung und Überwachung, Rn. 381.

593 Vgl. hierzu *Brouwer*, Zustimmungsvorbehalts, S. 279 unter Verweis auf *Lutter*, AG 2006, 517, 518: „Das ist heute nichts Neues mehr...“

594 Zum Begriff der „einheitlichen Leitung“ und dem Streit um die Begriffsbedeutung siehe *Emmerich*, in: Emmerich/Habersack, Aktien- und GmbH-Konzernrecht, § 18 Rn. 9 ff.

595 *Fleischer*, in: Spindler/Stilz, AktG, § 76 Rn. 84; *Spindler*, in: MüKo-AktG, § 76 Rn. 42 und 45.

596 *Verse*, ZHR 175 (2011), 401, 408.

Mutterunternehmens gehalten, für ein rechtmäßiges Verhalten der Tochterunternehmen Sorge zu tragen;[597] nur so kann er verhindern, dass das Mutterunternehmen durch Rechtsverletzungen der Tochterunternehmen geschädigt wird.[598] Seine Aufgabe ist insoweit die (Ober)Leitung des Konzernunternehmens (sog. Konzernleitung).[599]

Spiegelbildlich dazu erstreckt sich die Überwachungsaufgabe des Aufsichtsrats auf Konzernsachverhalte. Denn der Aufsichtsrat hat die gesamte Geschäftsführung zu überwachen – und damit auch die Geschäftsführung im Zusammenhang mit der Konzernleitung. Das bestätigen auch §§ 171, 337 AktG, wonach der Konzernabschluss (einschließlich des Konzernlageberichts und des Prüfungsberichts des Abschlussprüfers) dem Aufsichtsrat des Mutterunternehmens zur Prüfung vorzulegen ist. Ohne eine Pflicht des Aufsichtsrats zur Überwachung auch der konzernleitenden Maßnahmen seines Vorstands, ließe sich die Berichtspflicht zum Konzernabschluss nicht erklären.[600]

Der Überwachungsgegenstand im Mutterunterunternehmen bestimmt sich – ebenso wie beim Einzelunternehmen – nach der Reichweite der Vorstandsleitung.[601] Neben den Berichtspflichten im Einzelunternehmen[602] bestehen darüber hinaus jedoch auch konzernbezogene Berichtspflichten des Vorstands gegenüber dem Aufsichtsrat. So hat der Vorstand in seiner Regelberichterstattung gegenüber dem Aufsichtsrat nach § 90 Abs. 1 Satz 2 AktG auch die Verhältnisse in den Tochterunternehmen miteinzubeziehen.[603] Die Vorschrift führte der

---

597 Vgl. Ziff. 4.1.2 DCGK; *Fleischer,* in: Spindler/Stilz, AktG, § 76 Rn. 49.

598 *Koch,* in: Hüffer/Koch, AktG, § 76 Rn. 49; *Verse,* ZHR 175 (2011), 401, 408.

599 *Koch,* in: Hüffer/Koch, AktG, § 76 Rn. 47; *Koppensteiner,* in: KK-AktG, Vorb. § 291 Rn. 71; *Mertens/Cahn,* in: KK-AktG, § 76 Rn. 65; *Spindler,* in: MüKo-AktG, § 76 Rn. 42; *S.H. Schneider/U.H. Schneider,* AG 2005, 57, 58; *Hüffer,* Liber amicorum Happ (2006), 93, 98; *Martens,* in: FS Heinsius (1991), 523, 531; *Semler,* Leitung und Überwachung, Rn. 278.

600 *Hopt/Roth,* in: GK-AktG, § 111 Rn. 369 ff.; *Koch,* in: Hüffer/Koch, AktG, § 111 Rn. 18; *Mertens/Cahn,* in: KK-AktG, § 111 Rn. 28; *Lutter/Krieger/Verse,* Rechte und Pflichten, Rn. 142; *Lutter,* AG 2006, 517, 518; *Semler,* Leitung und Überwachung, Rn. 381.

601 *Habersack,* in: MüKo-AktG, § 111 Rn. 55; *Spindler,* in: KK-AktG, § 111 Rn. 81 f.; *Fleischer,* in: Spindler/Stilz, AktG, § 76 Rn. 85 f.; *Lutter/Krieger/Verse,* Rechte und Pflichten, Rn. 143.

602 Siehe hierzu die Ausführungen unter Kap. 4.A.I.1.a.

603 Begr. RegE zum TransPuG, BT-Drucks. 14/8769, S. 14; *Kort,* in: GK-AktG, § 90 Rn. 73; *Mertens/Cahn,* in: KK-AktG, § 90 Rn. 40 f.; *Spindler,* in: MüKo-AktG, § 90 Rn. 22.

Gesetzgeber im Jahre 2002 durch das TransPuG[604] ein. Sie beruht auf der Überlegung, dass sich die wirtschaftliche und finanzielle Lage in einem Unternehmen an der Spitze eines Konzerns oder Teilkonzerns nicht sinnvoll und zuverlässig beurteilen lässt, wenn die konzernangehörigen Unternehmen nicht auch Teil der Regelberichterstattung sind.[605] Aus diesem Grund hat der Vorstand den Aufsichtsrat stets auch darüber zu unterrichten, wie sich die Beteiligung wirtschaftlich und finanziell entwickelt und inwiefern der Vorstand Einfluss auf das Tochterunternehmen nimmt.

Dies gilt allerdings nur, sofern sich die Beteiligung erheblich auf die Angelegenheiten des Mutterunternehmens auswirkt.[606] Dies ergibt sich aus § 90 Abs. 1 Satz 3 HS 2 AktG.[607] Danach hat der Vorstand den Aufsichtsratsvorsitzenden über sämtliche wichtige Anlässe zu berichten, die für das Mutterunternehmen von erheblichem Einfluss sein können.[608] Ob der Einfluss potentiell erheblich ist, bemisst sich einerseits nach dem Gegenstand, der Größe und der wirtschaftlichen Lage der Aktiengesellschaft und andererseits nach Art und Umfang des Geschäfts.[609] Unerheblich ist hingegen, ob die möglichen Auswirkungen negativ oder positiv sind.[610] Solche wesentlichen Anlässe sind insbesondere Ereignisse,

---

604 Gesetz zur weiteren Reform des Aktien- und Bilanzrechts zu Transparenz und Publizität („TransPuG"), in Kraft getreten am 26. Juli 2002.

605 Vgl. BegrRegE TransPuG, BT-Drs. 14/8769, S. 14; *Fleischer,* in: Spindler/Stilz, AktG, § 90 Rn. 29; *Spindler,* in: MüKo-AktG, § 90 Rn. 22; *Lutter,* DB 2009, 775, 776.

606 *Habersack,* in: MüKo-AktG, § 111 Rn. 22; *Hopt/Roth,* in: GK-AktG, § 111 Rn. 369, 371; *Koch,* in: Hüffer/Koch, AktG, § 111 Rn. 18; *Mertens/Cahn,* in: KK-AktG, § 111 Rn. 28; *Spindler,* in: Spindler/Stilz, AktG, § 111 Rn. 81 ff.; *Lutter/Krieger/Verse,* Rechte und Pflichten, Rn. 143; *Götz,* ZGR 1998, 524, 539 f.; *Hoffmann-Becking,* ZHR 159 (1995), 325, 332; *Lenz,* AG 1997, 448, 451; *Lutter,* AG 2006, 517, 518; *Scheffler,* DB 1994, 793; *Brouwer,* Zustimmungsvorbehalte, S. 286; *Lieder,* Aufsichtsrat, S. 862; *Löbbe,* Unternehmenskontrolle, S. 235 ff., 389 ff.; *Semler,* Leitung und Überwachung, Rn. 382.

607 Vgl. *Fleischer,* in: Spindler/Stilz, AktG, § 90 Rn. 28; *Koch,* in: Hüffer/Koch, AktG, § 90 Rn. 7a; *Kort,* in: GK-AktG, § 90 Rn. 61; *Mertens/Cahn,* in: KK-AktG, § 90 Rn. 41; *Spindler,* in: MüKo-AktG, § 90 Rn. 22.

608 *Kort,* in: GK-AktG, § 90 Rn. 61; *Krieger/Sailer-Coceani,* in: K. Schmidt/Lutter, AktG, § 90 Rn. 36.

609 Ähnlich Begr. RegE AktG 1965, abgedruckt bei *Kropff,* AktG 1965, S. 117; so auch *Fleischer,* in: Spindler/Stilz, AktG, § 90 Rn. 28; *Grigoleit/Tomasic,* in: Grigoleit, AktG, § 90 Rn. 20; *Koch,* in: Hüffer/Koch, AktG, § 90 Rn. 7; *Kort,* in: GK-AktG, § 90 Rn. 61; *Spindler,* in: MüKo-AktG, § 90 Rn. 29.

610 *Fleischer,* in: Spindler/Stilz, AktG, § 90 Rn. 28; *Kort,* in: GK-AktG, § 91 Rn. 61; *Mertens/Cahn,* in: KK-AktG, § 90 Rn. 39; *Pentz,* in: Fleischer, HdB Vorstand, § 16 Rn. 73.

die von außen auf die Aktiengesellschaft oder die mit ihr verbundenen Tochterunternehmen einwirken, etwa wenn größere Teile des Mutter- oder Tochterunternehmens gefährdet oder Liquiditätsprobleme absehbar sind.[611]

Unerheblich ist des Weiteren, ob es sich um tatsächliche oder rechtliche Auswirkungen handelt. Denn nach § 90 Abs. 3 AktG kann der Aufsichtsrat jederzeit verlangen, dass der Vorstand ihm über Angelegenheiten der Gesellschaft berichtet, die sich um die rechtlichen wie auch die geschäftlichen Beziehungen zu verbundenen Unternehmen drehen können.[612] Insoweit sind *Related Party Transactions* im vorbenannten Sinne zum Überwachungsgegenstand des Aufsichtsrats des Mutterunternehmens zu zählen.

Im Rahmen der Konzernleitung hat der Aufsichtsrat sich mithin mit den grundlegenden Fragen der Konzernstruktur, -strategie und -organisation sowie der konzernweiten Koordination der Finanz-, Investitions- und Bilanzpolitik auseinanderzusetzen. Handelt es sich bei der konzernleitenden Gesellschaft um ein am Markt operativ tätiges Unternehmen, ist der Aufsichtsrat darüber hinaus dafür zuständig, die Abstimmung der Markt- und Produktpolitik sowie die Geschäfts- und Ergebnisentwicklung bei den einzelnen Tochterunternehmen zu überwachen.[613]

b. Überwachungsmaßstab und -intensität

Der Maßstab, nach dem sich der Aufsichtsrat bei der Überwachung des Vorstands richtet, ist jedoch nicht das vielbenannte Konzerninteresse. Der Aufsichtsrat des Mutterunternehmens hat vielmehr ausschließlich das Interesse des Mutterunternehmens zu wahren.[614] Die gegenteilige Auffassung verweist zwar zu Recht darauf, dass auch die Anteilseigner im faktischen Konzern schutzbedürftig sind, und will zudem auch die Arbeitnehmerinteressen aller in- und

---

611 Hierzu bereits *Kropff*, AktG 1965, S. 117; so noch immer, vgl. *Grigoleit/Tomasic*, in: Grigoleit, AktG, § 90 Rn. 21; *Koch*, in: Hüffer/Koch, AktG, § 90 Rn. 8; *Mertens/Cahn*, in: KK-AktG, § 90 Rn. 45; *Spindler*, in: MüKo-AktG, § 90 Rn. 31.

612 Vgl. dazu *U.H. Schneider*, in: FS Hadding (2004), 621, 628.

613 Ausf. *Fleischer*, in: Spindler/Stilz, AktG, § 76 Rn. 91 ff.; *Fleischer*, DB 2005, 759, 762 ff.; *Götz*, ZGR 1998, 524, 530 ff.

614 *Mertens/Cahn*, in: KK-AktG, § 111 Rn. 29; *Spindler*, in: Spindler/Stilz, AktG, § 111 Rn. 82; *Marsch-Barner*, in: Semler/v. Schenk, AHdB AR, § 13 Rn. 135; *Hoffmann-Becking*, ZHR 159 (1995), 325, 329; *Semler*, Leitung und Überwachung, Rn. 464; offen *Hopt/Roth*, in: GK-AktG, § 111 Rn. 371; *Krieger*, in: MHdB AG, § 69 Rn. 31; a.A. *Löbbe*, Unternehmenskontrolle, S. 58; *Lutter/Krieger/Verse*, Rechte und Pflichten, Rn. 147.

ausländischen Unternehmen als Überwachungsmaßstab heranziehen.[615] Die Vertreter dieser Ansicht verkennen jedoch, dass der Schutz der Anteilseigner oder Arbeitnehmer in Tochterunternehmen über die eigens für sie normierten Schutzvorschriften zu gewährleisten ist, statt die Aufgaben des Aufsichtsrats des Mutterunternehmens auch auf diese Akteure zu erweitern oder zu ergänzen.[616] Zwar lässt sich das Unternehmensinteresse des Mutterunternehmens nur dann bestimmen, wenn auch die Beteiligungsrechte an den Tochterunternehmen und deren Entwicklung in die Bewertung miteinfließen.[617] Dadurch ändert sich aber ausschließlich der Umfang der *Unternehmens*interessen *des Mutterunternehmens*, die Interessen der Anteilseigner oder Arbeitnehmer in Tochterunternehmen macht es dabei aber nicht auch zu einem Teil des *Konzern*interesses. Dass es allein auf die Interessen des Mutterunternehmens ankommt, ergibt sich ferner aus § 308 Abs. 2 Satz 2 AktG. Dieser erwähnt nur die Belange der einzelnen Konzernunternehmen und umfasst ausweislich seines Wortlauts gerade nicht die Interessen des Unternehmensverbundes.[618] Im Wege eines Erst-Recht-Schlusses lässt sich daraus folgern, dass die Beschränkung auf die Interessen des Mutterunternehmens, die schon im Vertragskonzern gilt, erst recht auch im faktischen Konzern zur Anwendung kommen muss.

Darüber hinaus fehlt es im faktischen Konzern an einem möglichen Träger des vermeintlichen Konzerninteresses. Aus rechtlicher Sicht gibt es keinen Konzernverbund, sondern nur die wirtschaftlich verbundenen, aber rechtlich eigenständigen verschiedenen Konzerngesellschaften. Maßgeblich

---

615 *Semler,* Leitung und Überwachung, Rn. 357, allerdings ohne Nachweise; vgl. dazu *Kort,* in: GK-AktG, § 76 Rn. 76; *Mertens/Cahn,* in: KK-AktG, § 76 Rn. 15; *Spindler,* in: MüKo-AktG, § 76 Rn. 62, 84 f.; *K. Schmidt,* Gesellschaftsrecht, § 28.II.1, S. 805; siehe auch Begr. RegE AktG 1965, abgedruckt bei *Kropff,* AktG 1965, S. 97: „Dass der Vorstand bei seinem Maßnahmen die Belange der Aktionäre und der Arbeitnehmer zu berücksichtigen hat, versteht sich von selbst [...]".

616 *Spindler,* in: Spindler/Stilz, AktG, § 111 Rn. 82.

617 *Habersack,* in: MüKo-AktG, § 111 Rn. 54; *Mertens/Cahn,* in: KK-AktG, § 111 Rn. 29; *Krieger,* in: MHdB AG, § 68 Rn. 31; *Hoffmann-Becking,* ZHR 159 (1995), 325, 329; *ders.* in: FS Hommelhoff (2012), 433 ff.; *U.H. Schneider,* in: FS Raiser (2005), 341, 353; a.A. *Lutter/Krieger/Verse,* Rechte und Pflichten, Rn. 913; *Marsch-Barner,* in: Semler/v. Schenk, AHdB AR, § 13 Rn. 285; *Scheffler,* DB 1994, 793, 797; *Schwark,* in: FS Ulmer (2003), 605, 625; *Semler,* Leitung und Überwachung, Rn. 367; eingehend *Löbbe,* Unternehmenskontrolle, S. 58 ff.

618 *Habersack,* in: MüKo-AktG, § 111 Rn. 54; *Koppensteiner,* in: KK-AktG, § 308 Rn. 38.

für den Überwachungsmaßstab können dann aber nur die Interessen des Mutterunternehmens sein.

Das Handeln des Vorstands hat der Aufsichtsrat bei Konzernsachverhalten – ebenso wie beim Einzelunternehmen – auf seine Rechtmäßigkeit, Zweckmäßigkeit, Wirtschaftlichkeit und Ordnungsmäßigkeit hin zu kontrollieren.[619] Ein besonderes Augenmerk hat er dabei jedoch auf die Regelungen des Konzernrechts zu richten. So muss er im faktischen Konzern insbesondere sicherstellen, dass der Vorstand den in § 311 AktG normierten Verlustausgleichspflichten nachkommt und sich nicht den Haftungsrisiken aus §§ 311 Abs. 2 und 317 AktG aussetzt.[620]

Aus dem Umstand, dass die konzernrechtlichen Haftungsrisiken, die je nach Art der Konzernierung differenzieren, wichtiger Maßstab der Überwachungsaufgabe im Konzern sind, in Kombination mit der obigen Feststellung, dass nur für die Mutterunternehmen wesentliche Maßnahmen in den Tochterunternehmen vom Aufsichtsrat des Mutterunternehmens zu überwachen sind, ergibt sich, dass die Intensität der Überwachung je nach Konzernierungsgrad verschieden ist.[621] So sind bei eingegliederten Gesellschaften und auch bei durch Beherrschungsvertrag an das Mutterunternehmen gebundenen Gesellschaften die Haftungsrisiken nach § 322 AktG und §§ 302, 304 AktG ungleich größer und damit von wesentlicherer Bedeutung für Obergesellschaft oder Gesamtkonzern als im faktischen Konzern. Dies beruht auf der Tatsache, dass bei eingegliederten oder durch Beherrschungsvertrag verbundenen Gesellschaften die Einflussmöglichkeiten des Vorstands des Mutterunternehmens auf dessen Tochterunternehmen wesentlich größer sind als bei einer nur faktisch konzernierten Gesellschaft,[622] da diese an die Weisungen des Mutterunternehmens gebunden

---

619 *Drygala,* in: K. Schmidt/Lutter, AktG, § 111 Rn. 29; *Lutter/Krieger/Verse,* Rechte und Pflichten, Rn. 147 ff.; *Lutter,* AG 2006, 517, 519; *Brouwer,* Zustimmungsvorbehalte, S. 339; *U.H. Schneider,* in: FS Hadding (2004), 621, 627; im Ergebnis ebenso, allerdings ohne Nennung der Ordnungsmäßigkeit *Habersack,* in: MüKo-AktG, § 111 Rn. 55.

620 *Habersack*, in: MüKo-AktG, § 111 Rn. 55; *Hopt/Roth,* in: GK-AktG, § 111 Rn. 371; ausführlich zu den Schranken der nachteiligen Einflussnahme auf die abhängige Gesellschaft *Habersack*, in: Emmerich/Habersack, Aktien- und GmbH-Konzernrecht, § 318 Anh. Rn. 22 ff.

621 *Drygala,* in: K. Schmidt/Lutter, AktG, § 111 Rn. 22, 29; *Hopt/Roth,* in: GK-AktG, § 111 Rn. 372; *Spindler*, in: Spindler/Stilz, AktG, § 111 Rn. 84; *Rodewig,* in: Semler/v. Schenk, AHdB AR, § 8 Rn. 93; *Lutter/Krieger/Verse*, Rechte und Pflichten, Rn. 146; *Semler*, Leitung und Überwachung, Rn. 231 ff.

622 *Hopt/Roth*, in: GK-AktG, § 111 Rn. 372 f.; *Rodewig,* in: Semler/v. Schenk, AHdB AR, § 8 Rn. 93; *Lutter/Krieger/Verse,* Rechte und Pflichten, Rn. 146.

sind. In der Folge sind Maßnahmen in eingegliederten Gesellschaften durch den Aufsichtsrat des Mutterunternehmens im vergleichbaren Maße zu überwachen wie bei einer unselbständigen Betriebsabteilung. Ebenso verhält es sich bei einem Tochterunternehmen, das durch einen Beherrschungsvertrag an das Mutterunternehmen gebunden ist, denn auch hier hat das Mutterunternehmen nach § 302 AktG das wirtschaftliche Risiko voll zu tragen.[623] Bei der nur faktischen Konzernierung hingegen sind sowohl die Einwirkungsmöglichkeiten des Vorstands des Mutterunternehmens als auch die Haftungsrisiken des Mutterunternehmens beschränkt. Insbesondere kann der Vorstand des Mutterunternehmens keine Weisungen an das Tochterunternehmen erteilen. In der Folge reduzieren sich auch die Anforderungen an die Überwachung des Aufsichtsrats.[624] *Hommelhoff* geht sogar so weit, dass sich die Überwachungsaufgabe des Aufsichtsrats des Mutterunternehmens im faktischen Konzern auf die Kontrolle beschränke, ob der Vorstand des Mutterunternehmens die ordnungsgemäße Arbeit des Aufsichtsrat des Tochterunternehmens kontrolliert, sofern ein solcher existiert; im Rahmen dieser „vernetzten Aufsichtsratsüberwachung" werde das Geschehen in dem Tochterunternehmen zuvörderst vom Aufsichtsrat des Tochterunternehmens überwacht.[625] Dieser Ansicht ist jedoch entgegenzuhalten, dass die Überschneidung der Interessen von Mutter- und Tochterunternehmen nichts an den grundsätzlichen Pflichten des Aufsichtsrats ändert.[626] Vielmehr kann der Aufsichtsrat des Mutterunternehmens bei gleichzeitiger Überwachung des Geschehens in einem Tochterunternehmen durch dessen Aufsichtsrat lediglich mit geringerer Intensität zu Werke gehen; die grundsätzliche Überwachungspflicht bleibt jedoch bestehen.[627] Dabei kann die funktionale Stellung des Mutterunternehmens innerhalb des faktischen Konzerns für die Feststellung einer mittelbaren (Eigen-)Angelegenheit von Bedeutung sein.[628] Nimmt

623 *Hopt/Roth,* in: GK-AktG, § 111 Rn. 372; gleiches gilt aufgrund der engen Verbindung für (fast) hundertprozentige Tochterunternehmen *Lutter/Krieger/Verse,* Rechte und Pflichten, Rn. 146.

624 *Drygala,* in: K. Schmidt/Lutter, AktG, § 111 Rn. 29; *Lutter/Krieger/Verse,* Rechte und Pflichten, Rn. 146.

625 *Hommelhoff,* ZGR 1996, 144, 155 f.

626 *Krieger,* in: Lutter/Bayer, Holding-HdB, § 7 Rn. 7, 9; *U.H. Schneider,* in: FS Raiser (2005), 341, 348.

627 *Brouwer,* Zustimmungsvorbehalte, S. 288; im Ergebnis ebenso *Löbbe,* Unternehmenskontrolle, S. 244 ff.

628 *Mayer/Richter,* AG 2018, 220, 222 unter Verweis auf Rspr. BayObLG, Beschluss vom 14. Juli 1999, AG 2000, 131, 132; aus der Lit. statt vieler *Kubis,* in: MüKo-AktG, § 131 Rn. 72.

das Mutterunternehmen etwa die Funktion einer reinen Holding ein, liegt ihr Unternehmensgegenstand gerade in der Verwaltung ihrer Beteiligungen, so dass Vorgänge in den Konzernunternehmen eher erheblich sind.[629] Etwas anderes gilt hingegen, wenn das Mutterunternehmen selbst operativ tätig ist.[630]

2. Aufsichtsrat des Tochterunternehmens im Rahmen des faktischen Konzerns

§ 314 AktG sieht für den faktischen Konzern vor, dass der Aufsichtsrat des Tochterunternehmens den Abhängigkeitsbericht des Vorstands überprüft und der Hauptversammlung darüber Bericht erstattet. Weitere Regelungen zur Überwachung der Geschäftsführung des Tochterunternehmens finden sich indes nicht.[631]

Um die Überwachungsaufgabe des Aufsichtsrats des Tochterunternehmens zu konkretisieren, ist daher auf die Ansatzpunkte zum Einzelunternehmen zurückzugreifen. Aus diesen heraus lassen sich die Überwachungsaufgaben des Aufsichtsrats auf Ebene des Tochterunternehmens im Rahmen des faktischen Konzerns konkretisieren. Ausgangspunkt für die Bestimmung der Überwachungsaufgabe sind mithin sämtliche Leitungs- und Führungsentscheidungen des Vorstands.

a. Gegenstand der Überwachung

Da sich die Leitungsaufgabe des Vorstands des Tochterunternehmens nach § 76 AktG ausschließlich auf die eigene Gesellschaft bezieht, trifft ihn keine Verantwortung für die wirtschaftliche Entwicklung des Gesamtkonzerns.[632] In der Folge richten sich auch die Berichtspflichten des Vorstands des Tochterunternehmens – ebenso wie im Einzelunternehmen – nach § 90 Abs. 1 bis 3 AktG. Insoweit unterscheidet sich der Gegenstand der Überwachung des Aufsichtsrats einer abhängigen Gesellschaft nicht von demjenigen im Einzelunternehmen.[633]

---

629 *Spitze/Diekmann*, ZHR 158 (1994), 447, 457.

630 *Spindler*, in: K. Schmidt/ Lutter, AktG, § 131 Rn. 41.

631 *Habersack*, in: MüKo-AktG, § 111 Rn. 57; *Hopt/Roth*, in: GK-AktG, § 111 Rn. 381; *Semler*, ZGR 2004, 631, 663.

632 *Habersack*, in: MüKo-AktG, § 111 Rn. 57; *Hopt/Roth*, in: GK-AktG, § 111 Rn. 381; *Rowedder*, in: FS Duden (1977), 501, 510; *Löbbe*, Unternehmenskontrolle, S. 395; *Semler*, Leitung und Überwachung, Rn. 461.

633 Vgl. hierzu die Ausführungen unter Kap. 4.A.I.1.a.

Die Überwachungspflicht des Aufsichtsrats des Tochterunternehmens umfasst nach § 312 Abs. 1 AktG darüber hinaus auch solche Maßnahmen, die aufgrund der Einflussnahme des Mutterunternehmens stattfinden. Wenn der Vorstand dem Aufsichtsrat nach § 312 Abs. 1 AktG jedoch über alle Rechtsgeschäfte und Maßnahmen berichten muss, die die Gesellschaft im vergangenen Geschäftsjahr mit dem herrschenden Unternehmen (also dem Mutterunternehmen) oder in ihrem Interesse vorgenommen hat, dann zählen solche Geschäfte auch zum Überwachungsgegenstand des Aufsichtsrats.[634] Da es sich bei solchen Geschäften um *Related Party Transactions* im vorbenannten Sinne handelt, fallen diese in den Überwachungsumfang des Aufsichtsrats des Tochterunternehmens.

Dem Aufsichtsrat des Tochterunternehmens kann die Überwachungskompetenz dabei insbesondere nicht mit der Begründung abgesprochen werden, der Aufsichtsrat des Mutterunternehmens überwache die Maßnahmen des Tochterunternehmens ohnehin, so dass eine Überwachung durch den Aufsichtsrat des Tochterunternehmens nicht mehr erforderlich sei.[635] Vielmehr spricht für eine Erfassung auch dieser Maßnahmen, dass die Empfehlungen des Mutterunternehmens durch eine eigene unternehmerische Ermessensentscheidung des Vorstands des Tochterunternehmens umzusetzen ist; diese unternehmerische Ermessensentscheidung, die ausschließlich am Unternehmensinteresse des Tochterunternehmens gemessen werden kann, gilt es durch den Aufsichtsrat des Tochterunternehmens zu überwachen.[636] Im faktischen Konzern hat der Aufsichtsrat des Tochterunternehmens dabei insbesondere darauf zu achten, dass die Maßnahmen, die das Mutter- im Tochterunternehmen veranlasst hat, den Voraussetzungen des § 311 AktG entsprechen. Insoweit ist zu überprüfen, ob der Vorstand einer nachteiligen Veranlassung nachgegangen ist, gleichwohl der Nachteil nicht ausgleichsfähig und das herrschende Unternehmen nicht zum

---

634 *Habersack*, in: MüKo-AktG, § 111 Rn. 57; *Hopt/Roth*, in: GK-AktG, § 111 Rn. 381; *Mertens/Cahn*, in: KK-AktG, § 111 Rn. 29.

635 So aber *Kohlenbach*, Aufsichtsräte, S. 57; zumindest in Betracht ziehend, im Ergebnis aber verneinend *U.H. Schneider*, in: FS Raiser (2005), 341, 348.

636 *Drygala*, in: K. Schmidt/Lutter, AktG, § 111 Rn. 31; *Habersack*, in: Emmerich/Habersack, Aktien- und GmbH-Konzernrecht, § 311 Rn. 81; *Hopt/Roth*, in: GK-AktG, § 111 Rn. 381; *Mertens/Cahn*, in: KK-AktG, § 111 Rn. 29; *Krieger*, in: MHdB AG, § 70 Rn. 40; *Lutter/Krieger/Verse*, Rechte und Pflichten Rn. 166; *Scheffler*, DB 1994, 793, 799; *Hoffmann-Becking*, ZHR 159 (1995), 325, 344 f.; *Martens*, ZHR 159 (1995), 567, 588; *U.H. Schneider*, in: FS Raiser (2005), 341, 348; *Lieder*, Aufsichtsrat, S. 869; *Semler*, Leitung und Überwachung, Rn. 464.

Ausgleich bereit und imstande ist.[637] Stellt der Aufsichtsrat des Tochterunternehmens fest, dass dies der Fall war, hat er die Durchführung des Vorstands zu verhindern.

b. Überwachungsmaßstab und -intensität

Der Aufsichtsrat des Tochterunternehmens ist ausschließlich dazu verpflichtet, den eigenen Vorstand zu überwachen.[638] Als Maßstab hat er gleichwohl nicht das Wohl des Konzerns heranzuziehen, sondern allein das Wohl bzw. das Unternehmensinteresse der eigenen Gesellschaft.[639] Maßgeblich ist, dass das Mutterunternehmen die zulässigen Grenzen seiner Einflussnahme nicht überschreitet.[640] Im Übrigen hat er die Geschäftsführung des Vorstands im gleichen Umfang und auch nach den gleichen Maßstäben zu überwachen wie bei Einzelunternehmen.[641] Als Leitlinie dient das Unternehmensinteresse seiner Gesellschaft, nicht jedoch das Konzerninteresse.[642] Denn die Anordnungen des Mutterunternehmens entbinden den Vorstand nicht von der Verpflichtung, zum Wohle des abhängigen Tochterunternehmens zu handeln.[643]

Der Aufsichtsrat des Tochterunternehmens hat aber nicht allein darauf zu achten, ob die ausgeübten Weisungen rechtmäßig sind und die zugefügten Nachteile einen angemessen Ausgleich erfahren, sondern auch darauf, dass der Vorstand des Tochterunternehmens die allgemeinen Handlungsmaßstäbe und Verhaltensmaximen einhält.[644] Entscheidend ist demnach auch hier, dass die

---

637 Vgl. hierzu *Altmeppen*, in: MüKo-AktG, § 311 Rn. 307 ff.; *Krieger*, in: MHdB AG, § 69 Rn. 28.

638 *Kleindiek*, in: Hommelhoff/Hopt/v.Werder, HdB CG, 571, 595 f.; *U.H. Schneider*, in: FS Raiser (2005), 341, 348, 353.

639 Vgl. hierzu die Ausführungen unter Kap. 4.A.II.1.b.

640 *Hopt/Roth*, in: GK-AktG, § 111 Rn. 381; *Habersack*, in: MüKo-AktG, § 111 Rn. 57; *Mertens/Cahn*, in: KK-AktG, § 111 Rn. 29; *Spindler*, in: Spindler/Stilz, AktG, § 111 Rn. 89; *U.H. Schneider*, in: FS Raiser (2005), 341, 349; *Schwark*, in: FS Ulmer (2003), 605, 625.

641 *Löbbe*, Unternehmenskontrolle, S. 249.

642 *Löbbe*, Unternehmenskontrolle, S. 59 ff.; *U.H. Schneider*, in: FS Raiser (2005), 341, 353.

643 *Altmeppen*, in: MüKo-AktG, § 311 Rn. 411; *v. Falkenhausen*, ZIP 2014, 1205, 1206; *U.H. Schneider*, in: FS Raiser (2005), 341, 350; *Lieder*, Aufsichtsrat, S. 869 f.

644 *Drygala*, in: K. Schmidt/Lutter, AktG, § 111 Rn. 30; *Kleindiek*, in: Hommelhoff/Hopt/v. Werder, HdB CG, 571, 595; *Mertens/Cahn*, in: KK-AktG, § 111 Rn. 24; vgl. weiter *Löbbe*, Unternehmenskontrolle, S. 401.

Vorgaben der Rechtmäßigkeit, Ordnungsmäßigkeit, Zweckmäßigkeit und Wirtschaftlichkeit eingehalten werden.

Seine Überwachungsaufgabe muss der Aufsichtsrat des Tochterunternehmens umso ernster nehmen, wenn die konkrete Gefahr besteht, dass die Interessen der Obergesellschaft mit den Belangen des Tochterunternehmens kollidieren.[645] Der Aufsichtsrat des Tochterunternehmens ist deshalb gewissermaßen der „Hüter der Interessen des abhängigen Unternehmens".[646]

3. *Ergebnis*

Im Rahmen der Konzernleitung hat der Aufsichtsrat sich mit den grundlegenden Fragen der Konzernstruktur, -strategie und -organisation sowie der konzernweiten Koordination der Finanz-, Investitions- und Bilanzpolitik auseinanderzusetzen. Handelt es sich bei der konzernleitenden Gesellschaft um ein am Markt operativ tätiges Unternehmen, ist der Aufsichtsrat darüber hinaus dafür zuständig, die Abstimmung der Markt- und Produktpolitik sowie die Geschäfts- und Ergebnisentwicklung bei den einzelnen Tochterunternehmen zu überwachen.

Der Aufsichtsrat des Mutterunternehmens hat dabei das Interesse des Mutterunternehmens zu wahren, im Rahmen dessen die Interessen des Tochterunternehmens allerdings zu berücksichtigen sind. Auf Ebene des Tochterunternehmens unterscheidet sich der Überwachungsgegenstand nicht wesentlich von dem eines Einzelunternehmens. Auch hier sind ausschließlich die Leitungsentscheidungen des Vorstands des Tochterunternehmens zu überwachen. Dazu gehören jedoch auch solche Maßnahmen, die aufgrund der Einflussnahme des Mutterunternehmens stattfinden.

Der Überwachungsmaßstab ist, wie beim Einzelunternehmen, die Rechtmäßigkeit des Vorstandshandelns, die Wirtschaftlichkeits- sowie Zweckmäßigkeitskontrolle eben dieses Handelns, sowie dessen Ordnungsmäßigkeit. Dabei hat der Aufsichtsrat die Interessen des einzelnen Unternehmens zu berücksichtigen. Dies gilt umso mehr, wenn die Gefahr besteht, dass die Interessen des Mutter- und Tochterunternehmens kollidieren.

---

645 *Martens,* ZHR 159 (1995), 567, 587 f.; *U.H. Schneider,* in: FS Raiser (2005), 341, 349; *Lieder,* Aufsichtsrat, S. 870; *Löbbe,* Unternehmenskontrolle, S. 391.

646 *U.H. Schneider,* in: FS Raiser (2005), 341, 349; im Ergebnis ebenso *Lieder,* Aufsichtsrat, S. 870; *Löbbe,* Unternehmenskontrolle, S. 400; kritisch *Decher,* Verflechtungen, S. 164 ff.

III. Überwachungsinstrumente

Um den Unternehmensgegenstand zu wahren und den Überwachungsmaßstab einzuhalten, stehen dem Aufsichtsrat sowohl im Einzelunternehmen, wie auch im Mutter- sowie Tochterunternehmen verschiedene Instrumente zur Verfügung. In Anlehnung an *Hopt/Roth*[647] erfolgt eine Einteilung in reine Überwachungsinstrumente (1), Überwachungsinstrumente mit einwirkendem Charakter (2) sowie Einwirkungsmöglichkeiten im engeren Sinne (3).

1. Reine Überwachungsinstrumente

Die Information des Aufsichtsrats ist das am häufigsten verwendete, aber gleichzeitig auch das minimalinvasivste Überwachungsinstrument. Die Informationsversorgung erfolgt durch den Vorstand. Er ist nach § 90 Abs. 1 AktG dazu verpflichtet, den Aufsichtsrat stets über das Unternehmensgeschehen informiert zu halten. Als Schwerpunkt des Überwachungsinstruments „Information" prüft der Aufsichtsrat anhand der Berichte über das Unternehmensgeschehen, ob der Vorstand die Berichterstattungspflicht ordnungsgemäß erfüllt, deckt mögliche Pflichtverletzungen auf und kontrolliert den Vorstand auf gravierende Abweichungen von der Unternehmensplanung oder andere Fehlentwicklungen.[648] Da die Berichte über das Unternehmensgeschehen allein die historische Entwicklung des Unternehmens beinhalten, handelt es sich zudem um ein rein nachgelagertes Kontrollinstrument.

Der Aufsichtsrat ist bei der Überwachung jedoch nicht nur auf die Berichte des Vorstands über das Unternehmensgeschehen beschränkt. Vielmehr stehen ihm nach § 90 Abs. 3 AktG zusätzliche Einsichtsrechte zu. Um sein Verständnis über die Unternehmenslage zu schärfen, kann er nach § 111 Abs. 2 AktG auch einen Sachverständigen beauftragen. An den Vorstandssitzungen darf er jedoch nicht teilnehmen und kann auch nicht verlangen, dass der Vorstand ihm die Vorstandsprotokolle aushändigt.[649] Kommt der Vorstand seinen Informationspflichten nicht nach, kann der Aufsichtsrat vielmehr nur fordern, dass der Vorstand ihn mit erforderlichen Informationen im Wege einer Informationsordnung

647 *Hopt/Roth*, in: GK-AktG, § 111 Rn. 326 ff.

648 *Mertens/Cahn*, in: KK-AktG, § 111 Rn. 37; *Spindler*, in: Spindler/Stilz, AktG, § 111 Rn. 34; *Lutter*, Information, Rn. 32 ff.; die hohe Bedeutung guter Informationsversorgung für die Überwachungstätigkeit des Aufsichtsrats betonend auch *Hüffer*, NZG 2007, 47, 48 f.; ferner *Göppert*, Aufsichtsrat, S. 48.

649 *Habersack*, in: MüKo-AktG, § 111 Rn. 27; *Koch*, in: Hüffer/Koch, AktG, § 111 Rn. 13.

versorgt; im Extremfall kann er Schadensersatzansprüche wegen Verletzung der Berichtspflichten des Vorstands geltend machen.[650]

2. *Überwachungsinstrumente mit einwirkendem Charakter*

Unter die Kategorie „Überwachungsinstrumente mit einwirkendem Charakter" fallen Maßnahmen wie die Beratung des Vorstands sowie Stellungnahmen zu Berichten (etwa Empfehlungen, Beanstandungen und Bedenkenäußerungen).[651] Anders als die reinen Überwachungsinstrumente weisen sie einen rein präventiven Charakter auf, da der Aufsichtsrat mittels dieser Instrumente bereits vor Tätigwerden des Vorstands auf diesen einwirken kann. Durch die beratende und helfende Tätigkeit des Aufsichtsrats sollen frühzeitig die Leitplanken für ein ordnungsgemäßes und insbesondere für ein rechtmäßiges Handeln des Vorstands gesetzt und einem Fehlverhalten des Vorstands vorgebeugt werden.

Zwar sind die Überwachungsinstrumente mit einwirkendem Charakter für den Vorstand nicht bindend;[652] gleichwohl setzt der Aufsichtsrat den Vorstand durch seine Stellungnahmen sowie Bitten um Erklärungen unter einen „Begründungszwang"[653], der den Vorstand zwingt, seine geplanten oder vorgenommenen Handlungen noch einmal einer Plausibilitätsprüfung zu unterziehen.[654] Stellt sich dabei heraus, dass die geplanten Handlungen unzulässig sind, muss der Vorstand sie anpassen, um etwaige Schadensersatzpflichten zu vermeiden.

3. *Einwirkungsmöglichkeiten im engeren Sinne*

Um die stärksten Einwirkungsmöglichkeiten des Aufsichtsrats handelt es sich bei unmittelbar wirkenden und rechtlich verbindlichen Maßnahmen gegenüber dem Vorstand (sog. Einwirkungsmöglichkeiten im engeren Sinne). Ebenso wie

---

650 *Hopt/Roth*, in: GK-AktG, § 111 Rn. 332.

651 *Habersack*, in: MüKo-AktG, § 111 Rn. 32; *Hopt/Roth*, in: GK-AktG, § 111 Rn. 333; *Mertens/Cahn*, in: KK-AktG, § 111 Rn. 37, 40; *Spindler*, in: Spindler/Stilz, AktG, § 111 Rn. 10.

652 *Hopt/Roth*, in: GK-AktG, § 111 Rn. 333 ff.; *Mertens/Cahn*, in: KK-AktG, § 111 Rn. 37; *Spindler*, in: Spindler/Stilz, AktG, § 111 Rn. 29; *Hoffmann-Becking*, in: MHdB AG, § 29 Rn. 42; *Lutter/Krieger/Verse*, Rechte und Pflichten, Rn. 101.

653 *Mertens/Cahn*, in: KK-AktG, § 111 Rn. 39; *Hoffmann-Becking*, in: MHdB AG, § 29 Rn. 42; *Matthießen*, Interessenkollision, S. 290.

654 *Mertens/Cahn*, in: KK-AktG; § 111 Rn. 40; *Hoffmann-Becking*, in: MHdB AG, § 29 Rn. 42.

die Überwachungsinstrumente mit einwirkendem Charakter haben sie einen überwiegend präventiven Charakter.

Dieser präventive Charakter ergibt sich zum einen aus dem Umstand, dass der Aufsichtsrat auf die Organisation des Vorstands Einfluss nehmen kann, indem er für ihn gem. § 77 Abs. 2 AktG eine Geschäftsordnung erlassen kann. Dabei verfügt er über eine hohe Gestaltungsfreiheit. Der Aufsichtsrat kann zum Beispiel die Geschäftsverteilung, die Geschäftsführungs- und Vertretungsbefugnisse, Regelungen über den Ablauf der Vorstandssitzungen, die Beschlussfähigkeit oder die Zusammenarbeit mit dem Aufsichtsrat regeln oder ändern.[655] Dabei muss der Aufsichtsrat jedoch stets die Grenzen des Geschäftsführungsverbots nach § 111 Abs. 4 Satz 1 AktG wahren. Der Aufsichtsrat darf mithin seine präventive Überwachungsaufgabe nicht so weit ausdehnen, dass er sich eigenmächtig zu einem zweiten Geschäftsführungsorgan aufschwingt. Andernfalls würde das in Deutschland herrschende dualistische System von Geschäftsführung und Überwachung durchbrochen.[656]

Als Bestandteil einer *ex post*-Überwachung steht dem Aufsichtsrat zudem die Möglichkeit offen, im Namen des Unternehmens Schadensersatzansprüche gegen die einzelnen Vorstandsmitglieder nach den Grundsätzen geltend zu machen, die der BGH in der ARAG/Garmenbeck-Entscheidung[657] aufgestellt hat.[658] Ob der Aufsichtsrat den Vorstand darüber hinaus darauf verklagen darf, seine Pflichten zu erfüllen (Interorganklage), ist jedoch umstritten; die herrschende Meinung lehnt diese Möglichkeit als unzulässig ab, da die Organe einer Aktiengesellschaft schon nicht parteifähig seien.[659]

Zum anderen drückt sich die präventive Eigenschaft dieser Überwachungsmöglichkeiten dadurch aus, dass der Aufsichtsrat zum Wohle der Gesellschaft nach § 111 Abs. 3 AktG die Hauptversammlung „einberufen und dieser eine bestimmte Überwachungsaufgabe übertragen" kann.[660] Zu beachten ist jedoch,

---

655 *Habersack*, in: MüKo-AktG; § 111 Rn. 33; *Kort*, in: GK-AktG, § 77 Rn. 80; *Mertens/Cahn*, in: KK-AktG, § 111 Rn. 41.

656 *Habersack*, in: MüKo-AktG, § 111 Rn. 96.

657 BGH, Urteil vom 21. April 1997, BGHZ 135, 244, 254 ff. – *ARAG/Garmenbeck*.

658 *E. Vetter*, in: Marsch-Barner/Schäfer, HdB börsennotierte AG, § 26 Rn. 42.

659 OLG Hamburg, Urteil vom 6. März 1992, AG 1992, 197; *Habersack*, in: MüKo-AktG, § 111 Rn. 33; *Hopt/Roth*, in: GK-AktG, § 111 Rn. 348; *Koch*, in: Hüffer/Koch, AktG, § 111 Rn. 4, 16; *Mertens/Cahn*, in: KK-AktG, § 111 Rn. 43; a.A. *Steinbeck*, Überwachungspflicht, S. 187 f.

660 *Habersack*, in: MüKo-AktG, § 111 Rn. 89 ff. mit Erläuterungen zum Begriff „Wohl der Gesellschaft".

dass nach § 121 Abs. 1, 2 AktG auch der Vorstand dazu verpflichtet ist, die Hauptversammlung einzuberufen, wenn das Wohl der Gesellschaft es erfordert. Vor diesem Hintergrund kommt der Einberufungsbefugnis des Aufsichtsrats vor allem in denjenigen Fällen Bedeutung zu, in denen entweder Aufsichtsrat und Vorstand unterschiedlicher Meinung darüber sind, ob die Einberufung notwendig ist, oder der Vorstand die Hauptversammlung nicht einberuft, obwohl ihm bewusst ist, dass er dies eigentlich tun müsste.[661]

Des Weiteren hat der Aufsichtsrat nach § 111 Abs. 4 Satz 2 AktG[662] bestimmte Geschäfte seiner Zustimmung zu unterwerfen. Der Zustimmungsvorbehalt des Aufsichtsrats dient im Wesentlichen dazu, für das Unternehmen nachteilige Geschäfte und Maßnahmen, für die eine nachträgliche Kontrolle keinen ausreichenden Schutz bereithält, zu verhindern.[663] Der Aufsichtsrat soll daher bedeutsame Geschäfte darauf überprüfen können, ob sie nach seiner Ansicht den Interessen der Gesellschaft entsprechen, bevor der Vorstand sie überhaupt abschließt.

IV. Zusammenfassung

Die Überwachungsaufgabe des Aufsichtsrats hat alle Maßnahmen und Handlungen zum Gegenstand, welche die Führung und Leitung des Unternehmens betreffen. Der Aufsichtsrat prüft das Vorstandshandeln darauf, ob es rechtmäßig, zweckmäßig, wirtschaftlich und ordnungsmäßig ist.

Als Überwachungsinstrumente stehen dem Aufsichtsrat sowohl präventive als auch repressive Maßnahmen zur Verfügung. Als repressive Maßnahmen, um die Unternehmensleitung zu überwachen, sieht das Aktienrecht die Klage auf Schadensersatz gegen das einzelne Vorstandsmitglied sowie die Abberufung des Vorstands vor. Die präventiven Maßnahmen hingegen umfassen die Beratung des Aufsichtsrats, den Erlass einer Geschäftsordnung sowie die Implementierung von Zustimmungsvorbehalten für bestimmte Geschäfte.

---

661 *Habersack*, in: MüKo-AktG, § 111 Rn. 89.

662 Zu weiteren speziellen Zustimmungsvorbehalten siehe Kap. 4.B.

663 BGH, Urteil vom 11. Dezember 2006, AG 2007, 167 Rn. 9 (zur GmbH); BGH, Urteil vom 21. April 1997, BGHZ 135, 244, 255 – *ARAG/Garmenbeck*; *Habersack*, in: MüKo-AktG, § 111 Rn. 100; *Hopt/Roth*, in: GK-AktG, § 111 Rn. 583; *Mertens/Cahn*, in: KK-AktG, § 111 Rn. 79; *Spindler*, in: Spindler/Stilz, AktG, § 111 Rn. 62; *Hoffmann-Becking*, in: MHdB AG, § 29 Rn. 53; *Brouwer*, Zustimmungsvorbehalte, S. 54; *Schönberger*, Zustimmungsvorbehalte, S. 65, 205; *Steinbeck*, Überwachungspflicht, S. 149.

Im faktischen Konzern unterscheidet sich die Kontrolle des Aufsichtsrats hinsichtlich des Maßstabes und der Instrumente der Überwachung nicht wesentlich von den Vorgaben für Einzelunternehmen. Sowohl auf Ebene des Mutter- als auch auf der des Tochterunternehmens orientiert sich die Überwachung nur an denjenigen Maßnahmen und Handlungen des Vorstands, welche die Führung und Leitung des Unternehmens betreffen. Auch die Überwachungsinstrumente bleiben gleich. Der Umfang des Überwachungsgegenstands divergiert jedoch im faktischen Konzern. Der Vorstand des Mutterunternehmens muss sich neben den Maßnahmen und Handlungen, die allein das Mutterunternehmen betreffen, auch mit grundlegenden Fragen der Konzernstruktur, -strategie und -organisation sowie der konzernweiten Koordination der Finanz-, Investitions- und Bilanzpolitik auseinandersetzen. Demgegenüber konzentriert sich der Vorstand des Tochterunternehmens ausschließlich darauf, das Tochterunternehmen zu führen und zu leiten. Entsprechend divergiert auch der Umfang des Überwachungsgegenstands des Aufsichtsrats. Die Aufgaben des Aufsichtsrats des Mutter- und Tochterunternehmens sind also nicht identisch und bedürfen einer differenzierten Betrachtung. Während der Aufsichtsrat des Mutterunternehmens auch konzernbezogene Maßnahmen und Handlungen darauf überprüft, ob sie rechtmäßig, zweckmäßig, wirtschaftlich sowie ordnungsmäßig sind, hat der Aufsichtsrat des Tochterunternehmens neben dem bereits im Einzelunternehmen benannten Überwachungsgegenstand, der Führung und Leitung des Unternehmens, insbesondere auch die Einwirkung des Mutter- auf das Tochterunternehmen, zu überprüfen.

B. Zustimmungsvorbehalte des Aufsichtsrats im deutschen Aktienrecht

Das AktG etabliert spezialgesetzliche Zustimmungsvorbehalte des Aufsichtsrats in §§ 59 Abs. 3, 89 Abs. 1 Satz 1, 114 Abs. 1, 115 Abs. 1 Satz 1, 204 Abs. 2 HS 2 i.V.m. 202 bzw. 205, 308 Abs. 3 AktG sowie §§ 32 MitbestG, 15 MitbestErgG. Speziell auf *Related Party Transactions* zugeschnitten ist jedoch keiner von ihnen. In Betracht kommt daher lediglich, die Zustimmung zu *Related Party Transactions* i.S.d. Art. 9c Abs. 1 AktR-RL 2017 unter den allgemeinen Tatbestand des § 111 Abs. 4 Satz 2 AktG zu fassen. Dies gebietet eine vertiefte Auseinandersetzung mit dem Zustimmungsvorbehalt nach § 111 Abs. 4 Satz 2 AktG.

I. Der Zustimmungsvorbehalt i.S.v. § 111 Abs. 4 Satz 2 AktG

Nach § 111 Abs. 4 Satz 2 AktG legt entweder die Satzung oder der Aufsichtsrat fest, dass der Vorstand „bestimmte Arten" von „Geschäften" nur mit Zustimmung des Aufsichtsrats vornehmen darf (sog. zustimmungsvorbehaltspflichtige Geschäfte[664]). Als der Gesetzgeber § 111 Abs. 4 Satz 2 AktG im Jahre 2002 durch das TransPuG einführte, verzichtete er bewusst – anders als die Gesetzgeber in Österreich[665] und in den Niederlanden[666] – auf einen Katalog zustimmungsvorbehaltspflichtiger Geschäfte. Er vertrat dabei die Meinung, dass es einerseits nicht sachgerecht sein könne, jeder Gesellschaft ungeachtet ihrer Größe, Branche und sonstigen Verhältnisse katalogartig einheitliche Vorgaben überzustülpen, und dass andererseits einen zu allgemein formulierten Katalog schwierig zu formulieren sei und zu Missverständnissen führen könne.[667]

Der deutsche Gesetzgeber hat es stattdessen der Hauptversammlung bzw. dem Aufsichtsrat überlassen, die Zustimmungsvorbehalte näher auszugestalten. Anhaltspunkte über den Inhalt dieser Zustimmungsvorbehalte lassen sich Ziff. 3.3. Satz 2 DCGK, dessen Aufgabe es ist, das geltende Recht wiederzugeben und weiter zu konkretisieren, [668] entnehmen. Danach sind Entscheidungen oder Maßnahmen, die die Vermögens-, Finanz oder Ertragslage des Unternehmens grundlegend verändern, einem Zustimmungsvorbehalt zu unterwerfen.

II. Die Tatbestandsmerkmale des § 111 Abs. 4 Satz 2 AktG

Um feststellen zu können, ob es sich bei *Related Party Transactions* um Geschäfte von grundlegender Bedeutung im Sinne von Ziff. 3.3 DCGK handelt, bedarf es zunächst einer dezidierten Auseinandersetzung mit den Tatbestandsmerkmalen des § 111 Abs. 4 Satz 2 AktG.

---

664 Zur Terminologie vgl. *Fleischer*, BB 2013, 835, 839; *Brouwer*, Zustimmungsvorbehalte, S. 102 ff.; *Schönberger*, Zustimmungsvorbehalte, S. 99 ff.

665 § 95 Abs. 2 Satz 2 öAktG, zur Kritik am österreichischen Katalog siehe *Kalss*, in: MüKo-AktG, § 111 Rn. 158.

666 Boek 2 Art. 164 B.W.

667 BegrRegE, TransPuG, BT-Drucks. 14/8769, S. 17.

668 Begr. RegE, TransPuG, BT-Drucks. 14/8769, S. 18; ebenso *Berrar*, DB 2001, 2181, 2185 f.; krit. *Pfitzer/Oser/Orth*, DB 2002, 157, 162.

1. *Geschäftsbegriff*

In den Gesetzesmaterialien finden sich keine Anhaltspunkte, die den Begriff „Geschäft" konkretisieren. Berücksichtigt man jedoch, dass es sich bei der Pflicht des Aufsichtsrats, grundlegende Geschäfte seiner Zustimmung zu unterwerfen, nicht um eine freie Zuständigkeit handelt, um an der Geschäftsführung mitzuwirken, sondern um einen Bestandteil seiner Überwachungsfunktion,[669] wird deutlich: Der Zustimmungsvorbehalt kann sich nur auf Geschäfte beziehen, die auch der Überwachung des Aufsichtsrats unterliegen.[670]

Der Begriff der „Geschäftsführung" i.S.v. § 111 Abs. 1 AktG umfasst jedenfalls alle Leitungs- und Führungsentscheidungen des Vorstands, die für die Lage und Entwicklung des Unternehmens bedeutsam sind. Auf dieses Begriffsverständnis auch im Rahmen des § 111 Abs. 4 Satz 2 AktG zurückzugreifen, ergibt sich zwar nicht unmittelbar aus dem Wortlaut des § 111 Abs. 4 Satz 2 AktG. Rückschlüsse darauf lässt jedoch § 111 Abs. 4 Satz 1 AktG zu. Er stellt – wie § 111 Abs. 1 AktG – auf die „Geschäftsführung" ab. Dass es sich bei dem Zustimmungsvorbehalt i.S.v. § 111 Abs. 4 Satz 2 AktG um eine Ausnahme von dem in Satz 1 normierten Geschäftsführungsverbot handelt, zeigt auch die Verwendung des Wortes „jedoch" in § 111 Abs. 4 Satz 2 AktG; ferner spricht dafür die systematische Stellung des Zustimmungsvorbehalts in § 111 Abs. 4 Satz 2 AktG hinter dem Geschäftsführungsverbot in § 111 Abs. 4 Satz 1 AktG. Da eine Ausnahme gleichwohl nicht weiter reichen kann als der dieser Ausnahme zugrunde liegende Tatbestand, ist auch im Rahmen des § 111 Abs. 4 Satz 1 AktG auf das Begriffsverständnis in § 111 Abs. 1 AktG zurückzugreifen.[671]

---

669 BGH, Urteil vom 21. April 1997, BGHZ 135, 244, 254 f. – *ARAG/Garmenbeck*; BGH, Urteil vom 11. Dezember 2006, AG 2007, 167, 168 Rn. 9; *Drygala*, in: K. Schmidt/Lutter, AktG, § 111 Rn. 49; *Habersack*, in: MüKo-AktG, § 111 Rn. 100, 106; *Mertens/Cahn*, in: KK-AktG, § 111 Rn. 84; *Spindler*, in: Spindler/Stilz, AktG, § 111 Rn. 62; *E. Vetter*, in: Marsch-Barner/Schäfer, HdB börsennotierte AG, § 26 Rn. 26; *Götz*, NZG 2002, 599, 602.

670 Ganz h.M. siehe jeweils m.w.N. *Drygala*, in: K. Schmidt/Lutter, AktG, § 111 Rn. 49; *Grigoleit/Tomasic*, in: Grigoleit, AktG, § 111 Rn. 44; *Hopt/Roth*, in: GK-AktG, § 111 Rn. 641; *Mertens/Cahn*, in: KK-AktG, § 111 Rn. 84; *Spindler*, in: Spindler/Stilz, AktG, § 111 Rn. 64; *Hoffmann-Becking*, in: MHdB AG, § 29 Rn. 51; *Rodewig*, in: Semler/v. Schenck, AHdB AR, § 8 Rn. 1; *E. Vetter*, in: Marsch-Barner/Schäfer, HdB börsennotierte AG, § 26 Rn. 28; *Fonk*, ZGR 2006, 841, 846.

671 *Habersack*, in: MüKo-AktG, § 111 Rn. 106, 112; *Hopt/Roth*, in: GK-AktG, § 111 Rn. 638; *Mertens/Cahn*, in: KK-AktG, § 111 Rn. 79; ausdrücklich *v. Rechenberg*,

Bei dem Zustimmungsvorbehalt nach § 111 Abs. 4 Satz 2 AktG handelt es sich zudem um ein Instrument der präventiven Überwachungsmaßnahme[672] des Aufsichtsrats, die er in entscheidenden Fragen nur dann effektiv wahrnehmen kann, wenn sie den *fait accompli*[673], mithin einen nicht mehr rückgängig zu machenden Sachverhalt, verhindert. Dabei dürfen die Zustimmungsvorbehalte jedoch nicht so weit gehen, dass der Aufsichtsrat entgegen § 111 Abs. 4 Satz 1 AktG die Geschäftsführung an sich ziehen und entgegen § 76 AktG die eigenverantwortliche Leitung der Gesellschaft durch den Vorstand unterwandern kann.[674] Vom Zustimmungsvorbehalt ausgeschlossen sind daher solche Maßnahmen der Geschäftsführung, die integraler Bestandteil der Führungsfunktion des Vorstands sind. Andernfalls würde auch die gesetzlich fein austarierte Kompetenzverteilung in der Aktiengesellschaft zugunsten des Aufsichtsrats verschoben – zu Lasten der eigenverantwortlichen Leitung des Vorstands nach § 76 Abs. 1 AktG.[675] In der Folge können dem Zustimmungsvorbehalt nur solche Geschäfte unterfallen, die nach Umfang, Gegenstand, Bedeutung oder Risiko für ein Unternehmen der betreffenden Art und Größe aus dem routinemäßigen Geschäftsbetrieb signifikant herausragen oder von spezifischer unternehmensstrategischer Bedeutung sind.[676]

Darüber hinaus darf der Zustimmungsvorbehalt des Aufsichtsrats nicht den Freiraum des Vorstands so stark einengen, dass er ihm die Initiative in der Unternehmensführung auf breiter Front abschneidet. Um solche Geschäfts-

---

BB 1990, 1356, 1358; *Brouwer*, Zustimmungsvorbehalte, S. 92; *Schönberger*, Zustimmungsvorbehalte, S. 96 f.

672 Vgl. hierzu die Ausführungen unter Kap. 4.A.III.3.

673 *Mertens/Cahn*, in: KK-AktG, § 111 Rn. 84.

674 Zur Begründung ziehen § 76 Abs. 1 AktG heran: *Schiedermair/Kolb*, in: Beck'sches HdB AG, § 7 Rn. 83; *Lutter/Krieger/Verse*, Rechte und Pflichten, Rn. 121; *Götz*, ZGR 1990, 633, 641; *Semler*, Leitung und Überwachung, Rn. 229; mit § 111 Abs. 4 Satz 1 AktG argumentieren *Hopt/Roth*, in: GK-AktG, § 111 Rn. 639; *Koch*, in: Hüffer/Koch, AktG, § 111 Rn. 34; beide Normen zitieren *Habersack*, in: MüKo-AktG, § 111 Rn. 106; *Mertens/Cahn*, in: KK-AktG, § 111 Rn. 84; *Hoffmann-Becking*, in: MHdB AG, § 29 Rn. 56.

675 Vgl. *Habersack*, in: MüKo-AktG, § 111 Rn. 106; *Koch*, in: Hüffer/Koch, AktG, § 111 Rn. 42; *Mertens/Cahn*, in: KK-AktG, § 111 Rn. 84; *Oetker*, in: Hommelhoff/Hopt/v. Werder, HdB CG, 261, 264; *Lieder*, DB 2004, 2251, 2253; *Steinbeck*, Überwachungspflicht, S. 150.

676 *Hopt/Roth*, in: GK-AktG, § 111 Rn. 639; *Koch*, in: Hüffer/Koch, AktG, § 111 Rn. 42; *Mertens/Cahn*, in: KK-AktG, § 111 Rn. 84; *Schönberger*, Zustimmungsvorbehalte, S. 64 ff.

führungsmaßnahmen handelt es sich jedenfalls bei Aufgaben, zu denen der Vorstand kraft Gesetz verpflichtet ist, denn dann fehlt es bereits an einer überwachungsfähigen Maßnahme des Vorstands.[677] Dazu gehören Maßnahmen nach § 15a InsO, §§ 92 Abs. 1, 97 Abs. 1, 104 Abs. 1 Satz 2, 121 Abs. 1 AktG sowie die Aufstellung des Jahresabschlusses nach §§ 242, 264 Abs. 1 HGB und des Abhängigkeitsberichts nach § 312 AktG.

Ebenfalls nicht erfasst sind Maßnahmen, die sich noch in der Planungs- und Entscheidungsphase befinden.[678] In dieser Phase erstreckt sich die Geschäftsführung lediglich darauf, die Unternehmenssituation nebst Abwägung der Vor- und Nachteile zu analysieren, um aus mehreren Handlungsalternativen die Optimale auszuwählen und mit passenden Maßnahmen zu bestücken. Befindet sich eine Maßnahme in dieser Phase, ist sie nichts weiter als ein Gedankenkonstrukt, das sich damit auseinandersetzt, wie sich das Unternehmen in Zukunft verhalten sollte. Da § 111 Abs. 4 Satz 1 AktG es dem Aufsichtsrat jedoch im Grundsatz verbietet, Aufgaben der Geschäftsführung zu übernehmen, darf er sich in den Entscheidungsfindungsprozess nicht einmischen.[679] Die Überwachungspflicht des Aufsichtsrats erstreckt sich deshalb nicht auf abstrakte Gedanken und Überlegungen, sondern ausschließlich auf Maßnahmen, die tatsächlich und/oder rechtlich Auswirkungen auf das Unternehmen haben können.[680]

Als „Geschäft" i.S.v. § 111 Abs. 4 Satz 2 AktG sind im Ergebnis daher alle sowohl internen als auch nach außen wirkenden tatsächlichen und rechtlichen Entscheidungen sowie Maßnahmen der Geschäftsführung einzuordnen. Darunter fallen nicht nur Rechtsgeschäfte, sondern auch unternehmensinterne Leitungsmaßnahmen, wie beispielsweise Organisationsentscheidungen. Seine Grenze findet der Geschäftsbegriff des § 111 Abs. 4 Satz 2 AktG jedoch in dem Gebot der eigenverantwortlichen Leitungsmacht des Vorstands gem. § 76 Abs. 1 AktG und dem Geschäftsführungsverbot des Aufsichtsrats. Maßnahmen, zu

677 *Habersack*, in: MüKo-AktG, § 111 Rn. 113; *Hopt/Roth*, in: GK-AktG, § 111 Rn. 640, 645; *Götz*, ZGR 1990, 633, 641; *Semler*, ZGR 1983, 1, 21; *Schönberger*, Zustimmungsvorbehalte, S. 100.

678 *Mertens/Cahn*, in: KK-AktG, § 111 Rn. 86; *Spindler*, in: Spindler/Stilz, AktG, § 111 Rn. 66; *E. Vetter*, in: HdB börsennotierte AG, § 26 Rn. 26.30; so auch *v. Rechnberg*, BB 1990, 1356, 1360 ff.; a.A. *Bürgers/Israel*, in: Bürger/Körbers, AktG, § 111 Rn. 24; *Habersack*, in: MüKo-AktG, § 111 Rn. 112; *Lutter/Krieger/Verse*, Rechte und Pflichten, Rn. 118; *Lutter*, AG 1991, 249, 254; *Habersack*, in: FS Hüffer (2010), 259, 268.

679 *Hopt/Roth*, in: GK-AktG, § 111 Rn. 638.

680 *Hopt/Roth*, in: GK-AktG, § 111 Rn. 638; *Mertens/Cahn*, in: KK-AktG, § 111 Rn. 79 beide unter Verweis auf *Schönberger*, Zustimmungsvorbehalt, S. 100.

denen der Vorstand gesetzlich verpflichtet ist oder die noch nicht umsetzungsreif sind, sind aus diesem Grund nicht vom Geschäftsbegriff i.S.v. § 111 Abs. 4 Satz 2 AktG erfasst.

2. Geschäfte von grundlegender bzw. existenzieller Bedeutung

Ausweislich der Regierungsbegründung sind dem Zustimmungsvorbehalt nach § 111 Abs. 4 Satz 2 AktG lediglich solche Geschäfte unterworfen, welche „die Ertragsaussichten oder die Risikoexposition der Gesellschaft grundlegend verändern und damit von existenzieller Bedeutung für das künftige Geschick der Gesellschaft sind“[681]. Grenzt man ihn von Geschäften, die dem gewöhnlichen Geschäftsbetrieb unterliegen (siehe hierzu a.), ab, erhält auch der Geschäftsbegriff schärfere Konturen. Auch durch das zusätzliche Kriterium der grundlegenden bzw. existenziellen Bedeutung für das Unternehmen (siehe hierzu b.) und die durch den Zustimmungsvorbehalt zu schützenden Interessen (siehe hierzu c.) erfährt der Geschäftsbegriff eine weitere Konkretisierung.

a. Geschäfte des gewöhnlichen Geschäftsbetriebs

Geschäfte des gewöhnlichen Geschäftsbetriebs sind nicht bereits als Geschäfte von grundlegender bzw. existenzieller Bedeutung anzusehen.[682] Andernfalls wäre der Aufsichtsrat trotz der (durch § 76 Abs. 1 AktG garantierten) eigenverantwortlichen Leitungsbefugnis des Vorstands in sämtliche Geschäfte involviert, was ihn faktisch zu einem zweiten Geschäftsführungsorgan aufwerten würde. Ein solches Position des Aufsichtsrats stünde jedoch im diametralen Gegensatz zu dem in Deutschland herrschenden dualistischen System im Aktienrecht: Der Aufsichtsrat ist dort in erster Linie das Organ, das die Geschäftsführung überwacht. Darüber hinaus stünde es im Widerspruch zu dem Sinn und Zweck des Zustimmungsvorbehalts. Die zusätzliche Kontrolle des Aufsichtsrats soll verhindern, dass es zu Geschäften kommt, die für das Unternehmen wirtschaftlich nachteilig sind. Eine Vorabkontrolle ist jedoch nur bei solchen Maßnahmen geboten, die nach Art oder Umfang ein besonderes finanzielles Risiko in sich bergen.[683] Davon ist bei Geschäften des gewöhnlichen Geschäftsbetriebs nicht auszugehen. Des Weiteren würden die Flexibilität und Wettbewerbsfähigkeit des Unternehmens zu stark eingeschränkt, wenn dem gewöhnlichen

---

681 Begr. RegE, TransPuG, BT-Drs. 14/8769, S. 17.
682 Begr. RegE, TransPuG, BT-Drs. 14/8769 S. 17.
683 *Schönberger*, Zustimmungsvorbehalte, S. 101.

Geschäftsbetrieb unterliegende Geschäfte einer Zustimmung des Aufsichtsrats bedürften.

Im Ergebnis sind nur solche Maßnahmen oder Entscheidungen des Vorstands zustimmungsvorbehaltspflichtig, die jedenfalls nach Gegenstand, Umfang oder Risiko über den gewöhnlichen Geschäftsbetrieb hinausgehen.[684]

b. Geschäfte von grundlegender bzw. existenzieller Bedeutung

Fraglich ist gleichwohl, wann ein Geschäft eine grundlegende bzw. existenzielle Bedeutung für die Gesellschaft aufweist und damit zwingend einem Zustimmungsvorbehalt zu unterwerfen ist. Einigkeit herrscht ausschließlich darüber, dass „bloß risikoreiche Maßnahmen“[685] auf der einen Seite nicht genügen, und dass es auf der anderen Seite nicht erst darauf ankommen kann, ob das Unternehmen in seiner Existenz gefährdet ist.[686]

Darüber hinaus vertritt die überwiegende Meinung in der Literatur, dass eine Begriffsinterpretation, die sich ausschließlich am Wortsinn („existenziell“) orientiert, und deshalb nur wenige Geschäfte erfasst, im Widerspruch zu der Intention einer verstärkten Präventivkontrolle durch den Aufsichtsrat steht, die zu der Gesetzesänderung des § 111 Abs. 4 Satz 2 AktG im Rahmen des TransPuG geführt hat.[687] So gebe es viele Geschäfte, die zwar einen herausragenden Einfluss auf die Ertragslage der Gesellschaft oder ihre Risikoexposition haben könnten, ohne aber zugleich die Existenz derselben zu bedrohen, sollten sie fehlschlagen. Daher sei der Begriff „existenziell“, den die Gesetzesbegründung benutzt, entweder im Sinne einer „herausragenden“ Bedeutung für das künftige

---

684 Allgemeine Meinung *Habersack*, in: MüKo-AktG, § 111 Rn. 106; *Hopt/Roth*, in: GK-AktG, § 111 Rn. 638, 641; *Koch*, in: Hüffer/Koch, AktG, § 111 Rn. 41; *Mertens/Cahn*, in: KK-AktG, § 111 Rn. 84, 85; *Spindler*, in: Spindler/Stilz, AktG, § 111 Rn. 65; *Hoffmann-Becking*, in: MHdB AR, § 29 Rn. 56; *Lutter/Krieger/Verse*, Rechte und Pflichten, Rn. 118, 121; *Schöneberger*, Zustimmungsvorbehalte, S. 100 f.; *Brouwer*, Zustimmungsvorbehalte, S. 102 ff.; *Fleischer*, BB 2013, 835, 840 spricht treffend von „Untermaßverbot“.

685 *Lieder*, DB 2004, 2251, 2252.

686 *Götz*, NZG 2002, 599, 602 f.; *Lange*, DStR 2003, 376, 377; *Lieder*, DB 2004, 2251, 2252.

687 *Götz*, NZG 2002, 599, 602 f.; ebenso *Bürgers/Israel*, in: Bürgers/Körber, AktG, § 111 Rn. 23; *Habersack*, in: MüKo-AktG, § 111 Rn. 106; *Bosse*, DB 2002, 1592, 1594; *Bornmüller*, BuW 2003, 242, 244; *Lieder*, DB 2004, 2251, 2252 f.; *Schönberger*, Zustimmungsvorbehalte, S. 117 f. (zwischen existenzbedrohend und erheblich im Sinne von § 90 Abs. 1 Satz 1 Nr. 4 AktG).

Schicksal der Gesellschaft[688] zu interpretieren bzw. erfasse nur solche Geschäfte, welche ein Risiko für die Erhaltung der Kapital- und Ertragskraft des Unternehmens darstellen könnten.[689] Mit dem geschäftlichen Vorgang müsse jedoch keine Existenzgefährdung des Unternehmens verbunden sein.

Vertreter eines engen Begriffsverständnisses[690] tragen hingegen vor, dass der gesetzgeberische Hinweis auf den existenziellen Charakter zustimmungspflichtiger Maßnahmen den „entscheidenden Fingerzeig“[691] zur Abgrenzung „grundlegend riskanter“ von bloß „einfach riskanten“ Geschäften gegeben habe. Die Zustimmungspflicht erfasse nur grundlegend riskante Geschäfte. Dafür müsse ein Geschäft ein Risiko mit sich bringen, dessen Verwirklichung die Vermögens-, Finanz- oder Ertragslage der Gesellschaft so verschlechtern würde, dass das Unternehmen in seiner bisherigen Gestalt mit an Sicherheit grenzender Wahrscheinlichkeit nicht mehr fortgeführt werden könnte.[692]

Ein enges Begriffsverständnis hätte jedoch zur Folge, dass der Zustimmungsvorbehalt ausschließlich in Extremfällen zum Tragen käme.[693] Der Gesetzesbegründung lässt sich ein solch begrenzter Anwendungsbereich jedoch nicht entnehmen. Ausweislich der Regierungsbegründung zu § 111 Abs. 4 Satz 2 AktG wollte der deutsche Gesetzgeber eine Möglichkeit schaffen, um existenzgefährdende Maßnahmen und Geschäfte künftig frühzeitig identifizieren und

---

688 *Götz*, NZG 2002, 599, 603; *Fonk*, ZGR 2006, 841, 846 f. („Ein Vorstand, der dem Aufsichtsrat ein Geschäft vorlegt, das die Existenz der Gesellschaft gefährdet, stellt im Normalfall seine Eignung infrage. Eine Zustimmung kommt in diesem Fall erst Recht nicht in Betracht.“); ähnlich *Hopt/Roth*, in: GK-AktG, § 111 Rn. 641 wonach Geschäfte der Zustimmungspflicht unterfallen, „die nach ihrem Gegenstand, ihrem Umfang bzw. dem mit ihnen verbundenen Risiko gerade für das konkrete Unternehmen von besonderer Bedeutung sind“; *Mertens/Cahn*, in: KK-AktG, § 111 Rn. 84 wonach es sich um solche Geschäfte handelt, „die nach Umfang, Gegenstand, Bedeutung oder Risiko für ein Unternehmen der betreffenden Art und Größe aus dem routinemäßigen Geschäftsbetriebs signifikant herausragen oder von spezifischer unternehmensstrategischer Bedeutung sind.“

689 *Schönberger*, Zustimmungsvorbehalte, S. 120.

690 *Lange*, DStR 2003, 376, 377.

691 *Lange*, DStR 2003, 376, 377.

692 *Lange*, DStR 2003, 376, 377; zustimmend *Dietrich*, DStR 2003, 1577, mit Hinweis auf die grundlegende Kompetenzverteilung zwischen Vorstand und Aufsichtsrat, die eine restriktive Auslegung des § 111 Abs. 4 Satz 2 AktG erfordere.

693 *E. Vetter*, in: HdB börsennotierte AG, § 26 Rn. 26.29.

abwehren zu können.[694] Der Schutz für das Unternehmen, den der Gesetzgeber offensichtlich intendiert hat, wäre nur sehr schwach, wenn er allein bei Extremfällen griffe. Insbesondere wären solche Geschäfte nicht erfasst, die zwar über den gewöhnlichen Geschäftsbetrieb hinausgehen und nach Art und Umfang ein besonderes finanzielles Risiko für das Unternehmen in sich bergen, dessen Existenz aber nur mittelbar bedrohen.[695] Zu denken sei etwa an den Verkauf eines wesentlichen Unternehmensteils: Die Gegenleistung könnte zwar den Wert des Unternehmensteils wiederspiegeln, das Unternehmen könnte ohne ihn aber womöglich nicht in der Lage sein, weiterhin gewinnbringend unternehmerisch tätig zu sein. Der Unternehmensverkauf würde also nicht bereits aus sich heraus zu einer existenziellen Bedrohung des Unternehmens führen. Aufgrund des Wegfalls des wesentlichen Unternehmensteils bestünde jedoch zu befürchten, dass sich der Verkauf mittelbar erheblich nachteilig auf die wirtschaftliche Situation des Unternehmens auswirkt. Darüber hinaus würde der eigentlich als *ex ante*-Überwachungsinstrument ausgestaltete Zustimmungsvorbehalt bei einem engen Begriffsverständnis in unzulässiger Weise in eine *ex post*-Kontrolle umgewandelt. Denn an sich nicht existenzgefährdender Geschäfte können auch erst aufsummiert (Aggregation) zu einer Existenzgefährdung führen. In diesem Fall wären Maßnahmen ausschließlich dann einem Zustimmungsvorbehalt unterworfen, wenn sie die Schwelle der Existenzgefährdung überschreiten; die bereits vorangegangenen Maßnahmen hingegen würden lediglich im Rahmen der Additionsbewertung einer Prüfung unterzogen, unterlägen aber keinem Zustimmungsvorbehalt. Der mit § 111 Abs. 4 Satz 2 AktG intendierte Zweck der Früherkennung potenziell vermögensgefährdender Maßnahmen liefe damit jedoch praktisch ins Leere.[696] Gegen ein enges Verständnis spricht des Weiteren Ziff. 3.3 DCGK, der – in der Intention, das Gesetz zu konkretisieren – davon spricht, dass „Entscheidungen oder Maßnahmen, die die Vermögens-, Finanz- oder Ertragslage des Unternehmens grundlegend verändern", einem Zustimmungsvorbehalt zu unterwerfen sind. Insoweit stellt Ziff. 3.3 DCGK schon nicht darauf ab, ob das Geschäft die Existenz des Unternehmens bedroht, sondern greift bewusst früher ein. Vor diesem Hintergrund ist „existenziell" also

694 Zur Herleitung dieses gesetzgeberischen Ziels ausführlich *Schönberger*, Zustimmungsvorbehalte, Fn. 286.

695 *Götz*, NZG 2002, 599, 602; i.Erg. auch *Lieder*, DB 2004, 2251, 2252 f.; *Schönberger*, Zustimmungsvorbehalte, S. 116 f.

696 *Schönberger*, Zustimmungsvorbehalte, S. 117.

nicht mit „existenzbedrohend“ gleichzusetzen. Auch deshalb ist allein ein weites Begriffsverständnis sachgerecht.

Die voranstehende Auseinandersetzung hat gezeigt, dass ein Geschäft dann als von grundlegender bzw. existenzieller Bedeutung anzusehen ist, wenn es sich erheblich nachteilig auf die Vermögens-, Finanz- oder Ertragslage des Unternehmens auswirken kann. Wann ein solches Geschäft im Einzelnen vorliegt, bleibt jedoch weiterhin offen. Dafür bedarf es weiterer bestimmender Faktoren, die sich aus den Interessen ergeben, die § 111 Abs. 4 Satz 2 AktG schützt.

c. *Zu schützende Interessen*

Um den Begriff „Geschäfte von grundlegender bzw. existenzieller Bedeutung“ zu konkretisieren, bedarf es eines Blickes auf die Interessen, die der Zustimmungsvorbehalt schützen soll: Der Aufsichtsrat soll gewährleisten, dass der Vorstand die widerstreitenden Partikularinteressen in einem Unternehmen tatsächlich in dem gemeinsamen Interesse vereint, den Bestand des Unternehmens als produktive und wertschöpfende Einheit zu erhalten.[697] Dieser Maßstab gilt auch für die Anordnung von Zustimmungsvorbehalten gemäß § 111 Abs. 4 Satz 2 AktG. Aus diesem Grund sind Maßnahmen dann als grundlegend bzw. existenziell und damit als zustimmungspflichtig anzusehen, wenn sie das austarierte Interessensgleichgewicht ins Wanken bringen.

Anhaltspunkte darüber, wann das Gesamtinteresse außer Balance gerät, ergeben sich aus der Vermögens-, Finanz- und Ertragslage des Unternehmens. Dies lässt sich der Gesetzesbegründung sowie Ziff. 3.3 DCGK entnehmen.[698] Zu berücksichtigen ist jedoch auch hier, dass die Vermögens-, Finanz- und Ertragslage eines Unternehmens ausschließlich den ökonomischen Status Quo des Unternehmens wiederspiegeln. Da es im Rahmen der Zustimmung durch den Aufsichtsrat gleichwohl stets geboten ist, eine *ex ante*-Bewertung des Geschäfts vorzunehmen, kann ein grundlegendes bzw. existenzielles Geschäft ausschließlich dann vorliegen, wenn es die wirtschaftliche Lage des Unternehmens *künftig* verändern wird.

Wann die Vermögens-, Finanz- und Ertragslage des Unternehmens derart beeinträchtigt ist, dass sie als grundlegend bzw. existenziell gefährdet gelten kann, hängt vom konkreten Einzelfall ab. Maßgeblich ist der Umfang der einzelnen Maßnahme und wie sie sich auf die wirtschaftliche Lage sowie die Risikoaffinität des Unternehmens auswirkt. In die Bewertung sind dabei stets auch die Art

---

697 Vgl. hierzu die Ausführungen unter Kap. 4.A.I.1.

698 Umfassend hierzu *Schönberger*, Zustimmungsvorbehalte, S. 121 ff.

und Größe sowie die konkreten Verhältnisse des betreffenden Unternehmens einzustellen.[699]

Eine grundlegende bzw. existenzielle Beeinträchtigung der Vermögens-, Finanz- und Ertragslage des Unternehmens kann sich auch erst durch die Addition oder Kumulation der einzelnen Maßnahmen ergeben.[700] Werden in dem Unternehmen beispielsweise mehrere Maßnahmen gleichzeitig oder in Abhängigkeit voneinander realisiert, die zwar für sich genommen die Vermögens-, Finanz- oder Ertragslage des Unternehmens nicht beeinträchtigt hätten, in ihrer Gesamtschau jedoch dazu in der Lage sind, unterliegt jede einzelne Maßnahme den Zustimmungsvorbehaltspflichten.[701]

Eine Pflicht des Aufsichtsrats, Zustimmungsvorbehalte anzuordnen, wird man jedenfalls dann annehmen müssen, wenn sich die Maßnahme der Geschäftsführung (d.h. das „Geschäft" i.S.v. § 111 Abs. 4 Satz 2 AktG) bereits aus *ex ante*-Sicht als so schwerwiegend für ihre Risikoexposition herausstellt, dass dem Unternehmen im Falle eines Misslingens schwerwiegende Schäden drohen.[702] Ein schwerwiegender Schaden droht, wenn die Maßnahmen entweder die strategische Ausrichtung des Unternehmens verändern und/oder mit Risiken verbunden sind, die sich gerade deshalb gravierend auf die Finanz-, Vermögens- und Ertragslage auswirken können, weil sie sich nur schwerlich bzw. gar nicht korrigieren lassen.

d. Ergebnis

Zustimmungsvorbehaltspflichtig sind Geschäfte, die für die Gesellschaft von grundlegender bzw. existenzieller Bedeutung sind. Das ist der Fall, wenn die Maßnahme allein oder im Zusammenwirken mit weiteren Maßnahmen geeignet ist, die Vermögens-, Finanz- oder Ertragslage der Gesellschaft oder ihre Risikoexposition wesentlich nachteilig zu verändern. Die Maßnahme muss die Existenz des Unternehmens nicht bedrohen. Ausreichend ist, dass dem Unternehmen

---

699 *Habersack*, in: MüKo-AktG, § 111 Rn. 106; *Hopt/Roth*, in: GK-AktG, § 111 Rn. 641; *Koch*, in: Hüffer/Koch, AktG, § 111 Rn. 42; *Mertens/Cahn*, in: KK-AktG, § 111 Rn. 84; *Spindler*, in: Spindler/Stilz, AktG, § 111 Rn. 64; *Schönberger*, Zustimmungsvorbehalte, S. 103 ff.

700 *Brouwer*, Zustimmungsvorbehalte, S. 98; so auch *Götz*, NZG 2003, 599, 602; ausführlich dazu *Schönberger*, Zustimmungsvorbehalt, S. 120 ff.

701 *Götz*, NZG 2003, 599, 602.

702 *Lutter*, in: Kremer/Bachmann/Lutter/v. Werder, DCGK, Rn. 371.

schwerwiegende Schäden drohen, wenn das Geschäft misslingen sollte. Insoweit errichtet der Geschäftsbegriff eine materielle Zustimmungsvorbehaltsgrenze.

3. Zusammenfassung

Ein „Geschäft" i.S.v. § 111 Abs. 4 Satz 2 AktG sind all sowohl intern als auch extern wirkenden tatsächlichen und rechtlichen Entscheidungen und Maßnahmen der Geschäftsführung. Nicht umfasst sind hingegen Maßnahmen, zu denen der Vorstand gesetzlich verpflichtet ist oder die noch nicht umsetzungsreif sind.

Der Zustimmungspflicht unterliegen gleichwohl nur solche Geschäfte, die nach Umfang, Gegenstand, Bedeutung oder Risiko für ein Unternehmen der betreffenden Art und Größe aus dem routinemäßigen Geschäftsbetrieb herausragen oder von spezifischer unternehmensstrategischer Bedeutung sind und schwerwiegende Schäden für die Vermögens-, Ertrags- und Finanzlage des Unternehmens drohen, sollten sie misslingen.

III. Bestimmte Arten von Geschäften

Der Zustimmungsvorbehalt nach § 111 Abs. 4 Satz 2 AktG ist dadurch beschränkt, dass er sich auf „bestimmte Arten von Geschäften" konzentriert. Dieses „Bestimmtheitsgebot"[703] setzt voraus, dass die Geschäfte, die dem Zustimmungsvorbehalt unterworfen sind, so genau definiert und bestimmbar sein müssen, dass der Vorstand erkennen kann, welche Geschäfte er nur mit Zustimmung des Aufsichtsrats vornehmen darf.[704] Das Gebot dient dabei letztlich der Rechtssicherheit, da aufgrund des Bestimmtheitserfordernisses für den Vorstand, sowie für den Aufsichtsrat erkennbar ist, welche Geschäfte einem Zustimmungsvorbehalt unterliegen.[705] Eine materielle Einschränkung bringt das Kriterium gleichwohl nicht mit sich.

Für den Fall, dass die Untersuchung zu dem Ergebnis kommen sollte, dass § 111 Abs. 4 Satz 2 AktG den Anforderungen des Art. 9c Abs. 4 AktR-RL 2017 entspricht, besteht in der Folge kein Handlungsbedarf für den deutschen Gesetzgeber. Stellt sich bei der nachfolgenden Prüfung jedoch heraus, dass § 111 Abs. 4 Satz 2 AktG nicht den Anforderungen des Art. 9c Abs. 4 AktR-RL 2017 für den

---

703 Vgl. *Spindler,* in: Spindler/Stilz, AktG, § 111 Rn. 65; *Lange,* DStR 2003, 376, 379.

704 *Drygala,* in: K. Schmidt/Lutter, AktG, § 111 Rn. 55; *Mertens/Cahn,* in: KK-AktG, § 111 Rn. 85; *Spindler,* in: Spindler/Stilz, AktG, § 111 Rn. 65; *Lutter/Krieger/Verse,* Rechte und Pflichten Rn. 118; *E. Vetter,* in: HdB börsennotierte AG, § 26 Rn. 28.

705 *Spindler,* in: Spindler/Stilz, AktG, § 111 Rn. 83; *Lange,* DStR 2003, 376, 379.

Zustimmungsvorbehalt von *Related Party Transactions* entspricht, hat der deutsche Gesetzgeber tätig zu werden. In diesem Fall bietet es sich an, das gesetzliche Novum auf den Strukturen des nationalen Rechts aufzubauen und diese durch eine Reform nach Möglichkeit konsistent weiterzuentwickeln. Aus diesem Grund ist es sinnvoll, auch die weiteren Voraussetzungen des Zustimmungsvorbehalts näher zu analysieren.

1. Art der Geschäfte

Der gesetzlichen Formulierung des § 111 Abs. 4 Satz 2 AktG ist zu entnehmen, dass es sich um „Arten“ von Geschäften handeln muss.[706] Die Geschäfte müssen dafür über ihren Inhalt definierbar sein,[707] sich also in Kategorien einordnen lassen. Denkbar sind etwa Geschäftsarten wie der Kauf und Verkauf von Beteiligungen, Immobilien, Lizenzen oder der Abschluss und die Beendigung von Unternehmensverträgen im Sinne der §§ 291, 292 AktG. Als Geschäftsart zu verstehen sind darüber hinaus die Aufnahme und die Gewährung von Krediten sowie Geschäfte mit weiteren geschäftsbezogenen Merkmalen (zum Beispiel Gründung und Schließung ausländischer Niederlassungen).[708]

Ihrer Art nach unbestimmt sind gem. der herrschenden Lehre hingegen generalklauselartige Formulierungen wie „alle wesentlichen Geschäfte“, „alle grundlegenden Geschäfte“, „alle über den gewöhnlichen Geschäftsbetrieb hinausgehenden Geschäfte“ oder vergleichbare Formulierungen; solche Formulierungen sind unzulässig und in der Folge unwirksam.[709]

---

706 Allerdings sind *ad-hoc* Zustimmungsvorbehalte für einzelne Geschäfte zulässig; siehe hierzu Kap. 4.B.IV.

707 *Drygala*, in: K. Schmidt/Lutter, AktG, § 111 Rn. 45.

708 *Habersack*, in: MüKo-AktG, § 111 Rn. 106; *Hopt/Roth*, in: GK-AktG, § 111 Rn. 639 f.; *Mertens/Cahn*, in: KK-AktG, § 111 Rn. 84; *Spindler*, in: Spindler/Stilz, AktG, § 111 Rn. 65; *Hoffmann-Becking*, in: MHdB AG, § 29 Rn. 39, 42; *E. Vetter*, in: HdB börsennotierte AG, § 26 Rn. 28.

709 OLG Stuttgart, Beschluss vom 28. Mai 2013, AG 2013, 599, 603; *Drygala*, in: K. Schmidt/Lutter, AktG, § 111 Rn. 45, 55; *Habersack*, in: MüKo-AktG, § 111 Rn. 109; *Hopt/Roth*, in: GK-AktG, § 111 Rn. 643; *Koch*, in: Hüffer/Koch, AktG, § 111 Rn. 41; *Mertens/Cahn*, in: KK-AktG, § 111 Rn. 85; *Spindler*, in: Spindler/Stilz, AktG, § 111 Rn. 65; *E. Vetter*, in: HdB börsennotierte AG, § 26 Rn. 28; *Lange*, DStR 2003, 376, 379; *Altmeppen*, in: FS K. Schmidt (2009), 23, 29; ausführlich insb. im Hinblick auf die RegBegr. *Hopt/Roth*, in: GK-AktG, § 111 Rn. 608 ff.

2. *Umfang der zustimmungsbedürftigen Geschäfte*

Aufgrund der in § 111 Abs. 4 Satz 2 AktG zu findenden materiellen Zustimmungsvorbehaltsgrenze[710] ist es darüber hinaus erforderlich, zustimmungspflichtige Geschäfte auch ihrem Umfang nach zu konkretisieren.[711] So ist etwa nicht jede Kredit- oder Spendengewährung ein zustimmungsvorbehaltspflichtiges Geschäft. Hilfreich erscheint es vielmehr, Wertgrenzen für bestimmte Geschäftsarten festzulegen.[712] Dass die Schwelle – wie *Happ* vorschlägt[713] – bereits bei Geschäften, die 1% einer geeigneten Bezugsgröße ausmachen, greifen soll, vermag jedoch nicht zu überzeugen. Gegen einen solch niedrigen Schwellenwert spricht insbes., dass der Geschäftsbegriff in § 111 Abs. 4 Satz 2 AktG keine Maßnahmen des gewöhnlichen Geschäftsbetriebs umfasst und dass zustimmungspflichtige Maßnahmen einer Wesentlichkeitsschwelle unterliegen sollen.[714] Die von *Brouwer* vorgeschlagene 10%-Werthürde scheint mit Blick auf die materiellen Anforderungen an ein grundlegendes bzw. existenzielles Geschäft zweckmäßiger.[715]

Die Wörter „bestimmte Arten" in § 111 Abs. 4 Satz 2 AktG dienen dazu, zustimmungspflichtige Geschäfte zu identifizieren. Diese müssen ihrer Art und (gegebenenfalls) ihrem Umfang nach so konkret beschrieben sein, dass der Vorstand ohne große Interpretationsprobleme weiß, wann er die Zustimmung des Aufsichtsrats einzuholen hat. Nach wohl herrschender Meinung fallen darunter Investitions- und Deinvestitionsentscheidungen des Vorstands wie etwa Unternehmens- und Beteiligungskäufe bzw. -verkäufe oder Grundstücksgeschäfte, die Errichtung neuer Betriebsstätten und Zweigniederlassungen, die Aufnahme von Anleihen oder die Bestellung von Sicherheiten. Auch die Entscheidung, neue Produktlinien oder Geschäftsfelder aufzunehmen oder aufzugeben, wird hierunter gefasst.[716]

---

710 Vgl. hierzu die Ausführungen unter Kap. 4.B.II.2.d.

711 *Hambloch-Gesinn/Gesinn*, in: Hölters, AktG, § 111 Rn. 72; *Johannsen-Roth*, in: Wilsing, DCGK, Ziff. 3.3 Rn. 14; *Peltzer*, Corporate Governance, S. 170 f.; *Fleischer*, BB 2013, 835, 842 unter Verweis auf *Schönberger*, Zustimmungsvorbehalt, S. 137 f., ebenso *Brouwer*, Zustimmungsvorbehalte, S. 124.

712 Vgl. *Lutter/Krieger/Verse*, Rechte und Pflichten, Rn. 118; *Brouwer*, Zustimmungsvorbehalte, S. 124.

713 *Happ*, AR HdB, Kap. 8.01.

714 Vgl. hierzu die Ausführungen unter Kap. 4.B.II.2.

715 *Brouwer*, Zustimmungsvorbehalte, S. 124.

716 Vgl. hierzu *Habersack*, in: MüKo-AktG, § 111 Rn. 110; *Hopt/Roth*, in: GK-AktG, § 111 Rn. 627 ff.; *Hoffmann-Becking*, in: MHdB AR, § 29 Rn. 54; *Lutter/Krieger/Verse*, Rechte

Ein unbestimmter Zustimmungsvorbehalt ist unwirksam. Bei der Pflicht, die Geschäfte zu konkretisieren, handelt es sich mithin um eine formelle Einschränkung des Zustimmungsvorbehaltsrechts. Auf die materielle Reichweite von Zustimmungsvorbehalten haben die Begriffe „bestimmte Arten" indessen keinen Einfluss; dafür kommt es allein auf das aktienrechtliche Kompetenzgefüge an[717].

3. *Ergebnis*

Der Gesetzesbegriff „bestimme Arten von Geschäften" dient dazu, zustimmungspflichtige Geschäfte des Vorstands zu identifizieren. Er bildet damit ein formelles Bestimmtheitserfordernis, enthält aber selbst keine weiteren materiellen Einschränkungen bezüglich des Zustimmungsvorbehalts nach § 111 Abs. 4 Satz 2 AktG. Eine Zustimmungspflicht ist nur dann wirksam, wenn das Geschäft seiner Art und seinem Umfang nach hinreichend bestimmt ist. Ein Schwellenwert scheint geeignet zu sein, um dem Bestimmtheitsgebot gerecht zu werden. Als Ausfluss der materiellen Anforderungen an ein grundlegendes bzw. existenzielles Geschäft scheint ein 10%-Werthürde zweckmäßiger. (Zum Teil unvermeidbare) Auslegungsspielräume sind jedoch zulässig. Im Zweifel gehen Interpretationsprobleme zu Lasten des Aufsichtsrats, da dieser für die Bestimmung des Zustimmungsvorbehalts zuständig ist.

IV. Rechtswidrige Geschäfte als zustimmungspflichtige Geschäfte

Eine zusätzliche Kategorie der Zustimmungspflicht bilden die rechtswidrigen Geschäfte. Seit der Entscheidung des II. Zivilsenats des BGH vom 15. November 1993 ist anerkannt, dass der Aufsichtsrat von seinem Zustimmungsvorbehaltsrecht Gebrauch machen *muss*, wenn sich ein gesetzwidriges Handeln des Vorstands nur noch auf diese Weise effektiv verhindern lässt[718]. Das Ermessen,

---

und Pflichten, Rn. 118; *Rodewig*, in: Semler/v. Schenk, AHdB AR, § 8 Rn. 30 mit Anlage 3-2, § 11; *Fonk*, ZGR 2006, 841, 848 ff.; *Brouwer*, Zustimmungsvorbehalte, S. 152 ff.; *Schönberger*, Zustimmungsvorbehalte, S. 162 ff.; *Weyl*, Zustimmungsvorbehalte, S. 95.

717 *Götz*, ZGR 1990, 633, 640.

718 BGH, Urteil vom 15. November 1993, BGHZ 124, 111, 127 (Vereinte Krankenversicherung); OLG Braunschweig, Urteil vom 14. Juli 2013, AG 2013, 47, 49 (zu § 111 Abs. 4 Satz 2 AktG a.F.); zur Fortgeltung der Rechtsprechung *Hambloch-Gesinn/Gesinn*, in: Hölters, AktG, § 111 Rn. 75; *Hopt/Roth*, in: GK-AktG, § 111 Rn. 602, 624; *Koch*, in: Hüffer/Koch, AktG, § 111 Rn. 17; *Fonk*, ZGR 2006, 841, 851 f.; *Lieder*, DB 2004, 2251, 2253; siehe auch *Habersack*, in: MüKo-AktG, § 111 Rn. 115; *Mertens/Cahn*, in: KK-AktG, § 111 Rn. 83; *Schütz*, in: Semler/v. Schenk, AR, § 111 Rn. 537;

das dem Aufsichtsrat bei der Wahl seiner Überwachungsmittel sonst zusteht, verdichtet sich dann zu einer Verpflichtung, das Instrument des Zustimmungsvorbehalts in Anspruch zu nehmen. Im Vordergrund dieser Gruppe von Überwachungsmaßnahmen steht also nicht die unternehmerische Mitentscheidung, sondern vielmehr die Pflicht des Aufsichtsrats, für rechtmäßiges Verhalten in Unternehmen zu sorgen. Den gesetzeswidrigen Geschäften gleichzustellen sind auch satzungswidrige[719] sowie nicht ordnungsgemäße, unwirtschaftliche oder unzweckmäßige Geschäfte[720].

Die gesetzes- oder satzungswidrigen Maßnahmen müssen indes nicht von grundlegender Bedeutung sein. Dafür spricht, dass es die Aufgabe des Aufsichtsrats ist, das Handeln des Vorstands jedenfalls auf seine Rechtmäßigkeit hin zu überprüfen und rechtswidrige Maßnahmen *ex ante* zu verhindern.[721] Ohne Zustimmungsvorbehalt mit Einwirkungsmöglichkeit kann der Aufsichtsrat seine Überwachungsaufgabe aber nicht erfüllen. Da sich die Geschäftsleitung nicht auf ihr unternehmerisches Ermessen berufen kann, sofern sie gesetzes- und satzungswidrig handelt, findet auch kein Eingriff in das aktienrechtliche Kompetenzgefüge statt.[722] Darüber hinaus ist der Aufsichtsrat ohnehin lediglich kontrollierend tätig, wenn er rechtswidrige Geschäftsführungsmaßnahmen verhindern will; da er selbst nicht unternehmerisch tätig wird, handelt es sich insofern auch nicht um einen Verstoß gegen § 111 Abs. 4 Satz 1 AktG.[723]

Im Ergebnis gilt die Gewichtigkeitsschwelle des § 111 Abs. 4 Satz 2 AktG nicht für solche Geschäfte, die wegen ihrer Gesetzes- oder Satzungswidrigkeit von der

---

Spindler, in: Spindler/Stilz, AktG, § 111 Rn. 65; *Habersack*, in: FS Hüffer (2010), 259, 266; *Brouwer*, Zustimmungsvorbehalte, S. 110 f.; *Schönberger*, Zustimmungsvorbehalte, S. 198.

719 *Habersack*, in: MüKo-AktG, § 111 Rn. 115; *Lutter/Krieger/Verse*, Rechte und Pflichten Rn. 106; *E. Vetter*, in: HdB börsennotierte AG, § 26 Rn. 34; *Boujong*, AG 1995, 203, 206; *Henze*, NJW 1990, 3309, 3312; *ders.*, BB 2000, 209, 215; *Brouwer*, Zustimmungsvorbehalte, S. 111; *Schönberger*, Zustimmungsvorbehalte, S. 198.

720 Vgl. BGH, Urteil vom 11. Dezember 2006, ZIP 2007, 224, 225; *Koch*, in: Hüffer/Koch, AktG, § 111 Rn. 39; *Habersack*, in: MüKo-AktG, § 111 Rn. 115; *Hoffmann-Becking*, in: MHdB AG, § 29 Rn. 55; *Boujong*, AG 1995, 203, 206; *Götz*, ZGR 1990, 633, 643; *Henze*, NJW 1990, 3309, 3312; *ders.*, BB 2000, 209, 215; *Lieder*, DB 2004, 2251, 2253 f.; *Schiessl*, AG 2002, 593, 597; *Schönberger*, Zustimmungsvorbehalte, S. 198; ausf. dazu *Brouwer*, Zustimmungsvorbehalte, S. 111.

721 Vgl. hierzu oben Kap. 4.A.I.1.a.

722 *Brouwer*, Zustimmungsvorbehalte, S. 112.

723 *Brouwer*, Zustimmungsvorbehalte, S. 112.

Zustimmung des Aufsichtsrats abhängig sind. Als Unterfall der rechtswidrigen Geschäfte bilden gesetzes- und satzungswidrige Geschäfte daher eine eigene Kategorie im Rahmen des § 111 Abs. 4 Satz 2 AktG.

V. Zustimmungsvorbehaltspflicht für alle Geschäfte von grundlegender bzw. existenzieller Bedeutung

Im Schrifttum ist umstritten, ob sich der Zustimmungsvorbehalt auf alle Geschäfte bezieht, die von grundlegender bzw. existenzieller Natur sind. Dafür[724] spreche die Gesetzesbegründung des TransPuG. Danach sollen „Entscheidungen oder Maßnahmen, die nach den Planungen oder Erwartungen die Ertragsaussichten der Gesellschaft oder ihrer Risikoexposition grundlegend verändern und damit von existenzieller Bedeutung für das künftige Schicksal der Gesellschaft sind, [...] vom Votum beider Organe, des Vorstands und des Aufsichtsrats, getragen [werden]".[725] Auch Ziff. 3.3 DCGK deute in diese Richtung;[726] ebenso die Tatsache, dass auch die Sorgfaltspflicht des Aufsichtsrats alle grundlegenden Geschäfte erfasse.[727]

Die Gegenansicht hingegen differenziert zutreffend zwischen einerseits der Schaffung einer abschließenden Aufzählung zustimmungsvorbehaltspflichtiger Geschäfte und Maßnahmen, sowie anderseits den inhaltlichen Vorgaben an sie.[728] Während ein Katalog zustimmungsvorbehaltspflichtiger Geschäfte zwingend festzulegen ist, steht es im Ermessen der Hauptversammlung bzw. des Aufsichtsrats, den Katalog inhaltlich auszugestalten.[729] Für eine solche Differenzierung spricht insbesondere, dass es nahezu unmöglich ist, einen Zustimmungskatalog

---

724 *E. Vetter*, in: HdB börsennotierte AG, § 26 Rn. 29; *Bosse*, DB 2002, 1592, 1594; *Götz*, NZG 2002, 599, 602; *Lange*, DStrR 2003, 376, 380.

725 Begr. RegE, TransPuG, BT-Drs. 14/8769 S. 17.

726 *Lutter*, in: Kremer/Bachmann/Lutter/v. Werder, DCGK, Rn 338; *E. Vetter*, in: HdB börsennotierte AG, § 26 Rn. 29.

727 *Lange*, DStR 2003, 376, 380.

728 *Drygala*, in: K. Schmidt/Lutter, AktG, § 111 Rn. 55; *Habersack*, in: MüKo-AktG, § 111 Rn. 109; *Hopt/Roth*, in: GK-AktG, § 111 Rn. 605 ff.; *Koch*, in: Hüffer/Koch, AktG, § 111 Rn. 36; *Mertens/Cahn*, in: KK-AktG, § 111 Rn. 105; *Rodewig*, in: Semler/v. Schenck, AHdB AR, § 8 Rn. 43 f., 46; *Fleischer*, BB 2013, 835, 839 ff.; *Fonk*, ZGR 2006, 841, 846 ff.; *Lieder*, DB 2004, 2251, 2253; *Schiessl*, AG 2002, 593, 596 f.; *J. Hüffer*, in: FS Hüffer (2010), 365, 369; *Lieder*, Aufsichtsrat, S. 585 f.; *Weyl*, Zustimmungsvorbehalte, S. 90 ff.

729 *J. Hüffer*, in: FS Hüffer (2010), 365, 369: „Beurteilungsspielraum", *Drygala*, in K. Schmidt/Lutter, AktG, § 111 Rn. 55: „Ermessen".

für alle Geschäfte von grundlegender Bedeutung festzulegen.[730] Ferner sind Zustimmungsvorbehalte nicht das einzige Mittel, um den Vorstand präventiv zu überwachen: So können Aufsichtsrat und Vorstand auch auf Grundlage der nach § 90 AktG zu erstellenden Berichte in eine Diskussion eintreten.[731] Ein genereller Zustimmungsvorbehalt für grundlegende bzw. existenzielle Maßnahmen und Geschäfte ist deshalb nicht erforderlich. Darüber hinaus weisen *Hopt/Roth*[732] zu Recht darauf hin, dass Ziff. 3.3 DCGK gerade keine Zustimmung des Aufsichtsrats zu allen Geschäften von grundlegender Bedeutung gebietet. Vielmehr heißt es dort, dass der Aufsichtsrat *nur* Geschäften von grundlegender Bedeutung zustimmen muss – aber eben nicht *allen*. Lediglich Ziff. 5.1.1 DCGK spricht davon, dass der Aufsichtsrat in *alle* Entscheidungen von grundlegender Bedeutung für das Unternehmen einzubinden sind; Zustimmungsvorbehalte sind dafür aber nur eine Möglichkeit von vielen.[733] Dagegen, alle grundlegenden Geschäfte einzubeziehen, spricht auch, dass sich der Gesetzesbegründung keine eindeutige Aussage entnehmen lässt. Sie spricht lediglich davon, dass grundlegende Entscheidungen, die nach den Planungen oder Erwartungen die Ertragsaussichten der Gesellschaft grundlegend verändern werden, zum Zustimmungskatalog gerechnet werden „können"[734] und solche Entscheidungen oder Maßnahmen Gegenstand eines Zustimmungskatalogs sein „sollten"[735].[736] Darüber hinaus hat der Gesetzgeber in seiner Begründung zum Zustimmungsvorbehalt klar zum Ausdruck gebracht, dass es Aufgabe des Aufsichtsrats bzw. der Hauptversammlung ist, den Katalog an das einzelne Unternehmen anzupassen und dass er dabei insbesondere die Größe, die Branche und die sonstigen Verhältnissen berücksichtigen soll.[737] Im Umkehrschluss kann es dann aber nicht vom gesetzgeberischen Willen gedeckt sein, sämtliche grundlegenden bzw. existenziellen Geschäfte verpflichtend einem Zustimmungsvorbehalt zu unterwerfen. Zwar ist den Befürwortern einer generellen Zustimmungsvorbehaltspflicht zuzugeben, dass es das Ziel des Gesetzgebers war, den Aufsichtsrat stärker an der

730 *Hopt/Roth*, in: GK-AktG, § 111 Rn. 608; *J. Hüffer*, in: FS Hüffer (2010), 365, 369.

731 *Hopt/Roth*, in: GK-AktG, § 111 Rn. 608; *Koch*, in: Hüffer/Koch, AktG, § 111 Rn. 36; *J. Hüffer*, in: FS Hüffer (2010), 365, 369.

732 *Hopt/Roth*, in: GK-AktG, § 111 Rn. 613 ff.

733 *Hopt/Roth*, in: GK-AktG, § 111 Rn. 613 ff.; siehe auch *Lutter*, in: Kremer/Bachmann/Lutter/v. Werder, DCGK, Rn. 879, wonach Ziff. 3.3 und 5.1.1. DCGK korrespondieren.

734 Begr. RegE TransPuG, BT-Drs. 14/8769, S. 17.

735 Begr. RegE TransPuG, BT-Drs. 14/8769, S. 17.

736 *Hopt/Roth*, in: GK-AktG, § 111 Rn. 610.

737 Begr. RegE TransPuG, BT-Drs. 14/8769, S. 17.

strategischen Ausrichtung des Unternehmens zu beteiligen.[738] Diesem Wunsch entspricht das Aktiengesetz jedoch bereits in angemessener Weise. Einerseits indem der Aufsichtsrat die Geschäfte, die einem Zustimmungsvorbehalt unterliegen sollen, nach pflichtgemäßem Ermessen[739] unternehmensbezogen konkretisiert,[740] und andererseits, indem er fortlaufend überprüft, ob er den Katalog in sachgerechter Wahrnehmung der Überwachungsaufgaben fortschreiben sollte.[741] Auch die Parallele zur Sorgfaltspflicht des Aufsichtsrats vermag nicht zu überzeugen. Gerade der Wandel des Ermessenstatbestands in § 111 Abs. 4 Satz 2 AktG a.F.[742] hin zu einem Pflichttatbestand in § 111 Abs. 4 Satz 2 AktG zeigt, dass der Gesetzgeber es verstärkt dem Aufsichtsrat überlassen wollte, darüber zu entscheiden, zu welchen Maßnahmen er im konkreten Einzelfall eine Zustimmung erteilen können will.[743]

Die Entscheidung darüber, *ob* das Instrumentarium „Zustimmungsvorbehalt" zur Anwendung kommt, steht damit nicht im Ermessen des Aufsichtsrats. Jedoch kommt ihm ein eigener Beurteilungsspielraum zu, wenn es darum geht, die Bedeutung des Geschäfts einzuschätzen, das die Zustimmungsvorbehaltspflicht auslöst.[744]

VI. Zusammenfassung

§ 111 Abs. 4 Satz 2 AktG erfasst alle internen und nach außen wirkenden tatsächlichen und rechtlichen Entscheidungen und Maßnahmen der Geschäftsführung. Nicht umfasst sind hingegen Maßnahmen, zu denen der Vorstand gesetzlich verpflichtet ist oder solche die noch nicht umsetzungsreif sind. Dem Zustimmungsvorbehalt unterliegen nur solche Geschäfte, die nach Umfang, Gegenstand, Bedeutung oder Risiko für ein Unternehmen der betreffenden Art und Größe entweder aus dem routinemäßigen Geschäftsbetrieb herausragen

---

738 Begr. RegE TransPuG, BT-Drs. 14/8769, S. 17.

739 *Habersack*, in: FS Hüffer (2010), 259, 265 f.

740 *Hüffer*, NZG 2007, 47, 52 f.; ähnlich *Fonk*, ZGR 2006, 841, 846 ff.; *Lieder*, DB 2004, 2251, 2252 f.; *Säcker/Rehm*, DB 2008, 2814, 2816 f.

741 *Drygala*, in: K. Schmidt/Lutter, AktG, § 111 Rn. 56; *Seebach*, AG 2012, 70, 71; *Brouwer*, Zustimmungsvorbehalte, S. 101.

742 In der bis zum Jahr 2002 gültigen Fassung des § 111 Abs. 4 Satz 2 AktG hieß es, dass der Aufsichtsrat Zustimmungsvorbehalte festlegen „kann".

743 A.A. *Weyl*, Zustimmungsvorbehalte, S. 90, der aus nicht nachvollziehbaren Gründen von einem „Zirkelschluss" spricht.

744 *Brouwer*, Zustimmungsvorbehalte, S. 94.

oder die von spezifischer unternehmensstrategischer Bedeutung sind und bei deren Misslingen schwerwiegende Schäden für die Vermögens-, Ertrags- und Finanzlage des Unternehmens drohen. Es obliegt dem Aufsichtsrat darüber zu entscheiden, ob Geschäfte des Vorstands diesen Anforderungen unterfallen. Dabei hat er die zustimmungspflichtigen Geschäfte hinreichend zu konkretisieren. Es bietet sich hierfür die Verwendung von Wertgrenzen an. Mit Blick auf die materiellen Anforderungen an grundlegende bzw. existenzielle Geschäfte scheint dabei eine Wertgrenze von 10% geboten. Eine Zustimmungsvorbehaltspflicht besteht lediglich für rechtswidrige Geschäfte, ansonsten obliegt es dem pflichtgemäßen Ermessen des Aufsichtsrats, Geschäftsarten zu bestimmen.

C. Reformerfordernis des deutschen Aktiengesetzes

Die Untersuchung hat gezeigt,[745] dass § 111 Abs. 4 Satz 2 AktG den Aufsichtsrat dazu verpflichtet, einen Zustimmungsvorbehalt für grundlegende bzw. existenzielle Geschäfte des Unternehmens zu implementieren. Daran knüpft sich die Frage an, ob es sich bei *Related Party Transaction* i.S.d. Art. 9c AktR-RL 2017 bereits generell um grundlegende bzw. existenzielle Geschäfte des Unternehmens handelt; in diesem Fall würden sie bereits grundsätzlich zum Kreis zustimmungsvorbehaltspflichtiger Geschäfte gehören. Dafür müsste es sich bei einer *Related Party Transaction* um eine in der Willensbildung des Vorstands bereits abgeschlossene Maßnahme der Geschäftsführung handeln, die nach Umfang, Gegenstand, Bedeutung oder Risiko für ein Unternehmen der betreffenden Art und Größe aus dem routinemäßigen Geschäftsbetrieb herausragt oder von spezifischer unternehmensstrategischer Bedeutung ist und bei deren Misslingen schwerwiegende Schäden für die Vermögens-, Ertrags- und Finanzlage des Unternehmens drohen.

I. Maßnahme der Geschäftsführung

Eine Maßnahme der Geschäftsführung nach § 111 Abs. 4 Satz 1 AktG können alle sowohl intern als auch extern wirkenden tatsächlichen und rechtlichen Entscheidungen und Handlungen der Geschäftsführung sein. Darunter fallen nicht nur Rechtsgeschäfte, sondern ebenso unternehmensinterne Leitungsmaßnahmen, wie beispielsweise Organisationsentscheidungen.

Demgegenüber umfasst der Transaktionsbegriff des Art. 9c Abs. 1 AktR-RL 2017 i.V.m. IAS 24.9 alle tatsächlichen und rechtlichen Maßnahmen, in die das

745 Vgl. hierzu die Ausführungen unter Kap. 4.B.

börsennotierte Unternehmen unmittelbar eingebunden ist. Dabei ist es unerheblich, ob die Transaktion unentgeltlich oder entgeltlich erfolgt. Maßgeblich ist vielmehr, ob sich die *Related Party Transaction* auf die Finanzlage des Unternehmens auswirkt. Nicht erfasst sind deshalb organschaftliche Verträge. Diese wirken sich nicht unmittelbar auf die finanzielle Lage aus. Sofern die Mitgliedstaaten keine abweichende Regelung treffen, unterliegt der Transaktionsbegriff einer Untergrenze. Erfasst sind nur solche Geschäfte, die über den gewöhnlichen Geschäftsbetrieb hinausgehen und einem Vergleich der *Related Party Transaction* mit vergleichbaren Transaktionen Dritter in Bezug auf die Marktüblichkeit nicht standhalten.

Ein Vergleich der beiden Definitionen zeigt, dass sich das „Geschäft" i.S.v. § 111 Abs. 4 Satz 1 AktG und die „Transaktion" i.S.v. Art. 9c Abs. 1 AktR-RL 2017 i.V.m. IAS 24.9 insoweit überschneiden, als dass alle *Related Party Transactions*, die sich auf die Finanzlage des Unternehmens auswirken können, auch vom Anwendungsbereich des § 111 Abs. 4 Satz 2 AktG erfasst sind. Bei *Related Party Transactions* handelt es sich also grundsätzlich um eine Maßnahme der Geschäftsführung i.S.d. § 111 Abs. 4 Satz 2 AktG.

II. Maßnahme von grundlegender bzw. existenzieller Bedeutung

Unklar ist jedoch, ob eine *Related Party Transaction* auch per se von grundlegender bzw. existenzieller Bedeutung für ein Unternehmen ist. Eine exakte und verallgemeinerungsfähige Definition für solche Geschäfte ist angesichts der beträchtlichen Unterschiede betreffend Branche, Größe und Unternehmensstruktur kaum möglich.[746] *Related Party Transactions* lassen sich jedoch dann als Geschäfte von grundlegender bzw. existenzieller Bedeutung einordnen, wenn sich die Kriterien decken, die einerseits für die Einordnung einer *Related Party Transactions* als wesentliche Transaktion und andererseits für zustimmungsvorbehaltspflichtige Geschäfte nach § 111 Abs. 4 Satz 2 AktG zur Anwendung kommen.

Ein zustimmungsvorbehaltspflichtiges Geschäft i.S.d. § 111 Abs. 4 Satz 2 AktG liegt vor, wenn es nicht dem gewöhnlichen Geschäftsbetrieb zuzurechnen und von grundlegender bzw. existenzieller Natur ist.[747] Letzteres ist der Fall, wenn das Geschäft allein oder im Zusammenhang mit weiteren Geschäften geeignet ist, die Vermögens-, Finanz- oder Ertragslage der Gesellschaft oder

746 Siehe hierzu Kap. 4.B.II.2.b.

747 Siehe hierzu Kap. 4.B.II.2.a.

ihre Risikoexposition wesentlich nachteilig zu verändern. Ausreichend ist, dass dem Unternehmen schwerwiegende Schäden drohen, wenn das Geschäft misslingt. Nicht erforderlich ist hingegen, dass das zustimmungsvorbehaltspflichtige Geschäft auch existenzbedrohend ist. Insoweit stellt der Geschäftsbegriff eine materielle Zustimmungsvorbehaltsgrenze dar.

Ähnlich verhält es sich bei *Related Party Transactions* i.S.v. Art. 9c Abs. 1 AktR-RL 2017. Der Wesentlichkeitsbegriff erfasst keine Transkationen, die im Rahmen des gewöhnlichen Geschäftsverlaufs zustande kommen.[748] Insoweit stimmen die Anforderungen des Art. 9c Abs. 1 AktR-RL 2017 mit denen des § 111 Abs. 4 Satz 2 AktG überein. Beide stellen darauf ab, ob es sich bei den in Rede stehenden Maßnahmen oder Entscheidungen des Vorstands um solche handelt, die nach Gegenstand, Umfang oder Risiko dem gewöhnlichen Geschäftsbetrieb zuzurechnen sind. In beiden Fällen ist dafür der in der Satzung festgelegte Unternehmensgegenstand maßgeblich. Darüber hinaus müssen die Transaktionen, die dem gewöhnlichen Geschäftsverlauf folgen, nach Art. 9c Abs. 1 AktR-RL 2017 ausdrücklich auch einem Drittvergleich standhalten; die Beteiligten müssen sie mithin zu marktüblichen Konditionen abgeschlossen haben.[749]

Eine vergleichbare Ausnahme von zustimmungsvorbehaltspflichtigen Geschäften findet sich bei § 111 Abs. 4 Satz 2 AktG nicht. Die Untergrenze des Wesentlichkeitsbegriffs in Art. 9c Abs. 1 AktR-RL 2017 liegt insoweit ungleich höher als bei § 111 Abs. 4 Satz 2 AktG. Da § 111 Abs. 4 Satz 2 AktG damit jedoch einen weiteren Anwendungsbereich als Art. 9c Abs. 1 i.V.m. Abs. 5 UAbs. 1 AktR-RL 2017 hat, erfasst § 111 Abs. 4 Satz 1 AktG auch die marktüblichen *Related Party Transactions.*

Das Geschäft und die Transaktion müssen jeweils auch nachteilig für das Unternehmen sein. Während § 111 Abs. 4 Satz 2 AktG dabei ausschließlich auf das Unternehmensinteresse abstellt, sind im Rahmen des Art. 9c AktR-RL 2017 darüber hinaus insbesondere auch die Interessen der außenstehenden Aktionäre des börsennotierten Unternehmens zu berücksichtigen. Nach dem hier zugrunde liegenden Verständnis werden die Unternehmensinteressen jedoch durch die Interessen der Aktionäre, Arbeitnehmer sowie Gläubiger ausgefüllt,[750] so dass die Interessen der außenstehenden Aktionäre auch nach § 111 Abs. 4 Satz 2 AktG zu wahren sind.

---

748 Vgl. hierzu die Ausführungen unter Kap. 3.A.III.3.a.

749 Vgl. hierzu die Ausführungen unter Kap. 3.A.III.3.c.

750 Vgl. hierzu die Ausführungen unter Kap. 4.B.II.2.b.

Eine nähere Betrachtung der Parameter „grundlegend“ bzw. „existenziell“ und „wesentlich“ zeigt zudem, dass sich die Kriterien in Bezug auf die Zustimmung bzw. die Zustimmungsvorbehaltspflicht inhaltlich weitestgehend decken. So muss die Maßnahme in beiden Fällen aus der *ex ante*-Sicht allein oder im Zusammenhang mit weiteren Maßnahmen geeignet sein, die Vermögens-, Finanz- oder Ertragslage der Gesellschaft oder ihre Risikoexposition wesentlich zu verändern.[751] Eine existenzverändernde Gefährlichkeit des Geschäfts ist dabei jeweils nicht erforderlich. Im Rahmen des § 111 Abs. 4 Satz 2 AktG ist vielmehr ausreichend, dass dem Unternehmen im Fall des Misslingens schwerwiegende Schäden drohen. Das ist dann der Fall, wenn mit den Geschäften Veränderungen in der strategischen Ausrichtung des Unternehmens und/oder Risiken verbunden sind, die sich bei ihrer Verwirklichung gerade deshalb wesentlich auf die Finanz-, Vermögens- und Ertragslage auswirken können, weil sie sich nur schwerlich bzw. gar nicht korrigieren lassen. Eine solche Konkretisierung sieht Art. 9c Abs. 4 AktR-RL 2017 zwar nicht vor. Maßgeblich ist vielmehr nur, dass konkrete Anhaltspunkte vorliegen, die auf eine Gefährdung der wirtschaftlichen Lage des Unternehmens schließen lassen.[752] Indem der Unionsgesetzgeber den Mitgliedstaaten jedoch die Möglichkeit eröffnet, unterschiedliche Schwellenwerte für die Bekanntmachung und die Zustimmung festzulegen, steht es dem Mitgliedstaat jeweils frei, ausschließlich solche *Related Party Transactions* vom Anwendungsbereich zu erfassen, die schwerwiegende Schäden bei dem börsennotierten Unternehmen und dessen außenstehenden Aktionären zur Folge haben. Darüber hinaus hat die Untersuchung zu Art. 9c Abs. 4 AktR-RL 2017 ergeben,[753] dass es wie beim Zustimmungsvorbehalt nach § 111 Abs. 4 Satz 2 AktG sinnvoll erscheint, eine Abweichung von 10% der Auswirkungen einer *Related Party Transaction* auf die Finanz-, Vermögens-, und Ertragslage des Unternehmens im Vergleich zu marktüblichen Konditionen abgeschlossenen vergleichbaren Verträgen als Schwellenwert vorzusehen. Es zeigt sich also, dass sich die Grenzen, innerhalb derer *Related Party Transactions* als wesentlich anzusehen sind, mit denjenigen für Geschäfte von grundlegender bzw. existenzieller Bedeutung im Wesentlichen decken.

751 Vgl. hierzu die Ausführungen unter Kap. 3.A.IV.2.b, Kap. 4.B.I.2.
752 Siehe hierzu Kap. 3.A.IV.1.b.
753 Siehe hierzu Kap. 3.A.IV.3.b.ii.

III. Pflicht eines Zustimmungsvorbehalts

Die unionsrechtlichen *Related Party Transactions* i.S.v. Art. 9c Abs. 1 AktR-RL 2017 lassen sich nach nationalem Recht dem Kreis zustimmungsvorbehaltspflichtiger Geschäfte i.S.v. § 111 Abs. 4 Satz 2 AktG zurechnen. Eine *Related Party Transaction* ist ein Geschäft der Geschäftsführung, das von grundlegender bzw. existenzieller Bedeutung für das Unternehmen ist. Auch kommen Art. 9c AktR-RL 2017 sowie § 111 Abs. 4 Satz 2 AktG ausschließlich für solche Geschäfte zur Anwendung, die nicht zu marktüblichen Bedingungen zustande gekommen sind. Sowohl Geschäfte i.S.d. § 111 Abs. 4 Satz 2 AktG als Transaktionen i.S.v. § 111 Abs. 4 Satz 2 AktG müssen zudem nachteilig für die Vermögens-, Finanz- und Ertragslage des Unternehmens sein. Auch eröffnet der Unionsgesetzgeber den Mitgliedstaaten einen ausreichenden Gestaltungsfreiraum, um die Kriterien „grundlegend" bzw. „existenziell" und „wesentlich" im deutschen Recht einander anzupassen.

Die Zustimmungsvorbehaltspflicht für grundlegende bzw. existenzielle Geschäfte und Maßnahmen ist jedoch nicht unumstritten.[754] Nur weil ein Geschäft grundsätzlich zustimmungsvorbehaltspflichtig ist, muss es nicht auch zwingend in den Zustimmungsvorbehaltskatalog, den die Hauptversammlung bzw. der Aufsichtsrat festlegt, aufgenommen werden. Vielmehr liegt es im Ermessen der Überwachungsorgane, welche Geschäfte und Maßnahmen sie im konkreten Einzelfall in den Zustimmungsvorbehaltskatalog aufnehmen.

Einen vergleichbaren Freiraum sieht die AktR-RL 2017 bei Zustimmungsvorbehalten für *Related Party Transactions* aber nicht vor. Nach Art. 9c Abs. 4 AktR-RL 2017 müssen die Mitgliedstaaten zwingend sicherstellen, dass *Related Party Transactions* i.S.v. Art. 9c Abs. 1 AktR-RL 2017 einem gesetzlichen Zustimmungsvorbehalt unterliegen. Eine verpflichtende Zustimmung kann der deutsche Gesetzgeber aber nicht dadurch erreichen, dass er *Related Party Transactions* i.S.v. Art. 9c Abs. 1 AktR-RL 2017 dem Zustimmungsvorbehalt nach § 111 Abs. 4 Satz 2 AktG unterwirft. Das deutsche Aktiengesetz bedarf insofern einer Anpassung.

IV. Zusammenfassung

Das deutsche Aktiengesetz ist reformbedürftig.

754 Vgl. hierzu die Ausführungen unter Kap. 4.B.II.2.b.

5. Kapitel Reformansätze für das deutsche Recht des faktischen Konzerns

Kapitel 4 hat verdeutlicht, dass die Vorgaben der AktR-RL 2017 Reformbedarf im deutschen Aktienrecht auslösen. Es stellt sich insofern die Frage, wie das deutsche Aktienrecht *de lege ferenda* auf die unionsrechtlichen Anforderungen des Art. 9c Abs. 4 AktR-RL 2017 reagieren sollte und wie die Zustimmung zu *Related Party Transactions* sachgerecht in sein Normgefüge implementiert werden kann.

In § 111 Abs. 4 Satz 2 AktG existiert bereits ein in sich geschlossenes Regelungssystem. Dieses beinhaltet nicht nur das Instrument des Zustimmungsvorbehalts als solches, sondern darüber hinaus auch Regelungen zu dessen Wirkung. Die Vorschrift bietet sich aus diesem Grund *a priori* als Ausgangspunkt an, um einen *Related Party Transactions*-Zustimmungsvorbehalt systematisch zu integrieren und die bisherige Dogmatik des Aktienrechts mit seiner Hilfe passgenau weiterzuentwickeln.

Dafür ist zunächst zu klären, wie sich ein *Related Party Transactions*-Zustimmungsvorbehalt systematisch in das deutsche Rechtsverständnis einfügt und ob das AktG dafür der geeignetste Standort ist (siehe hierzu A.). In einem nächsten Schritt folgen Überlegungen zu der Frage, wie der deutsche Gesetzgeber die Zustimmung zu *Related Party Transactions* im Aktienrecht konkret ausgestalten könnte (siehe hierzu B.). In Einklang mit dem Unionsrecht stehen die nationalen Vorschriften aber nur, wenn der Zustimmungsvorbehalt der Zielvorgabe entspricht, einen angemessenen Schutz für die außenstehenden Aktionäre zu gewährleisten (siehe hierzu C.). Abschließend folgen konkrete Reformvorschläge (siehe hierzu D.).

A. Systematische Einordnung der Genehmigung von Related Party Transactions im deutschen Aktienrecht

Die Suche nach Regulierungsstrategien *de lege ferenda* beginnt mit der Frage, wo im deutschen Rechtssystem überhaupt der geeignetste dogmatische Standort für *Related Party Transaction*-Zustimmungsvorbehalte für Aktiengesellschaften ist. Neben einer Implementierung im AktG könnte der nationale Gesetzgeber auch daran denken, neue Regelungen im DCGK vorzusehen.

Gegen eine Aufnahme in den DCGK spricht jedoch bereits dessen Funktion. Er füllt das geltende Aktien- und Kapitalmarktrecht aus und ergänzt es.[755] Der deutsche Gesetzgeber ist gem. Art. 9c Abs. 1 und Abs. 4 AktR-RL 2017 jedoch dazu angehalten, wesentliche *Related Party Transactions* inhaltlich näher zu umreißen, und weil er darüber hinaus sicherstellen muss, dass die Geschäftsleitung sie dem Aufsichtsorgan zur Zustimmung vorlegt, muss er die aktuelle Rechtspraxis verändern. Es geht mithin nicht nur um eine Ergänzung oder Konkretisierung des Aktienrechts. Erforderlich ist vielmehr eine gesetzliche Anpassung des AktG.

Durch einen ausdrücklichen Zustimmungsvorbehalt für *Related Party Transactions* im AktG würde jedoch zum ersten Mal ein Zustimmungsvorbehalt *ex lege* statuiert. Die vom deutschen Gesetzgeber im Jahre 2002 bei der Neufassung des § 111 Abs. 4 Satz 2 AktG getroffene Entscheidung gegen einen Zustimmungskatalog[756] würde damit gleichwohl nicht konterkariert. Der deutsche Gesetzgeber hatte sich seinerzeit gegen einen Zustimmungskatalog entschieden, weil aus seiner Sicht ein sachgerechter Katalog nicht für jede Gesellschaft, ungeachtet ihrer Größe, Branche und sonstigen Verhältnisse, passe und ein allgemeiner gehaltener Katalog schwierig zu formulieren sei.[757] Ein *Related Party Transactions*-Zustimmungsvorbehalt steht diesen Bedenken nicht im Wege.

Ebenso wie beim Zustimmungsvorbehalt nach § 111 Abs. 4 Satz 2 AktG ist es Ziel des *Related Party Transactions*-Zustimmungsvorbehalts ausschließlich wesentliche Maßnahmen einer präventiven Überwachung zu unterwerfen. Des Weiteren ist der *Related Party Transactions*-Zustimmungsvorbehalt auch nicht auf bestimmte Arten von *Related Party Transactions* zu beschränken. Eine entsprechende Regelung würde den vom Unionsgesetzgeber intendierten umfassenden Schutz des börsennotierten Unternehmens und der außenstehenden Aktionäre zum einen „durch die Hintertür“ wieder zu stark einschränken; zum anderen ist dem deutschen Gesetzgeber dahingehend zuzustimmen, dass ein sachgerechter Katalog nicht für jede Gesellschaft erstellt werden kann.[758]

Die gesetzliche Verpflichtung, *Related Party Transactions* der Zustimmung durch den Aufsichtsrat zu unterwerfen, findet sich darüber hinaus bereits heute in Ansätzen im deutschen Aktienrecht. Denn schon nach heute geltendem Recht

---

755 *Lieder*, Aufsichtsrat, S. 624 f. spricht insoweit von „Feinabstimmung“.

756 Vgl. hierzu Reg. Begr., BT-Drucks. 14/8769, S. 17.

757 Vgl. hierzu Reg. Begr., BT-Drucks. 14/8769, S. 17.

758 Zum Vorschlag eines Zustimmungskatalogs im faktischen Konzern bereits *Hommelhoff*, Gutachten zum 59. DJT, S. 52.

ist der Aufsichtsrat dazu verpflichtet, darauf zu achten, dass der Vorstand des Tochterunternehmens dem Versuch einer Einflussnahme nicht nachgibt, die zu einem nicht ausgleichsfähigen Nachteil führen würde. Dies ergibt sich aus § 311 Abs. 1 AktG, wonach der Vorstand des Tochterunternehmens Maßnahmen, die einem Ausgleich prinzipiell zugänglich sind, nur dann umsetzen darf, wenn auch zu erwarten ist, dass das Mutterunternehmen den zugefügten Nachteil ausgleicht. Etabliert der Gesetzgeber einen Zustimmungsvorbehalt für *Related Party Transactions*, entwickelt er also letztlich nur den Weg zum Schutze der außenstehenden Aktionäre des Tochterunternehmens fort, den die Rechtsentwicklung bereits zuvor eingeschlagen hat.

Es bietet sich daher an, den *Related Party Transactions*-Zustimmungsvorbehalt in § 111 Abs. 4 AktG zu platzieren. Zum einen wären dann alle Zustimmungsvorbehalte des Aufsichtsrats systematisch im Rahmen des § 111 Abs. 4 AktG gebündelt. Zum anderen zeigt die Überschrift des § 111 AktG, dass er die Aufgaben und Rechte des Aufsichtsrats zum Inhalt hat. Darunter fallen inhaltlich auch Zustimmungsvorbehalte zu *Related Party Transactions.*[759]

Den *Related Party Transaction*-Zustimmungsvorbehalt sollte der Gesetzgeber dabei vor die bereits bestehende Regelung des allgemeinen Zustimmungsvorbehalts in § 111 Abs. 4 Satz 2 AktG einfügen. Zum einen handelt es sich bei Zustimmungsvorbehalten um eine Ausnahme vom Geschäftsführungsverbot des § 111 Abs. 4 Satz 1 AktG; indem der *Related Party Transaction*-Zustimmungsvorbehalts erst nach Satz 1 folgt, bleibt das Regel-Ausnahme-Prinzip zwischen grundsätzlichem Geschäftsführungsverbot und Abweichungen damit gewahrt. Zum anderen konkretisiert der *Related Party Transaction*-Zustimmungsvorbehalt den allgemein gehaltenen § 111 Abs. 4 Satz 2 AktG in seiner jetzigen Fassung für ein bestimmtes Anwendungsszenario. Ist er diesem vorangestellt, trägt das dem systematischen Verhältnis in angemessener Weise Rechnung, denn es wird unmissverständlich deutlich, dass es sich bei der gegenwärtig geltenden Fassung § 111 Abs. 4 Satz 2 AktG um die allgemeinere Vorschrift und eine Art Auffangtatbestand handelt.

Nicht geboten ist es allerdings, im AktG auch den Wesentlichkeitsbegriff i.S.v. Art. 9c Abs. 1 AktR-RL 2017 zu konkretisieren. Dafür spricht, dass es aufgrund der unterschiedlichen Größen, Branchen und sonstigen Verhältnissen nicht sinnvoll ist, allen Unternehmen eine „one size fits all"-Lösung überzustülpen. In diesem Zusammenhang eignet es sich, die weitere Konkretisierung dem

759 Zu der Übertragung des Zustimmungsvorbehalts auf den Aufsichtsrat und nicht die Hauptversammlung, vgl. die Ausführungen unter Kap. 3.D.VI.1

DCGK zu überlassen. Der DCGK bietet dabei die Chance, konkrete Verhaltensempfehlungen an die Unternehmen zu stellen, die in ihrem Detaillierungsgrad über das (aktien-)gesetzliche Niveau hinausgehen, und – anders als zwingendes Gesetzesrecht – auch die wirtschaftliche Bewegungsfreiheit der Normadressaten schonen.[760]

Den Wesentlichkeitsbegriff lediglich im DCGK – und nicht im AktG – zu konkretisieren, steht insbesondere nicht entgegen, dass der Unionsgesetzgeber die Mitgliedstaaten in Art. 9c Abs. 1 AktR-RL 2017 dazu verpflichtet, den Begriff „wesentliche Geschäfte" festzulegen. Zwar handelt es sich bei dem DCGK nicht um zwingendes Recht, das alle Anwender durch gesetzlichen Befehl berücksichtigen müssen. Der Kodex beeinflusst das Verhalten des Vorstands und des Aufsichtsrats jedoch in vergleichbarer Weise: Vorstand und Aufsichtsrat börsennotierter Aktiengesellschaften müssen Abweichungen vom DCGK in ihren Erklärungen nach § 161 AktG darstellen und begründen. In ihrer Erklärung müssen der Vorstand und Aufsichtsrat nicht nur darauf eingehen, ob und wie sie dem DCGK in dem jeweiligen Geschäftsjahr entsprochen haben, sondern auch, wie sie dem DCGK im darauf folgenden Geschäftsjahr zu entsprechen gedenken.[761] Obwohl nicht-börsennotierte Aktiengesellschaften keine Entsprechenserklärung nach § 161 AktG abgeben müssen, entfaltet der Umstand, dass sie den DCGK nicht einhalten, auch für sie eine gewisse Druckwirkung auf dem Weg der Haftbarmachung von Vorstand und Aufsichtsrat. Denn als Standard guter Unternehmensführung und -kontrolle können Gerichte den DCGK heranziehen, um den allgemeingültigen, aktienrechtlichen Pflichtenmaßstab (§§ 93, 116 AktG) zu präzisieren.[762] An die einzelnen Kodex-Bestimmungen sind die Gerichte zwar nicht ohne weiteres gebunden. Gleichwohl enthält das (unverbindliche) Regelwerk normative Wertungen[763], die wenigstens indizielle Wirkung entfalten können, um die Sorgfaltspflichten der Vorstands- und Aufsichtsratsmitglieder zu konturieren.[764]

Hinzu kommt, dass Ziff. 3.3 DCGK bereits heute den Inhalt des Zustimmungsvorbehalts nach § 111 Abs. 4 Satz 2 AktG konkretisiert. Unter systematischen

760 *Lieder,* Aufsichtsrat, S. 596.

761 *Habersack,* in: MüKo-AktG, § 131 Rn. 84.

762 *Hommelhoff/Schwab,* in: Hommelhoff/Hopt/v. Werder, HdB CG, 51, 57; *Feddersen,* ebenda, 441, 448; *Lutter,* ebenda, 727, 746; *Schüppen,* ZIP 2002, 1269, 1271; *Seibt,* AG 2002, 249, 250 f.

763 *Hommelhoff/Schwab,* in: Hommelhoff/Hopt/v. Werder, HdB CG, 51, 57.

764 *Lieder,* Aufsichtsrat, S. 599.

Gesichtspunkten ist es deshalb sinnvoll, im selben Kontext auch der Wesentlichkeit von *Related Party Transactions* Konturen zu verleihen. Da der *Related Party Transaction*-Zustimmungsvorbehalt spezieller ist als allgemeine Zustimmungsregeln, ist es – wie auch für eine Neufassung des § 111 Abs. 4 Satz 2 AktG – systematisch sachgerecht, die Definition der Wesentlichkeit vor Ziff. 3.3 DCGK zu stellen.

B. Ausgestaltung des Zustimmungsvorbehalts

I. Erstreckung auf nicht-börsennotierte Aktiengesellschaften

Der Anwendungsbereich des Art. 9c AktR-RL 2017 ist ausdrücklich nur auf börsennotierte Aktiengesellschaften begrenzt. Nach dem Grundsatz der Mindestharmonisierung durch die AktR-RL 2017[765] steht es den Mitgliedstaaten gleichwohl frei, die Regelungen zu *Related Party Transactions* auch auf nicht-börsennotierte Aktiengesellschaften zu erstrecken.

Für eine Erstreckung auch auf diese Gesellschaften spricht, dass im deutschen Aktienrecht die Gefahr von Vermögensverschiebungen durch *Related Party Transactions* bei nicht-börsennotierten Aktiengesellschaften ebenso, wenn nicht sogar noch stärker, besteht als bei einem börsennotierten Pendant. Anders als bei den börsennotierten Aktiengesellschaften müssen nicht-börsennotierte Gesellschaften in der Regel nicht befürchten, von Berufsklägern betroffen zu sein, die (vermeintliches) Fehlverhalten zugleich mit einer Klagewelle quittieren.[766] Vielmehr finden sich bei nicht-börsennotierten Aktiengesellschaften in der Regel andere Familienmitglieder oder anderweitig nahe stehende Parteien in den Reihen der Aktionäre.[767] Die in der Regel persönliche Verbundenheit lässt die Annahme zu, dass insbesondere hier wesentliche *Related Party Transactions* vorgenommen werden, die sich nachteilig für das einzelne Unternehmen und dessen außenstehenden Aktionäre auswirken können. Auch lassen sich keine sachlichen Gründe finden, die eine unterschiedliche Behandlung der außenstehenden Aktionäre börsennotierter und nicht-börsennotierter Aktiengesellschaften rechtfertigen ließe. Insbesondere haben auch die außenstehenden Aktionäre nicht-börsennotierter Aktiengesellschaften Interesse an einer umfangreichen

765 Vgl. Kap. 2.A.

766 Zu denken sei etwa an die Maßnahmen des aktivistischen Investors Active Ownership Capital (AOC) bei der STADA AG.

767 Ausführlich hierzu *Volk*, Einfluss der Eigentümerstruktur auf Finanzierungs- und Investitionsentscheidungen in privaten und börsennotierten Unternehmen, passim.

Information *über Related Party Transactions*. Ferner kann auch nur so der auch bei nicht-börsennotierten Aktiengesellschaften bestehende *Principal Agent*-Konflikt behoben werden. Der *Related Party Transaction*-Zustimmungsvorbehalt sollte sich mithin auch auf nicht-börsennotiert Aktiengesellschaften erstrecken.[768]

II. Related Party Transaction

1. Begriffsbestimmung

In einem ersten Schritt muss sich die Definition im deutschen Recht mit dem Begriffsverständnis der *Related Party Transaction* in Art. 9c Abs. 1 AktR-RL 2017 decken. Um den unionsrechtlichen Vorgaben in angemessener Weise Rechnung zu tragen, sollte der deutsche Gesetzgeber für die Begriffe „*Related Party*" sowie „*Transaction*" einen Bezug zu IAS 24 herstellen.[769] Dafür könnte er die Begriffsbestimmung zu *Related Party Transactions,* wie sie gegenwärtig in den IAS 24 zu finden sind, wörtlich übernehmen oder auf Art. 2 lit. h) AktR-RL 2017 bzw. direkt auf IAS 24 verweisen.

Gegen eine wörtliche Übernahme der Definition aus IAS 24 in das deutsche AktG spricht, dass der nationale Gesetzgeber bei jeder Veränderung in IAS 24 stets auch das deutsche AktG anpassen müsste. Es wäre erforderlich, die Begriffe regelmäßig miteinander abzugleichen. Sofern der deutsche Gesetzgeber nicht in der gebotenen Schnelligkeit auf Veränderungen des IAS 24 reagieren sollte, stünde dabei zu befürchten, dass die Begriffe im AktG und im IAS 24 zeitweise nicht übereinstimmen. Gegen ein bloßes Einkopieren der IAS 24 spricht auch, dass der Gesetzgeber § 111 Abs. 4 Satz 2 AktG umfangreich modifizieren müsste.

Für eine Verweiskette über Art. 2 lit. h) AktR-RL 2017 zu IAS 24 spricht, dass so ein eindeutiger Bezug zum Sinn und Zweck der Regelung einschließlich der Begründungen durch den Unionsgesetzgeber bestünde; Auslegungsunsicherheiten in der Rechtspraxis ließe sich damit effektiv entgegenwirken. Gegen eine Verweiskette spricht jedoch, dass nationale Vorschriften, die der Gesetzgeber aufgrund europäischer Richtlinien implementiert hat, ohnehin in deren Licht auszulegen sind. Hinzu kommt, dass Art. 2 lit. h) AktR-R 2017 nur auf IAS 24

768 So auch *Fleischer*, ZGR 2017, 1, 34; *Hommelhoff*, KSzW 2014, 63, 66; *Tröger*, AG 2015, 53, 61; auch auf die GmbH erstreckend *Klene*, GWR 2018, 210, 213; *ders.*, Related Party Transactions, S. 185 f.; a.A. *Tarde*, Related Party Transactions, S. 211, der lediglich ein entschlacktes *Related Party Transactions*-Regime für nicht-börsennotierte AGs für zulässig erachtet; zur GmbH *J. Vetter*, ZHR 179 (2015), 273, 325.

769 Vgl. hierzu die Ausführungen oben unter Kap. 3.A.II.2, III.4.

verweist, um nahe stehende Unternehmen und die nahestehende Person zu definieren, nicht aber ausdrücklich auch in Bezug auf den Geschäftsbegriff. Obwohl an entsprechender Stelle ein expliziter Verweis fehlt, ist ein „Geschäft" i.S.d. AktR-RL 2017 identisch mit dem nach IAS 24.[770]

Um sicherzustellen, dass auch hinsichtlich des Geschäftsbegriffs IAS 24 zur Anwendung gelangt, sollte der Gesetzgeber direkt auf IAS 24 verweisen. Aufgrund weiterer Änderungen der Aktionärsrechterichtlinie bestünde das Risiko von Verschiebungen, die es wiederum erforderlich machen würden, die Regelungen zum *Related Party Transaction*-Zustimmungsvorbehalt anzupassen. Indem die Union die internationalen Rechnungslegungsstandards durch die Verordnung (EG) Nr. 1606/2002 übernommen hat, ist ein direkter Verweis auch rechtstechnisch unproblematisch. Dass es mittlerweile gängige Praxis ist, in nationalen Vorschriften auf unionsrechtliche Normen zu verweisen, zeigt sich zum Beispiel in § 23 Abs. 1 WpHG: Für die Definition der zuständigen Behörde verweist er auf Art. 2 Abs. 1 lit. j) der Verordnung (EU) Nr. 236/2012. Ebenso verhält es sich in § 2 Abs. 9 Satz 1 KWG: Eine bedeutende Beteiligung richtet sich nach den Regelungen in Art. 4 Abs. 1 Nr. 36 der Verordnung (EU) Nr. 575/2013. Weiter spricht für einen direkten Verweis, dass der *Related Party Transactions*-Begriff des IAS 24.9 den betroffenen Unternehmen bereits aufgrund ihrer periodischen Berichtspflichten bekannt ist.[771] Im Ergebnis scheint es daher sachgerecht, für die Definition einer *Related Party Transaction* direkt auf IAS 24 zu verweisen.[772]

2. *Wesentlichkeit*

Ein Zustimmungsvorbehalt greift nur für „wesentliche" *Related Party Transactions*. Wie die Analyse zu Art. 9c Abs. 1 AktR-RL 2017 ergeben hat,[773] unterliegt die Wesentlichkeit dabei einem Untermaßverbot. Geschäfte, die ein Unternehmen im gewöhnlichen Geschäftsverlauf und zu marktüblichen Bedingungen abschließt, erfasst der Anwendungsbereich der Norm nicht.

Dass es sich bei der Marktüblichkeit um ein Untermaßgebot handelt, heißt jedoch noch nicht, dass alle darüber hinausgehenden *Related Party Transactions* dem Wesentlichkeitsbegriff unterfallen. Vielmehr muss der Zustimmungsvorbehalt nach Gegenstand, Umfang oder Risiko derart über den normalen Geschäftsablauf hinausgehen, dass ernstlich zu befürchten ist, dass es zu einer nachteiligen

770 Siehe hierzu die Ausführungen oben unter Kap. 3.A.III.1.
771 Ebenso *Tarde*, Related Party Transactions, S. 212.
772 Ebenso *Tarde*, Related Party Transactions, S. 212.
773 Siehe hierzu Kap. 3.A.IV.

Beeinflussung der wirtschaftlichen Lage des börsennotierten Unternehmens und damit zu einem Vermögensnachteil kommt. Andernfalls wäre es möglich, das in § 111 Abs. 4 Satz 1 AktG normierte Geschäftsführungsverbot des Aufsichtsrats faktisch zu umgehen.[774] Eine zu niedrige Wesentlichkeitsschwelle könnte zugleich dazu führen, dass die wirtschaftliche Betätigung des börsennotierten Unternehmens zum Erliegen kommt.

Um zu bestimmen, ob eine *Related Party Transaction* wesentlich ist, müssen die Kriterien derart hinreichend bestimmt sein, dass es dem Vorstand möglich ist, rechtssicher zu erkennen, ob die Transaktion die Wesentlichkeitsschwelle überschritten hat. Hierfür sind neben qualitativen Kriterien auch Quantitative heranzuziehen.[775] Aus Praktikabilitätsgründen bietet es sich hierbei an, auf das Instrument der „Wertgrenzen" zurückzugreifen. Die Wertgrenzen werden dabei auch dem Bestimmtheitsgebot des Art. 9c Abs. 1 AktR-RL 2017 gerecht.[776]

Die Wertgrenze ist dabei anhand der Auswirkungen einer *Related Party Transaction* auf das bilanzielle Eigenkapital zu bestimmen.[777] Diese Auswirkungen sind dann ins Verhältnis zu den Auswirkungen einer vergleichbaren Transaktion auf das bilanzielle Eigenkapital, die das Unternehmen im gewöhnlichen Geschäftsverlauf und zu marktüblichen Bedingungen abgeschlossen hätte, zu setzen. Die sich hieraus ergebende Prozentzahl weist in der Folge die Abweichung von den im gewöhnlichen Geschäftsverlauf und zu marktüblichen Bedingungen geschlossenen Transaktionen aus. Überschreitet diese Prozentzahl einen bestimmten Schwellenwert, ist die *Related Party Transaction* als wesentlich anzusehen.

Der rechtsvergleichende Blick auf die bereits in England und Italien bestehenden Regelungen zu *Related Party Transactions* spräche für einen 5%-Schwellenwert, um eine Zustimmung durch den Aufsichtsrat auszulösen.[778] Da aber weder England noch Italien über ein Konzernrecht verfügen, ist dort ein vergleichsweise geringer Schwellenwert zum Schutz der außenstehenden Aktionäre sinnvoll. Berücksichtigt man jedoch die konzernrechtlichen Besonderheiten in Deutschland, spricht vieles dafür, die Wertgrenze für wesentliche *Related Party*

---

774 Siehe hierzu Kap. 4.A.III.3.

775 Siehe hierzu Kap. 3.A.IV.

776 Siehe hierzu Kap. 3.A.IV.3.b.

777 Siehe hierzu Kap. 3.A.IV.3.b.

778 So DAI, Stellungnahme zur Umsetzung der geänderten EU-Aktionärsrechterichtlinie, S. 22 f., der aber 5% des im Konzernabschluss ausgewiesenen Eigenkapitals einer Aktiengesellschaft im Sinne des § 266 Abs. 3 HGB fordert.

Transactions höher anzusetzen. Im Ergebnis erscheint eine Wertgrenze von 10% aus diesem Grund sachgerecht.[779] Eine Klarstellung in § 111 Abs. 4 AktG, dass Transaktionen, die ein Unternehmen im gewöhnlichen Geschäftsverlauf und zu marktüblichen Bedingungen abschließt, nicht als wesentlich einzustufen sind, ist aufgrund des dann ausdrücklich im DCGK normierten Wesentlichkeitskriteriums nicht notwendig.

Hierbei gilt es jedoch zu vermeiden, dass Unternehmen den Zustimmungsvorbehalt durch Aufsplittung der Transaktion umgehen können. Insoweit bedarf es einer Aggregationsregelung für einzelne nicht-wesentliche Transaktionen. Um den Anforderungen des Art. 9c Abs. 8 AktR-RL 2017 in angemessener Weise Rechnung zu tragen, muss die Aggregation mit der ersten *Related Party Transaction* eines nahe stehenden Unternehmens beginnen und sich anschließend über die Dauer von zwölf Monaten erstrecken. Von der Möglichkeit, den Zeitraum auch anhand des Geschäftsjahres zu bestimmen, die der Unionsgesetzgeber vorgesehen hat, sollte das nationale Recht keinen Gebrauch machen. Sie erscheint unpraktisch, um die Umgehungsmöglichkeiten, auf welche die Aggregationsregel zielt, zu verhindern. So wäre es grundsätzlich denkbar, dass das Unternehmen ein Rumpfgeschäftsjahr beschließt. Sollte allein das Geschäftsjahr relevant sein, könnten wesentliche *Related Party Transactions* ausschließlich in diesem Zeitraum der Aggregation unterfallen. Durch ein Rumpfgeschäftsjahr könnte der Vorstand den Aggregationszeitraum jedoch zu seinen Gunsten verkürzen und dadurch den intendierten Schutz der Minderheitsaktionäre unterlaufen. Es sollte daher eine Aggregationsregelung für *Related Party Transactions* innerhalb eines Zeitraums von zwölf Monaten festgelegt werden.

3. *Ergebnis*

Um *Related Party Transactions* zu definieren, ist direkt auf IAS 24 zu verweisen. Gleichzeitig muss das Wesentlichkeitskriterium derart hinreichend bestimmt sein, dass es dem Vorstand möglich ist, das Überschreiten der Wesentlichkeitsschwelle rechtssicher erkennen zu können. Hierfür sind neben der Verwendung qualitativer Kriterien auch Quantitative heranzuziehen.

Die Wertgrenze ist anhand der Auswirkungen einer *Related Party Transaction* auf das bilanzielle Eigenkapital zu bestimmen. Diese Auswirkungen sind

---

779 Vgl. auch zu der Wertgrenze in § 111 Abs. 4 Satz 2 AktG *Brouwer,* Zustimmungsvorbehalte, S. 98; a.A. *Tarde,* Related Party Transactions, S. 213, der ohne Berücksichtigung der konzernrechtlichen Regelungen im deutschen Aktienrecht auf einen Schwellenwert von 5% abstellt.

ins Verhältnis zu den Auswirkungen einer vergleichbaren Transaktion auf das bilanzielle Eigenkapital, die das Unternehmen im gewöhnlichen Geschäftsverlauf und zu marktüblichen Bedingungen abgeschlossen hätte, zu setzen. Divergieren die Auswirkungen um mehr als 10%, ist die Wertgrenze überschritten und die Transaktion bedarf der Zustimmung des Aufsichtsrats.

Dies hat auch dann zu gelten, wenn die *Related Party Transactions* erst in ihrer Summe den Schwellenwert von 10% überschreiten. Dabei sind jedoch nur die Transaktionen zusammenzurechnen, die innerhalb von 12 Monaten zwischen den Parteien geschlossen werden.

III. Zustimmungsvorbehalt

1. Zustimmungsberechtigte

Als Organ für zustimmungsvorbehaltspflichtige Maßnahmen ist allein der Aufsichtsrat geeignet.[780] Nach § 108 Abs. 1 AktG entscheidet der Aufsichtsrat durch Beschluss. Über die erforderliche Mehrheit hüllt sich das AktG jedoch in Schweigen. Es besteht gleichwohl Einigkeit darüber, dass Beschlüsse des Aufsichtsrats entsprechend § 32 Abs. 1 Satz 3 BGB und § 29 Abs. 1 MitbestG grundsätzlich der Mehrheit der abgegebenen Stimmen und damit der einfachen Mehrheit bedürfen, um wirksam zu sein.[781]

Eine darüberhinausgehende qualifizierte Mehrheit erscheint vorliegend nicht erforderlich. Der deutsche Gesetzgeber hat die qualifizierte Mehrheit bisher ausschließlich bei mitbestimmten Aktiengesellschaften und hier auch nur bei rein organschaftlichen Maßnahmen wie der Besetzung des Aufsichtsrats vorausgesetzt. So bestimmt etwa § 27 Abs. 1 MitbestG für die Wahl des Aufsichtsratsvorsitzenden und seines ersten Stellvertreters, dass eine Mehrheit von zwei Dritteln der Mitglieder, aus denen der Aufsichtsrat insgesamt zu bestehen hat, erforderlich ist. Als solch organschaftliche Maßnahmen sind *Related Party Transactions* jedoch nicht einzuordnen. Es käme vielmehr zu einem Bruch der Systematik des deutschen Aktienrechts, würde man bei der Zustimmung zu *Related Party Transactions* nun eine qualifizierte Mehrheit verlangen. Gegen das Erfordernis einer qualifizierten Mehrheit spricht zudem, dass auch die Zustimmung des

---

780 Siehe hierzu Kap. 3.D.VI.1.

781 *Drygala*, in: K. Schmidt/Lutter, AktG, § 108 Rn. 28; *Habersack*, in: MüKo-AktG, § 108 Rn. 20; *Hopt/Roth*, in: GK-AktG, § 108 Rn. 30; *Koch*, in: Hüffer/Koch, AktG, § 108 Rn. 6; *Mertens/Cahn*, in: KK-AktG, § 108 Rn. 57; *Spindler*, in: Spindler/Stilz, AktG, § 108 Rn. 21; *Hoffmann-Becking*, in: MHdB AG, § 31 Rn. 62.

Aufsichtsrats im Rahmen von § 111 Abs. 4 Satz 2 AktG mit einfacher Mehrheit ergeht. Will man grundsätzlich einen Gleichlauf dieser beiden Regelungen gewährleisten, ist es sinnvoll, auch auf Ebene des Mehrheitserfordernisses einen entsprechenden Gleichlauf walten zu lassen.

Da ein verpflichtender Zustimmungsausschuss nach der hier vertretenen Ansicht nicht implementiert werden sollte,[782] den Unternehmen gleichwohl die Möglichkeit erhalten bleiben soll, einen solchen Ausschuss zu bilden, ist eine gesonderte Regelung nicht erforderlich. Als Ausfluss des Selbstorganisationsrechts kann der Aufsichtsrat sich in entsprechenden Ausschüssen organisieren.[783] Dass Aufsichtsratsausschüsse zulässig sind, ist zwar – von § 27 Abs. 2 MitbestG und § 25d Abs. 7 bis 12 KWG abgesehen – nicht gesetzlich vorgeschrieben.[784] Dies ergibt sich aber aus § 107 Abs. 3 Satz 1 wie auch Satz 2 AktG, wonach der Aufsichtsrat auch erledigende Ausschüsse bilden darf, die über eine eigene Beschlusskompetenz verfügen und damit anstelle des Plenums handeln.[785] Der DCGK empfiehlt des Weiteren ein solches Vorgehen in Ziff. 5.3.1 Satz 1, 5.3.2 Satz 1 und 5.3.3 DCGK.[786] Zu berücksichtigen ist gleichwohl, dass das Mindestquorum nach § 108 Abs. 2 Satz 3 AktG für die Beschlussfassung im Rahmen des Aufsichtsrats zu wahren ist. Ein beschließender Ausschuss ist folglich mit mindestens drei Mitgliedern zu besetzen, da andernfalls die Regelung des § 108 Abs. 2 Satz 3 AktG unterlaufen würde.[787]

Die Zustimmungsentscheidung darf der Aufsichtsrat zwar einem Ausschuss, nicht aber dem Aufsichtsratsvorsitzenden übertragen. Denn das Gesetz erkennt in § 107 AktG nur die Möglichkeit an, Entscheidungen auf einen Ausschuss zu delegieren. Die Vorgabe, dass ein Beschluss zwingend eines Mindestquorums bedarf, schließt aus, dass allein der Aufsichtsratsvorsitzende entscheidet. Die Satzung könnte dem Aufsichtsratsvorsitzenden jedoch ein Stichentscheidungsrecht einräumen.

---

782 Siehe hierzu Kap. 3.D.VI.1.

783 *Habersack*, in: MüKo-AktG, § 107 Rn. 92.

784 Zu entsprechenden Reformvorschlägen s. *Hopt/Roth*, in: GK-AktG, § 107 Rn. 230 ff.

785 *Habersack*, in: MüKo-AktG, § 107 Rn. 92.

786 *Habersack*, in: MüKo-AktG, § 107 Rn. 92; ausführlich zur Übertragung auf einen Ausschuss vgl. *Rhiel*, Related Party Transactions, S. 211 ff.

787 *Koch*, in: Hüffer/Koch, AktG, § 108 Rn. 21 mit Verweis auf BGH, Urteil vom 21. März 2001, BGHZ 65, 190, 192 f.; BGH, Urteil vom 19. Dezember 1988, NJW 1989, 1928, 1929; BGH, Urteil vom 27. Mai 1991, AG 1991, 398, 399.

2. *Unabhängigkeit des Aufsichtsrats*

Aufsichtsratsmitglieder mit einem Interessenkonflikt dürfen nicht an dem Beschluss über die Zustimmung von *Related Party Transactions* mitwirken. Art. 9c Abs. 4 UAbs. 3 AktR-RL 2017 verbietet Aufsichtsratsmitgliedern, die von der nahe stehenden Parteien abhängig sind, aus diesem Grund an der Beschlussfassung über die Zustimmung zu *Related Party Transactions* teilzunehmen, sofern das nationale Recht nicht bereits angemessene Schutzmechanismen enthält, die verhindern, dass das in Rede stehende Aufsichtsratsmitglied seinen Willen gegen den der unabhängigen anderen Aufsichtsräte durchsetzt, vgl. Art. 9c Abs. 4 UAbs. 4 AktR-RL 2017. Ein Interessenskonflikt liegt nach dem hier zugrundeliegenden Verständnis vor, wenn die nahe stehende Partei selbst im Aufsichtsrat sitzt, das Aufsichtsratsmitglied mit der nahe stehenden Partei wirtschaftlich verbunden ist oder das Aufsichtsratsmitglied gleichzeitig Organmitglied der nahe stehenden Partei ist.[788]

Das deutsche Aktienrecht sieht bereits zahlreiche Schutzmechanismen gegen die Mitwirkung möglicherweise befangener Personen vor. So spricht sich die herrschende Auffassung für ein Stimmrechtsverbot konfliktbeladener Aufsichtsratsmitglieder aus – und greift dafür auf die vereinsrechtlichen Vorschriften des § 34 BGB zurück.[789] Dagegen wird eingewendet, dass die Vorschriften in §§ 112, 88 AktG, die präventive Interessenskollisionen vermeiden sollen, sowie die strikte Funktionstrennung ausreichen, um den Gefahren Herr zu werden, die mit Interessenskonflikten einhergehen.[790] Darüber hinaus drohe bei analoger Anwendung des § 34 BGB analog eine automatische Entscheidungsblockade in Fällen des gesetzlich vorgesehenen Grundtyps eines dreiköpfigen Aufsichtsrats (§§ 95 Abs. 1 Satz 1, 108 Abs. 2 Satz 3 AktG).[791] Gerade bei Rechtsgeschäften sei ohnehin kein Stimmverbot notwendig, da der Aufsichtsrat den Vorstand nicht verbindlich anweisen könne, bestimmte Geschäfte abzuschließen; das

---

788 Siehe hierzu Kap. 3.D.I.2.

789 *Habersack,* in: MüKo-AktG, § 108 Rn. 29; *Hopt/Roth,* in: GK-AktG, § 108 Rn. 54; *Koch,* in: Hüffer/Koch, AktG; § 108 Rn. 9; *Mertens/Cahn,* in: KK-AktG, § 108 Rn. 65; *Spindler,* in: Spindler/Stilz, AktG, § 108 Rn. 27; *Lutter/Krieger/Verse,* Rechte und Pflichten Rn. 130; *E. Vetter,* in: HdB börsennotierte AG, § 27 Rn. 61; *Hoffmann-Becking,* in: MHdB AG, § 31 Rn. 66; *v. Schenk,* in: Semler/v. Schenk, AR HdB, § 5 Rn. 127; *Diekmann/Fleischmann,* AG 2013, 141, 146; *Ulmer,* NJW 1982, 2288, 2289.

790 *Matthießen,* Interessenkollision, S. 97 ff.

791 *Matthießen,* Interessenkollision, S. 97 ff.

Unternehmensinteresse sei deshalb gewahrt.[792] Des Weiteren könne aus den fehlenden aktienrechtlichen Regelungen für einen Stimmrechtsausschluss nicht geschlossen werden, dass der Gesetzgeber mögliche Interessenskonflikte – insbesondere in Konzernsachverhalten – nicht bedacht habe.[793] Vielmehr sei davon auszugehen, dass es sich um eine legislative Grundentscheidung gegen formale Stimmverbote im Aufsichtsrat handle; etwaige Interessenkonflikte seien mithin auszutragen.[794]

Den Vertretern dieser Ansicht ist zuzugeben, dass aus einer fehlenden Regelung nicht automatisch die Plandwidrigkeit dieser Lücke geschlossen werden kann. Die gewichtigeren Gründe sprechen jedoch für eine analoge Anwendung des § 34 BGB. So reicht es nicht aus, pauschal auf eine strikte Funktionstrennung und die Verpflichtung auf das Unternehmensinteresse zu verweisen, um adäquat zu verhindern, dass die Aufsichtsratsmitglieder Eigeninteressen verfolgen.[795] Vielmehr ist der Gefahr einer eigennützigen Stimmabgabe frühzeitig durch ein Stimmverbot entgegenzutreten.[796] Darüber hinaus weist *Spindler* zu Recht darauf hin, dass die Zustimmung des Aufsichtsrats zu einer konfliktgeladenen *Related Party Transaction* einen weisungsähnlichen Charakter hat. Der Vorstand wird regelmäßig davon ausgehen, dass er das zustimmungsbedürftige Geschäft durchführen soll, wenn schon der Aufsichtsrat als Überwachungsorgan seine Zustimmung erteilt hat.[797] Des Weiteren droht keine Entscheidungsblockade, wenn man das Aufsichtsratsmitglied, das einem Stimmverbot unterliegt, für verpflichtet hält, sich an der Beschlussfassung im dreiköpfigen Aufsichtsrat mit einer Stimmenthaltung zu beteiligen.[798] Im Ergebnis ist ein Aufsichtsratsmitglied also dann vom Stimmrecht ausgeschlossen, wenn die Beschlussfassung die Vornahme eines Rechtsgeschäfts mit ihm oder die Einleitung oder Erledigung eines Rechtsstreits zwischen ihm und dem Unternehmen betrifft.

Nach dem Wortlaut des § 34 BGB analog bezieht sich das Stimmverbot allein auf Rechtsgeschäfte mit Aufsichtsratsmitgliedern. Unklar ist jedoch, ob sich das

792 *Matthießen,* Interessenkollision S. 149 ff., 160 ff., 305 ff., 487 f.

793 So *Stadler/Berner,* NZG 2003, 49, 50, im Ergebnis aber für eine analoge Anwendung des § 34 BGB.

794 *Behr,* AG 1984, 281, 285.

795 *Kindl,* Aufsichtsratssitzung, S. 134 f.; *Dreher,* JZ 1990, 896, 897.

796 *Keusch/Rotter,* NZG 2003, 671, 672.

797 *Spindler,* in: Spindler/Stilz, AktG, § 108 Rn. 28.

798 So auch BGH, Urteil vom 2. April 2008, AG 2007, 484; so auch *Spindler,* in: Spindler/Stilz, AktG, § 108 Rn. 28; *Dieckmann/Fleischmann,* AG 2013, 141, 146.

Stimmverbot nach § 34 BGB analog auch auf Aufsichtsratsmitglieder erstreckt, die zugleich Organmitglied eines Mutterunternehmens sind. Zum Teil wird ein Stimmrechtsausschluss mit der Argumentation verneint, dass das Konzernrecht ein eigenständiges und abschließendes Schutzsystem enthalte, das Außenseiter ausreichend vor Nachteilszufügungen durch das Mutterunternehmen schütze – etwa mithilfe der Pflicht, den Abhängigkeitsbericht zu erstellen und zu prüfen, oder einem Stimmverbot, das erst dann greift, wenn das austarierte Kräfteverhältnis zwischen Anteilseigner- und Arbeitnehmervertreter im Aufsichtsrat beeinträchtigt ist.[799] Dagegen könnte ferner vorgetragen werden, dass ausweislich des Wortlauts des § 34 BGB analog ein Aufsichtsratsmitglied nur dann nicht stimmberechtigt ist, wenn die Beschlussfassung die Vornahme eines Rechtsgeschäfts mit ihm und der Gesellschaft betrifft. Das sich hieraus ergebende Verbot des „Richtens in eigener Sache“[800] könnte Vorstandsmitglieder des Mutterunternehmens ausschließen, da hier ein Interessenskonflikt in der Person nicht besteht.[801] Andere Stimmen hingegen bejahen einen Stimmrechtsausschluss nach § 34 BGB analog, wenn ein besonders schwerer Interessenskonflikt vorliegt – etwa weil ein Aufsichtsratsmitglied zugleich gesetzlicher Vertreter des herrschenden Unternehmens ist oder dieses auf andere Weise maßgeblich beeinflusst.[802]

Für die letztgenannte Ansicht spricht, dass es keinen Unterschied machen kann, ob das Mutterunternehmen durch seinen Alleinaktionär vertreten im Aufsichtsrat des Tochterunternehmens sitzt oder das Mutterunternehmen seinen Vorstand in den Aufsichtsrat des Tochterunternehmens entsandt hat. In beiden Fällen kann nicht davon ausgegangen werden, dass das betreffende Aufsichtsratsmitglied frei und ohne Interessenskonflikt eine Entscheidung trifft.[803] Vielmehr ist davon auszugehen, dass zumindest auch die Interessen des Mutterunternehmens bei der Entscheidungsfindung auf Ebene des Tochterunternehmens berücksichtigt werden.[804] Mithin ist das Vorstandsmitglied in gleicher Weise den widerstreitenden Interessen ausgesetzt wie der Alleinaktionär des Mutterunternehmens. Spricht der Gesetzgeber dem Aufsichtsratsmitglied mit § 34 BGB jedoch die Fähigkeit ab, diesen Interessenskonflikt in angemessener

799 Vgl. *Habersack*, in: MüKo-AktG, § 108 Rn. 29 ff.; *Mertens/Cahn*, in: KK-AktG, § 108 Rn. 68 f.

800 Vgl. hierzu *Arnold*, in: MüKo-BGB, § 34 Rn. 16 m.w.N.

801 *Habersack*, in: MüKo-AktG, § 108 Rn. 29 f.; *Mertens/Cahn*, in: KK-AktG, § 108 Rn. 69.

802 Vgl. etwa *Hopt/Roth*, in: GK-AktG, § 108 Rn. 60; *U.H. Schneider*, in: FS Raiser (2005), 341, 354 f.; *Seibt*, in: FS Hopt (2010), 1363, 1367.

803 *Hopt/Roth*, in: GK-AktG, § 108 Rn. 60; *U.H. Schneider*, in: FS Raiser (2005), 341, 354.

804 *Hopt/Roth*, in: GK-AktG, § 108 Rn. 58, 60.

Weise zu lösen, dann kann für Aufsichtsratsmitglieder des Tochterunternehmens, die zugleich Vorstandsmitglieder des Mutterunternehmens sind, nichts anderes gelten. Der Befund verstärkt sich, wenn man bedenkt, dass das Mutterunternehmen das betreffende Aufsichtsratsmitglied jederzeit abberufen kann. Schon allein aus dem Grund muss man davon ausgehen, dass sich das Aufsichtsratsmitglied den Interessen des Mutterunternehmens beugen wird.[805]

Dies hat zur Folge, dass der Vorstand des Mutterunternehmens bei Entscheidungen des Aufsichtsrats des Tochterunternehmens über *Related Party Transactions* mit dem von ihm vertretenen Mutterunternehmen einem Stimmverbot nach § 34 BGB analog unterliegt.[806] Denn auch hier befindet sich das Aufsichtsratsmitglied in einem Interessenskonflikt: Es muss einerseits beurteilen, ob die Maßnahme für das Tochterunternehmen nachteilig ist, und auf Ebene des Mutterunternehmens andererseits darüber befinden, ob die Maßnahme für das Mutterunternehmen wirtschaftliche Vorteile mit sich bringt. Das deutsche Aktienrecht wird den unionrechtlichen Anforderungen des Art. 9c Abs. 4 UAbs. 3 AktR-RL 2017 insoweit bereits jetzt gerecht.

3. *Zustimmung des Aufsichtsrats*

Der Aufsichtsrat muss *Related Party Transactions* vorab zustimmen. Nur so handelt es sich bei einem *Related Party Transactions*-Zustimmungsvorbehalt um ein Instrument präventiver Überwachung.

Würde man die Zustimmung des Aufsichtsrats als Einwilligung i.S.v. § 183 Satz 1 BGB ausgestalten, wäre die *Related Party Transaction* bis zu dem Beschluss schwebend unwirksam, wodurch dem Aufsichtsrat ein massiver Einfluss auf die Geschäftsführung zukäme.[807] Das deutsche dualistische System zwischen Vorstand und Aufsichtsrat käme dadurch zumindest stark ins Wanken. So wäre es dem Aufsichtsrat möglich, *Related Party Transactions* zu verhindern, obwohl gewichtige Gründe dafür sprechen, sie durchzuführen. Ferner könnte der Aufsichtsrat seine Zustimmung so lange herauszögern, dass das Unternehmen nicht mehr wirtschaftlich handeln kann. Faktisch erführe der Aufsichtsrat damit eine Beförderung zum zweiten Geschäftsführungsorgan. Weiter würde das

805 *Hopt/Roth*, in: GK-AktG, § 108 Rn. 58.

806 Im Ergebnis ebenso DAI, Stellungnahme zur Umsetzung der geänderten EU-Aktionärsrechterichtlinie, S. 50.

807 Vgl. insoweit auch zu § 111 Abs. 4 Satz 2 AktG *Koch*, in: Hüffer/Koch, AktG, § 111 Rn. 22; *Spindler*, in: Spindler/Stilz, AktG, § 111 Rn. 62; *Hüffer*, NZG 2007, 47, 52; *Schönberger*, Zustimmungsvorbehalte, S. 61.

Erfordernis einer Einwilligung i.S.v. § 183 BGB die gem. § 82 Abs. 1 AktG unbeschränkbare Vertretungsbefugnis des Vorstands beeinträchtigen.

Gegen eine Ausgestaltung als Einwilligung i.S.v. § 183 BGB spricht zudem, dass der Schutz des Unternehmens und der außenstehenden Aktionäre bereits durch ein ausschließlich im Innenverhältnis wirkender Zustimmungsvorbehalt in angemessener Weise gewahrt wird. So hält bereits der Zustimmungsvorbehalt den Vorstand des Unternehmens, das dem Interessenskonflikt zwischen Mehrheits- und Minderheitsaktionäre unmittelbar ausgesetzt ist, dazu an, die in Rede stehende Maßnahme auf ihre Wirtschaftlichkeit und Sinnhaftigkeit hin zu überprüfen, bevor er sie dem Aufsichtsrat zur Zustimmung vorlegt. In einem zweiten Schritt setzt sich der Aufsichtsrat des in Rede stehenden Unternehmens mit den Umständen der *Related Party Transaction* auseinander und bildet sich eine Meinung darüber, ob die Maßnahme aus unternehmerischer Sicht sinnvoll ist und im Interesse der in Rede stehenden Gesellschaft liegt. Durch die damit einhergehende doppelte Kontrolle durch Vorstand und Aufsichtsrat sinkt die Gefahr erheblich, dass das Unternehmen Maßnahmen ergreift, die sich zwar grundsätzlich im Rahmen des unternehmerischen Ermessensspielraums bewegen, aber letztlich allein deshalb zustande gekommen sind, weil das Mutterunternehmen Einfluss auf den Vorstand des Tochterunternehmens genommen hat. Um dem Schutz des konfliktbelasteten Unternehmens und dessen außenstehenden Aktionären in angemessener Weise Rechnung zu tragen ohne dabei gleichzeitig die Grundsätze des deutschen Aktienrechts zu durchbrechen, bedarf es bei dem *Related Party Transactions*-Zustimmungsvorbehalt daher einer Einwilligung i.S.v. § 183 BGB.

Um zu verdeutlichen, dass es sich bei dem *Related Party Transactions*-Zustimmungsvorbehalt ausschließlich um einen im Innenverhältnis wirkenden Zustimmungsvorbehalt handelt, ist sich des Begriffs der „Zustimmung" zu bedienen. Für die Verwendung dieser Begrifflichkeit spricht, dass § 111 Abs. 4 Satz 2 BGB bereits heute diesen Begriff verwendet. Auch hier gilt die Zustimmung des Aufsichtsrats ausschließlich im Innenverhältnis. Dies wollte der Gesetzgeber mit der Begriffsverwendung deutlich machen. Insoweit schafft die gleichlautende Begriffsverwendung für den Rechtsanwender dabei auch Sicherheit über die Auswirkungen einer fehlenden oder fehlerhaft zustande gekommenen Zustimmung.

Auch bei eilbedürftigen Maßnahmen bedarf es einer vorherigen Zustimmung. Sonst könnte der Vorstand vollendete Tatsachen schaffen. Mit der Zielsetzung des Art. 9c Abs. 4 AktR-RL 2017 ließe sich das nicht vereinbaren. Gleichzeitig steht dies der Wirtschaftlichkeit des Unternehmens nicht im Wege. Denn es besteht auch für den Aufsichtsrat die Möglichkeit, Beschlüsse fernmündlich oder im Wege eines Umlaufbeschlusses zu fassen. Auch in Eilsituationen kann der Aufsichtsrat also schnelle Entscheidungen treffen. Sollte die Vornahme eines Rechtsgeschäfts jedoch keinerlei Aufschub dulden, kann der Vorstand das Geschäft – wie auch bei Zustimmungsvorbehalten nach § 111 Abs. 4 Satz 2 AktG – mit Blick auf die existenzielle Bedeutung und der damit einhergehenden Vorbereitungszeit unter den Vorbehalt stellen, dass der Aufsichtsrat später zustimmt; die strengen Anforderungen werden aber allenfalls in wenigen begrenzten Ausnahmefällen greifen.[808]

4. *Zustimmung durch die Hauptversammlung*

Im Rahmen des § 111 Abs. 4 Satz 3 AktG besteht die Möglichkeit, die Hauptversammlung noch einmal über das zustimmungspflichtige Geschäft entscheiden zu lassen, wenn der Aufsichtsrat die Zustimmung verweigert hat und die Hauptversammlung dies verlangt.

§ 111 Abs. 4 Satz 3 AktG auch auf *Related Party Transactions* zu erstrecken, stünde jedenfalls nicht im Widerspruch zu Art. 9c Abs. 4 UAbs. 2 AktR-RL 2017. Denn es gilt der Grundsatz der Mindestharmonisierung. Vielmehr ist im Wege eines *argumentum a maiore ad minus* davon auszugehen, dass das Recht in Art. 9c Abs. 4 UAbs. 2 AktR-RL 2017 nicht nur *Related Party Transactions* umfasst, denen der Aufsichtsrat zugestimmt hat, sondern erst recht auch solche, denen der Aufsichtsrat seine Zustimmung verweigert hat. Für eine Erstreckung des § 111 Abs. 4 Satz 3 AktG auch auf *Related Party Transactions*-Zustimmungsvorbehalte spricht vor allem, dass sich so der Schutz der außenstehenden Aktionäre vor konfliktgeladenen Konstellationen bei Aufsichtsratsmitgliedern, die zum Beispiel gleichzeitig Vorstandsmitglieder des Mutterunternehmens sind, weiter erhöht. Darüber hinaus ist eine entsprechende Regelung bereits in der gegenwärtigen Fassung des § 111 Abs. 4 AktG vorgesehen, so dass es sich in das bereits bestehende System der doppelten Überprüfungsmöglichkeit stimmig einfügen würde. Die Einberufung der Hauptversammlung ist dabei allen Aktionären, auch der nahe stehenden Partei, zuzugestehen.

---

808 Zur Eilbedürftigkeit bei § 111 Abs. 4 Satz 2 AktG: *Mertens/Cahn*, in: KK-AktG, § 111 Rn. 106 m.w.N.; *Lutter/Krieger/Verse*, Rechte und Pflichten Rn. 124; *Rodewig*, in: Semler/ v. Schenk, AR HdB, § 8 Rn. 58; *E. Vetter*, in: HdB börsennotierte AG, § 26 Rn. 26.37; *Götz*, ZGR 1990, 633, 643 f.; *Fonk*, ZGR 2006, 841, 870; *Brouwer*, Zustimmungsvorbehalte, S. 176; zweifelnd *Koch*, in: Hüffer/Koch, AktG, § 111 Rn. 49; a.A. *Drygala*, in: K. Schmidt/Lutter, AktG, § 111 Rn. 61; *Habersack*, in: MüKo-AktG, § 111 Rn. 124.

Gem. Art. 9c Abs. 4 UAbs. 3 AktR-RL 2017 ist eine nahestehende Partei in ihrer Eigenschaft als Aktionär von der Abstimmung in der Hauptversammlung gleichwohl auszuschließen. Eine entsprechende Regelung könnte bereits dem in § 136 Abs. 1 Satz 1 AktG normierten Stimmverbot entnommen werden. § 136 Abs. 1 Satz 1 AktG legt jedoch ausschließlich für bestimmte Fälle ein Stimmverbot fest: Die Entlastung des Aktionärs, seine Befreiung von einer Verbindlichkeit und die Geltendmachung von Ansprüchen der Gesellschaft gegen den Aktionär. In diesen Fällen gilt eine unwiderlegliche Vermutung der Befangenheit wegen Interessenkollision.[809]

In der Literatur umstritten ist, ob sich den gesetzlich geregelten Fällen ein allgemeines Prinzip entnehmen lässt, so dass im Wege einer Gesamtanalogie weitere, gesetzlich nicht geregelte Fälle einem Stimmverbot unterstellt werden können. Für eine Gesamtanalogie wird vorgetragen, dass es für eine evidente Interessenkollision eines zusätzlichen Korrektivs bedürfe[810] und der allgemeine Rechtsgedanke des § 181 BGB in die Vorschriften über die Stimmrechtsausübung hineinzulesen sein.[811] Aus Sicht von *K. Schmidt* seien insbesondere auch Aktionäre einem Stimmverbot unterworfen, wenn die Hauptversammlung über *Related Party Transactions* entscheidet, an denen der Aktionär als Vertragspartner beteiligt ist.[812]

Zutreffend geht die herrschende Meinung jedoch davon aus, dass die in § 136 Abs. 1 AktG normierten Fälle als kasuistische Ausprägungen von Interessenkollisionen anzusehen sind, vor deren Hintergrund eine Ausdehnung aufgrund ihres Ausnahmecharakters nicht zulässig ist.[813] Gegen eine Gesamtanalogie spricht

---

809 BGH, Urteil vom 9 Dezember 1968, BGHZ 51, 209, 215; *Arnold,* in: MüKo-AktG, § 136 Rn. 5; *Wank*, ZGR 1979, 222, 225.

810 BGH, Urteil vom 1. April 1953, BGHZ 9, 157, 178; 97, 28, 33; siehe auch BGH, Urteil vom 7. Dezember 2012, NZG 2012, 625, 626 Rn. 16.

811 *Wilhelm*, Rechtsform, S. 66 ff.; *Wilhelm*, JZ 1976, 674.

812 *K. Schmidt*, GesR, § 21 II 2.b): „Diese fragmentarische und unstimmige gesetzgeberische Behandlung verdient Kritik. Sie gibt den bestehenden Rechtszustand unrichtig wieder".

813 BGH, Urteil vom 20. Januar 1983, BGHZ 97, 28, 33; OLG Düsseldorf, Urteil vom 13. Januar 2006, AG 2006, 202, 206; *Arnold,* in: MüKo-AktG, § 136 Rn. 20; *Grundmann*, in: GK-AktG, § 136 Rn. 40; *Hirschmann*, in: Hölters, AktG, § 136 Rn. 7; *Koch,* in: Hüffer/Koch, AktG, § 136 Rn. 3, 18; *Spindler*, in: K. Schmidt/Lutter, AktG, § 136 Rn. 4, 29; *Rieckers*, in: Spindler/Stilz, AktG, § 136 Rn. 15; *Tröger,* in: KK-AktG, § 136 Rn. 50; *U.H. Schneider*, ZHR 150 (1986), 609, 613; *Zimmermann*, in: FS Rowedder (1994), 593, 598 f.

dabei insbesondere die historische Entwicklung des § 136 Abs. 1 AktG: Bereits der Gesetzgeber des AktG 1937 hatte das in § 252 Abs. 3 HGB a.F. normierte Stimmverbot bei Vornahme eines Rechtsgeschäfts mit einem Aktionär bewusst nicht übernommen.[814] Da der deutsche Gesetzgeber an dieser Entscheidung auch bei Einführung der §§ 311 ff. AktG 1965 festhielt, ist daraus der Schluss zu ziehen, dass der deutsche Gesetzgeber an dem Ausnahmecharakter des § 136 Abs. 1 AktG festhalten wollte. Für den Ausnahmecharakter dieser Norm spricht auch, dass sich das Stimmverbot in den vergleichbaren Bestimmungen der § 47 Abs. 4 GmbHG, § 285 AktG, § 34 BGB, § 712 BGB, § 113 Abs. 2 HGB und § 43 Abs. 6 GenG findet, wo der Gesetzgeber für jede Korporation die ihm regelungsbedürftig erscheinenden Fälle herausgegriffen hat, ohne auch nur einmal ein allgemeines, ausfüllungsbedürftiges Prinzip zu normieren.[815] Darüber hinaus ist zu berücksichtigen, dass sich der Gesetzgeber aus Gründen der Rechtssicherheit auf einzelne Fälle beschränkt hat, damit nicht im konkreten Fall die schwierige Feststellung einer ein Stimmverbot fordernden Interessenkollision getroffen werden muss.[816] Von einer planwidrigen Regelungslücke kann aus diesem Grund nicht ausgegangen werden,[817] so dass eine Gesamtanalogie zu verneinen ist. Ein Stimmverbot für Mehrheitsaktionäre bei Beschlüssen der Hauptversammlung über *Related Party Transactions* sieht das deutsche Recht mithin nicht vor.

Zwar sieht das Art. 9c AktR-RL 2017 in Abs. 4 UAbs. 4 AktR-RL 2017 eine Ausnahme von dem in Art. 9c Abs. 4 UAbs. 3 AktR-RL 2017 normierten Stimmverbot vor. Voraussetzung dafür ist jedoch, dass das nationale Recht Mechanismen vorsieht, die verhindern, dass Mehrheitsaktionäre ihren Willen gegen den der außenstehenden Aktionäre durchsetzen können. Eine entsprechende Regelung findet sich – wie gerade eben gezeigt – im deutschen Aktienrecht nicht.

Um den Anforderungen des Art. 9c Abs. 4 UAbs. 3 AktR-RL 2017 gleichwohl gerecht zu werden, ist es aber Aufgabe des deutschen Gesetzgebers ein entsprechendes Stimmrechtsverbot bei Entscheidungen der Hauptversammlung über *Related Party Transactions* zu normieren. Nur so kann sichergestellt werden, dass ausschließlich Aktionäre ihre Zustimmung erteilen, die sich nicht in einem Interessenkonflikt befinden.[818] Da § 136 Abs. 1 Satz 1 AktG bereits spezielle Regelungen zu Stimmverboten in Hauptversammlungen enthält, ist es aus

814 *Rieckers*, in: Spindler/Stilz, AktG; § 136 Rn. 15.
815 *Arnold*, in: MüKo-AktG, § 136 Rn. 20.
816 *Arnold*, in: MüKo-AktG, § 136 Rn. 20; ebenso *Hügel/Klepsch*, NZG 2005, 905, 906.
817 *Spindler*, in: K. Schmidt/Lutter, AktG, § 136 Rn. 29.
818 *Tröger*, in: KK-AktG, § 136 Rn. 14.

systematischen Gründen sinnvoll, § 136 Abs. 1 Satz 1 AktG um ein Stimmverbot für *Related Party Transactions* zu erweitern.[819]

Ebenso wie bei § 111 Abs. 4 Satz 3 AktG[820] führt die Entscheidung der Hauptversammlung zur Enthaftung des Vorstands nach § 93 Abs. 1 Satz 4 AktG.

5. *Ergebnis*

Zustimmungsberechtigt ist grundsätzlich der Aufsichtsrat. Die Zustimmung ist erteilt, wenn sie mit der Mehrheit der stimmberechtigten und abgegebenen Stimmen erfolgt. Der Aufsichtsrat kann die Beschlussfassung über die *Related Party Transaction* einem Ausschuss übertragen. Ergänzende Regelungen des deutschen Aktiengesetzes sind diesbezüglich nicht erforderlich, da sich diese Regelungen bereits in §§ 107 ff. AktG finden lassen.

Maßgeblich für die Stimmberechtigung der einzelnen Aufsichtsratsmitglieder ist deren Unabhängigkeit von der nahe stehenden Partei. Ein Aufsichtsratsmitglied ist dann als abhängig anzusehen, wenn die nahe stehende Partei selbst im Aufsichtsrat sitzt, das Aufsichtsratsmitglied mit der nahe stehenden Partei wirtschaftlich verbunden ist oder das entsandte Aufsichtsratsmitglied gleichzeitig Organmitglied des nahe stehenden Unternehmens ist. Das deutsche Aktienrecht sieht bereits heute zahlreiche Schutzmechanismen für die Mitwirkung möglicherweise befangener Personen vor. Insbesondere unterwirft es unter Rückgriff auf die vereinsrechtlichen Vorschriften des § 34 BGB Aufsichtsratsmitgliedern im vorbenannten Sinne einem Stimmverbot. Gesonderte Regelungen für den *Related Party Transaction*-Zustimmungsvorbehalt sind daher nicht erforderlich.

Die Zustimmung des Aufsichtsrats ist vor Durchführung der *Related Party Transaction* zu erteilen. Um zu verdeutlichen, dass es sich dabei um einen im Innenverhältnis wirkenden Zustimmungsvorbehalt handelt, ist sich des Begriffs der „Zustimmung“ zu bedienen. Sollte die Vornahme eines Rechtsgeschäfts keinerlei Aufschub dulden, kann der Vorstand das Geschäft mit Blick auf die existenzielle Bedeutung und der damit einhergehenden Vorbereitungszeit unter den Vorbehalt stellen, dass der Aufsichtsrat zustimmt.

Der Hauptversammlung ist die Möglichkeit zu bewahren, noch einmal über die *Related Party Transaction* abstimmen zu können – unabhängig davon, ob der Aufsichtsrat seine Zustimmung erteilt hat oder nicht. Hierfür kann auf § 111

819 Auf die Normierung dieses Stimmverbots wird nachfolgend gleichwohl nicht eingegangen, da sich diese Arbeit ausschließlich mit der Ausgestaltung des Zustimmungsvorbehalts des Aufsichtsrats für *Related Party Transactions* auseinandersetzt.

820 *Habersack*, in: MüKo-AktG, § 111 Rn. 130.

Abs. 4 Satz 3 AktG zurückgegriffen werden, der bereits jetzt eine entsprechende Regelung enthält. Um sicherzustellen, dass die nahe stehende Partei im Rahmen des Hauptversammlungsbeschlusses sich nicht gegen den Willen der außenstehenden Aktionäre durchsetzen kann, ist die nahe stehende Partei auch hier einem Stimmverbot zu unterwerfen. Ein Stimmverbot für Mehrheitsaktionäre bei Beschlüssen der Hauptversammlung über *Related Party Transactions* sieht das deutsche Recht nicht vor. Da § 136 Abs. 1 Satz 1 AktG bereits spezielle Regelungen zu Stimmverboten in Hauptversammlungen enthält, ist es aus systematischen Gründen sinnvoll, § 136 Abs. 1 Satz 1 AktG um ein Stimmverbot für *Related Party Transactions* zu erweitern.

IV. Zustimmungsermessen

Wenn der Aufsichtsrat eigenverantwortlich darüber entscheidet, ob er *Related Party Transactions* seine Zustimmung erteilt oder verweigert, trifft er eine unternehmerische Entscheidung.

1. Zustimmungsermessen

Das zustimmungspflichtige Geschäft muss der Aufsichtsrat gem. §§ 116 Satz 1, 92 Abs. 1 Satz 1 AktG mit der Sorgfalt eines ordentlichen und gewissenhaften Kontrollorgans überprüfen.[821] Ebenso wie der Vorstand muss er dabei das Ziel verfolgen, das Vermögen der Gesellschaft zu mehren und sie vor Schaden zu bewahren.[822] Hält der Aufsichtsrat die vorgeschlagene Maßnahme für wirtschaftlich unzweckmäßig, ist er verpflichtet, seine Zustimmung zu verweigern.

In der deutschen Literatur zu § 111 Abs. 4 Satz 2 AktG ist es umstritten, wie der Aufsichtsrat seine Entscheidung nach § 111 Abs. 4 Satz 2 AktG zu treffen hat. Die Diskussion dreht sich dabei um die Frage, ob der Aufsichtsrat eine eigene unternehmerische Ermessensentscheidung trifft bzw. ob er sich über Ermessensentscheidungen des Vorstands hinwegsetzen darf.

Die herrschende Meinung geht davon aus, dass sich der Aufsichtsrat pflichtgemäß entscheiden muss – und gestattet ihm, sich auch bei vertretbaren Entscheidungen des Vorstands über dessen Ermessen hinwegzusetzen; er könnte die Zustimmung also auch verweigern, wenn er das Ermessen in anderer Weise

---

821 Siehe hierzu Kap. 4.A.I.2; ferner *Habersack*, in: MüKo-AktG, § 111 Rn. 127 f.; *Hopt/Roth*, in: GK-AktG, § 111 Rn. 671; *Rodewig*, in: Semler/Schenk, AHdB AR, § 8 Rn. 43 ff.

822 *Habersack*, in: MüKo-AktG, § 111 Rn. 128.

ausüben oder etwa die Zweckmäßigkeit oder Wirtschaftlichkeit eines Geschäfts unterschiedlich beurteilen sollte.[823] Als Begründung dient, dass § 111 Abs. 4 Satz 2 AktG ein solches Entscheidungsermessen ausdrücklich anordne.[824] Zwar sei der Aufsichtsrat gem. § 111 Abs. 4 Satz 1 AktG an die Ermessensentscheidung des Vorstands gebunden, wenn er ihn allgemein überwacht. Es müsse aber einen Unterschied zwischen Zustimmungsvorbehalten und der übrigen Überwachungstätigkeit geben, da der Aufsichtsrat von der Geschäftsführung durch § 111 Abs. 4 Satz 2 AktG im Grundsatz ausgeschlossen ist.[825] Deshalb eröffne § 111 Abs. 4 Satz 2 AktG dem Aufsichtsrat die Möglichkeit, seine eigene Auffassung gegenüber dem Vorstand durchzusetzen.[826] Sofern ein Zustimmungsvorbehalt bestehe, sei der Aufsichtsrat zur Mitentscheidung berufen und könne deshalb auch eigene Ermessensentscheidungen treffen.[827] Zudem sei die Entscheidung über die Zustimmungserteilung oder -verweigerung eine unternehmerische Entscheidung, weshalb dem Aufsichtsrat der Entscheidungsspielraum zustehe, den die *Business Judgment Rule* gem. § 93 Abs. 1 Satz 2 AktG eröffne.[828] Ferner sei der Aufsichtsrat dazu berufen, die unternehmerische Tätigkeit des Vorstands auch bezüglich Wirtschaftlichkeit und Zweckmäßigkeit zu überwachen – was nur sinnvoll möglich sei, wenn er nach pflichtgemäßem Ermessen eigene unternehmerische Entscheidungen treffen könne.[829]

Die Gegenansicht verneint ein Recht des Aufsichtsrats, mit seinem Ermessen dasjenige des Vorstands zu überspielen. Deshalb dürfe der Aufsichtsrat seine Zustimmung nicht verweigern, wenn er eine Maßnahme des Vorstands zwar für

---

823 BGH, Urteil vom 21. April 2004, BGHZ 135, 244, 254 f.; ebenso *Habersack*, in: MüKo-AktG, § 111 Rn. 127; *Hopt/Roth*, in: GK-AktG, § 111 Rn. 667; *Koch*, in: Hüffer/Koch, AktG, § 111 Rn. 33; *Mertens/Cahn*, in: KK-AktG, § 111 Rn. 111; *Spindler*, in: Spindler/Stilz, AktG, § 111 Rn. 72; *Hoffmann-Becking*, in: MHdB AG, § 29 Rn. 26; *Rodewig*, in: Semler/v. Schenk, AHdB AR, § 8 Rn 117; *E. Vetter*, in: HdB börsennotierte AG, § 26 Rn. 26.39; *Säcker/Rehm*, DB 2008, 2814, 2816 f.; *Brouwer*, Zustimmungsvorbehalte, S. 195 f.; *Semler*, Leitung und Überwachung, Rn. 212; *Schönberger*, Zustimmungsvorbehalte, S. 213 f.; *Steinbeck*, Überwachungspflicht, S. 153 ff.; *Weyl*, Zustimmungsvorbehalte, S. 105 ff.; *Semler*, in: FS Ulmer (2003), 627, 628.

824 *Dreher*, ZHR 158 (1994), 614, 621.

825 *Steinbeck*, Überwachungspflicht, S. 153 f.; vgl. auch *Spindler*, in: Spindler/Stilz, AktG, § 111 Rn. 72 m.w.N.

826 *Hoffmann-Becking*, in: MHdB AG, § 29 Rn. 26.

827 *Semler*, in: MüKo-AktG, 2. Aufl., § 111 Rn. 443; ähnlich *Brouwer*, Zustimmungsvorbehalte, S. 195.

828 *Habersack*, in: MüKo-AktG, § 111 Rn. 127; *Hopt/Roth*, in: GK-AktG, § 111 Rn. 671.

829 Vgl. BGH, Urteil vom 21. April 1997, BGHZ 135, 244, 245 f.

zweckmäßig, seine eigene Maßnahme aber für noch zweckmäßiger halte.[830] In der Folge wäre der Aufsichtsrat darauf beschränkt, Vorstandsentscheidungen allein darauf zu kontrollieren, ob sie vertretbar sind.[831] Zur Begründung wird angeführt, dass der Aufsichtsrat auch bei Zustimmungsvorbehalten nicht zu einem gleichberechtigten Geschäftsführungsorgan aufsteigen dürfe, wie sich aus § 111 Abs. 4 Satz 1 AktG ergebe.[832] Die Leitung der Gesellschaft obliege allein dem Vorstand; nur er trage in erster Linie die Verantwortung. Deshalb dürfe der Aufsichtsrat Ermessensentscheidungen des Vorstands nur auf Ermessensfehler überprüfen und Maßnahmen des Vorstands nicht deshalb beanstanden, weil er (hypothetisch) anders entscheiden würde, wenn er das Unternehmen zu leiten hätte.[833] Vielmehr habe der Aufsichtsrat nur die Geschäftsführung zu überwachen und sich nicht in diese „einzumischen"[834]. Außerdem wird bezweifelt, ob der Aufsichtsrat aufgrund seiner Größe, seiner Zweiteilung in Anteilseigner- und Arbeitnehmervertreter, seiner geringen Sitzungsfrequenz und der gegenüber dem Vorstand oberflächlichen Kenntnis der zu beurteilenden Sachverhalte überhaupt in der Lage ist, Wirtschaftlichkeit und Zweckmäßigkeit einer geplanten Maßnahme besser zu beurteilen als der Vorstand.[835]

Der Meinung, die das Ermessen des Aufsichtsrats reduzieren möchte, ist dahingehend zuzustimmen, dass dem Vorstand gem. § 76 AktG die Geschäftsführung obliegt und der Aufsichtsrat gem. § 111 Abs. 4 Satz 1 AktG davon ausgeschlossen ist. Zugleich lässt die Pflicht des Aufsichtsrats, seine Zustimmung zu geben, nicht schon darauf schließen, dass ihm eine Geschäftsführungskompetenz zukommen soll. Vielmehr ist der Zustimmungsvorbehalt ein Ausfluss der präventiven Überwachungsaufgabe des Aufsichtsrats. Die überzeugenderen Argumente sprechen deshalb für die erste und herrschende Meinung. So ist – wie *Martens* bereits 1977 statuierte[836]– danach zu differenzieren, ob der Aufsichtsrat Zustimmungsvorbehalte festlegt oder ob er einer Maßnahme zustimmt. Die Möglichkeit, Zustimmungsvorbehalte festzulegen, dient nur der präventiven Überwachung des Vorstands, seine Ausübung gibt dem Aufsichtsrat jedoch die Möglichkeit, an der Geschäftspolitik der Gesellschaft mitzuwirken – ohne

---

830 *Fonk*, ZGR 2006, 841, 867; *U.H. Schneider*, in: Krieger/U.H. Schneider, HdB Managerhaftung, § 9 Rn. 26; wohl auch *Henze*, NJW 1998, 3308, 3312.
831 *Brouwer*, Zustimmungsvorbehalte, S. 196.
832 *Fonk*, ZGR 2006, 841, 866 f.
833 *Meyer-Landrut*, in: GK-AktG, 3. Aufl., § 111 Anm. 3.
834 *U.H. Schneider*, in: Krieger/U.H. Schneider, HdB Managerhaftung, § 9 Rn. 26.
835 *Fonk*, ZGR 2006, 841, 867.
836 *Mertens*, ZGR 1977, 270, 280 f.

dass daraus aber ein eigentliches Geschäftsführungsrecht erwächst.[837] Zudem geht bereits die Gesetzesbegründung zu § 111 Abs. 4 Satz 2 AktG davon aus, dass Geschäfte, die einem Zustimmungsvorbehalt unterliegen, „vom Votum beider Organe, des Vorstands und des Aufsichtsrats, getragen sein“[838] müssen.[839] Damit ist aber nicht gemeint, dass der Aufsichtsrat die Vorstandsentscheidung allein darauf überprüft, ob sie vertretbar ist. Vielmehr hat der Aufsichtsrat seine eigene pflichtgemäße Entscheidung darüber zu treffen, ob das in Rede stehende Geschäft im Unternehmensinteresse liegt und ob es einer angemessenen Gewinnerzielungsabsicht dient. Hinzu kommt, dass eine präventive Überwachung nur dann effektiv möglich ist, wenn der Aufsichtsrat eigene Vorstellungen zur Geschäftspolitik einbringen darf.[840] Der Aufsichtsrat ist mithin aufgrund seiner unternehmerischen Mitverantwortung befugt, das betreffende Geschäft auch dann zu blockieren, wenn die Vorstandsmaßnahme zwar objektiv vertretbar ist, er aber aufgrund seiner eigenen unternehmenspolitischen Überzeugung einen anderen Weg für richtig hält. Denn auch das ist Ausdruck seiner präventiven Überwachungsfunktion. Ohnehin beseitigt ein weites Ermessen des Aufsichtsrats bei der Zustimmung nicht das Geschäftsführungsrecht des Vorstands. Wenn der Aufsichtsrat die Zustimmung verweigert, ist der Vorstand nicht daran gehindert, das Geschäft gleichwohl durchzuführen. Er handelt in diesem Fall ggfls. jedoch unter Verstoß seiner Sorgfaltspflichten.

2. *Ermessensreduktion auf Null*

Auf sein autonomes Entscheidungsrecht kann sich der Aufsichtsrat aber nicht mehr berufen, wenn es darum geht, gesetzes- oder satzungswidriges Vorstandshandeln zu vermeiden. In diesen Fällen wird der Aufsichtsrat auch bei Ausübung seines Zustimmungsrechts nur überwachend tätig, so dass es von vorneherein an einem ihm sonst zustehenden unternehmerischen Ermessen fehlt (sog. Ermessensreduktion).[841] Das gilt grundsätzlich auch dann, wenn sich der

---

837 Siehe hierzu Kap. 4.B.I.

838 Begr. RegE TransPuG, BT-Drucks. 14/8769, S. 17.

839 *Weyl*, Zustimmungsvorbehalte, S. 106.

840 Vgl. hierzu oben Kap. 4.A.III.2.

841 Die unternehmerische Entscheidung steht im Gegensatz zur rechtlich gebundenen Entscheidung. Für illegales Verhalten gibt es daher keinen „sicheren Hafen“; so die Gesetzesbegründung zu § 93 Abs. 1 Satz 2 AktG i.d.F. des Gesetzes zur Unternehmensintegrität und Modernisierung des Anfechtungsrechts, BT-Drucks. 15/5092, S. 11; vgl. weiter *Hopt/Roth*, in: GK-AktG, § 111 Rn. 668 ff.; *Habersack*, in: MüKo-AktG, § 111 Rn. 127 jeweils m.w.N.

Gesetzesverstoß aus Sicht des Unternehmens günstig auswirkt.[842] Gesetzes- oder satzungswidrige Geschäftsvorhaben muss der Aufsichtsrat daher in jedem Fall unterbinden.[843]

Seine Zustimmung hat der Aufsichtsrat auch dann zwingend zu verweigern, wenn sich ein Geschäft als zweckwidrig oder unwirtschaftlich herausstellt. Das verlangt ihm die Sorgfalt eines ordentlichen Überwachungsorgans ab.[844] Denkbar sind etwa Fälle, in denen das zu beurteilende Geschäft nicht zu rechtfertigende Risiken in sich birgt.[845] Nicht erfasst ist hingegen eine (vertretbare) Risikobereitschaft des jeweiligen Unternehmens. So wird eine Investmentgesellschaft eine andere Risikostrategie verfolgen als ein traditionelles Bankhaus. In keinem Fall kann aber die Feststellung, dass es neben dem vorgelegten noch weitere, „bessere" Geschäfte gibt, eine Ermessensreduktion hervorrufen. Entscheidend ist vielmehr, dass die mit dem Geschäft verbundenen Nachteile derart überwiegen, dass dem Unternehmen mit hoher Wahrscheinlichkeit ein erheblicher Schaden entstünde, wenn er das Geschäft durchführen sollte. Nur ein solch restriktives Verständnis der Eingriffspflicht des Aufsichtsrats trägt der allgemeinen Erkenntnis Rechnung, dass eine erfolgreiche Unternehmensführung bestimmte Risiken auch bewusst eingehen darf.[846]

3. *Ergebnis*

Das zustimmungspflichtige Geschäft muss der Aufsichtsrat gem. §§ 116 Satz 1, 92 Abs. 1 Satz 1 AktG mit der Sorgfalt eines ordentlichen und gewissenhaften Kontrollorgans überprüfen. Ebenso wie der Vorstand muss er dabei das Ziel verfolgen, das Vermögen der Gesellschaft zu mehren und die Gesellschaft vor Schaden zu bewahren. Hält der Aufsichtsrat die vorgeschlagene Maßnahme für wirtschaftlich unzweckmäßig, ist er verpflichtet, seine Zustimmung zu verweigern. Der Vorstand ist in diesem Fall zwar nicht daran gehindert, das Geschäft gleichwohl durchzuführen. Er handelt im Zweifel dann jedoch unter Verstoß seiner Sorgfaltspflichten.

---

842 *Brouwer*, Zustimmungsvorbehalte, S. 198.

843 *Lieder*, Aufsichtsrat, S. 871 in Bezug auf den Konzern; *Brouwer*, Zustimmungsvorbehalte, S. 198.

844 *Mertens/Cahn*, in: KK-AktG, § 111 Rn. 111; *Semler*, Leitung und Überwachung, Rn. 210 ff.

845 *Rodewig*, in: Semler/v. Schenk, AHdB AR, § 8 Rn. 117.

846 *Spindler*, in: MüKo-AktG, § 93 Rn. 41 f.

Auf sein autonomes Entscheidungsrecht kann sich der Aufsichtsrat nicht mehr berufen, wenn es darum geht, gesetzes- oder satzungswidriges Vorstandshandeln zu vermeiden. In diesen Fällen fehlt es von vorneherein an einem ihm sonst zustehenden unternehmerischen Ermessen (sog. Ermessensreduktion auf Null). Das gilt grundsätzlich auch dann, wenn sich der Gesetzesverstoß aus Sicht des Unternehmens günstig auswirkt. Gesetzes- oder satzungswidrige Geschäftsvorhaben muss der Aufsichtsrat daher in jedem Fall unterbinden.

Seine Zustimmung muss der Aufsichtsrat auch dann zwingend verweigern, wenn sich ein Geschäft als zweckwidrig oder unwirtschaftlich herausstellt. Das verlangt ihm die Sorgfalt eines ordentlichen Überwachungsorgans ab. Dies gilt jedoch dann nicht allein deshalb, weil es neben dem vorgelegten noch weitere, „bessere" Geschäfte gäbe.

V. Wirkung von Zustimmungsvorbehalten

Bevor der Aufsichtsrat seine Zustimmung erteilt hat, darf der Vorstand das Geschäft nicht vornehmen. Andernfalls wäre der Präventiveffekt einer vorausschauenden Überwachung, welche die AktR-RL 2017 beabsichtigt, weitgehend hinfällig. Versagt der Aufsichtsrat seine Zustimmung, darf dies sich andererseits nicht auf die Wirksamkeit des Geschäfts auswirken. Denn die Entscheidung des Aufsichtsrats über eine *Related Party Transaction*, die seinem Zustimmungsvorbehalt unterliegt, darf nach der hier vertretenen Ansicht nur im Innenverhältnis wirken; andernfalls wäre die unbeschränkbare Vertretungsbefugnis des Vorstands berührt.[847] Der Vorstand kann ein bestimmtes Geschäft für die Gesellschaft daher auch dann wirksam abschließen, wenn er keine Zustimmung des Aufsichtsrats eingeholt hat oder dieser seine Zustimmung verweigert hat. Dann handelt er aber pflichtwidrig.

Schließt der Vorstand eine *Related Party Transaction* ohne erforderliche Zustimmung ab, kann sein Verhalten im Außenverhältnis allenfalls unter dem Gesichtspunkt eines Missbrauchs der Vertretungsmacht von Bedeutung sein. Der Aufsichtsrat kann dem Handeln des Vorstands – vorbehaltlich des § 180 BGB – zur Wirksamkeit verhelfen, indem er sie nach §§ 177 f. BGB genehmigt. Etwas anderes gilt, wenn der Vorstand mit dem Dritten kollusiv zusammenwirkt; ein im Wege der Kollusion zustande gekommenes Geschäft ist gem. § 138 BGB nichtig und damit nicht genehmigungsfähig.

847 Siehe hierzu Kap. 4.B.IV.

VI. Zusammenfassung

Die voranstehenden Ausführungen haben gezeigt, dass der deutsche Gesetzgeber die Zustimmung zu *Related Party Transactions* im Aktienrecht konkret ausgestalten kann, ohne das bestehende Rechtsgefüge zu stark zu verändern.

Der *Related Party Transactions*-Zustimmungsvorbehalt sollte sich dabei nicht nur auf börsennotierte Unternehmen konzentrieren, sondern auch nicht-börsennotierte Unternehmen erfassen. Es ist kein sachlicher Grund erkennbar, der eine Differenzierung zwischen börsennotierten und nicht-börsennotierten Unternehmen rechtfertigen würde. Eine entsprechende Konkretisierung des deutschen Aktienrechts ist daher nicht erforderlich, erstreckt sich dieses bereits heute auf beide Arten von Aktiengesellschaften.

Des Weiteren hat sich der Zustimmungsvorbehalt auf Geschäfte i.S.v. IAS 24 zu beziehen. Um den Bezug zu IAS 24 zu gewährleisten, sollte im Rahmen des *Related Party Transactions*-Zustimmungsvorbehalt direkt darauf verweisen werden. Dafür spricht insbesondere, dass aufgrund weiterer Änderungen der Aktionärsrechterichtlinie das Risiko von Verschiebungen besteht, die es erforderlich machen würden, die Regelungen zum *Related Party Transaction*-Zustimmungsvorbehalt fortwährend anzupassen.

Eine *Related Party Transaction* ist dann als wesentlich anzusehen, wenn sich die Transaktion nachteilig auf das bilanzielle Eigenkapital auswirkt und ins Verhältnis zu einer vergleichbaren Transaktion, die das Unternehmen im gewöhnlichen Geschäftsverlauf und zu marktüblichen Bedingungen abgeschlossen hätte, zu setzen. Die sich hieraus ergebende Prozentzahl weist die Abweichung von den im gewöhnlichen Geschäftsverlauf und zu marktüblichen Bedingungen geschlossenen Transaktionen aus. Weicht die *Related Party Transaction* um mehr als 10% ab, ist die Transaktion als so wesentlich anzusehen, und unterliegt einem Zustimmungsvorbehalt.

Der Gesetzgeber sollte es dabei belassen, gewöhnliche *Related Party Transactions,* die zu marktüblichen Bedingungen abschlossen wurden, von dem Zustimmungsvorbehalt auszuschließen. Eine Klarstellung in § 111 Abs. 4 AktG, dass Transaktionen, die ein Unternehmen im gewöhnlichen Geschäftsverlauf und zu marktüblichen Bedingungen abschließt, nicht als wesentlich einzustufen sind, ist aufgrund eines ausdrücklich im DCGK normierten Wesentlichkeitskriteriums nicht notwendig.

Als Organ für die zustimmungsvorbehaltspflichtigen Maßnahmen ist allein der Aufsichtsrat zuständig. Der Hauptversammlung sollte jedoch die Möglichkeit eingeräumt werden, noch einmal über die Zustimmung zu *Related Party*

Transactions zu beschließen. Die Einberufung der Hauptversammlung sollte dabei allen Aktionären, auch der nahe stehenden Partei, zugestanden werden.

Der Aufsichtsrat kann *Related Party Transactions* ausschließlich vorab zustimmen. Nur so wird die Eigenschaft des *Related Party Transactions*-Zustimmungsvorbehalt als Instrument präventiver Überwachung gewährleistet. Bei der Beschlussfassung des Aufsichtsrats unterliegen solche Mitglieder einem Stimmverbot, die entweder selbst die nahe stehende Partei sind, wirtschaftlich mit dieser verbunden sind oder von der nahe stehenden Partei in den Aufsichtsrat entsandt wurden und gleichzeitig Geschäftsführungsorgan der nahe stehenden Partei sind. Das deutsche Aktienrecht sieht mit § 34 BGB analog bereits ein vergleichbares Stimmverbot vor, so dass eine Modifikation hier nicht erforderlich ist. Eine Zustimmung zu *Related Party Transactions*-Zustimmungsvorbehalten wurde erteilt, wenn die einfache Mehrheit der abgegebenen Stimmen dafür stimmt.

Das zustimmungspflichtige Geschäft muss der Aufsichtsrat gem. §§ 116 Satz 1, 92 Abs. 1 Satz 1 AktG vor Beschlussfassung mit der Sorgfalt eines ordentlichen und gewissenhaften Kontrollorgans überprüfen. Hält der Aufsichtsrat die vorgeschlagene Maßnahme für wirtschaftlich unzweckmäßig, ist er verpflichtet, seine Zustimmung zu verweigern. Gesetzes- oder satzungswidrige Geschäftsvorhaben muss der Aufsichtsrat daher in jedem Fall unterbinden. Das verlangt ihm die Sorgfalt eines ordentlichen Überwachungsorgans ab.

Entscheidet die Hauptversammlung selbst noch einmal über die *Related Party Transaction*, ist ein entsprechendes Stimmrechtsverbot bei Entscheidungen der Hauptversammlung über *Related Party Transactions* zu normieren. Nur so kann sichergestellt werden, dass ausschließlich diejenigen über die *Related Party Transaction* abstimmen, die nicht in einem Interessenkonflikt gefangen sind. Da § 136 Abs. 1 Satz 1 AktG bereits spezielle Regelungen zu Stimmverboten in Hauptversammlungen enthält, ist es aus systematischen Gründen sinnvoll, § 136 Abs. 1 Satz 1 AktG um ein Stimmverbot für *Related Party Transactions* zu erweitern.

Der Vorstand kann ein bestimmtes Geschäft für die Gesellschaft auch dann wirksam abschließen, wenn er keine Zustimmung des Aufsichtsrats eingeholt oder dieser seine Zustimmung verweigert hat. Dann handelt er aber pflichtwidrig und setzt sich damit der Haftungsgefahr nach § 93 Abs. 1 Satz 2 AktG aus.

C. Angemessener Schutz der außenstehenden Aktionäre

Der Unionsgesetzgeber gibt ausdrücklich vor, dass der nationale *Related Party Transactions*-Zustimmungsvorbehalt die Interessen der Gesellschaft und deren außenstehender Aktionären angemessen schützen muss (Art. 9c Abs. 4 UAbs. 1 AktR-RL 2017). Um zu prüfen, ob das der Fall ist, bietet es sich methodisch an, den *Related Party Transactions*-Zustimmungsvorbehalt mit dem Zustimmungsvorbehalt nach § 111 Abs. 4 Satz 1 AktG hypothetisch gleichzusetzen. Wenn bereits die Vorgaben in § 111 Abs. 4 Satz 2 AktG das Unternehmen und die außenstehenden Aktionäre im faktischen Konzern angemessen schützen, bedarf es keiner weiteren Schutzmaßnahmen. Denn § 111 Abs. 4 Satz 2 AktG ist ausschließlich deswegen als Umsetzungsmechanismus für die unionsrechtlichen Vorgaben ausgeschieden, weil die Vorschrift bislang keine spezifischen Vorgaben für *Related Party Transactions* vorsieht.[848]

Aufgrund dieser Gleichsetzung kann die Untersuchung auf die bereits zu § 111 Abs. 4 Satz 2 AktG vorgenommene Differenzierung zwischen Vermögensverschiebungen des Tochterunternehmens auf das Mutterunternehmen (Transaktionen „nach oben") und Transaktionen vom Mutterunternehmen auf das Tochterunternehmen (Transaktionen „nach unten") zurückzugreifen.[849]

I. Transaktionen „nach oben"

Bei Transaktionen „nach oben" steht der Schutz des Tochterunternehmens und dessen außenstehender Aktionäre im Mittelpunkt. Um dem Sinn und Zweck des Art. 9c AktR-RL 2017 Rechnung zu tragen, muss der *Related Party Transactions*-Zustimmungsvorbehalt wirksam vor nachteiligen Vermögensabflüssen beim Tochterunternehmen schützen und sie verhindern.

Der Aufsichtsrat eines Tochterunternehmens ist gem. § 111 Abs. 1 AktG dazu verpflichtet, die Geschäftsführung „seines" Vorstands zu überwachen.[850] In der Konsequenz ist der Aufsichtsrat des Tochterunternehmens ausschließlich den Interessen des Tochterunternehmens verpflichtet, nicht aber dem Wohl des Mutterunternehmens, oder gar des gesamten Konzerns.

Gegenstand der Überwachung sind dabei sowohl Bereiche der Geschäftsführung, die keinem Einfluss des Mutterunternehmens unterliegen, als auch die Einflussnahme des Mutterunternehmens selbst. Letztere kann beim faktischen Konzern nur mittels Hinweisen, Gedankenanstößen oder Bitten des Vorstands des Mutterunternehmens an den Vorstand des Tochterunternehmens erfolgen.[851] Die Einflussnahme durch das Mutterunternehmen ist deshalb Teil

848 Siehe hierzu Kap. 4.C.

849 Siehe hierzu Kap. 4.A.II.

850 Siehe hierzu Kap. 4.A.II.2.a.

851 Siehe hierzu Kap. 4.A.II.2.a.

des Überwachungsgegenstands des Aufsichtsrats des Tochterunternehmens, weil der Vorstand des Tochterunternehmens die Weisungen umsetzt – und der Aufsichtsrat des Tochterunternehmens den Vorstand überwacht.[852] Die Überwachung erstreckt sich auch darauf, sicherzustellen, dass der Vorstand des Tochterunternehmens dessen Interessen hinreichend berücksichtigt, etwa indem er Einflussnahmen des Mutterunternehmens dann nicht Folge leistet, wenn diese sich gegen das Unternehmensinteresse des Tochterunternehmens richten. Denn auch die Empfehlungen des Mutterunternehmens vermögen den Vorstand nicht von der Verpflichtung befreien, zum Wohle des Tochterunternehmens zu handeln.[853]

Um seine Überwachungsanforderungen zu erfüllen, steht dem Aufsichtsrat des Tochterunternehmens bereits heute ein besonders effektives Einwirkungsmittel zur Verfügung: Er kann Zustimmungsvorbehalte anordnen. Diese können sich nach einhelliger Auffassung auch auf Maßnahmen erstrecken, die das Mutterunternehmen initiiert hat.[854] Zu Recht weist *Brouwer* deshalb darauf hin, dass es zur Begründung „nicht einmal einer konzernweiten Auslegung des § 111 Abs. 4 Satz 2 AktG [bedürfe], denn Konzernmaßnahmen, die vom Leitungsgremium der Untergesellschaft [vorliegend Tochterunternehmen genannt] durchgeführt werden sollen, fallen als Geschäftsführungsmaßnahmen desselben ohne weiteres in den Anwendungsbereich des § 111 Abs. 4 Satz 2 AktG“[855]. Indem der Aufsichtsrat des Tochterunternehmens seinen Zustimmungsvorbehalt gezielt nutzt, ist er dann zum Beispiel in der Lage, nachteilige Maßnahmen zu verhindern, die sich im Wege des Nachteilsausgleichs nicht mehr egalisieren lassen.[856]

Mit dem Zustimmungsvorbehalt bei Transaktionen „von unten“ besteht also bereits ein Schutzmechanismus, der für das Tochterunternehmen nachteilige Vermögensabflüsse verhindert. Es besteht auch nicht die Gefahr, dass der Aufsichtsrat einen Zustimmungsvorbehalt – auch *ad hoc* – erlässt, weil das nahe

---

852 H.M. vgl. *Drygala*, in: K. Schmidt/Lutter, AktG, § 111 Rn. 31; *Hopt/Roth*, in: GK-AktG, § 111 Rn. 382, 696; *Rodewig*, in: Semler/v. Schenk, AHdB AR, § 8 Rn. 109 f.; *U.H. Schneider*, in: FS Raiser (2005), 341, 351; *Brouwer*, Zustimmungsvorbehalte, S. 346; *Lieder*, Aufsichtsrat, S. 870 f.; *Weyl*, Zustimmungsvorbehalte, S. 268; vgl. außerdem *Lenz*, AG 1997, 448, 454; *Martens*, ZHR 159 (1995), 567, 588.

853 *Lieder*, Aufsichtsrat, S. 869.

854 *Hopt/Roth*, in: GK-AktG, § 111 Rn. 696; *Lenz*, AG 1997, 448, 454; *U.H. Schneider*, in: FS Raiser (2005), 341, 351; *Brouwer*, Zustimmungsvorbehalte, S. 346; *Lieder*, Aufsichtsrat, S. 870 f.

855 *Brouwer*, Zustimmungsvorbehalte, S. 346.

856 Für das Beispiel siehe *Lieder*, Aufsichtsrat, S. 871.

stehende Unternehmen (mittelbar oder unmittelbar) im Aufsichtsrat sitzt und den notwendigen Beschluss verhindert. Denn anders als nach dem gegenwärtigen § 111 Abs. 4 Satz 2 AktG steht es nicht im Ermessen des Aufsichtsrats, den Inhalt des *Related Party Transactions*-Zustimmungsvorbehalts auszugestalten. Vielmehr ist der Zustimmungsvorbehalt gesetzlich normiert.

II. Transaktionen „nach unten"

Bei Transaktionen „nach unten" sind hingegen das Mutterunternehmen und dessen außenstehende Aktionäre vor nachteiligen Vermögensverschiebungen zu schützen. Der Überwachungsgegenstand des Aufsichtsrats beschränkt sich im Mutterunternehmen auf die Geschäftsführung des Vorstands des Mutterunternehmens.[857] Die Beteiligung an den Tochterunternehmen ist jedoch dem Vermögen des Mutterunternehmens zuzurechnen. Der Vorstand muss also auch auf die Nutzung des unternehmerischen Potenzials des Tochterunternehmens zurückgreifen, um das Interesse des Mutterunternehmens zu wahren. Der Aufsichtsrat des Mutterunternehmens überwacht deshalb auch die wirtschaftliche und finanzielle Entwicklung der Beteiligung an dem Tochterunternehmen sowie die Einflussnahme des Mutterunternehmens zu seinen Gunsten. Um das Unternehmensinteresse zu wahren, muss der Aufsichtsrat des Mutterunternehmens dabei sicherstellen, dass die wirtschaftliche und finanzielle Entwicklung der Tochterunternehmen nicht zu Nachteilen im Mutterunternehmen führt.

Der Aufsichtsrat des Mutterunternehmens kann – ebenso wie im Einzelunternehmen[858] – der Gefahr von Vermögensverschiebungen mittels Zustimmungsvorbehalten entgegentreten. Sie verhindern, dass der Vorstand des Mutterunternehmens Geschäfte mit dem Tochterunternehmen abschließt, die sich zu Lasten des Vermögens des Mutterunternehmens auswirken. Im Ergebnis liegt deshalb ein ausreichender Schutzmechanismus für das Mutterunternehmen und dessen außenstehende Aktionäre vor.

III. Zusammenfassung

Die Ausführungen zu Transaktionen „nach oben" und „nach unten" haben gezeigt, dass das deutsche Aktiengesetz bereits jetzt mit § 111 Abs. 4 Satz 2 AktG über ein Überwachungsinstrument des Aufsichtsrats verfügt, das die Interessen des jeweils betroffenen Unternehmens und dessen außenstehender Aktionäre

---

857 Siehe hierzu Kap. 4.A.II.1.a.
858 Siehe hierzu Kap. 4.A.I.

wahrt. Da sich § 111 Abs. 4 Satz 2 AktG und der unionsrechtlich vorgezeichnete Zustimmungsvorbehalt für *Related Party Transactions* inhaltlich decken, ist auch ein *Related Party Transactions*-Zustimmungsvorbehalt dazu in der Lage, die Interessen des Mutter- bzw. Tochterunternehmens sowie der jeweils außenstehenden Aktionäre zu schützen. Sofern der deutsche Gesetzgeber einen Zustimmungsvorbehalt für *Related Party Transactions* in § 111 Abs. 4 AktG integriert, genügt er den in Art. 9c Abs. 4 UAbs. 1 AktR-RL 2017 normierten Anforderungen an das Zustimmungsverfahren. Zusätzliche Regelungen für faktische Konzerne zum Schutz der außenstehenden Aktionäre sind daher nicht erforderlich.

D. Der Related Party Transaction-Zustimmungsvorbehalt *de lege ferenda*

De lege ferenda sollte der Gesetzgeber den Zustimmungsvorbehalt für *Related Party Transactions* als neuen § 111 Abs. 4 Satz 2 AktG wie folgt ausgestalten:

> *„Wesentliche Geschäfte zwischen der Gesellschaft und dieser nahe stehenden Unternehmen und Personen bedürfen der vorherigen Zustimmung des Aufsichtsrats."*

Die dann in § 111 Abs. 4 Satz 4 AktG zu konkretisierende Hauptversammlungszuständigkeit wäre wie folgt anzupassen:

> *„Verweigert der Aufsichtsrat in Bezug auf § 111 Abs. 4 Satz 2 AktG seine Zustimmung, so kann die Hauptversammlung erneut über die Zustimmung beschließen."*

Ziff. 3.3 DCGK ist wie folgt anzupassen:

> *„Wesentliche Geschäfte zwischen der Gesellschaft und dieser nahe stehenden Unternehmen und Personen, unterliegen dem Zustimmungsvorbehalt des Aufsichtsrats.*
> *Die Begriffe „nahe stehendes Unternehmen und Personen" und „Geschäft" richten sich nach den internationalen Rechnungslegungsstandards IAS, die gem. der Verordnung (EG) Nr. 1606/2002 des Europäischen Parlaments und des Rates Bestandteil des Unionsrechts sind. Ein Geschäft zwischen der Gesellschaft und diesem nahe stehenden Unternehmen und Personen ist wesentlich, wenn die nachteiligen Auswirkungen der Related Party Transaction im Verhältnis zu den nachteiligen Auswirkungen einer (hypothetischen) Related Party Transaction, die zu im ordentlichen Geschäftsverlauf und zu marktüblichen Konditionen geschlossen wurde, zu 10% abweicht. Abzustellen ist hierbei auf die unmittelbare Auswirkung des Geschäfts auf das bilanzielle Eigenkapital des Unternehmens. Das Geschäft muss aufgrund der Wertdifferenz für die börsennotierte Aktiengesellschaft und ihre Aktionäre, die weder ein nahe stehendes Unternehmen noch eine nahe stehende Person sind, einschließlich der Minderheitsaktionäre, wirtschaftlich nachteilig sein."*

6. Kapitel Zusammenfassende Thesen

Wie die Ausführungen gezeigt haben, hat der deutsche Gesetzgeber eine Fülle an Grundsatzentscheidungen wie über die gesetzlichen Normierung eines Zustimmungsvorbehalts, der Erstreckung des Stimmverbots auf *Related Party Transactions* nach § 136 Abs. 1 Satz 1 AktG und der verpflichtende Erstellung und Bekanntmachung eines Bewertungsgutachtens zu treffen. Er hat auch darüber zu entscheiden, in welchem Umfang Informationen über die *Related Party Transaction* bekanntgemacht und wie diese Informationen sowie das Bewertungsgutachten veröffentlicht werden sollen. Die vorliegenden Ausführungen haben hierfür eine Grundlage geschaffen, aus der sich das Regelungsbedürfnis ableiten sowie konkrete Regelungsvorschläge entnehmen lassen.

Der deutsche Gesetzgeber muss das deutsche AktG an die neuen Vorgaben der Richtlinie anpassen. Welche Aspekte bei der anstehenden Reform des Aktienrechts zu berücksichtigten sind, skizzieren die folgenden zusammenfassenden Thesen.

A. Anwendungsbereich

1. Die in Art. 9c AktR-RL 2017 normierten Regelungen zu *Related Party Transactions* kommen nach Art. 2a AktR-RL 2017 i.V.m. Art. 4 Abs. 1 Nr. 21 MiFID II ausschließlich bei börsennotierten Unternehmen zur Anwendung. Bei der Umsetzung des Art. 9c AktR-RL 2017 sollte der nationale Gesetzgeber sich gleichwohl nicht nur auf börsennotierte Aktiengesellschaften beschränken, sondern auch nicht-börsennotierte Aktiengesellschaften erfassen. Nur so kann ein wirklich zufriedenstellender Schutz der außenstehenden Aktionäre gewährleistet werden.
2. Eine *Related Party Transaction* liegt vor, wenn die andere Vertragspartei ein „nahe stehendes Unternehmen" i.S.v. IAS 24 ist. Beide Vertragsparteien müssen mithin zu derselben Unternehmensgruppe gehören. Unternehmen sind derselben Unternehmensgruppe zugehörig, wenn die Tochterunternehmen als rechtlich selbständige Einheiten der einheitlichen Leitung des Mutterunternehmens unterliegen. Der Leitung unterliegen Tochterunternehmen, wenn das Mutterunternehmen aufgrund seiner mehrheitlichen Beteiligung in der Lage ist, die Ausrichtung des Tochterunternehmens in seiner operativen und strategischen Geschäftstätigkeit zu bestimmen. Das wiederum ist

der Fall, wenn das Mutterunternehmen das Tochterunternehmen beherrscht oder maßgeblichen Einfluss auf das Tochterunternehmen ausübt.

3. Das Begriffsverständnis in IAS 24 prägt auch den Geschäfts-/Transaktionsbegriff bei Art. 9c AktR-RL 2017. Er umfasst alle tatsächlichen und rechtlichen Maßnahmen zwischen der nahe stehenden Partei und dem börsennotierten Unternehmen. Dabei ist es unerheblich, ob die Transaktion unentgeltlich oder entgeltlich erfolgt, nicht jedoch, ob sie für das börsennotierte Unternehmen und dessen außenstehende Aktionäre wirtschaftlich nachteilig ist. Organschaftliche Verträge unterfallen dem Geschäftsbegriff des Art. 9c AktR-RL 2017 nicht.
4. Das Pflichtenregime für *Related Party Transactions* gelangt nur für solche zur Anwendung, die nach Art, Inhalt, Zweck, Umfang oder Risiko (in Bezug auf den Unternehmensgegenstand des börsennotierten Unternehmens) als nicht dem gewöhnlichen Geschäftsverlauf zuzurechnen und marktüblich sind. Die Gewöhnlichkeit einer Transaktion lässt sich aus den zu § 116 HGB entwickelten geschäftsbezogenen Merkmalen ableiten. Danach ist ein Geschäft gewöhnlich, wenn es der in der Satzung normierten Geschäftstätigkeit zugeordnet werden kann. Die Marktüblichkeit hängt davon ab, ob die dem Geschäft zugrundeliegenden Konditionen ebenso mit einem Dritten hätten erreicht werden können (*at arm's length*). Der deutsche Gesetzgeber sollte es bei diesem Ausnahmetatbestand belassen, agieren diese beiden Parameter doch als absolutes Untermaßverbot und unterfallen aus diesem Grund auch nicht etwaigen Aggregationsregelungen.
5. Überschreitet eine *Related Party Transaction* das vorgenannte Untermaßverbot unterfällt sie den Pflichten aus Art. 9c AktR-RL 2017 gleichwohl nur, wenn sie „wesentlich" ist. Das Kriterium erfüllen Geschäfte, wenn sie die Ertragsaussichten oder die Risikoexposition des börsennotierten Unternehmens wesentlich nachteilig verändern.
6. Die Wesentlichkeit der *Related Party Transactions* ist dabei in zwei Schritten zu berechnen. Zunächst ist die Wertdifferenz im Sinne der unmittelbaren Auswirkung des Geschäfts auf das bilanzielle Eigenkapital zu bestimmen. Diese Wertdifferenz ist anschließend ins Verhältnis zu den Auswirkungen zu setzen, die eine (hypothetische) *Related Party Transaction*, die im gewöhnlichen Geschäftsverlauf zustande gekommen und zu marktüblichen Bedingungen abgeschlossen wurde, auf das bilanzielle Eigenkapital des börsennotierten Unternehmens hätte. Übersteigt die Wertdifferenz im Verhältnis der in Rede stehenden *Related Party Transaction* die Schwelle von 1% unterliegt sie Bekanntmachungspflichten, bei dem Überschreiten einer 10%-Schwelle unterliegt sie einem Zustimmungsvorbehalt.

7. Nicht geboten ist es, den Wesentlichkeitsbegriff i.S.v. Art. 9c Abs. 1 AktR-RL 2017 im AktG zu konkretisieren. Aufgrund der unterschiedlichen Größen, Branchen und sonstigen Verhältnissen erscheint es nicht sinnvoll, allen Unternehmen eine „*one size fits all*"-Lösung überzustülpen. Vielmehr bietet es sich an, die weitere Konkretisierung dem DCGK zu überlassen. Der DCGK ermöglicht es, konkrete Verhaltensempfehlungen an die Unternehmen zu stellen, die in ihrem Detaillierungsgrad über das (aktien-)gesetzliche Niveau hinausgehen, und die – anders als zwingendes Gesetzesrecht – auch die wirtschaftliche Bewegungsfreiheit der Normadressaten schonen.
8. Um Umgehungsmöglichkeiten von vornherein zu verhindern, sind unwesentliche *Related Party Transactions* zwischen denselben Parteien über einen Zeitraum von 12 Monaten, beginnend an dem Tag des ersten Geschäfts mit derselben Partei, zu aggregieren. Überschreiten die unwesentlichen *Related Party Transactions* in der Summe die Wertgrenze von 1% bzw. 10% unterliegen alle Nachfolgenden Bekanntmachungs- und Bewertungspflichten bzw. Zustimmungsvorbehalten. Für die Feststellung, ob die Wertgrenze erreicht ist, bedarf es eines internen Überwachungssystems; die Einrichtung dieses sowie die Überwachung obliegen dem Aufsichtsrat.
9. Ob aktionärsrechtliche Fragerechte und das Recht der Entlastungsverweigerung den Anforderungen eines angemessenen Schutzes für das börsennotierte Unternehmen und dessen außenstehenden Aktionären bietet, ist vom deutschen Gesetzgeber eingehend zu untersuchen. Nur wenn dies der Fall ist, kann er von den in Art. 9c AktR-RL 2017 normierten Ausnahmetatbeständen Gebrauch machen.
10. Er sollte jedoch auf jeden Fall von der Möglichkeit Gebrauch machen, Transaktionen mit 100%-igen Tochterunternehmen auszunehmen. Gleiches gilt, wenn keine andere dem börsennotierten Unternehmen nahe stehende Partei an dem Tochterunternehmen des börsennotierten Unternehmens beteiligt ist oder die *Related Party Transaction* bereits zustimmungsbedürftig sind.

B. Bekanntmachung

1. Die Bekanntmachungspflicht für wesentliche *Related Party Transactions* nach Art. 9c Abs. 2 AktR-RL 2017 fügt sich in systematischer Hinsicht stimmig in die bereits bestehenden Offenlegungsregelungen nach IAS 24 und §§ 285 Nr. 21, 314 Abs. 1 Nr. 21 HGB ein und ergänzt sie in sinnvoller Weise, indem die außenstehenden Aktionäre unabhängig vom Bilanzierungssystem der Gesellschaft über die wesentlichen *Related Party Transactions* spätestens zum Zeitpunkt des Abschlusses zu informieren sind.

2. Die Bekanntmachung hat darzulegen, ob ein beherrschendes oder maßgebliches Beteiligungsverhältnis zwischen der nahe stehenden Partei und dem börsennotierten Unternehmen besteht und den Namen der nahe stehenden Partei zu nennen. Dem beizufügen sind Ausführungen zur Gegenleistung nebst sämtlicher im Zusammenhang mit der *Related Party Transaction* vereinbarten Bedingungen und Konditionen. Neben dem ebenfalls anzugebenden Datum des Abschlusses der Transaktion, wobei es auf die Wirksamkeit des der Transaktion zugrundeliegenden Vertrages ankommt, sind die Informationen anzugeben, die für die Bewertung der Angemessenheit der Transaktion erforderlich sind. Das Begriffsverständnis ist zum Schutze des Adressatenkreises weit zu verstehen. Angegeben werden sollten zumindest die positiven wie auch die negativen Auswirkungen der *Related Party Transaction* auf das börsennotierte Unternehmen.
3. Die Bekanntmachung hat zum Zeitpunkt des Abschlusses der *Related Party Transaction* zu erfolgen. Unerheblich ist hingegen, ob die Transaktion auch wirksam geschlossen wurde, mithin ob etwaige Bedingungen eingetreten sind.
4. Bei *Related Party Transactions* zwischen dem nahe stehenden Unternehmen und dem Tochterunternehmen des börsennotierten Unternehmens genügt eine periodische Berichterstattungspflicht; bereits dadurch kann den mit dieser Regelung einhergehenden beträchtlichen Überwachungs- und Bekanntmachungspflichten in angemessener Weise Einhalt geboten werden. Inhaltlich deckt sich diese Bekanntmachung mit der zwischen der nahe stehenden Partei und dem börsennotierten Unternehmen.
5. Bekanntzumachen hat das börsennotierte Unternehmen seine *Related Party Transactions* in allen Fällen über WpHG-Informationsmedien. Dies stellt ein Medium dar, das für jedermann problemlos zugänglich ist und so den unionsrechtlichen Vorgaben in Art. 9c Abs. 2 AktR-RL 2017 in angemessener Weise entspricht. Zudem stellen die WpHG-Informationsmedien ein bereits bestehendes grenzüberschreitend anerkanntes Informationssystem dar, das auch die ausländischen Aktionäre in zuverlässiger Weise erreicht.

C. Bewertungsgutachten

1. Der deutsche Gesetzgeber sollte seinen Gestaltungsspielraum nutzen und die Unternehmen dazu verpflichten, der Bekanntmachung auch ein Bewertungsgutachten beizufügen. Vorteil eines solchen Gutachtens ist, dass es den Vorstand dazu anhält, sein Verhalten in Bezug auf das herrschende Unternehmen bzw. auf die Tochterunternehmen einer intensiven Prüfung zu

unterziehen. Um gleichwohl den finanziellen, wie auch zeitlichen Aufwand überschaubar zu halten, sollten nur die *Related Party Transactions* einer Begutachtung unterworfen werden, die auch einem Zustimmungsvorbehalt unterliegen.

2. Der Aufsichtsrat sollte dafür zuständig sein, die Bewertung vorzunehmen. Auf diesem Wege lassen sich die zusätzlichen Kosten und der zeitliche Aufwand, um eine Fairness Opinion zu erstellen, in einem angemessenen Rahmen halten. Im faktischen Konzern muss der Aufsichtsrat ohnehin den Bericht des Vorstands über die Beziehungen zu verbundenen Unternehmen nach § 312 AktG überprüfen (§ 314 AktG) und ist insofern mit den Gegebenheiten bereits hinreichend vertraut. Dies gilt umso mehr, wenn der Aufsichtsrat auch noch seine Zustimmung zu wesentlichen *Related Party Transactions* geben muss.

D. Zustimmungsvorbehalt und seine Umsetzung ins deutsche Aktienrecht

1. Dem Grundsatz der Organadäquanz folgend ist die Zustimmungskompetenz für *Related Party Transaction* auf den Aufsichtsrat zu übertragen. Gegen eine Übertragung auf die Hauptversammlung spricht insbesondere, dass sich das Verfahren als langwierig und kostspielig entpuppen könnte. Ferner bestünde die Gefahr räuberischer Aktionäre, die die Hauptversammlung zu ihren Gunsten missbrauchen. Auch ist zu befürchten, dass im Rahmen der Hauptversammlung ausschließlich Partikularinteressen Berücksichtigung finden. Ferner ließe sich die Gefahr des „*intelligent guessing*" durch uninformierte Aktionäre im Aufsichtsrat verhindern. Nahe stehende Parteien wären des Weiteren in der Hauptversammlung als befangen anzusehen und unterlägen in der Folge einem Stimmverbot. Für eine Übertragung der Zustimmung auf den Aufsichtsrat sprechen auch Effizienzüberlegungen, da er im Gegensatz zur Hauptversammlung vergleichsweise schnell entscheiden kann. Gleichzeitig kann dadurch der Kompetenzverteilung des deutschen Aktienrechts in angemessener Weise Rechnung getragen werden. Es kann dadurch verhindert werden, dass aktivistische Aktionäre ihre finanziellen Partikularinteressen auf dem Rücken der Gesellschaft austragen, indem sie gegen einen Hauptversammlungsbeschluss klagen.
2. Es besteht jedoch Regelungsbedarf für die Umsetzung des *Related Party Transactions*-Zustimmungsvorbehalts. Insbesondere wird § 111 Abs. 4 Satz 2 AktG den Anforderungen des Art. 9c Abs. 4 AktR-RL 2017 nicht vollständig gerecht. Zwar lassen sich die unionsrechtlichen *Related Party Transactions*

i.S.v. Art. 9c Abs. 1 AktR-RL 2017 dem Kreis zustimmungsvorbehaltspflichtiger Geschäfte i.S.v. § 111 Abs. 4 Satz 2 AktG zurechnen. Anders als Art. 9c AktR-RL 2017 müssen nach § 111 Abs. 4 Satz 2 AktG grundlegende bzw. existenzielle Geschäfte und Maßnahmen aber nicht zwingend in den Zustimmungsvorbehaltskatalog, den die Hauptversammlung bzw. der Aufsichtsrat festlegt, aufgenommen werden. Vielmehr liegt es im Ermessen des Aufsichtsrats, welche Geschäfte und Maßnahmen sie im konkreten Einzelfall in den Zustimmungsvorbehaltskatalog aufnehmen. Einen vergleichbaren Freiraum sieht die AktR-RL 2017 bei Zustimmungsvorbehalten für *Related Party Transactions* nicht vor. Das deutsche Aktiengesetz ist insoweit reformbedürftig.

3. Durch einen ausdrücklichen Zustimmungsvorbehalt für *Related Party Transactions* im AktG wird zum ersten Mal ein Zustimmungsvorbehalt *ex lege* statuiert werden. Die vom deutschen Gesetzgeber im Jahre 2002 bei der Neufassung des § 111 Abs. 4 Satz 2 AktG getroffene Entscheidung gegen einen Zustimmungskatalog wird damit gleichwohl nicht konterkariert. Ebenso wie beim Zustimmungsvorbehalt nach § 111 Abs. 4 Satz 2 AktG ist es Ziel des *Related Party Transactions*-Zustimmungsvorbehalts ausschließlich wesentliche Maßnahmen einer präventiven Überwachung zu unterwerfen. Auch ist der *Related Party Transactions*-Zustimmungsvorbehalt nicht auf bestimmte Arten von *Related Party Transactions* beschränk.
4. Es bietet sich insoweit an, den *Related Party Transactions*-Zustimmungsvorbehalt im Rahmen des § 111 Abs. 4 AktG zu implementieren. Dabei sollte er als speziellere Vorschrift vor den gegenwärtig bestehenden Zustimmungsvorbehalt i.S.v. § 111 Abs. 4 Satz 2 AktG gesetzt werden.
5. Der Aufsichtsrat hat den *Related Party Transactions* vorab zustimmen. Nur so wird die Eigenschaft des *Related Party Transactions*-Zustimmungsvorbehalt als Instrument präventiver Überwachung gewährleistet.
6. Der Aufsichtsrat stimmt in einfacher Mehrheit mittels Beschluss nach § 108 Abs. 1 AktG über die *Related Party Transactions* ab. Die Zustimmungsentscheidung kann der Aufsichtsrat auch auf einen Ausschuss übertragen. Entsprechende Regelungen sieht das deutsche AktG bereits vor.
7. Bei der Beschlussfassung des Aufsichtsrats unterliegen aber solche Mitglieder einem Stimmverbot, die entweder selbst die nahe stehende Partei sind, wirtschaftlich mit dieser verbunden sind oder von der nahe stehenden Partei in den Aufsichtsrat entsandt wurden und gleichzeitig Geschäftsführungsorgan der nahe stehenden Partei sind. Das deutsche Aktienrecht sieht mit § 34 BGB analog bereits ein vergleichbares Stimmverbot vor, so dass eine Modifikation nicht erforderlich ist.

8. Das zustimmungspflichtige Geschäft muss der Aufsichtsrat gem. §§ 116 Satz 1, 92 Abs. 1 Satz 1 AktG vor Beschlussfassung mit der Sorgfalt eines ordentlichen und gewissenhaften Kontrollorgans überprüfen. Hält der Aufsichtsrat die vorgeschlagene Maßnahme für wirtschaftlich unzweckmäßig, ist er verpflichtet, seine Zustimmung zu verweigern. Gesetzes- oder satzungswidrige Geschäftsvorhaben muss der Aufsichtsrat daher in jedem Fall unterbinden. Seine Zustimmung hat der Aufsichtsrat auch dann zwingend zu verweigern, wenn sich ein Geschäft als zweckwidrig oder unwirtschaftlich herausstellt. Das verlangt ihm die Sorgfalt eines ordentlichen Überwachungsorgans ab.
9. Den Aktionären ist darüber hinaus das Recht zu bewahren, selbst noch einmal über die *Related Party Transaction* abzustimmen. Eine entsprechende Regelung findet sich bereits in § 111 Abs. 4 Satz 3 AktG. Diese ist beizubehalten.
10. Das Recht, die Hauptversammlung einzuberufen steht allen Aktionären, auch der nahe stehenden Partei, zu. Dieses Recht wird insbesondere nicht durch Art. 9c Abs. 4 AktR-RL 2017 unterbunden.
11. Um sicherzustellen, dass die nahe stehende Partei sich auch im Rahmen der Hauptversammlung sich nicht gegen den Willen der außenstehenden Aktionäre durchsetzen kann, muss ein entsprechendes Stimmrechtsverbot bei Entscheidungen der Hauptversammlung über *Related Party Transactions* normiert werden. Da § 136 Abs. 1 Satz 1 AktG bereits spezielle Regelungen zu Stimmverboten in Hauptversammlungen enthält, ist es aus systematischen Gründen sinnvoll, § 136 Abs. 1 Satz 1 AktG um ein Stimmverbot für *Related Party Transactions* zu erweitern.
12. Der Vorstand darf das Geschäft grundsätzlich nicht vornehmen, bevor der Aufsichtsrat nicht zugestimmt hat. Ansonsten wäre der Präventiveffekt einer vorausschauenden Überwachung, den der Unionsgesetzgeber als Ziel vor Augen hatte, weitgehend hinfällig. Die Entscheidung des Aufsichtsrats wirkt jedoch nur im Innenverhältnis, da andernfalls die unbeschränkbare Vertretungsbefugnis des Vorstands gem. § 82 Abs. 1 AktG eingeschränkt wäre. Verweigert der Aufsichtsrat die Zustimmung oder hat er darüber (noch) nicht entschieden, ist das Geschäft im Außenverhältnis also dennoch wirksam. Der Vorstand handelt dann aber pflichtwidrig und haftet.
13. Der zu implementierende *Related Party Transactions*-Zustimmungsvorbehalt schafft darüber hinaus einen angemessenen Schutz für das börsennotierte Unternehmen und dessen außenstehende Aktionäre. In seinen Anwendungsbereich fallen Transaktionen „nach oben", da es sich um Geschäftsführungsmaßnahmen des börsennotierten Unternehmens in

seiner Eigenschaft als Tochterunternehmen handelt – und als solche dem Zustimmungsvorbehalt des Aufsichtsrats unterliegen. Gleiches gilt bei Transaktionen „nach unten“: Auch hier unterliegen Geschäftsführungsmaßnahmen des börsennotierten Unternehmens, die sich in seiner Eigenschaft als Mutterunternehmen nachteilig auswirken, dem *Related Party Transactions*-Zustimmungsvorbehalt. Dadurch besteht ein ausreichender Schutz für die Interessen des börsennotierten Unternehmens und seiner außenstehenden Aktionäre. Der hier vorgesehene *Related Party Transactions*-Zustimmungsvorbehalt wird den Anforderungen des Art. 9c Abs. 4 AktR-RL 2017 mithin gerecht.

Nachtrag

Nach Einsetzung einer Expertenkommission zur Umsetzung der zweiten Aktionärsrechterichtlinie am 18. September 2017[859] legte das Bundesministerium für Justiz und für Verbraucherschutz am 11. Oktober 2018 einen Referentenentwurf[860], und am 20. März 2019 einen Regierungsentwurf[861] vor. Aufgrund von Unstimmigkeiten über Fragen der Vorstandsvergütung und des neuen Aktionärsschutzes bei *Related Party Transactions* einigte sich der Ausschuss des Bundestags für Recht und Verbraucherschutz erst am 13. November 2019 über die aus seiner Sicht gebotenen Änderungen[862]; der Bundestag konnte am darauffolgenden Tag das Gesetz zur Umsetzung der zweiten Aktionärsrechterichtlinie[863] beschließen. Am 1. Januar 2020[864] – und damit knapp ein halbes Jahr nach Ablauf der in der AktR-RL 2017 vorgesehenen Umsetzungsfrist – haben die Regelungen zu *Related Party Transactions* schließlich Einzug in das deutsche Recht gehalten.

Der deutsche Gesetzgeber versuchte im Rahmen von ARUG II der während des Gesetzgebungsverfahrens zur AktR-RL 2017 im Schrifttum aufgekommenen Forderung, die Regulierung kapitalmarktorientierter Unternehmen nicht noch

---

859 Vgl. Begr. RegE zum ARUG II; BT-Drucks. 19/9739, S. 32.

860 Referentenentwurf eines Gesetzes zur Umsetzung der zweiten Aktionärsrechterichtlinie (ARUG II) des Bundesministeriums der Justiz und für Verbraucherschutz, abrufbar unter: https://www.bmjv.de/SharedDocs/Gesetzgebungsverfahren/Dokumente/RefE_Aktionaersrechterichtlinie_II.pdf;jsessionid=F591A4025A7BCA9A58BCCE48123780D1.1_cid324?__blob=publicationFile&v=2 (letzter Abruf: 27. November 2020 („Referentenentwurf").

861 Entwurf eines Gesetzes zur Umsetzung der zweiten Aktionärsrechterichtlinie (ARUG II), abrufbar unter: https://www.bmjv.de/SharedDocs/Gesetzgebungsverfahren/Dokumente/RegE_ARUG_II.pdf;jsessionid=F591A4025A7BCA9A58BCCE48123780D1.1_cid324?__blob=publicationFile&v=1 (letzter Abruf: 27. November 2020) („Regierungsentwurf").

862 Beschlussempfehlung und Bericht des Ausschusses für Recht und Verbraucherschutz, Entwurf eines Gesetzes zur Umsetzung der zweiten Aktionärsrechterichtlinie (ARUG II), BT-Drucks. 19/15153; dazu *Florstedt*, ZIP 2020, 1 ff; *H.-F. Müller*, ZIP 2019, 2429 ff.

863 BT-Drucks. 19/9739 („ARUG II").

864 Art. 16 des Gesetzes zur Umsetzung der zweiten Aktionärsrechterichtlinie (ARUG II) vom 12. Dezember 2019, BGBl. I, S. 2637, 2651.

weiter zu verschärfen,[865] in angemessener Weise Rechnung zu tragen. Nicht zuletzt aus diesem Grund sah bereits der Referentenentwurf eine zurückhaltende Umsetzung vor,[866] die über den Regierungsentwurf hinaus in ARUG II beibehalten wurde. Dieser Zurückhaltung liegt die Zielsetzung zugrunde, die durch die europäische Regulierung von *Related Party Transactions* notwendig gewordenen Anpassungen des deutschen Aktien- und Konzernrechts überschaubar zu halten.[867]

Hierbei stellt sich die Frage, wie der deutsche Gesetzgeber die erforderlichen Anpassungen des deutschen Aktien- und Konzernrechts hinsichtlich der Zustimmung zu *Related Party Transactions* im Rahmen von ARUG II vorgenommen hat und wie etwaige Abweichungen von den in dieser Arbeit herausgearbeiteten Reformvorschlägen zu bewerten sind.

A. Anwendungsbereich

§ 111b Abs. 1 AktG unterwirft Geschäfte börsennotierter Gesellschaften mit nahe stehenden Unternehmen, deren wirtschaftlicher Wert einen bestimmten Schwellenwert übersteigen, dem Zustimmungsvorbehalt des Aufsichtsrats. Was der Gesetzgeber unter „börsennotierten Unternehmen" und „Geschäften mit nahe stehenden Unternehmen" versteht, skizziert er in §§ 111a und 111b AktG und legt damit zugleich den gesetzlichen Anwendungsbereich für Related Party Transactions fest.

I. Börsennotierung der Gesellschaften

Die gesetzlichen Regelungen zu *Related Party Transactions* betreffen ausschließlich börsennotierte Gesellschaften i.S.v. § 3 Abs. 2 AktG. Adressaten des Zustimmungserfordernisses sind danach Gesellschaften, deren Aktien zum Handel an einem amtlich regulierten Markt i.S.d. §§ 32 ff. BörsG zugelassen sind, mithin

---

865 Vgl. *Tarde*, NZG 2019, 488; *Seibt*, Erforderliche Harmonisierung oder unnötiger Systembruch? – Der Vorschlag der EU-Kommission zu Related Party Transactions, S. 23, abrufbar unter: https://bdi.eu/media/presse/publikationen/2015_Related_Party_Transactions.pdf (letzter Abruf: 27. November 2020).

866 *Seibert*, DB 2018, M4, M5; *Bungert*, Börsen-Zeitung vom 20.10.2018, S. 9; *Lieder/Wernert*, ZIP 2019, 989; *Tarde*, NZG 2019, 488.

867 BT-Drucks. 19/9739, S. 35; so schon Referentenentwurf, S. 33; Regierungsentwurf, S. 36; zum deutschen Regelungskonzept, *Lieder/Wernert*, ZIP 2019, 989; *dies.*, ZIP 2018, 2441, 2442; kritisch zu den Erwägungen des deutsche Gesetzgebers aber *Tröger/Roth/Strenger*, BB 2018, 2946, 2947.

einem Markt, der von staatlichen Stellen geregelt und überwacht wird, welcher regelmäßig stattfindet und für das Publikum mittelbar oder unmittelbar zugänglich ist. Unerheblich ist dabei, ob sich die Börse im In- oder Ausland befindet.[868] Den auf organisierte Märkte in den jeweiligen EU-Mitgliedstaaten beschränkten Anwendungsbereich der AktR-RL 2017 erweiterte der deutsche Gesetzgeber folglich um Gesellschaften, deren Sitz in Deutschland ist, die Aktien aber zum Beispiel an der SGX in Singapur (Singapur) oder NYSE in New York (USA) gehandelt werden.[869] Der Handel der Aktien im Freiverkehr (§ 48 BörsG) oder im KMU-Wachstumsmarkt (§ 48a BörsG) ist hingegen für die Einordnung als börsennotierte Gesellschaft nicht ausreichend.[870]

Die bereits zum Referentenentwurf des ARUG II in der Literatur angebrachte Kritik, die Anknüpfung an amtlich regulierte Märkte gehe über die Vorgaben der AktR-RL 2017, die sich ausschließlich auf organisierte Märkte innerhalb der Europäischen Union beziehen, hinaus,[871] hat der deutsche Gesetzgeber im Regierungsentwurf nicht berücksichtigt[872] und auch im Rahmen von ARUG II keine weitere Beachtung geschenkt. Für die vom deutschen Gesetzgeber vorgesehene Anknüpfung an die Legaldefinition des § 3 Abs. 2 AktG spricht, dass so an einer für das gesamte Aktienrecht geltenden Abgrenzung festgehalten werden kann. Darüber hinaus würde es dem Schutzzweck der *Related Party-Transaction*-Regelungen widersprechen, deutschem Recht unterliegende, aber in Drittstaaten börsennotierte Gesellschaften hinsichtlich der *Related Party Transactions*-Pflichten zu privilegieren und von der Regulierung auszunehmen.[873]

II. Aktiengesellschaften

Adressaten der *Related Party Transaction*-Regelungen sind ausschließlich Aktiengesellschaften sowie gem. § 78 Abs. 3 AktG und Art. 9 Abs. 1 lit. c (ii) SE-VO

868 *Drescher*, in: Spindler/Stilz, AktG, § 3 Rn. 5; *Heider*, in: MüKo-AktG, § 3 Rn. 38; *Koch*, in: Hüffer/Koch, AktG, § 3 Rn. 6; *Lutter*, in: K. Schmidt/Lutter, AktG, § 3 Rn. 8; *Barg*, AG 2020, 149, 150; *Lieder/Wernert*, DB 2020, 882, 883; *H.-F. Müller*, ZIP 2019, 2429, 2430.

869 *Barg*, AG 2020, 149, 150.

870 *Lieder/Wernert*, DB 2020, 882, 883; *H.-F. Müller*, ZIP 2019, 2429.

871 *Kleinert/Mayer*, EuZW 2019, 103, 104.

872 Vgl. zum Regierungsentwurf *Lieder/Wernert*, ZIP 2019, 989, 990.

873 *H.-F. Müller*, ZIP 2019, 2429, 2430.

Kommanditgesellschaft auf Aktien[874] bzw. die *Societas Europaea* (SE). Aus welchen Gründen der deutsche Gesetzgeber den Anwendungsbereich nicht auch auf nicht-börsennotierte Gesellschaft erstreckte, lässt sich den Gesetzesmaterialien zum ARUG II nicht entnehmen, gleichwohl berechtigte Argumente für eine Einbeziehung gesprochen hätten.

Gerade aufgrund der stärkeren Vertretung sog. Anker-Aktionäre in den Reihen der Aktionäre/Gesellschafter einer nicht-börsennotierten Gesellschaft steht zu befürchten, dass diese ihre beherrschende Stellung ausnutzen und eine für die Minderheitsaktionäre nachteilige wirtschaftliche Entwicklung der Gesellschaft herbeiführen. Im Gegensatz zu nicht-börsennotierten Gesellschaften unterliegen börsennotierte Gesellschaften der ständigen Beurteilung durch den Kapitalmarkt, der bei Bekanntwerden schlechter Unternehmensführung und schlechter wirtschaftlicher Unternehmensentwicklung eine Abwertung des Unternehmens vornehmen wird. Der damit einhergehende Druck auf die Verwaltungsorgane, ausschließlich im besten Interesse des Unternehmens und der Aktionäre zu handeln, besteht bei nicht-börsennotierten Gesellschaft gerade nicht, so dass diese im Zweifel eher gewillt sein werden, sich dem Druck der Mehrheitsaktionäre zu beugen. Darüber hinaus finden sich bei nicht-börsennotierten Gesellschaften in der Regel auch keine sog. „Berufskläger" in den Reihen der Aktionäre, die die Gesellschaft, in gewisser Weise als Korrektiv, zur besonderen Sorgfalt bei der Unternehmensführung anhalten, indem sie (vermeintliches) Fehlverhalten mit rechtlichen Maßnahmen quittieren. Während also einerseits bei nicht-börsennotierten Gesellschaften, wegen der oben dargestellten Aktionärsstrukturen, ein besonderes Gefahrenpotential im Zusammenhang mit *Related Party Transactions* vorliegt, besteht auf der anderen Seite weder der durch den Kapitalmarkt noch durch rechtliche Maßnahmen ein indizierter Zwang zu einer ordnungsgemäßen Unternehmensführung. Diese Diskrepanz hätte sich durch eine (ggf. modifizierte) Einbeziehung nicht-börsennotierter Gesellschaften in den Anwendungsbereich der Vorschriften um die *Related Party Transactions* schließen lassen.

Einer solchen Einbeziehung werden zum Teil der damit einhergehende zusätzliche administrative Aufwand sowie zusätzlich entstehende Kosten entgegengehalten. Dies stehe insbesondere nicht im Einklang mit dem seitens des deutschen Gesetzgebers ausgegebenen Ziel einer möglichst minimalinvasiven Umsetzung der Richtlinie in das deutsche Recht.[875] Es ist verständlich, dass

---

874 Zu Besonderheiten der KGaA, siehe *Backhaus/Brouwer*, AG 2019, 287 ff.; *Fiebelkorn*, ZIP 2020, 953 ff.; s. auch Rechtsausschuss zum ARUG II, BT-Drucks. 19/15153, S. 53 f.

875 *Lieder/Wernert*, ZIP 2019, 989, 990.

der deutsche Gesetzgeber das aus seiner Sicht fein austarierte Aktienrecht nicht durch zusätzliche Regelungen überfrachten wollte. Es ist jedoch bedauerlich, dass das Ziel, den Umfang neuer Regulierung möglichst klein zu halten über die Möglichkeit gestellt wurde, einen für die Auswirkung von *Related Party Transactions* besonders anfälligen Teilbereich in den Anwendungsbereich der Vorschriften einzubeziehen.[876]

III. Nahe stehendes Unternehmen

Die AktR-RL 2017 verweist in Art. 2 lit. h) hinsichtlich des Begriffs „nahe stehende Unternehmen und Personen“ auf die internationalen Rechnungslegungsstandards, die gemäß der Verordnung (EG) Nr. 1606/2002 des europäischen Parlaments und des Rats übernommen wurden. Die Richtlinie knüpft hinsichtlich der Begriffsbestimmung von „nahe stehenden Unternehmen“ demzufolge unmittelbar an IAS 24, sowie mittelbar an die davon in Bezug genommenen Standards IFRS 10, IFRS 11 und IAS 28 an.[877] Aus dem Verweis des Unionsgesetzgebers war der Schluss zu ziehen, dass die Richtlinie keine Gestaltungsspielräume gewähren und entweder die wörtliche Übernahme oder die Verweisung auf die relevanten IAS/IFRS-Regelungen erforderlich werden würde, um den Anforderungen des Unionsgesetzgebers gerecht zu werden.[878] Der deutsche Gesetzgeber entschied sich aus Gründen der Übersichtlichkeit und um Fehler bei der Übertragung in das deutsche AktG zu vermeiden,[879] für einen dynamischen Verweis des § 111a Abs. 1 Satz 2 AktG auf IAS 24.9.

Der Begriff „Nahestehen“ kann durch gesellschaftsrechtliche Verbindungen wie die Beherrschung (IFRS 10), die gemeinschaftliche Führung (IFRS 11), den maßgeblichen Einfluss auf dieselbe oder die Zugehörigkeit zu derselben Unternehmensgruppe begründet werden (IAS 28). Gem. IAS 28.5 wird widerleglich vermutet, dass ab einer unmittelbaren oder mittelbaren Beteiligung von 20% der Stimmrechte ein maßgeblicher Einfluss besteht, der auf ein Nahestehen i.S.v. § 111a Abs. 1 Satz 2 AktG schließen lässt. Diese Vermutung kann durch Tatsachen wiederlegt werden, die eine Einflussnahme auf die Finanz- und Geschäftspolitik der Gesellschaft rechtlich oder tatsächlich unmöglich machen.[880] Gleichwohl aufgrund von IAS 24.10 eine Klarstellung von Seiten des deutschen

876 Siehe hierzu Kap. 5.B.I.; vgl. bereits *Barg*, AG 2020, 149, 150 f.
877 BT-Drucks. 19/9739, S. 83 f.
878 Vgl. Kap. 5.II.1; ebenso *Tarde*, Related Party Transactions, S. 197.
879 BT-Drucks. 19/9739, S. 80.
880 BT-Drucks. 19/9739, S. 80.

Gesetzgebers nicht erforderlich gewesen wäre, macht dieser in seiner Gesetzesbegründung ferner deutlich, dass es „bei der Beurteilung des Nahestehens nicht allein auf die formalrechtliche Gestaltung der Beziehung [ankomme], sondern auf deren wirtschaftlichen Gehalt abzustellen [sei]".[881] Entscheidend für die Einordnung als nahe stehendes Unternehmen oder Person ist mithin, inwieweit das Ob, der Umfang, die Preise sowie die Konditionen etwaiger Geschäfte durch die Nähebeziehung beeinflusst werden können; eine tatsächliche Einflussnahme ist hingegen nicht erforderlich.[882] Daraus ist zu schließen, dass auch dienstvertragliche oder organschaftliche Verbindungen ein besonderes Näheverhältnis begründen können.[883]

Aus Sicht des deutschen Gesetzgebers ist für die Bewertung eines Näheverhältnisses unerheblich, ob die Voraussetzungen des Nahestehens bereits bei Abschluss des Geschäfts vorlagen. Maßgeblich soll vielmehr sein, ob im Zeitpunkt des Geschäftsabschlusses faktisch noch oder schon ein dem Nahestehen entsprechendes Beeinflussungspotenzial bestand und sich die Verbindung zum Zeitpunkt des Geschäftsabschlusses somit zumindest tatsächlich noch auswirkt. Ein solches Beeinflussungspotenzial soll bei einem Zeitraum von bis zu sechs Monaten vor oder nach Abschluss des Geschäfts potentiell gegeben sein.[884] Dieses Verständnis dehnt den Begriff der nahe stehenden Personen über den Definitionsrahmen der internationalen Rechnungslegungsstandards und der AktR-RL 2017 hinaus aus: Für die dort normierten Offenlegungspflichten wird – soweit ersichtlich – einhellig gefordert, dass die Parteien zum Zeitpunkt des Geschäfts nahe stehend i.S.v. IAS 24 sind.[885] Der deutsche Gesetzgeber betreibt damit ein über die europarechtlichen Vorgaben hinausgehendes „*goldplating*"[886], schränkt damit aber gleichzeitig und richtigerweise die Umgehungsmöglichkeiten der neuen Zustimmungs- und Offenlegungsanforderungen, z.B. durch Umstrukturierungen, deutlich ein.[887]

---

881 BT-Drucks. 19/9739, S. 80.

882 *Poelzig* in: MüKo-HGB, § 285 Rn. 351.

883 *Koch*, in: Hüffer/Koch, AktG, § 111a Rn. 5 f.

884 BT-Drucks. 19/9739, S. 80.

885 *Hennrichs/Schubert*, in: MüKo-BilR, IAS 24 Rn. 105; *Poelzig*, in: MüKo-HGB, § 285 HGB Rn. 359; IDW RS HFA 33 Rn. 10.

886 *Kleinert/Mayer*, EuZW 2019, 103, 104.

887 So bereits *Barg*, AG 2020, 149, 151; zust. *Lieder/Wernert*, DB 2020, 882, 886; krit. *J. Vetter*, in: K. Schmidt/Lutter, AktG, § 111a Rn. 69.

IV. Geschäft

Zum Begriff des Geschäfts enthält Art. 9c AktR-RL 2017 weder eine Definition noch nähere Angaben darüber, was der Geschäftsbegriff umfasst. Die noch in der Begründung zum Referentenentwurf enthaltene Erläuterung, die Definition orientiere sich am Geschäftsbegriff der internationalen Rechnungslegungsstandards, insoweit insbesondere an IAS 24.9,[888] ist in der Gesetzesbegründung nicht mehr zu finden, gleichwohl es nahe gelegen hätte, sich bei der Auslegung von Art. 9c Abs. 1 AktR-RL 2017 an der Definition der Transaktion bzw. des Geschäftsvorfalls in IAS 24.9 zu orientieren. Stattdessen verweist die Gesetzesbegründung hinsichtlich der Auslegung dieses Begriffs auf die zu § 285 Nr. 21 HGB ergangene Gesetzesbegründung und die hierzu entwickelten Grundsätze.[889] Maßgeblich für die Auslegung ist nach der Gesetzesbegründung ein weiter, funktionaler Geschäftsbegriff, wonach jedes Rechtsgeschäft oder jede Maßnahme erfasst sein soll, durch die ein Gegenstand oder ein anderer Vermögenswert entgeltlich oder unentgeltlich übertragen oder überlassen wird und die mit nahe stehenden Personen getätigt werden.[890] Maßgeblich für die Einordnung einer Transaktion als „Geschäft" sind demnach einerseits die Begriffe „Rechtsgeschäfte/Maßnahmen" (siehe hierzu unter 1.) und andererseits die Begrenzung auf Geschäfte, die die Übertragung/Überlassung eines Vermögenswerts zur Folge haben (siehe hierzu unter 2.).

1. *Rechtsgeschäft/Maßnahme*

Für den Begriff „Rechtsgeschäft" ist auf das zum allgemeinen Zivilrecht bestehende Begriffsverständnis zurückzugreifen.[891] Neben Austausch- und Dauerschuldverhältnissen unterfallen danach auch einseitige Rechtsgeschäfte wie Anfechtung, Aufrechnung, Kündigung, Rücktritt, Widerruf, sowie die Ausübung von Optionen oder Beschlussfassungen dem Geschäftsbegriff.[892] Folglich bedürfen Käufe und Verkäufe von Grundstücken/Waren/Erzeugnissen, der Bezug und die Erbringung von Dienstleistungen sowie die Nutzungsüberlassung von Vermögensgegenständen oder die Übernahme der Erfüllung von Verbindlichkeiten

888 Referentenentwurf, S. 74; kritisch dazu *Kleinert/Mayer*, EuZW 2019, 103, 105.

889 BT-Drucks. 19/9739, S. 79; *Hüttemann/Meyer*, in: Staub, HGB, § 285 Rn. 112 f.

890 Reg. Begr. BT-Drucks. 19/9739, S. 79.

891 *J. Vetter*, in: K. Schmidt/Lutter, § 111a Rn. 116.

892 Vgl. *Koch*, in: Hüffer/Koch, AktG, § 111a Rn. 2; *J. Vetter*, in: K. Schmidt/Lutter, § 111a Rn. 116, 127 ff.; *Lieder/Wernert*, DB 2020, 882, 883; *J. Vetter*, AG 2019, 853, 855.

der Zustimmung durch den Aufsichtsrat, sofern sie die Wesentlichkeitsschwelle überschreiten.[893] Voraussetzung ist in allen Fällen jedoch, dass es sich zumindest um wesentliche Änderungen von Geschäften handelt. Andernfalls wäre das Geschäft bereits in seinen wesentlichen Parametern einer Zustimmung durch den Aufsichtsrat unterworfen gewesen und eine erneute Zustimmung aus dem Grund nicht erforderlich.[894]

Vom Geschäftsbegriff sind sowohl das Verpflichtungs- als auch das Verfügungsgeschäft umfasst, so dass es aufgrund des funktionalen Begriffsverständnisses des Geschäfts regelmäßig ausreicht, wenn allein das Verpflichtungsgeschäft dem Aufsichtsrat zur Zustimmung vorgelegt wird.[895] Eine erneute Zustimmung hätte nicht nur eine unnötige zusätzliche Belastung der Gesellschaft zur Folge, sondern würde auch ein unsinniges Festhalten an den Zustimmungs- bzw. Veröffentlichungspflichten bedeuten, da das Verpflichtungsgeschäft den Gehalt des dinglichen Geschäfts verbindlich vorgibt.[896] Gleiches gilt für Dauerschuldverhältnisse, Rahmen- sowie Sukzessivlieferverträge.[897] Bei Dauerschuldverhältnissen und Sukzessivlieferverträgen, die bereits einen hinreichend konkretisierten Inhalt und Umfang aufweisen, hat dies regelmäßig zur Folge, dass nur die einmalige Zustimmung bei Abschluss des Rechtsgeschäfts erforderlich ist.[898] Bei Rahmenverträgen ist hingegen entscheidend, in welchem Maße und Umfang die jeweiligen Einzelgeschäfte den Rahmenvertrag ausfüllen.[899] Die einmalige Zustimmung ist wohl auch dann ausreichend, wenn sich bei Dauerschuldverhältnissen, Rahmen- oder Sukzessivlieferverträgen mit der Zeit der wirtschaftliche Zusammenhang auflöst und sich das Bedürfnis nach gesonderter Darstellung

---

893 Reg. Begr. BT-Drucks. 19/9739, S. 79.

894 Reg. Begr. BT-Drucks. 19/9739, S. 79; *Grigoleit*, ZGR 2019, 412, 420.

895 Reg. Begr. BT-Drucks. 19/9739, S. 79; dazu bereits *Lieder/Wernert,* ZIP 2019, 989, 990 f.; vgl. ferner *Koch,* in: Hüffer/Koch, AktG, § 111a Rn. 2; *J. Vetter,* in: K. Schmidt/Lutter, AktG, § 111a Rn. 117; *Lieder/Wernert,* DB 2020, 882, 883; *H.-F. Müller,* ZIP 2019, 2429, 2430; *J. Vetter,* AG 2019, 853, 855.

896 *Heidel/Illner,* in: Hirte/Heidel, ARUG II, § 111a Rn. 9.

897 Reg. Begr. BT-Drucks. 19/9739, S. 79; *J. Vetter,* in: K. Schmidt/Lutter, AktG, § 111a Rn. 128 ff.; *Lieder/Wernert*, ZIP 2019, 989, 990 f.; *dies.*, DB 2020, 882, 883.

898 Reg. Begr. BT-Drucks. 19/9739, S. 79; *J. Vetter,* in: K. Schmidt/Lutter, AktG, § 111a Rn. 117, 128; *Lieder/Wernert,* DB 2020, 882, 883.

899 *J. Vetter,* in: K. Schmidt/Lutter, AktG, § 111a Rn. 129; *Lieder/Wernert*, DB 2020, 882, 883.

ergeben sollte. Diesem Umstand kann ausreichend mit der Berichterstattung in den Jahresabschlussunterlagen Rechnung getragen werden.[900]

Eine „Maßnahme" ist jedes tatsächliche, willensgeleitete Verhalten, das sich auf die Vermögens- oder Ertragslage der Gesellschaft unmittelbar oder auch nur mittelbar auswirken kann.[901] Mit Blick auf die beispielhaften Aufzählungen des deutschen Gesetzgebers wie Produktionsverlagerungen und -änderungen, Investitionen, Stilllegungen von Betriebsteilen sowie Abstimmungen im Ein- oder Verkauf[902] ist davon auszugehen, dass hiermit ein Auffangtatbestand geschaffen werden sollte.[903] Dafür spricht nicht zuletzt auch, dass für § 285 Nr. 21 HGB, auf den der deutsche Gesetzgeber in seiner Begründung ausdrücklich Bezug nimmt, anerkannt ist, dass Maßnahmen alle Dispositionen sind, die sich auf die Finanzlage des Unternehmens auswirken können, ohne Rechtsgeschäft zu sein.[904]

2. *Übertragung und Überlassung eines Vermögenswerts*

Das Rechtsgeschäft oder die Maßnahme muss gem. § 111a Abs. 1 Nr. 1 AktG die entgeltliche oder unentgeltliche Übertragung oder Nutzungsüberlassung eines Gegenstands oder anderen Vermögenswerts zum Gegenstand oder zur Folge haben. Mit Blick auf den Sinn und Zwecks des § 111a AktG sowie in Anlehnung an das in § 285 Nr. 21 HGB verankerte Parallelkriterium,[905] ist dieses Kriterium weit auszulegen. Vom Anwendungsbereich als erfasst anzusehen sind demnach alle Geschäfte und Maßnahmen, die sich potenziell nachteilig auf die Finanzlage eines Unternehmens auswirken und insoweit zu einer Vermögensverschiebung führen können.[906] Konsequenterweise wird man zum Beispiel Lizenzverträge, Geschäftsbesorgungsverträge, aber auch die rein tatsächliche Überlassung von

---

900 *J. Vetter*, in: K. Schmidt/Lutter, AktG, § 111a Rn. 129; *Lieder/Wernert*, DB 2020, 882, 883; a.A. *Heidel/Illner*, in: Hirte/Heidel, ARUG II, § 111a Rn. 9.

901 *Heidel/Illner*, in: Hirte/Heidel, ARUG II, § 111a Rn. 9; *Koch*, in: Hüffer/Koch, AktG, § 111a Rn. 3; *J. Vetter*, in: K. Schmidt/Lutter, AktG, § 111a Rn. 117; *ders.*, AG 2019, 853, 854 f.

902 Reg. Begr. BT-Drucks. 19/9739, S. 79.

903 *Lieder/Wernert*, DB 2020, 882, 883.

904 *Poelzig*, in: MüKo-HGB, § 285 Rn. 364; *Lieder/Wernert*, DB 2020, 882, 883; *J. Vetter*, AG 2019, 853, 855.

905 Reg. Begr. BT-Drucks. 19/9739, S. 79.

906 *Koch*, in: Hüffer/Koch, AktG, § 111a Rn. 4; *J. Vetter*, in: K. Schmidt/Lutter, AktG, § 111a Rn. 121; *Grigoleit*, ZGR 2019, 412, 418; *Lieder/Wernert*, DB 2020, 882, 883; *J. Vetter*, AG 2019, 853, 855.

Personal oder die Erledigung von Aufgaben mit Mitteln der Gesellschaft als vom Regelungsrahmen erfasst ansehen können.[907]

3. *Unterlassen*

Vom Zustimmungsvorbehalt explizit ausgenommen ist gem. § 111a Abs. 1 Satz 3 AktG das Unterlassen von *Related Party Transactions*. Das ARUG II orientiert sich insoweit an der bilanzrechtlichen Regelung in § 285 Nr. 21 HGB, zu der der deutsche Gesetzgeber ebenfalls ausdrücklich klarstellt, dass unterlassene Rechtsgeschäfte und unterlassene Maßnahmen von der Angabepflicht nicht umfasst sind.[908] Der Ausschluss des Unterlassens vom Anwendungsbereich der §§ 111a bis 111c AktG ist darüber hinaus aus systematischer Sicht stringent, schließt er doch ein Unterlassen auch als Geschäft i.S.d. § 111 Abs. 4 Satz 2 AktG aus.[909] Hier wie dort bestünde die Gefahr, dass die Verweigerung der Zustimmung einer dem Aktienrecht fremden Weisung des Aufsichtsrats an den Vorstand gleich käme. Dies stünde im Widerspruch zu sowohl der eigenverantwortlichen Unternehmensleitung durch den Vorstand nach § 76 Abs. 1 AktG, als auch zu dem Geschäftsführungsverbot des Aufsichtsrats nach § 111 Abs. 4 Satz 1 AktG. Die aktienrechtliche Funktionentrennung und Kompetenzverteilung zwischen Vorstand und Aufsichtsrat würde insoweit verwischt.[910]

4. *Stellungnahme*

Um den Geschäftsbegriff unionsautonom zu konkretisieren, hätte es sich angeboten, auf das bereits bestehende Begriffsverständnis in IAS 24.9 zurückzugreifen anstatt auf § 285 HGB zurückzugreifen.[911] Wie sich dem Wortlaut des Art. 9c AktR-RL 2017 entnehmen lässt, räumte der Unionsgesetzgeber den Mitgliedstaaten ausschließlich in Bezug auf die „Wesentlichkeit" einen Entscheidungsspielraum ein.[912] Hinsichtlich des Geschäftsbegriffs sah er jedoch – ebenso wie

---

907 *J. Vetter*, in: K. Schmidt/Lutter, AktG, § 111a Rn. 126 m.w. Bsp.

908 Begr. des RegE zum Bilanzrechtsmodernisierungsgesetz, BT-Drucks. 16/10067, S. 72.

909 *J. Vetter*, in: K. Schmidt/Lutter, AktG, § 111a Rn. 138; *Grigoleit*, ZGR 2019, 412, 419; *J. Vetter*, AG 2019, 853, 855; siehe bzgl. § 111 AktG *Drygala*, in: K. Schmidt/Lutter, AktG, § 111 Rn. 60; *Koch*, in: Hüffer/Koch, AktG, § 111 Rn. 37 jeweils m.w.N.

910 *Lieder/Wernert*, ZIP 2018, 2441, 2443; *dies.*, DB 2020, 882, 883; zustimmend *H.-F. Müller*, ZIP 2019, 2429, 2430; *J. Vetter*, AG 2019, 853, 855; i.Erg. ebenso *J. Vetter*, in: K. Schmidt/Lutter, AktG, § 111a Rn. 138; a.A. wohl *Grigoleit*, ZGR 2019, 412, 419.

911 Vgl. Kap. 3.A.III.1.a

912 Vgl. Kap. 3.A.III.1.a.

beim Nähebegriff – einen Rückgriff auf IAS 24.9 vor.[913] Der begrenzte Regelungsrahmen sollte sicherstellen, dass die Mitgliedstaaten *Related Party Transactions* künftig einheitlich handhaben.

Es erscheint darüber hinaus widersprüchlich, einerseits hinsichtlich der Definition einer nahe stehenden Person einen dynamischen Verweis auf die internationalen Rechnungslegungsstandards damit zu begründen, dass im Rahmen einer nationalen Umsetzung Fehler und zusätzlicher Aufwand entstehen könnten,[914] und andererseits in Bezug auf die Definition des Geschäfts eine nationale einer bestehenden internationalen Regelung vorzuziehen. Auch ist kein Grund ersichtlich, der eine Abweichung von einem einheitlichen, über die Grenzen der Bundesrepublik Deutschland hinaus anerkannten und vielen, insbesondere börsennotierten, Gesellschaften bereits bekannten Regelungssystem rechtfertigen würde.[915]

V. Wesentlichkeit des Geschäfts

Eine *Related Party Transaction* unterliegt den gesetzlichen Anforderungen der §§ 111a ff. AktG, soweit sie i.S.d. § 111a AktG als wesentlich gilt. Der deutsche Gesetzgeber hat sich sowohl bei dem Zustimmungserfordernis gem. § 111b Abs. 1 AktG, als auch bei der Offenlegungspflicht gem. § 111c Abs. 1 Satz 1 AktG dafür entschieden, von einem wesentlichen Geschäft auszugehen, wenn der wirtschaftliche Wert des Geschäfts die Schwelle von 1,5% der Summe aus dem Anlage- und Umlaufvermögen der Gesellschaft gem. § 266 Abs. 2 lit a und b HGB, mithin des Aktivvermögens, nach Maßgabe des zuletzt festgestellten Jahresabschlusses übersteigt. Ist die Gesellschaft Mutterunternehmen im Sinne des § 290 Abs. 1 und 2 HGB, tritt an die Stelle des Anlage- und Umlaufvermögen der Gesellschaft das durch den zuletzt gebilligten Konzernabschluss ausgewiesene Anlage- und Umlaufvermögen des Konzerns oder die Summe der entsprechenden Vermögenswerte gemäß den internationalen Rechnungslegungsstandards, sofern die Gesellschaft nicht gemäß § 290 Abs. 5 HGB oder den §§ 291 bis 293 HGB von der Pflicht zur Aufstellung eines Konzernabschlusses befreit ist.[916] Der deutsche Gesetzgeber verzichtete insoweit einerseits auf die Berücksichtigung weiterer quantitativer Kennzahlen für die Bestimmung der Wesentlichkeit

913 Vgl. *Lutter/Bayer/J. Schmidt,* Europ. Unternehmens- und Kapitalmarktrecht, § 29 Rn. 29.177; *Tarde,* ZGR 2017, 360, 364.

914 BT-Drucks. 19/9739, S. 80.

915 So bereits *Barg,* AG 2020, 149, 152.

916 *Grigoleit*, ZGR 2019, 412, 420.

eines Geschäfts und andererseits auf differenzierende Anforderungen zwischen Zustimmungserfordernis und Offenlegungspflicht.[917]

Der Summe aus Anlage- und Umlaufvermögen der Gesellschaft gegenüberzustellen ist der wirtschaftliche Wert des Geschäfts, mithin der objektiv am Markt zu erzielenden Zeitwert des zu übertragenden Gegenstands.[918] Für die Ermittlung dieses Wertes ist nicht zwingend die Einholung eines Wertgutachtens erforderlich; vielmehr soll eine „realistische Schätzung" des Aufsichtsrats ausreichend sein.[919] Ausgangspunkt für die Bewertung ist der objektive Marktwert. Dieser ist jedoch nicht an der Gegenleistung zu messen, da die Angemessenheit der Gegenleistung gerade kontrolliert werden soll; ausschlaggebend ist vielmehr der allgemeine Verkehrswert, bemessen auf Grundlage einer steuerlichen Nettobetrachtung.[920] Vertragliche Risiken sind dabei nicht anhand des theoretischen Maximalrisikos (abgeleitet zum Beispiel anhand möglicher Gewährleistungsrisiken etc.) in den Verkehrswert einzupreisen, sondern nach dem Grad der Wahrscheinlichkeit.[921] Ergeben sich für die an einem Geschäft beteiligten Akteure unterschiedliche Werte, so ist stets der wirtschaftliche Wert entscheidend, der sich aus Sicht der von der Zustimmungs- und Bekanntmachungspflicht betroffenen Gesellschaft ergibt.[922]

Zu befürworten ist die Festlegung einer festen Wertgrenze zur Schaffung von Rechtssicherheit und das Bestreben des deutschen Gesetzgebers, die Handlungsfähigkeit der Gesellschaft durch eine einfache Handhabung zu sichern.[923] Unabhängig von der Höhe des jeweiligen Schwellenwertes erscheint das bilanzielle

---

917 *Barg,* AG 2020, 149, 153; *Florstedt,* ZHR 184 (2020), 10, 31; *Lieder/Wernert,* ZIP 2019, 989, 992; *dies.*, DB 2020, 882, 884; *H.-F. Müller,* ZIP 2019. 2420. 2431; krit. *Tarde,* NZG 2019, 488, 489 f.

918 Reg. Begr. BT-Drucks. 19/9739, S. 83.

919 Reg. Begr. BT-Drucks. 19/9739, S. 83; dazu ausf. *Lieder/Wernert*, ZIP 2019, 989, 991 f.; *dies.*, DB 2020, 882, 884; vgl. ferner *J. Vetter,* AG 2019, 853, 860 f.; kritisch hierzu *Grigoleit,* ZGR 2019, 412, 423.

920 *Koch,* in: Hüffer/Koch, AktG, § 111b Rn. 3; ausführlich mit Überblick zu Bewertungsgrundsätzen unterschiedlicher Transaktionstypen *J. Vetter*, in: K. Schmidt/Lutter, AktG, § 111b Rn. 43 ff.; *ders.*, AG 2019, 853, 856 ff.; zustimmend *Lieder/Wernert,* DB 2020, 882, 884; teils deutlich abweichend *Heidel/Illner*, in: Hirte/Heidel, ARUG II, § 111a Rn. 25.

921 *J. Vetter*, AG 2019, 853, 856 f.; zust. *Koch,* in: Hüffer/Koch, AktG; § 111b Rn. 3; *Lieder/Wernert,* DB 2020, 882, 884.

922 *Koch,* in: Hüffer/Koch, AktG; § 111b Rn. 3; *J. Vetter*, in: K. Schmidt/Lutter, AktG, § 111b Rn. 41; *Lieder/Wernert,* DB 2020, 882, 884; *J. Vetter*, AG 2019, 853, 857.

923 Vgl. *Seibert*, in: FS Vetter (2019), 749, 761.

Aktivvermögen als Bezugsgröße dabei allerdings nur bedingt geeignet, die nachteiligen Auswirkungen des Geschäfts auf die Interessen der Minderheitsaktionäre in angemessener Weise zu berücksichtigen. Die Auswirkungen des Geschäfts auf das bilanzielle Aktivvermögen sind bei den Gesellschaften unterschiedlich ausgeprägt, wie bereits das Verhältnis des Aktivvermögens zum Unternehmenswert bzw. zur Marktkapitalisierung zeigt.[924] Sinnvoller wäre es vielmehr gewesen, auf die Veränderungen des bilanziellen Eigenkapitals durch *Related Party Transactions* abzustellen. Dafür spricht insbesondere, dass Ausgangspunkt für die Bestimmung der die Wertgrenze konkretisierenden Parameter, der durch die *Related Party Transaction* entstehende finanzielle Schaden für das Unternehmen und die Aktionäre sein sollte. Der durch *Related Party Transactions* entstehende finanzielle Schaden manifestiert sich für die außenstehenden Aktionäre in der Verringerung des Wertes ihrer Kapitalbeteiligung. Konsequenterweise wären die Auswirkungen von *Related Party Transactions* auf das bilanzielle Eigenkapital ein geeigneterer Maßstab gewesen. In der Gesetzesbegründung wird auch deutlich, dass der deutsche Gesetzgeber die Eignung des Eigenkapitals als Bezugsgröße erkannte.[925] Die Verwendung dieses Parameters zog er jedoch nur als zusätzliche Größe in Betracht und sah von einer Normierung dieser Erkenntnis mit der Begründung ab, eine zusätzliche Bezugsgröße erhöhe die Komplexität der Regelung zulasten der Unternehmen.[926] Die Heranziehung des Eigenkapitals als alleinige Bezugsgröße für die Wesentlichkeit eines Geschäfts wäre jedoch bereits ausreichend gewesen. Da der deutsche Gesetzgeber nur solche *Related Party Transactions* dem Zustimmungs- und Bekanntmachungsregime unterwerfen wollte, die nicht mehr als marktüblich eingestuft werden können, hätte der deutsche Gesetzgeber weiter gut daran getan, die Auswirkungen nachteiliger *Related Party Transactions* mit den Auswirkungen marktüblicher *Related Party Transactions* auf das Eigenkapital ins Verhältnis zueinander zu setzen. Die Abweichung von über 10% der Auswirkungen der nachteiligen *Related Party Transaction* im Vergleich zur marktüblichen *Related Party Transaction* wäre eine sachgerechte Wertgrenze gewesen. Nicht zuletzt hätte dadurch die Gleichbehandlung unterschiedlicher Unternehmenstypen sichergestellt werden können.[927]

---

924 Siehe hierzu die Beispiele bei *Grigoleit*, ZGR 2019, 412, 422.

925 Reg. Begr BT-Drucks. 19/9739, S. 83.

926 Reg. Begr. BT-Drucks. 19/9739, S. 83.

927 Vgl. Kap. 3.A.IV.3; so bereits *Barg*, AG 2020, 149, 153.

VI. Aggregation

Um Umgehungen des neuen Regelwerks zu unterbinden,[928] unterwirft § 111b Abs. 1 Satz 1 AktG auch solche Geschäfte dem Zustimmungsvorbehalt und der Bekanntmachungspflicht, die „innerhalb des laufenden Geschäftsjahres vor Abschluss des Geschäfts mit derselben Person“ [929] getätigt worden sind und deren aggregierter wirtschaftlicher Wert 1,5% des Aktivvermögens der Gesellschaft bzw. des Konzerns nach Maßgabe des zuletzt festgestellten Jahresabschlusses überschreitet. Von den Zustimmungspflichten erfasst ist dabei nur das erste den Schwellenwert überschreitende Geschäft. Die Aggregation beginnt folglich mit Zustimmung durch den Aufsichtsrat von neuem bis zum Ende des Geschäftsjahres.[930] Den Schwellenwert bereits im nicht-aggregierten Zustand überschreitende sowie den Ausnahmetatbeständen in § 111a Abs. 2 und 3 AktG unterfallende Geschäfte bleiben bei der Aggregation unberücksichtigt.[931]

Zu aggregieren sind sämtliche Geschäfte mit „derselben nahe stehenden Person“. Bei rein formalistischer Betrachtung hätte dies zur Folge, dass Geschäfte mit dem einen Tochterunternehmen niemals mit den Geschäften des anderen Tochterunternehmens desselben Mutterunternehmens aggregiert würden. Um der sich hieraus ergebenden, und vom deutsche Gesetzgeber offensichtlich noch nicht erkannten, Umgehungsgefahr wirksam entgegenzutreten, wird man § 111b Abs. 1 Satz 1 AktG wohl so verstehen müssen, dass all die Geschäfte zu aggregieren sind, die von einem der Gesellschaft nahe stehenden Unternehmen auch mittelbar abgeschlossen wurden.[932] Dabei sind jedoch nur die Geschäfte in die Aggregationszählung einzubeziehen, die zeitlich gesehen während einer Nähebeziehung erfolgen.[933]

Ist die Zustimmungspflicht eines Geschäfts durch Aggregation mehrerer Geschäfte ausgelöst worden, sind alle aggregierten Geschäfte gem. § 111c Abs. 1 Satz 2 AktG offenzulegen. Die auf den ersten Blick unterlassene Implementierung

---

928 Vgl. *Barg,* AG 2020, 149, 153; siehe auch *Florstedt,* ZHR 184 (2020), 10, 39; *Lieder/Wernert*, DB 2020, 882, 885; *H.F. Müller,* ZIP 2019, 2429, 2431.

929 Reg. Begr. BT-Drucks. 19/9739, S. 84.

930 Reg. Begr. BT-Drucks. 19/9739, S. 84.

931 Reg. Begr. BT-Drucks. 19/9739, S. 84.

932 Vgl. *Barg*, AG 2020, 149, 153; *Florstedt,* ZHR 184 (2020), 10, 26 f.; *Grigoleit,* ZGR 2019, 412, 426; a.A. *Koch*, in: Hüffer/Koch, AktG, § 111b Rn. 6 a.E.; *J. Vetter,* in: K. Schmidt/ Lutter, AktG, § 111b Rn. 73; *Lieder/Wernert*, DB 2020, 883, 885; *J. Vetter,* AG 2019, 853, 861.

933 *Florstedt,* ZHR 184 (2020), 10, 40; *J. Vetter,* AG 2019, 853, 861.

unterschiedlicher Schwellenwerte für die Zustimmungs- und Bekanntmachungspflichten findet auf diesem Wege doch noch Einzug in das deutsche Aktiengesetz. Gleichzeitig wird mit der Bekanntmachungspflicht für eine größtmögliche Transparenz gegenüber den Aktionären der betroffenen Gesellschaft gesorgt.[934]

VII. Ausnahmetatbestände

Im Interesse einer größtmöglichen Entlastung der Unternehmen und angesichts des im deutschen Recht bereits bestehenden Schutzniveaus für *Related Party Transactions* sehen § 111a Abs. 2 und 3 AktG Ausnahmen von den Zustimmungs- und Bekanntmachungspflichten vor. Neben marktüblichen und im ordentlichen Geschäftsgang getätigten Geschäften (siehe hierzu 1.) stellen bestimmte Arten von Geschäften, bei denen ein besonderer Schutz der Minderheit aufgrund konkreter Umstände nicht erforderlich oder bereits auf anderer Weise sichergestellt ist (siehe hierzu 2.), sowie Geschäfte, die der Zustimmung oder Ermächtigung der Hauptversammlung unterliegen (siehe hierzu 3.), die wichtigsten Ausnahmetatbestände dar (zu den darüber hinausgehenden Ausnahmetatbeständen siehe 4.).

1. Marktübliche und im ordentlichen Geschäftsgang getätigte Geschäfte

In Umsetzung des in Art. 9c Abs. 5 AktR-RL 2017 normierten Ausnahmetatbestands nimmt § 111a Abs. 2 Satz 1 AktG Geschäfte vom Zustimmungserfordernis aus, die im ordentlichen Geschäftsgang und zu marktüblichen Bedingungen getätigt wurden. Von der den Mitgliedstaaten in Art. 9c Abs. 5 UAbs. 2 AktR-RL 2017 eingeräumten Wahlmöglichkeit, die Zustimmungs- und Veröffentlichungspflichten auch auf Geschäfte im ordentlichen Geschäftsgang und zu marktüblichen Bedingungen zu erstrecken, hat der deutsche Gesetzgeber im Interesse einer größtmöglichen Entlastung der Unternehmen keinen Gebrauch gemacht.[935] Unsicherheiten bei der Einordnung ausnahmefähiger Geschäfte begegnet der deutsche Gesetzgeber, indem er in der Gesetzesbegründung umfassend darlegt, anhand welcher Parameter die Marktüblichkeit und der ordentliche Geschäftsgang zu bestimmen sind.[936]

---

934 Vgl. *Barg*, AG 2020, 149, 153.
935 Reg. Begr. BT-Drucks. 19/9739, S. 80.
936 Reg. Begr. BT-Drucks. 19/9739, S. 81.

Die Marktüblichkeit von Geschäften ist gegeben, wenn die dem betreffenden Geschäft zugrundeliegenden Konditionen auch mit einem unabhängigen Dritten zu erreichen gewesen wären, wobei sich Leistung und Gegenleistung in einem angemessenen Verhältnis gegenüberstehen müssen. Die Einschätzung ist dabei nach Maßgabe einer objektiven Bewertung bzw. auf der Basis eines „*at arm's length*-Vergleichs" zu treffen. Zur Bestimmung der Marktüblichkeit sind die in § 285 Nr. 21 HGB umgesetzten Vorgaben der Bilanzrichtlinie unter Berücksichtigung der hierzu entwickelten Praxis und Verlautbarungen heranzuziehen. Die Branchenüblichkeit eines Geschäfts gilt insoweit als Indiz für dessen Marktüblichkeit.[937] Relevanter Zeitpunkt für die Bestimmung der Marktüblichkeit ist die Vornahme des Geschäfts.[938] Anders als noch im Referentenentwurf[939] können zur Bestimmung der Marktüblichkeit nicht nur der Marktpreis, sondern auch, sofern Letzterer nicht zu ermitteln ist, ein Schätzwert zugrunde gelegt werden.[940] Die Heranziehung von Schätzwerten ist zumindest im faktischen Konzern keine unbekannte Methode, kann der Vorstand spätestens bei Erstattung des Abhängigkeitsberichts doch auf dieses Bewertungsinstrument zurückgreifen.[941]

Über die Marktüblichkeit hinaus muss das Geschäft im ordentlichen Geschäftsgang getätigt worden sein. Auch wenn der ordentliche Geschäftsgang als Begriff aus dem europäischen Sekundärrecht autonom auszulegen ist,[942] ergibt sich aus der englischen Sprachfassung des Art. 9c AktR-RL 20017, dass es in beiden Fällen darum geht, gewöhnliche und außergewöhnliche Geschäfte eindeutig voneinander abzugrenzen.[943] Aus diesem Grund sind die für § 116 Abs. 1, 164 HGB entwickelten Grundsätze übertragbar.[944] Neben dem in der Satzung normierten Unternehmensgegenstand wird man wesentliche Parameter für die Einordnung als marktübliches Geschäft, wie die Art und Größe des

937 Reg. Begr. BT-Drucks. 19/9739, S. 81.

938 *Merkt,* in: Baumbauch/Hopt, HGB, § 285 Rn. 23; *Poelzig,* in: MüKo-HGB, § 285 Rn. 371.

939 Referentenentwurf, S. 77 f.

940 Reg. Begr. BT-Drucks. 19/9739, S. 81.

941 Vgl. *Barg,* AG 2020, 149, 153.

942 *Gaitanides,* in: von der Groeben/Schwarze/Hatje, EUV, Art. 19 Rn. 43; *Wegener,* in: Callies/Ruffert, EUV/AEUV, Art. 19 Rn. 13 jew. m.w.N.

943 *Barg,* AG 2020, 149, 154; *Lieder/Wernert,* ZIP 2018, 2441, 2445; *dies.*, DB 2020, 882, 886; *H.-F. Müller,* ZIP 2019, 2429, 2431; *ders.*, in: FS E. Vetter (2019), 479, 480; erwägend auch *Koch,* in: Hüffer/Koch, AktG, § 111a Rn. 10; a.A. *Florstedt,* ZHR 184 (2020), 10, 34; *Heidel/Illner,* in: Hirte/Heidel, ARUG II, § 111a Rn. 29.

944 Vgl. Kap. 3.A.III.3.b; *Backhaus,* NZG 2020, 695, 697.

Unternehmens, die bisherige Entscheidungspraxis, sowie die Art, Größe, Bedeutung und das Risiko des Geschäfts ansehen müssen. Maßgeblich ist hierbei, ob es sich um ein typisches, sich stets wiederholendes Alltagsgeschäft handelt,[945] wobei die Häufigkeit eines Geschäfts mit der nahe stehenden Partei in diesem Zusammenhang wenig aussagekräftig ist.[946]

Ausweislich der Gesetzesbegründung sind konzerninterne Geschäfte nicht *per se* vom Ausnahmetatbestand ausgeschlossen.[947] Vielmehr soll dies nur dann der Fall sein, wenn die Geschäfte den allgemeinen Anforderungen an den Ausnahmetatbestand nicht genügen, mithin einem Drittvergleich nicht standhalten oder nicht als marktüblich angesehen werden können.[948] Auf eine „allgemeine Konzernüblichkeit" kann es dabei schon deswegen keinesfalls ankommen, weil die *Related Party Transactions*-Regulierung gerade auch darauf abzielt, den konzerntypischen und potenziell schadensbringenden Einfluss zu kontrollieren.[949] Da der deutsche Gesetzgeber in diesem Zusammenhang jedoch ausdrücklich Cash-Pooling-Systeme nennt,[950] könnte man daraus den Schluss ziehen, dass bereits die Einrichtung eines Cash-Pooling-Systems als gewöhnliches Geschäft innerhalb von Konzernen anzusehen ist.[951] Eine solche Annahme griffe jedoch zu kurz. Unter Berücksichtigung des gesetzgeberischen Bestrebens, konzerntypischen und potenziell schadenbringenden Einfluss zu kontrollieren,[952] sind die Ausführungen des deutschen Gesetzgebers wohl eher so zu verstehen, dass ausschließlich die aufgrund des Cash-Pooling-Systems durchgeführten Geschäfte vom Ausnahmetatbestand erfasst sind, da sie gemeinhin die Voraussetzungen der Marktüblichkeit und Gewöhnlichkeit erfüllen.[953]

Zur Kontrolle, ob die jeweiligen Geschäfte die Merkmale der Marktüblichkeit und Tätigung im ordentlichen Geschäftsgang erfüllen, schreibt Art. 9c Abs. 5 Satz 2 AktR-RL 2017 die Einrichtung eines gesellschaftsinternen

945 Reg. Begr. BT-Drucks. 19/9739, S. 81.

946 *Backhaus*, NZG 2020, 695, 697; a.A. *Heidel/Illner*, in: Heidel/Hirte, ARUG II, § 111a Rn. 29.

947 Reg. Begr. BT-Drucks. 19/9739, S. 81.

948 Reg. Begr. BT-Drucks. 19/9739, S. 81.

949 *Grigoleit*, ZGR 2019, 412, 432.

950 Reg. Begr. BT-Drucks. 19/9739, S. 81.

951 *Koch*, in: Hüffer/Koch, AktG, § 111a Rn. 11; *Lieder/Wernert*, DB 2020, 882, 886; *H.-F. Müller*, ZIP 2019, 2429, 2432; implizit *J. Vetter*, AG 2019, 853, 859 f.

952 *Grigoleit*, ZGR 2019, 412, 432 f.

953 *Heidel/Illner*, in: Hirte/Heidel, ARUG II, § 111a Rn. 30; vgl. *Barg*, AG 2020, 149, 164; *Grigoleit*, ZGR 2013, 412, 433; *Tarde*, NZG 2019, 488, 490.

Kontrollverfahrens vor. Die konkrete Ausgestaltung dieses Kontrollverfahrens überließ der Unionsgesetzgeber den Mitgliedstaaten. Der deutsche Gesetzgeber hat die konkrete Ausgestaltung des Kontrollverfahrens an die Gesellschaften weitergegeben. Um den Anforderungen der AktR-RL 2017 gerecht zu werden, dürfen gem. § 111a Abs. 2 Satz 2 AktG nahe stehende Personen, die an dem zu überprüfenden Geschäft beteiligt sind, jedoch nicht an der Kontrolle beteiligt werden.[954] Während der Ausschluss von nahe stehenden natürlichen Personen im Wesentlichen einfach zu gewährleisten ist, bedürfen die ausgeschlossenen Repräsentanten von nahe stehenden Unternehmen näherer Bestimmung. Naheliegend erscheint unter Schutzzweckerwägungen ein weites Verständnis vorauszusetzen, das den Ausschluss auf alle Unternehmensangehörigen erstreckt, also nicht nur auf Organmitglieder oder andere Leitungspersonen.[955] Aufgrund der unionsrechtlichen Vorgaben, wonach dem Verwaltungs- oder Aufsichtsrat die Entscheidungskompetenz zu übertragen ist, war die Aufgabe dem Aufsichtsrat zu übertragen.[956] Der Aufsichtsrat hat folglich nicht nur Beschluss darüber zu fassen, ob es sich bei dem in Rede stehenden Geschäft um ein privilegiertes Geschäft i.S.v. § 111c Abs. 2 AktG handelt, sondern hat auch festzulegen, wie er die wiederkehrenden Routinegeschäfte überprüft.[957] Um die Aufsichtsratsbeschlüsse in diesem Zusammenhang vollumfänglich überprüfen zu können, wird der Aufsichtsrat die Überwachungstätigkeit gem. § 111c Abs. 2 Satz 2 AktG in seinem Bericht an die Hauptversammlung gem. § 171 Abs. 2 AktG zu dokumentieren haben.[958] Gesellschaften, die gem. § 312 AktG einen Abhängigkeitsbericht erstellen müssen, können an die hierzu erforderlichen unterjährigen Vorarbeiten anknüpfen.[959]

Der deutsche Gesetzgeber hat es den Unternehmen freigestellt, im ordentlichen Geschäftsgang und zu marktüblichen Bedingungen geschlossene Geschäfte als Ausnahmen zu behandeln: Gem. § 111a Abs. 2 Satz 3 AktG kann in der Satzung festgelegt werden, ob solche Geschäfte der Zustimmung des Aufsichtsrats unterliegen. Eine denkbare Motivation zum Verzicht könnte darin bestehen, die Schutzwirkung des *Related Party Transactions*-Verfahrens im Sinne des § 111a Abs. 2 AktG bewahren zu wollen.[960] Die Nutzung dieser „opt-in"-Möglichkeit

954 Reg. Begr. BT-Drucks. 19/9739, S. 81.
955 *Grigoleit*, ZGR 2019, 412, 433 f.
956 Reg. Begr. BT-Drucks. 19/9739, S. 81.
957 *Florstedt*, ZHR 184 (2020), 10, 35.
958 *Florstedt*, ZHR 184 (2020), 10, 35.
959 Reg. Begr. BT-Drucks. 19/9739, S. 81.
960 *Grigoleit*, ZGR 2019, 412, 434.

kann gleichwohl mit Nachteilen behaftet sein, da sie angesichts eines fehlenden internen Verfahrens die uneingeschränkte Aggregation von Kleingeschäften gem. § 111b Abs. 1 AktG nach sich ziehen würde.[961] Für Konzerngesellschaften, die Leistungen mit einem verbundenen Unternehmen austauschen, bestünde im Falle der Überschreitung der Wesentlichkeitsschwelle das Risiko eines erheblichen bürokratischen Mehraufwands, welches nicht durch die gesteigerte Informationsverschaffung auf Seiten der Aktionäre im Hinblick auf unverdächtige Kleinstgeschäfte aufgewogen zu werden vermag.[962] Die Wahl der „opt-in"-Möglichkeit rät der deutsche Gesetzgeber aus diesem Grund zu Recht ausschließlich solchen Gesellschaften, welche trotz Aggregation die Wesentlichkeitsschwelle sicher nicht überschreiten werden und daher auf die mit einer internen Überwachung verbundene Mühe verzichten können.[963]

2. *Einzelne Typen von Geschäften*

§ 111a Abs. 3 AktG schließt bestimmte Arten von Geschäften, bei denen ein besonderer Schutz der Minderheit aufgrund konkreter Umstände nicht erforderlich oder bereits auf andere Weise sichergestellt ist, vom Zustimmungserfordernis gem. § 111b Abs. 1 AktG aus.[964] Ausweislich der Gesetzesbegründung ist die Aufzählung der ausgenommenen Geschäfte zwar abschließend, aber nach den allgemeinen Regeln auslegungsfähig.[965] Diese Formulierung lässt vermuten, dass der deutsche Gesetzgeber von einer begrenzten Erweiterungsmöglichkeit auf Grundlage allgemeiner Auslegungsgrundsätze ausgeht.[966] Das bestehende Aktienrecht wird durch das neue Regelungsregime mithin nicht gänzlich umgeformt.[967]

961 *Grigoleit,* ZGR 2019, 412, 434; *Tarde,* NZG 2019, 488, 490.

962 *Grigoleit,* ZGR 2019, 412, 434; *Tarde,* NZG 2019, 488, 490.

963 Reg. Begr. BT-Drucks. 19/9739, S. 81; vgl. *Barg,* AG 2020, 149, 154 f.

964 Reg. Begr. BT-Drucks. 19/9739, S. 81.

965 Reg. Begr. BT-Drucks. 19/9739, S. 81.

966 *Lieder/Wernert,* ZIP 2019, 989, 993; *Bungert/Berger,* DB 2018, 2860, 2862 unter Bezugnahme auf die gleichlautende Begründung des Referentenentwurfs zu ARUG II (Fn. 4), S. 77.

967 *Bungert/Berger,* DB 2018, 2860, 2862 unter Bezugnahme auf die gleichlautende Begründung des Referentenentwurfs zu ARUG II, S. 77.

a. Geschäfte mit Tochterunternehmen

Nicht als *Related Party Transaction* einzustufen sind nach § 111a Abs. 3 Nr. 1 AktG Geschäfte mit Tochterunternehmen, die unmittelbar oder mittelbar in 100%-igem Anteilsbesitz der Gesellschaft stehen (siehe hierzu unter i.), an denen keine andere der Gesellschaft nahe stehende Person beteiligt ist (siehe hierzu unter ii.) oder die ihren Sitz in der Europäischen Union haben und dort börsennotiert sind (siehe hierzu unter iii.)[968].

Der deutsche Gesetzgeber hält in diesen Fällen einen besonderen Schutz der Gesellschaft und der Minderheitsaktionäre für nicht oder jedenfalls nicht in ausreichendem Umfang erforderlich, da die Gefahren durch Vermögenstransfers allenfalls gering sind: eine wirtschaftliche Bevorzugung einer nahe stehenden Person ist ausgeschlossen, so dass eine Einflussnahme durch eine nahe stehende Person fernliegt.[969] Die Minderheitsaktionäre werden durch den Ausschluss allerdings nicht schutzlos gestellt; vielmehr werden berechtigte Minderheitsinteressen durch die Weitergeltung der allgemeinen Schutzvorschriften und Rechtsgrundsätze[970] sowie ergänzend durch die erweiterten Bekanntmachungspflichten nach § 111c Abs. 4 AktG hinreichend geschützt.[971]

Zugunsten eines einheitlichen Begriffsverständnisses in den §§ 111a-111c AktG ist der Terminus des Tochterunternehmens ebenso wie der der nahe stehenden Person nach Maßgabe der internationalen Rechnungslegungsstandards zu bestimmen; gegenwärtig erfolgt dies nach IAS 24.9, 28.4 und IFRS 10 Anhang A Konzernabschlüsse.[972] Die mittelbare Beteiligung i.S.d. § 111a Abs. 3 Nr. 1 AktG erstreckt sich demnach gleichermaßen auf Tochter-, Enkel- und Urenkelgesellschaften.[973]

---

968 Mit Hinweis darauf, dass Variante 3 der Vorschrift zukünftig offenbar auch EWR-Töchter umfassen wird, *J. Schmidt,* EuZW 2019, 261, 262.

969 *J. Vetter*, in: K. Schmidt/Lutter, AktG, § 111a Rn. 195; *Florstedt*, ZHR 184 (2020), 10, 37.

970 Dazu ausf. *Lieder/Weinert*, ZIP 2018, 2441, 2442.

971 *Lieder/Weinert,* DB 2020, 882, 887; vgl. auch *Koch*, in: Hüffer/Koch, AktG, § 111a Rn. 16 a.E.

972 Reg. Begr. BT-Drucks. 19/9739, S. 82; *J. Schmidt,* EuZW 2019, 261, 262.

973 Reg. Begr. BT-Drucks. 19/9739, S. 82; siehe hierzu auch *J. Vetter*, in: K. Schmidt/Lutter, AktG, § 111a Rn. 199 ff.

i. Geschäfte mit 100%-igen Tochterunternehmen

Hinter der ersten Ausnahmeoption steht die Überlegung, dass sich bei Vermögenstransfers auf eine 100%-ige Tochterunternehmen der wirtschaftliche Wert der Beteiligung der Aktionäre der Muttergesellschaft nicht verringert, wenn das Geschäft für die Mutter ungünstig ist.[974] Auch besteht auf Seiten der 100%-igen Tochterunternehmen im Verhältnis zur Obergesellschaft keine Interessendivergenz, so dass das Risiko des Vermögensentzugs zur Verwirklichung externer Interessen nicht relevant wird.[975] Darüber hinaus wollte man mit dieser Ausnahme verhindern, dass der neue Minderheitenschutz zwar theoretisch perfektioniert wird, in der praktischen Funktion aber durch eine Dauerberichterstattung über die konzerninternen Vermögensbewegungen entwertet wird.[976]

Der Ausnahmetatbestand des Art. 9c Abs. 6 lit. a AktR-RL 2017 umfasst ausweislich seines Wortlauts ausschließlich „Geschäfte zwischen der Gesellschaft und ihren Tochtergesellschaften". Einigkeit in der deutschen Literatur besteht insoweit, dass auf jeden Fall sog. Downstream-Geschäfte von dem Ausnahmetatbestand erfasst sind.[977] Zum Teil soll sich der Ausnahmetatbestand im Wege teleologischer Auslegung über Downstream-Geschäfte hinaus auch auf Geschäfte mit herrschenden Unternehmen, sog. Upstream-Geschäften, erstrecken.[978] Insbesondere gebe es keinen sachlich gerechtfertigten Grund, in einem solchen Fall nur die herrschenden Unternehmen zu privilegieren. Weiter spreche für ein solch weites Verständnis auch der weite Wortlaut der AktR-RL 2017, die Geschäfte „zwischen" dem Mutter- und ihren Tochterunternehmen ausnimmt.[979] Der deutsche Gesetzgeber hat sich dieser Diskussion entzogen, indem er Geschäfte „mit" Tochterunternehmen vom Anwendungsbereich des § 111a AktG ausgeschlossen und damit klargestellt hat, dass ausschließlich Downstream-Geschäfte vom Ausnahmetatbestand erfasst sein sollen. Eine Erstreckung des deutschen Ausnahmetatbestandes auch auf Upstream-Geschäfte im Wege einer

---

974 Begr. RegR BT-Drucks. 19/9729, S. 82.

975 *Grigoleit*, ZGR 2019, 412, 439.

976 *Florstedt*, ZHR 184 (2020), 10, 37 f.

977 *Grigoleit*, ZGR 2019, 412, 439 f.; *H.-F. Müller*, ZGR 2019, 97, 113; *ders.*, ZIP 2019, 2429, 2433; *ders.*, in: FS E. Vetter (2019), 470, 482 f.; *J. Vetter*, ZHR 179 (2015), 273, 320 f.; *Wiersch*, NZG 2014, 1131, 1133.

978 *Bungert/Wansleben*, DB 2017, 1190, 1196 f.; *Kleinert/Mayer*, EuZW 2019, 103, 105; *Seidel*, AG 2018, 423, 425.

979 *Bungert/Wansleben*, DB 2017, 1190, 1196 f.; *Kleinert/Mayer*, EuZW 2019, 103, 105; *Seidel*, AG 2018, 423, 425.

teleologischen Extension des Wortlauts verbietet sich vor der hierzu im Rahmen des Gesetzgebungsverfahrens geführten Diskussion.[980]

Der deutsche Gesetzgeber hat in seinem Bestreben, konzerninterne Geschäfte zu privilegieren – bewusst oder unbewusst – gleichwohl das Tor für Umgehungsmöglichkeiten aufgestoßen, indem er die Überwachungs- und Kontrollpflichten nicht auf den ganzen Konsolidierungskreis erstreckt hat. So kann die Übertragung eines Gegenstandes an das nicht-börsennotierte Tochterunternehmen dieses Geschäft dem Zustimmungsvorbehalt entziehen. Denn als nicht-börsennotierte Unternehmen unterliegen Geschäfte des Tochterunternehmens auch dann (auf Seiten des Mutterunternehmens) keinem besonderen Zustimmungsvorbehalt, wenn sie mit einer dem Mutterunternehmen nahe stehenden Partei abgeschlossen werden. Wird also ein Gegenstand auf das Tochterunternehmen und dann weiter auf ein dem Mutterunternehmen nahe stehendes Unternehmen übertragen, ist der Zustimmungsvorbehalt auf Seiten des Mutterunternehmens ausgehebelt.[981]

ii. Geschäfte mit Tochterunternehmen ohne Beteiligung nahe stehender Personen

§ 111a Abs. 3 Nr. 1 Var. 2 AktG dehnt die Privilegierung auf das Verhältnis zu Tochterunternehmen aus, an denen außer dem Mutterunternehmen keine andere nahe stehende Partei (unmittelbar oder mittelbar) beteiligt ist. Diese Ausnahme beruht auf der Erkenntnis, dass die mit *Related Party Transactions* einhergehende Gefahr einer missbräuchlichen Einflussnahme bei Downstream-Transaktionen nur besteht, wenn eine Person mit Einwirkungsmöglichkeiten auf die Mutter Anteile an dem Tochterunternehmen besitzt und so von einer Vermögensverlagerung auf die Tochter profitieren kann.[982] Für den Mutter-Vorstand gibt es hingegen in der Regel keinen Anreiz, außenstehenden Dritten Sondervorteile zuzuweisen, so dass sich eine Regulierung in dieser Konstellation erübrigt.[983]

---

980 So bereits *Barg,* AG 2020, 149, 155; zust. *Lieder/Wernert,* ZIP 2018, 2441, 2446; vgl. hierzu auch *Lutter/Bayer/J. Schmidt,* Europ. Unternehmens- und Kapitalmarktrecht, Rn. 29.195; eingehend zur Gesetzgebungsgeschichte auch *Mörsdorf/Pieroth,* ZIP 2018, 1469, 1477.

981 Vgl. *Grigoleit,* ZGR 2019, 412, 439 f.; auf diese Gefahr ebenso hinweisend *Florstedt,* ZHR 184 (2020), 10, 41 f.; *H.-F. Müller,* ZGR 2019, 97, 113 f.; *Tröger/Roth/Strenger,* BB 2018, 2946, 2951; *J. Vetter,* ZHR 179 (2015), 273, 320 f.

982 *Grigoleit,* ZGR 2019, 412, 440; *H.-F. Müller,* ZGR 2019, 97, 113; *ders.,* ZIP 2019, 2429, 2433; *J. Vetter,* ZHR 179 (2015), 273, 320 f.

983 *H.-F. Müller,* ZIP 2019, 2429, 2433.

Eine Erweiterung des Ausnahmetatbestands auf Upstream-Transaktionen verbietet sich aus den unter i. genannten Gründen auch hier.

iii. Geschäfte mit in der EU börsennotierten Tochterunternehmen

Die letzte Ausnahmeregelung des § 111a Abs. 3 Nr. 1 AktG geht auf Art. 9c Abs. 6 lit. a Var. 3 AktR-RL 2017 zurück, wonach Geschäfte mit Tochterunternehmen dann von den Pflichten um *Related Party Transactions* ausgenommen werden, wenn „im nationalen Recht Vorschriften zum angemessenen Schutz der Interessen der Gesellschaft, dem Tochterunternehmen, und ihrer Aktionäre" vorgesehen sind. Der deutsche Gesetzgeber geht folglich davon aus, dass in den EU-Mitgliedstaaten aufgrund der Umsetzung der AktR-RL 2017 und anderer gesellschafts- und kapitalmarktrechtlicher Vorgaben ein angemessener Schutz bereits gewährleistet ist.[984]

Wie sich dem klaren Wortlaut der Ausnahmeregelung entnehmen lässt, sind Geschäfte der börsennotierten Tochter mit ihren nicht-börsennotierten Tochterunternehmen von der Ausnahmeregelung nicht erfasst. Zum Teil wird bereits in der fehlenden Börsennotierung ein ausreichender und angemessener Schutz der Gesellschafts- und folglich auch der Aktionärsinteressen gesehen.[985] Dies erscheint gleichwohl fraglich. Denn es kann zumindest nicht ausgeschlossen werden, dass auf Ebene des börsennotierten Tochterunternehmen für Einflussträger des börsennotierten Mutterunternehmen ein Anreiz besteht, Vermögenswerte auf das nicht-börsennotierte Tochterunternehmen zu verlagern, wenn die Einflussträger durch eine Beteiligung an dem nicht-börsennotierten Tochterunternehmen mittelbar profitieren können.[986] In dem Fall der doppelstöckigen börsennotierten Gesellschaft ist zumindest ein gewisser Schutz gegen zweistufige Vermögensverlagerungen gegeben, da Personen, die dem Mutterunternehmen nahe stehen auch als dem Tochterunternehmen nahe stehend anzusehen sind.[987] Darüber hinaus ist ein Mindestschutz der Interessen des Mutterunternehmens

984 Reg. Begr. BT-Drucks. 19/9739, S. 82; *Engert/Florstedt*, ZIP 2019, 493, 502; *Lieder/Wernert*, ZIP 2019, 989, 993; *dies.*, DB 2020, 882, 887; krit. *Florstedt*, ZHR 184 (2020), 10, 37 f.

985 Reg. Begr. BT-Drucks. 19/9739, S. 82; *Engert/Florstedt*, ZIP 2019, 493, 502; *Lieder/Wernert*, ZIP 2019, 989, 993; *dies.*, DB 2020, 882, 887; *Paschos/Goslar*, AG 2019, 365, 370 f.; *J. Schmidt*, EuZW 2019, 261, 262; *dies.*, NZG 2018, 1201, 1210.

986 *Grigoleit*, ZGR 2019, 412, 441; zust. *J. Vetter*, in: K. Schmidt/Lutter, AktG, § 111a Rn. 205.

987 *J. Vetter*, in: K. Schmidt/Lutter, AktG, § 111a Rn. 205; *H.-F. Müller*, ZIP 2019, 2429, 2433.

und ihrer Aktionäre durch § 111c Abs. 4 AktG sichergestellt, wonach auch Geschäfte des Tochterunternehmens mit einer dem Mutterunternehmen nahe stehenden Person zu veröffentlichen sind, wenn das Geschäft auf Ebene des Mutterunternehmens einer Zustimmung des Aufsichtsrats bedurft hätte.[988] Weiter werden das Mutterunternehmen und deren Aktionäre mittelbar auch über eine Veröffentlichung des Tochterunternehmens nach dem auf sie anwendbaren § 111c Abs. 1 AktG geschützt. Auch bleiben die weitgehenden sonstigen Schutzmechanismen bzgl. *Related Party Transactions* unberührt, einschließlich der speziell bei börsennotierten Gesellschaften geltenden Transparenzregeln. Aus den vorgenannten Gründen wird man die Entscheidung des deutschen Gesetzgebers zumindest für zulässig und schlüssig ansehen können.[989]

b. Geschäfte, die der Zustimmung oder Ermächtigung der Hauptversammlung bedürfen, sowie deren Umsetzung

Der Unionsgesetzgeber ermöglicht den Mitgliedstaaten ferner, genau festgelegte Arten von Geschäften von den Vorschriften zu *Related Party Transactions* auszunehmen, für die nach nationalem Recht die Zustimmung durch die Hauptversammlung erforderlich ist, sofern in solchen Rechtsvorschriften die angemessene Behandlung aller Aktionäre und die Interessen der Gesellschaft und der Aktionäre, die weder ein nahe stehendes Unternehmen noch eine nahe stehende Person sind, einschließlich der Minderheitsaktionäre, ausdrücklich geregelt und angemessen geschützt sind. Der deutsche Gesetzgeber hat von dieser Ausnahmemöglichkeit im Rahmen von § 111a Abs. 3 Nr. 2 und 3 AktG umfassend Gebrauch gemacht und Geschäfte vom Anwendungsbereich der *Related Party Transactions* ausgenommen, die einer Zustimmung oder Ermächtigung der Hauptversammlung bedürfen, sowie alle in Umsetzung dieser Zustimmung oder Ermächtigung getätigten Geschäfte und Maßnahmen.

§ 111a Abs. 3 Nr. 3 AktG nennt in diesem Zusammenhang beispielhaft („insbesondere“) Maßnahmen der Kapitalbeschaffung oder -herabsetzung sowie den Erwerb eigener Aktien. Die gesetzliche Aufzählung ist insoweit als nicht abschließend zu verstehen.[990] Zu Recht geht der deutsche Gesetzgeber davon aus, dass ein ausreichender Minderheitenschutz bereits durch die Mitwirkung der Hauptversammlung sowie der immanenten Mehrheitserfordernisse,

---

988 *J. Vetter*, in: K. Schmidt/Lutter, AktG, § 111a Rn. 205 unter Verweis auf Reg. Begr. BT-Drucks. 19/9739, S. 82.

989 Ebenso *J. Vetter*, in: K. Schmidt/Lutter, AktG, § 111a Rn. 205.

990 Reg. Begr. BT-Drucks. 19/9739, S. 82.

Informationspflichten und das Beschlussmängelrecht sichergestellt ist.[991] Anders als teilweise angenommen,[992] verstoßen die beispielhaften Aufzählungen des deutschen Gesetzgebers dabei nicht gegen unionsrechtliche Vorgaben.[993] Zum einen ist der nationale Gesetzgeber grundsätzlich nicht dazu verpflichtet, den Inhalt der Richtlinie wortlautgetreu wiederzugeben. Vielmehr stehen die Richtlinie und ihre Umsetzung durch den nationalen Gesetzgeber in einem Kongruenzverhältnis zueinander, das aufgelöst wird, indem der Charakter der Richtlinie in der nationalen Vorschrift abgebildet wird.[994] Diesen Anforderungen wird § 111a Abs. 3 Nr. 3 AktG gerecht. Zum anderen ist davon auszugehen, dass der Unionsgesetzgeber verhindern wollte, dass die Ausnahmeregelung sich auch auf ungeschriebene Hauptversammlungskompetenzen, in Deutschland sei etwa an die Holzmüller[995]-/Gelatine[996] -Rechtsprechung des BGH zu denken, Anwendung findet. Dafür spricht auch die historische Entwicklung des Art. 9c Abs. 6) AktR-RL 2017. Dieser hatte selbst noch im Kommissionsvorschlag der italienischen Ratspräsidentschaft vom 10. November 2014 beispielhaft die Bezugsrechtskapitalerhöhung und Dividendenzahlung genannt. Die Streichung der Beispiele war damals weniger als Abkehr von der hierdurch anvisierten Regelung zu verstehen, sondern war vielmehr zugunsten der Lesbarkeit der Richtlinie erfolgt.[997] Weiter sieht das deutsche Aktiengesetz für die jeweiligen Entscheidungen der Hauptversammlungen eindeutige und individuelle Regelungen mit entsprechenden Schutzmaßnahmen vor, wodurch die Anforderungen der Richtlinie im systematischen Zusammenhang mit den bereits bestehenden Schutzvorschriften gewahrt sind.[998]

Von Zustimmungs- und Bekanntmachungspflichten befreit sind gem. § 111a Abs. 3 Nr. 3 lit. a AktG insbesondere der Abschluss von Beherrschungs- und Gewinnabführungsverträgen, sowie Transaktionen zwischen den vertraglich

---

991 Reg. Begr. BT-Drucks. 19/9739, S. 82.

992 Vgl. *Tarde,* NZG 2019, 488, 491.

993 *J. Schmidt,* NZG 2018, 1201, 1211 und *Bungert/Berger,* DB 2018, 2860, 2862, wonach dem Erfordernis einer genauen Festlegung durch die Nennung der Beispiele ohne Weiteres genügt wird.

994 EuGH, Urteil vom 28. Februar 1991 – C-360/87; EuGH, Urteil vom 20. März 1996 – C-96/95; *Nettesheim,* in: Grabitz/Hilf/Nettesheim, EU, Art. 288 AEUV Rn. 120.

995 BGH, Urteil vom 25. Februar 1982, BGHZ 83, 122.

996 BGH, Urteil vom 26. April 2004, BGHZ 159, 30.

997 Vgl. *Barg,* AG 2020, 149, 156.

998 *Tarde,* NZG 2019, 488, 491.

konzernierten Gesellschaften.[999] Geschäfte im faktischen Konzern sind hingegen gem. § 311 Abs. 3 AktG dem *Related Party Transaction*-Regime zu unterwerfen.[1000] Grund für die unterschiedliche Handhabung ist aus Sicht des deutschen Gesetzgebers, dass die Hauptversammlung mit einem Unternehmensvertrag einen abgesicherten und transparent beschlossenen Handlungsrahmen zieht und komplexe Schutzmechanismen des deutschen Vertragskonzerns europäischen Schutzstandards nach Art. 9a und 9b AktR-RL 2017 genügen, was beim faktischen Konzern nicht der Fall ist.[1001]

Die Interessen der Gesellschaft und der außenstehenden Aktionäre sind auch durch die komplexen Schutzmechanismen des deutschen Vertragskonzernrechts angemessen geschützt. So schreibt das deutsche Recht für den wirksamen Abschluss eines Unternehmensvertrags gemäß § 293 Abs. 1 Satz 1 AktG die Zustimmung der Hauptversammlung vor. Im Vorfeld der Hauptversammlung ist diese gemäß § 293a AktG durch einen ausführlichen schriftlichen Bericht zu informieren, welcher nach § 293b AktG des Testats durch einen externen Prüfer bedarf. Im Falle eines Gewinnabführungsvertrags sieht § 304 Abs. 1 Satz 1 AktG zudem einen angemessen Ausgleich für außenstehende Aktionäre vor. Das bestehende Schutzniveau geht somit deutlich weiter als die durch die Richtlinie verlangte Zustimmungs- und Veröffentlichungspflicht, womit eine Ausnahme von den Regeln über *Related Party Transactions* gerechtfertigt ist.[1002]

Welche Geschäfte im Vertragskonzern ganz konkret von der Bereichsausnahme erfasst sind, ist von der Art des abgeschlossenen Unternehmensvertrags abhängig.[1003] Während auf Grundlage eines Beherrschungsvertrags grundsätzlich alle konzerninternen Geschäfte und Maßnahmen freigestellt sind, und zwar unabhängig davon, ob sie auf einer Weisung nach § 308 Abs. 1 AktG beruhen,

---

999 Krit. *de lege ferenda Florstedt*, ZHR 184 (2020), 10, 55; an der Unionsrechtskonformität zweifelnd *Tarde*, NZG 2019, 488, 491; *Tröger/Roth/Strenger*, BB 2018, 2946, 2951 f.; a.A. *Barg*, AG 2020, 149, 156; *Lieder/Wernert*, ZIP 2018, 2441, 2446 f.; *dies.*, ZIP 2019, 989, 994; *Mörsdorf/Pieroth*, ZIP 2018, 1469, 1478 f.; *H.-F. Müller*, ZGR 2019, 97, 110 ff.; *Veil*, NZG 2017, 521, 530.

1000 Krit. *Bungert/Berger*, DB 2018, 2860, 2862 f.; ähnlich DAV-Handelsrechtsausschuss Stellungnahme 2019, NZG 2019, 12, Rn. 62; dagegen *Grigoleit*, ZGR 2019, 412, 441 f.; *Lieder/Wernert*, ZIP 2018, 2441, 2446 ff.; *dies.*, ZIP 2019, 989, 994.

1001 Reg. Begr. BT-Drucks. 19/9739, S. 82; zur Gegenüberstellung siehe *H.-F. Müller*, ZGR 2019, 97, 106 f., 109 f.

1002 Vgl. *Barg*, AG 2020, 149, 156.

1003 *Koch*, in: Hüffer/Koch, AktG, § 111a Rn. 22.

legitimiert der Gewinnabführungsvertrag nur einen kleinen Kreis von Geschäften und Maßnahmen.[1004]

3. *Weitere Ausnahmen*

§ 311a Abs. 3 Nr. 4-6 AktG setzt die noch verbleibenden von Art. 9c Abs. 6 AktR-RL 2017 ermöglichten Ausnahmen um. Die Ausnahmeoptionen erstrecken sich auf Geschäfte, die im Einklang mit § 113 Abs. 3 AktG oder § 87a Abs. 2 AktG erfolgende Vergütungsgewährung an Mitglieder des Vorstands und Aufsichtsrats, auf Geschäfte, die von Kreditinstituten zur Sicherung ihrer Stabilität durch die zuständige Behörde angeordnet oder gebilligt wurden, sowie auf Geschäfte, die allen Aktionären unter den gleichen Bedingungen angeboten werden. Letztgenannte Transaktionen stehen aus Sicht des deutschen Gesetzgebers nicht im Verdacht, außenstehende Aktionäre zu benachteiligen, so dass hier kein besonderer Schutz notwendig ist.[1005] Dem ist zuzustimmen: Die ausgenommenen Transaktionen unterfallen jeweils einem eigenen speziell ausgestalteten Schutzsystem, welches die jeweiligen Besonderheiten berücksichtigt und insofern ein besseres Schutzniveau gewährleistet als das allgemeine Regelungssystem der *Related Party Transactions.*[1006]

B. Zustimmungsvorbehalt

Die AktR-RL 2017 sieht für *Related Party Transactions* in Art 9c Abs. 4 UAbs. 1 AktR-RL 2017 verpflichtend die Zustimmung eines von den Mitgliedsstaaten zu bestimmenden Geschäftsorgans vor. Dabei war es den Mitgliedsstaaten überlassen worden, welchem Organ sie die Zustimmungskompetenz übertragen: der Hauptversammlung oder dem Verwaltungs-/Aufsichtsrat. Der deutsche Gesetzgeber nutzte diese Möglichkeit, um das in Deutschland vorherrschende dualistische System zu bestätigen und übertrug die Zustimmungskompetenz dem Aufsichtsrat und nur subsidiär der Hauptversammlung.[1007] Weiter stellte er

---

1004 *Koch,* in: Hüffer/Koch, AktG, § 111a Rn. 22; *Lieder/Wernert,* DB 2020, 882, 887 unter Verweis auf Reg. Begr. BT-Drucks. 19/9739, S. 82 f.; für Beispiele bzgl. Hauptversammlungsbeschlüssen siehe *J. Vetter,* in: K. Schmidt/Lutter, AktG, § 111a Rn. 218 ff.

1005 Reg. Begr. BT-Drucks. 19/9739, S. 83.

1006 Vgl. *Barg,* AG 2020, 149, 156.

1007 Zur Übertragung auf den Aufsichtsrat siehe Kap. 3.D.VI.1.; *Bungert/Berger,* DB 2018, 2860, 2863; DAV-Handelsrechtsausschuss, NZG 2019, 12 Rz. 43; Gesellschaftsrechtliche Vereinigung, AG 2018, 920, 923; *Heldt,* AG 2018, 905, 916; *H.-F. Müller,* ZGR 2019, 97, 109; *Paschos/Goslar,* AG 2018, 857, 868 f.; *Tröger/Roth/Strenger,* BB 2018, 2946, 2951; zurückhaltender *Hopt/Roth,* in GK-AktG, Anh. § 116 Rn. 3.

sicher, dass den unionsrechtlichen Anforderungen an den Minderheitenschutz mittels Stimmverbot in hinreichendem Maße Rechnung getragen wurde.

I. Stimmverbot

Der deutsche Gesetzgeber geht entgegen der hier vertretenen Ansicht[1008] davon aus, dass das deutsche Aktienrecht keine angemessenen Schutzmechanismen i.S.v. Art. 9c Abs. 4 UAbs. 4 AktR-RL 2017 enthält, die die Interessen der Gesellschaft und der außenstehenden Aktionäre im gebotenen Umfang wahrt.[1009] Aus diesem Grund hat er entsprechend der sich aus Art. 9c Abs. 4 UAbs. 3 AktR-RL 2017 ergebenden Vorgaben jede am Geschäft beteiligte nahe stehende Person von der Ausübung ihres Stimmrechts beim Zustimmungsbeschluss des Aufsichtsrats ausgeschlossen, § 111b Abs. 2 AktG. Darüber hinaus hat er Mitglieder des Aufsichtsrats einem Stimmverbot unterworfen, bei denen die Besorgnis eines Interessenkonflikts aufgrund ihrer Beziehungen zu der nahe stehenden Person besteht.

Zur Beurteilung, ob ein solcher Interessenkonflikt vorliegt, ist ausweislich der Gesetzesbegründung auf die Sicht eines objektiven Dritten und dessen begründete Besorgnis abzustellen, dass ein Aufsichtsratsmitglied nicht in der Lage sein wird, sein Stimmrecht unbefangen, unparteiisch und unbeeinflusst von jeder Rücksichtnahme auf die Interessen der nahe stehenden Person auszuüben. Dadurch soll bereits der Anschein einer etwaigen Beeinflussung verhindert werden.[1010] Für die Vermutung eines Interessenkonflikts reicht es aus Sicht des deutschen Gesetzgebers bereits aus, dass die Entscheidung des Aufsichtsratsmitglieds beeinflusst werden könnte. Die Wahrscheinlichkeit oder das tatsächliche Vorliegen eines Interessenkonflikts sind dabei genauso unerheblich wie die Frage danach, ob sich das Aufsichtsratsmitglied selbst in einem Interessenkonflikt sieht.[1011] In diesem Zusammenhang hat der deutsche Gesetzgeber weiter klargestellt, dass sich das Stimmverbot auch auf Aufsichtsratsmitglieder bezieht, die zugleich Organmitglied eines Mutterunternehmens sind.[1012] Auch hier könne nicht davon ausgegangen werden, dass das betroffene Aufsichtsratsmitglied frei und ohne Interessenkonflikt eine Entscheidung trifft, da es

---

1008 Vgl. Kap. 5.B.III.2.

1009 Ohne weiterführende Begründung Reg. Begr. BT-Drucks. 19/9739, S. 76, 84 f.

1010 Reg. Begr. BT-Drucks. 19/9739, S. 85, 77.

1011 Reg. Begr. BT-Drucks. 19/9739, S. 85, 77.

1012 Vgl. in dem Zusammenhang Kap. 3.D.I.2; siehe auch *Hopt/Roth*, in: GK-AktG, § 108 AktG Rn. 72.

zumindest auch die Interessen des Mutterunternehmens bei der Entscheidungsfindung auf Ebene des Tochterunternehmens berücksichtigen wird.[1013] Die vorgenannten Konstellationen sind zwar nach Auffassung einiger Stimmen in der Literatur unter Rückgriff auf die vereinsrechtlichen Vorschriften des § 34 BGB analog ohnehin schon abgedeckt,[1014] durch die gesonderte Regelung des § 111b Abs. 2 AktG in Bezug auf *Related Party Transactions* wird nun jedoch Klarheit und Rechtssicherheit geschaffen.[1015] Die Gesetzesbegründung enthält weiter umfangreiche Ausführungen zu der Frage, wann ein relevanter Interessenkonflikt vorliegt. Insbesondere wird darauf hingewiesen, dass der Aufsichtsrat die Kriterien, welche für einen Interessenskonflikt sprechen, selbst präzisieren kann. Als Orientierungspunkt hierfür wird auf die EU-Empfehlungen 2005/162/EG und 2002/590/EG verwiesen.[1016]

Bei der Beurteilung des Vorliegens der Besorgnis ist jedoch zu beachten, dass es sich ausweislich der Gesetzesbegründung nicht um eine unternehmerische Entscheidung, sondern um einen gerichtlich voll überprüfbaren Umstand handelt.[1017] Eine fehlerhafte Beurteilung unterliegt daher nicht der *Business Judgment Rule* und kann als Verletzung der Sorgfaltspflicht daher zu einer Schadensersatzhaftung der Aufsichtsratsmitglieder nach §§ 116 Satz 1, 93 Abs. 2 AktG führen.[1018]

II. Beschlussfassung

Zustimmungspflichtiges Organ ist primär der Aufsichtsrat. Dieser kann entscheiden, ob er diese Aufgabe selbst übernehmen will oder einem Ausschuss übertragen möchte, § 107 Abs. 3 Satz 4 AktG. Die Entscheidung über die *Related Party Transaction* erfordert die einfache Mehrheit der abgegebenen Stimmen.[1019]

1013 *Hopt/Roth*, in: GK-AktG, § 108 AktG Rn. 72.

1014 *U.H. Schneider*, in: FS Raiser (2005), 341, 354 f.; im Ergebnis ebenso DAI, Stellungnahme zur Umsetzung der geänderten EU-Aktionärsrechterichtlinie, S. 50.

1015 Vgl. *Barg*, AG 2020, 149, 156 f.

1016 Reg. Begr. BT-Drucks. 19/9739, S. 85, 77.

1017 Reg. Begr. BT-Drucks. 19/9739, S. 77.

1018 Reg. Begr. BT-Drucks. 19/9739, S. 78; *Kleinert/Meyer*, EuZW 2019, 103, 107 f.; *Tarde*, NZG 2019, 488, 493.

1019 *Drygala* in: K. Schmidt/Lutter, § 108 AktG Rn. 28; *Habersack* in MüKo-AktG, § 108 AktG Rn. 20; *Hopt/Roth*, in: GK-AktG, § 108 Rn. 38; *Koch*, in: Hüffer/Koch, § 108 Rn. 6; *Mertens/Cahn*, in: KK-AktG, § 108 Rn. 57; *Spindler*, in: Spindler/Stilz, AktG, § 108 Rn. 21; *Hoffmann-Becking*, in: MHdB AG, § 31 Rn. 62.

Maßstab für die Entscheidung des Aufsichtsrats ist, ob der Abschluss der *Related Party Transaction* im Interesse der Gesellschaft liegt. Art. 9c Abs. 3 AktR-RL 2017 konkretisiert den Prüfungsmaßstab insoweit als zu bewerten ist, „ob das Geschäft aus Sicht der Gesellschaft und der Aktionäre, die weder ein nahe stehendes Unternehmen noch eine nahe stehende Person sind, einschließlich Minderheitsaktionäre, angemessen und vernünftig ist". Ein von dem Interesse der Gesellschaft unabhängiges Konzerninteresse ist dagegen nicht zu berücksichtigen.[1020] Mangels materieller Vorgaben für die Zustimmungserteilung wird im Schrifttum vorgeschlagen, am Kriterium der Angemessenheit i.S.d. § 111c Abs. 2 Satz 3 AktG Maß zu nehmen.[1021] Für einen solchen Rückgriff spricht zum einen der enge funktionale Zusammenhang zwischen Zustimmungs- und Bekanntmachungspflicht.[1022] Zum anderen geht es bei den beiden Maßnahmen zumindest auch um die Gewährleistung von materiellem Minderheitenschutz.[1023] Zur Konkretisierung des Angemessenheitskriteriums kann auf die zu marktüblichen Geschäften entwickelten Grundsätze[1024] zurückgegriffen werden.[1025] Als angemessen ist ein Geschäft demnach zu qualifizieren, wenn ein sorgfältiger und gewissenhaft handelnder Vorstand es mit einem unabhängigen Dritten zu gleichen Bedingungen abgeschlossen hätte.[1026] Für den hypothetischen Fremdvergleich kann wiederum auf das zur Feststellung eines Nachteils i.S.v. § 311 AktG bestehende Verständnis zurückgegriffen werden.[1027] Das Geschäft ist angemessen und vernünftig in diesem Sinne, wenn es für die Gesellschaft nicht nachteilig

---

1020 Vgl. Kap. 4.A.II.1.b; ebenso *Tarde,* ZGR 2017, 360, 382; *H.-F. Müller*, in: FS E. Vetter (2019), 470, 482.

1021 *Heidel/Illner*, in: Hirte/Heidel, ARUG II, § 111b Rn. 83 f.; *Koch*, in: Hüffer/Koch, AktG, § 111b Rn. 7; *H.-F. Müller,* ZIP 2019, 2429, 2435; bezogen auf Entwürfe auch *Bungert/Berger,* DB 2018, 2860, 2864; *Lanfermann*, BB 2018, 2859, 2861; *Tarde,* NZG 2019, 488, 492; krit. *Heldt,* AG 2018, 905, 918 f.

1022 *H.-F. Müller,* ZIP 2019, 2429, 2435; zust. *Lieder/Wernert,* DB 2020, 882, 888.

1023 *Heidel/Illner*, in: Hirte/Heidel, ARUG II, § 111b Rn. 83; *H.-F. Müller,* ZIP 2019, 2429, 2435.

1024 Siehe oben Kap. 7.A.VII.1.

1025 Dazu ausf. *H.-F. Müller,* in: FS E. Vetter (2019), 479, 483 ff.; zust. *Lieder/Wernert,* DB 2020, 882, 888.

1026 *H.-F. Müller,* ZIP 2019, 2429, 2435; *ders.*, in: FS E. Vetter (2019), 479, 483, 486.

1027 *H.-F. Müller,* ZGR 2019, 97, 121; *ders.*, in: FS E. Vetter (2019), 479, 483, 486; den Nachteilsmaßstab des § 311 AktG gegenüber den ebenfalls von *H.-F. Müller* herangezogenen Maßstab des § 57 AktG vorziehend *J. Vetter*, in: K. Schmidt/Lutter, AktG, § 111b Rn. 86.

ist.[1028] Ein Nachteil liegt vor, wenn (i) der Wert des Gesellschaftsvermögens gemindert wurde und (ii) sich ein ordentlicher und gewissenhafter Geschäftsleiter, der nur die Interessen der Gesellschaft unbeeinflusst von denen der nahe stehenden Partei im Blick hat, nicht ebenso verhalten dürfte.[1029]

Mit dem Zustimmungsvorbehalt wurde dem Aufsichtsrat ein „Instrument begleitender Mitgestaltung“[1030] an die Hand gegeben. Der Aufsichtsrat hat insoweit sein unternehmerisches Ermessen unabhängig von dem des Vorstands auszuüben. Er handelt folglich rechtswidrig, wenn er unangemessenen Geschäften und Maßnahmen seine Zustimmung erteilt und vermag so eine Haftung nach Maßgabe von § 93 Abs. 2 AktG, bzw. § 116 Satz 1, § 93 Abs. 2 AktG auszulösen.[1031]

III. Ausschuss

Der Aufsichtsrat kann die Entscheidung über die Zustimmung nach § 107 Abs. 3 Satz 4 AktG auch an einen Ausschuss delegieren.[1032] Zwar wäre eine explizite Regelung mit Blick auf § 107 Abs. 3 Satz 1 AktG nicht erforderlich gewesen, ist aus Klarstellungsgründen jedoch sicherlich sinnvoll.

Der Ausschuss wird nach allgemeinen Grundsätzen aus der Mitte des Aufsichtsrats heraus gebildet. Bei der Einsetzung durch das Aufsichtsratsplenum ist allerdings zu beachten, dass dem Ausschuss keine an dem Geschäft selbst beteiligte nahe stehende Partei angehören darf und er nach § 107 Abs. 3 Satz 5, 6 AktG „mehrheitlich“ aus Mitgliedern zusammengesetzt sein muss, bei denen keine Besorgnis eines Interessenkonflikts aufgrund ihrer Beziehungen zu einer nahe stehenden Person besteht. Der Gesamtaufsichtsrat hat dies nach objektiven Kriterien zu beurteilen.[1033] Ein Verstoß gegen die Besetzungsregelung kann eine Haftung nach sich ziehen.[1034] Die Besorgnis eines Interessenkonflikts ist jedoch unschädlich, solange die Mehrheit der Ausschussmitglieder nicht einem

---

1028 *H.-F. Müller*, ZGR 2019, 97, 121; *ders.*, in: FS E. Vetter (2019), 470, 483, 486; zust. *J. Vetter*, in: K. Schmidt/Lutter, AktG, § 111b Rn. 86.

1029 Ausf. zur Angemessenheit/Nachteiligkeit einzelner Geschäfte *H.-F. Müller*, in: FS E. Vetter (2019), 479, 483 ff.

1030 *H.-F. Müller*, ZIP 2019, 2429, 2435.

1031 *H.-F. Müller*, ZIP 2019, 2429, 2435 f.; *ders.*, ZGR 2019, 97, 105; zust. *Lieder/Wernert*, DB 2020, 882, 888; zum Zustimmungsvorbehalt allg. siehe Kap. 4.B.

1032 Siehe in dem Zusammenhang Kap. 3.D.VI.2.

1033 *Drygala*, in: K. Schmidt/Lutter, AktG, § 107 Rn. 90; *Koch*, in: Hüffer/Koch, AktG, § 107 Rn. 6; *Barg*, AG 2020, 149, 157 f.; *Lieder/Wernert*, ZIP 2019, 989, 994.

1034 *Drygala*, in: K. Schmidt/Lutter, AktG, § 107 Rn. 90; dazu bereits *J. Schmidt*, EuZW 2019, 261, 263.

Interessenkonflikt unterliegt.[1035] Ist dies gewährleistet, dürfen – anders als bei einer Beschlussfassung im Gesamtaufsichtsrat – auch die konfliktbefangenen Mitglieder mitstimmen.[1036] Ausweislich der Regierungsbegründung soll dadurch ein Anreiz geschaffen werden, einen Ausschuss einzurichten, in dem die Argumente aller Seiten ausgetauscht werden können.[1037]

Der Ausschuss kann sowohl anlassbezogen mit Blick auf eine konkret anstehende *Related Party Transaction*-Entscheidung als auch als ständiger Ausschuss eingerichtet werden. Insbesondere bei der zweiten Variante besteht dabei jedoch das Risiko, dass bei späteren Geschäften die Besetzung nicht mehr den Anforderungen der mehrheitlichen Unabhängigkeit entspricht.[1038] Für diesen Fall schlägt die Gesetzesbegründung die Bestellung von Ersatzmitgliedern vor, um den Ausschuss nicht neu besetzen zu müssen. Zulässig ist darüber hinaus die Übertragung auf einen schon bestehenden Ausschuss, dessen Zusammensetzung dann aber den speziellen Anforderungen gem. § 107 Abs. 3 Satz 5, 6 AktG entsprechen muss.[1039]

IV. Zusätzliche Zustimmung der Hauptversammlung

Verweigert der Aufsichtsrat seine Zustimmung zu einem Geschäft mit einer nahe stehenden Person, kann der Vorstand gem. § 111b Abs. 4 AktG verlangen, dass die Hauptversammlung über die Zustimmung beschließt. Die an dem Geschäft beteiligten nahe stehenden Personen dürfen ihr Stimmrecht hierbei weder für sich noch für einen anderen ausüben. Dem Wortlaut nach entspricht diese Regelung der des § 111 Abs. 4 Satz 3 AktG, wobei keine Übernahme der Sätze 4 (Dreiviertelmehrheit der abgegebenen Stimmen) und 5 (keine abweichende Satzungsbestimmung) stattgefunden hat. Aufgrund des systematischen Zusammenhangs der Vorschriften lässt sich hieraus schließen, dass für den Beschluss der Hauptversammlung über die Zustimmung zu einer *Related Party Transaction* grundsätzlich eine einfache Mehrheit der abgegebenen Stimmen ausreichen soll.[1040]

1035 *Koch*, in: Hüffer/Koch, AktG, § 107 Rn. 6.

1036 Begr. RegE, BT-Drucks. 19/9739, S. 76.

1037 Begr. RegE, BT-Drucks. 19/9739, S. 85; siehe zur krit. Literaturmeinung *Barg*, AG 2020, 149, 157; *Tarde*, NZG 2019, 488, 492.

1038 Reg. Begr. BT-Drucks. 19/9739, S. 76.

1039 Reg. Begr. BT-Drucks. 19/9739, S. 76.

1040 *Kleinert/Mayer*, EuZW 2019, 103, 106.

V. Zeitpunkt

Der Aufsichtsrat muss *Related Party Transactions* nach § 111b Abs. 1 AktG vor Abschluss des Geschäftes zustimmen. Nur so handelt es sich bei dem Zustimmungsvorbehalt zu *Related Party Transactions* um ein Instrument präventiver Überwachung. Maßgeblich ist der Zeitpunkt des Verpflichtungsgeschäfts.[1041] Die Geschäfte können jedoch auch unter der aufschiebenden Bedingung einer Zustimmung abgeschlossen werden, um eine solche erst später einzuholen.[1042]

Der Zustimmungsvorbehalt wirkt allerdings nur im Innenverhältnis. Ein ohne Zustimmung des Aufsichtsrats abgeschlossenes Geschäft mit einer nahe stehenden Person ist im Außenverhältnis wirksam. Dies ergibt sich schon aus dem Begriff „Zustimmung". Dieser wird auch in § 111 Abs. 4 Satz 2 AktG verwendet. Auch dort gilt die Zustimmung des Aufsichtsrats ausschließlich im Innenverhältnis.[1043]

C. Abschließende Stellungnahme

Im Grundsatz sind die neuen Regelungen des ARUG II zu *Related Party Transactions* als gelungen zu betrachten, da diese sich passend in das bisherige Regelwerk des AktG einfügen. Insbesondere wurden die Vorgaben der AktR-RL 2017 unter Berücksichtigung der Besonderheiten des deutschen Aktienrechts in das nationale Recht umgesetzt. So ist die Übertragung der Zustimmungskompetenz im Rahmen des § 111b Abs. 1 AktG auf den Aufsichtsrat vor dem Hintergrund des dualistischen Systems der deutschen Aktiengesellschaft konsequent: Gem. § 111 Abs. 1 AktG obliegt dem Aufsichtsrat die Überwachung der Geschäftsführung, ferner sieht § 111 Abs. 4 AktG bei wichtigen Geschäften für die Gesellschaft ein Mitspracherecht des Aufsichtsrat vor. Auch fügen sich die §§ 111a, b AktG in dieses Überwachungssystem stimmig ein, da es sich bei *Related Party Transactions* für einen Aufsichtsrat *de facto* nur um einen besonderen Fall seiner Überwachungsfunktion im Rahmen des § 111 AktG handelt. Demgegenüber kommt der Hauptversammlung entsprechend der vom AktG gegenwärtig vorgesehenen Zuständigkeitsverteilung eine eher subsidiäre Rolle bei der Entscheidung über *Related Party Transactions* zu.

Allgemein hat sich der deutsche Gesetzgeber von der zu befürwortenden Zielsetzung leiten lassen, durch die neuen Vorgaben möglichst wenig zusätzlichen

1041 Siehe oben unter Kap. 3.D.IV.

1042 Reg. Begr. BT-Drucks. 19/9739, S. 83.

1043 *Habersack*, in: MüKo-AktG, § 111 Rn. 189.

Bürokratieaufwand für die Unternehmen zu verursachen und Überregulierung zu vermeiden. Diese Leitlinie wird darin sichtbar, dass weitgehend auf *gold-plating* der europäischen Regelungen verzichtet wurde, und in § 111a Abs. 2 und 3 AktG umfangreicher Gebrauch von den möglichen Ausnahmeregelungen der AktR-RL 2017 gemacht wurde. Unbeschadet dieser beabsichtigten Minimalumsetzung hat sich der deutsche Gesetzgeber nicht auf eine rein formale Umsetzung der europäischen Vorgaben beschränkt, sondern versucht, einen effektiven Schutz der Aktionäre zu gewährleisten, was sich etwa in der Entwicklung der Wesentlichkeitsschwelle des § 111b Abs. 1 AktG im Gesetzgebungsverfahren zeigt. Allerdings ist gerade in dieser Hinsicht das Gesetz kritikwürdig, da der Rückgriff auf das Aktivvermögen als Bezugsgröße fehlgeleitet ist und keinen effektiven Schutz von Minderheitsaktionären gewährleistet. Stattdessen hätte man auf Veränderungen im bilanziellen Eigenkapital als Bezugsgröße zurückgreifen sollen, um die nachteiligen Auswirkungen auf die Minderheitsaktionäre, deren Schutz bezweckt wird, hinreichend abzubilden. Dies wäre dann auch konsistent mit dem Verständnis, das in dem Zusammenhang bezüglich des Begriffs „Nachteil" besteht. Dieser Vorschlag ist auch interessengerechter und leichter zu handhaben als die in Teilen des Schrifttums geforderte Bezugnahme auf zwei oder mehr Bezugsgrößen.[1044] Auch an anderer Stelle zeigen sich in den Einzelheiten des Gesetzes Schwächen, die das Schutzniveau für Aktionäre absenken. So hat der deutsche Gesetzgeber es zum Beispiel versäumt, sich gegen Umgehungsgefahren hinreichend abzusichern.[1045]

1044 So etwa *Tarde*, NZG 2019, 488, 489; *Engert/Florstedt*, ZIP 2019, 493, 500.

1045 Vgl. *Barg*, AG 2020, 149, 158.

Literaturverzeichnis

Altmeppen, Holger, Zustimmungsvorbehalte des Aufsichtsrats und die Folgen ihrer Verletzung durch den Vorstand, in: Festschrift für Karsten Schmidt zum 70. Geburtstag, Köln, 2009, S. 23 – 40 (zitiert: *Altmeppen*, in: FS K. Schmidt (2009)).

Andersen, Ronald C./Reeb, David M., Board composition: Balancing family influence in S&P 500 firms, in: Volume 49 Administrative Science Quarterly, 2004, S. 209 – 237 (zitiert: Andersen/Mansi/Reeb, 49 Admin. Sci. Q 209 (2004)).

Antunes, José Engrácia/Baums, Theodor/Clarke, Blanaid/Conac, Pierre-Henri/Enriques, Luca/Hanák, András/Hansen, Jesper Lau/de Kluiver, Harm-Jan/Knapp, Vanessa/Lenoir, Noelle/Linnainmaa, Leena/Soltysinski, Stanslaw/Weymeersch, Eddy, Reflection Group on the future of EU company law, 5. April 2011 abrufbar unter: http://ec.europa.eu/internal_market/company/docs/modern/reflectiongroup_report_en.pdf (zitiert: Reflection Group on the future of EU company Law, Report on the Future of EU Company Law, 2011).

Assmann, Heinz-Dieter (Hrsg.), Wertpapierhandelsgesetz: Kommentar, 6. Auflage, Köln, 2012, (zitiert: *Bearbeiter,* in: Assmann, WpHG).

Atanasov, Vladimir/Black, Bernard/Ciccotello, Conrad S., Law and Tunneling, in: Volume 37 Journal Corporate Law, 2011, S. 1 – 49 (zitiert: *Atanasov/Black/Ciccotello,* 37 J. Corp. Law (2011)).

Bachmann, Gregor, Reform der Corporate Governance in Deutschland, in: AG 2012, S. 565 – 579.

Backhaus, Richard, Das interne Verfahren zur Bewertung von Geschäften mit nahestehenden Personen (Related Party Transactions) gemäß § 111a II 2 AktG, in: NZG 2020, S. 695 – 702.

Backhaus, Richard/Brouwer, Tobias, Zustimmungsvorbehalte des Aufsichtsrats bei Geschäften mit nahestehenden Personen (Related Party Transactions) bei der KGaA – HGB sticht AktG, in: AG 2019, S. 287 – 295.

Baetge, Jörg/Wollmert, Peter/Kirsch, Hans-Jürgen/Oser, Peter/Bischof, Stefan (Hrsg.), Rechnungslegung nach IFRS, 34. Aktualisierung, 2018, Stuttgart (zitiert: *Bearbeiter*, in: Baetge/Wollmert/Kirsch/Oser/Bischof, Rechnungslegung nach IFRS).

Bamberg, Günter/Coenenberg, Gerhard Adolf/Krapp, Michael (Hrsg.), Betriebswirtschaftliche Entscheidungslehre, 15. Auflage, München, 2012.

Barg, Dorothee, Regulierung von Related Party Transactions im deutschen Aktienrecht, in: AG 2020, S. 149 – 159.

Barzen, Erich Theodor/Kampf, Henning, Berichtspflicht des AG-Vorstands zu Tochtergesellschaften, in: BB 2011, S. 3011 - 3014.

Bayer, Walter, Grundsatzfragen der Regulierung der aktienrechtlichen Corporate Governance, in: NZG 2013, S. 1 - 16.

ders./Engelke, Sylvia, Die Revision des Aktienrechts durch das Aktiengesetz von 1937, Kapitel 15, S. 619 - 669, in: Bayer, Walter/Habersack, Matthias (Hrsg.), Aktienrecht im Wandel, Band I, Tübingen, 2007 (zitiert: *Bearbeiter,* in: Bayer/ Lutter, Aktienrecht im Wandel, Bd. I).

ders./Schmidt, Jessica, BB-Gesetzgebungs- und Rechtsprechungsreport Europäisches Unternehmensrecht 2016/2017, in: BB 2017, S. 2114 - 2125.

ders./Selentin, Philipp, Related Party Transactions: Der neueste EU-Vorschlag im Kontext des deutschen Aktien- und Konzernrechts, in: NZG 2015, S. 7 - 14.

Baums, Theodor/Thoma, Georg F. (Hrsg.), Kommentar zum Wertpapiererwerbs- und Übernahmegesetz, 11. Auflage, Köln, 2016 (zitiert: *Bearbeiter,* in: Baums/ Thoma, WpÜG).

Beckmann, Klaus/Drinhausen, Florian/Eckstein, Hans-Martin (Hrsg.), Beck'sches Handbuch der AG, 3. Auflage, München, 2018 (zitiert: *Bearbeiter,* in: Beck'-sches HdB AG).

Behr, Volker, Teilnahmerecht und Mitwirkungsmöglichkeiten des Aufsichtsratsmitglieds bei der Aufsichtsratssitzung, in: AG 1984, S. 281.

Berrar, Carsten, Die zustimmungspflichtigen Geschäfte nach § 111 Abs. 4 AktG im Lichte der Corporate Governance-Diskussion, in: DB 2001, S. 2181 - 2186.

Blair, Michael/Walker, George/Willey, Stuart (Hrsg.), Financial Markets and Exchanges Law, 2. Auflage, Oxford, 2010.

Bleckmann, Albert, Probleme der Auslegung von EWG-Richtlinien, in: RIW 1987, S. 929 - 935.

ders., Probleme der Auslegung europäischer Richtlinien, in: ZGR 1992, S. 364 - 375.

Bornmüller, Gerd, Starker Aufsichtsrat - Die Neuerungen im Aktienrecht, in: BuW 2003, S. 242 - 245.

Bosse, Christian, TransPuG: Änderungen zu den Berichtspflichten des Vorstands und zur Aufsichtsratstätigkeit, in: DB 2002, S. 1592 - 1595.

Boujong, Karlheinz, Rechtliche Mindestanforderung an eine ordnungsgemäße Vorstandskontrolle und -beratung - Konsequenzen aus den Entscheidungen des Bundesgerichtshofs BGHZ 114, 127 und BGHZ 124, 111, in: AG 1995, S. 203 - 207.

Bremer, Jan, Neuere Entwicklungen in Brüssel, in: NZG 2014, S. 415 - 416.

Brouwer, Tobias, Zustimmungsvorbehalte des Aufsichtsrats im Aktien- und GmbH-Recht: zur Funktion und Wirkweise von Aufsichtsratsvorbehalten im Einheitsunternehmen und im Konzern, Berlin, 2008 (zitiert: *Brouwer,* Zustimmungsvorbehalte).

Bürgers, Tobias /Körber, Torsten (Hrsg.), Aktiengesetz, 4. Auflage, Heidelberg, 2017 (zitiert: *Bearbeiter,* in: Bürgers/Körber, AktG).

Bundesrat, Beschluss des Bundesrates zum Vorschlag für eine Richtlinie des Europäischen Parlaments und des Rates zur Änderung der Richtlinie 2007/36/EG im Hinblick auf die Förderung der langfristigen Einbeziehung der Aktionäre sowie der Richtlinie 2013/34/EU in Bezug auf bestimmte Elemente der Erklärung zur Unternehmensführung vom 11. Juli 2014, BR-Drs. 166/14 (zitiert: Beschluss des Bundesrates vom 11. Juli 2014).

Bundesverband der Deutschen Industrie (BDI)/Bundesverband der Deutschen Arbeitgeberverbände (BDA)/Deutscher Industrie- und Handelskammertag (DIHK), Gemeinsame Stellungnahme von BDA, BDI und DIHK zum Vorschlag für eine Richtlinie zur Änderung der Richtlinie 2007/36/EG im Hinblick auf die Förderung der langfristigen Einbeziehung der Aktionäre sowie der Richtlinie 2013/34/EU in Bezug auf bestimmte Elemente der Erklärung zur Unternehmensführung, COM(2014)213 final, 31. Juli 2014 (zitiert: Gemeinsame Stellungnahme von BDA, BDI und DIHK).

Bundesverband der Deutschen Industrie (BDI)/Deutsches Aktieninstitut (DAI), Position on the Draft revised Shareholder Right's Directive for triloge negociations, 12. November 2015, abrufbar unter: http:www.dai.de/files/dai_user-content/dokumente/positionspapiere/2015-11-12%20SHRD-Position%20 BDI%20und%20DAI.pdf (zitiert: BDI/DAI, Positionspapier vom 12. November 2015).

Bungert, Hartwin, Börsen-Zeitung vom 20. Oktober 2018, S. 9.

Bungert, Hartwin/Berger, Lucina, Say on Pay und Related Party Transactions: Der RefE des Gesetzes zur Umsetzung der zweiten Aktionärsrechterichtlinie, Teil 2, in: DB 2018, S. 2860 – 2868.

Bungert, Hartwin/de Raet, Tobias, Die Aktionärsrechterichtlinie im EU-Parlament: Die Auswirkungen der geplanten Regelungen zu Related Party Transactions auf das deutsche Konzernrecht, in: Der Konzern 2015, S. 289 – 297.

Bungert, Hartwin/Wansleben, Till, Umsetzung der überarbeiteten Aktionärsrechterichtlinie in das deutsche Recht: Say on Pay und Related Party Transactions, in: DB 2017, S. 1190 – 1200.

Bydlinski, Franz, Grundzüge der juristischen Methodenlehre, 2. Auflage, Wien u.a., 2011 (zitiert: *Bydlinski,* Methodenlehre).

Cain, Matthew D./Denis, David J., Do Fairness Opinion Valuation contain useful information?, Purdue University, Purdue Economics Working Papers, No. 1244 (2010), abrufbar unter: http://ideas.repec.org/p/pur/prukra/1244.html. (zitiert: *Cain/Denis*, Fairness Opinion, 2010).

Callies, Christian/Ruffert, Matthias (Hrsg.), EUV/AEUV, 5. Auflage, München, 2016 (zitiert: *Bearbeiter*, in: Callies/Ruffert, EUV/AEUV).

Dauses, Manfred/Ludwigs, Markus (Hrsg.), Handbuch des EU-Wirtschaftsrechts, Loseblattsammlung, Stand Oktober 2017 (43. Ergänzungslieferung), München, 2017 (zitiert: *Bearbeiter*, in: Dauses/Ludwigs, EU-Wirtschaftsrecht).

Davidoff, Steven M., Fairness Opinion, in: Volume 55 American University Law Review, 2006, S. 1557 – 1623 (zitiert: *Davidoff*, 55Am. U.L. Rev. (2006)).

Decher, Christian E., Personelle Verflechtungen im Aktienkonzern: Loyalitätskonflikt und qualifizierter faktischer Konzern, Heidelberg, 1990 (zitiert: *Decher*, Verflechtungen).

Deutsches Aktieninstitut, Vorschlag mit Nebenwirkungen: EU Kommission fördert (unintendiert) Geschäftsmodell von Hedge Funds, November 2014, abrufbar unter: https://www.dai.de/files/dai_usercontent/dokumente/positionspapiere/2014-11-06%20Stellungnahme%20DAI%20Aktionaersrechterichlinie%20FINAL.pdf (zitiert: DAI, Position zur Änderung der Aktionärsrechterichtlinie).

dass., Stellungnahme zur Umsetzung der geänderten EU-Aktionärsrechterichtlinie zur Corporate Governance, 5. Juli 2018, abrufbar unter: https://www.dai.de/files/dai_usercontent/dokumente/positionspapiere/20180705%20Stellungnahme%20ARL%20Corporate%20Governance.pdf (zitiert: DAI, Stellungnahme zur Umsetzung der geänderten Aktionärsrechterichtlinie).

dass., Stellungnahme des deutsche Aktieninstituts zum Referentenentwurf eines Gesetzes zur Umsetzung der zweiten Aktionärsrechterichtlinie (ARUG II), 30. November 2018, abrufbar unter: https://www.bmjv.de/SharedDocs/Gesetzgebungsverfahren/Stellungnahmen/2019/Downloads/11302018_Stellungnahme_Dt-Aktieninstitut_ARUG-II.pdf?__blob=publicationFile&v=2 (zitiert: DAI, Stellungnahme zur Umsetzung der geänderten EU-Aktionärsrechterichtlinie).

Deutscher Anwaltsverein – Handelsrechtsausschuss, Stellungnahme zum Vorschlage der Europäischen Kommission in einer Richtlinie zur Änderung der RL 2007/36/EG („Aktionärsrechte-Richtlinie") – COM (201) 213, in: NZG 2015, S. 54 – 65 (zitiert: DAV-Handelsrechtsausschuss, Stellungnahme).

Deutscher Anwaltsverein – Handelsrechtsausschuss, Stellungnahme zum Referentenentwurf eines Gesetzes zur Umsetzung der zweiten Aktionärsrechterichtlinie (ARUG II), in: NZG 2019, S. 12 – 20. (zitiert: DAV-Handelsrechtsausschuss, Stellungnahme 2019).

Diekmann, Hans/Fleischmann, Dermot, Umgang mit Interessenkonflikten in Aufsichtsrat und Vorstand der Aktiengesellschaft, in: AG 2013, S. 141 – 150.

Dietl, Clara-Erika/Lorenz, Egon, Wörterbuch für Recht, Wirtschaft und Politik, München, 2000.

Djankov, Simeon/La Porta, Rafael/Lopez-de-Silanes, Florencio/Shleifer, Andrei, The Law and Economics of Self Dealing, in: Volume 88 Journal of Financial Economics, 2008, S. 430 – 465 (zitiert: *Djankov/La Porta/Lopez-de-Silanes/Shleifer,* 88 Journ. Financ. Econ. (2008)).

Dreher, Meinrad, Das Ermessen des Aufsichtsrats – Der Aufsichtsrat in der Aktiengesellschaft zwischen Verbandsautonomie und Richterkontrolle, in: ZHR 158 (1994), S. 614 – 645.

ders., Interessenkonflikte bei Aufsichtsratsmitgliedern von Aktiengesellschaften, in: JZ 1990, S. 896 – 904.

Driesch, Dirk/Riese, Joachim/Schlüter Jörg/Senger, Thomas (Hrsg.), Beck'sches IFRS-Handbuch, 5. Auflage, München, 2016 (zitiert: *Bearbeiter,* in: Beck'sches IFRS-Handbuch).

Drygala, Tim, Anwendbarkeit des AGB-Gesetzes auch auf Gesellschaftsverträge – eine Nebenwirkung der Richtlinie über missbräuchliche Klauseln in Verbraucherverträgen?, in: ZIP 1997, S. 968 – 971.

ders., Europäisches Konzernrecht: Gruppeninteresse und Related Party Transactions, in: AG 2013, S. 198 – 210.

Dumon, Lieven, Die Rechtsprechung des Gerichtshofs – Kritische Prüfung der Auslegungsmethoden, in: Gerichtshof der Europäischen Gemeinschaften (Hrsg.), Begegnung von Justiz und Hochschule, 27. – 28. September 1976, I. Luxemburg 1976 (zitiert: *Dumon,* Begegnung von Justiz und Hochschule).

Emmerich, Volker/Habersack, Mathias, Konzernrecht, 10. Auflage, München, 2013 (zitiert: *Emmerich/Habersack,* Konzernrecht).

*Emmerich, Volker/Habersack, Mathias/Schürnbrand, Jan (*Hrsg.), Aktien- und GmbH-Konzernrecht, 8. Auflage, München, 2016 (zitiert: *Bearbeiter,* in: Emmerich/Habersack, Aktien- und GmbH-Konzernrecht).

Engert, Andreas /Florstedt, Tim, Geschäfte mit nahestehenden Personen aus empirischer Sicht – Zur Umsetzung von Art. 9c der reformierten Aktionärsrechterichtlinie, in: ZIP 2019, S. 493 – 503.

Enriques, Luca, Related Party Transactions: Policy Options and Real World Challanges (With a Critique of the European Commission Proposal, in: European Corporate Governance Institute (ECGI) – Law Working Paper Nr. 267/2014, abrufbar unter: https://papers.ssrn.com/sol3/papers.cfm?abstract_id=2505188 (zitiert: *Enriques,* ECGI Law Working Paper Nr. 267/2014).

Enriques, Luca/Volpin, Paolo F., Corporate Governance Reforms, in: Continental Europe, in: Volume 21, Journal of Economic Perspectives, 2007, S. 117 - 140 (zitiert: *Enriques/Volpin*, 21 J. Econ. Persp.).

Essler, Wolfgang/Lobe, Sebastian/Röder, Klaus (Hrsg.), Fairness Opinion – Grundlagen und Anwendung, Stuttgart, 2007 (zitiert: *Bearbeiter*, in: Essler/Lobe/Röder, Fairness Opinion).

Falkenhausen von, Joachim, Weisungen an den Aufsichtsrat der abhängigen Aktiengesellschaft, in: ZIP 2014, S. 1205 - 1208.

Fiebelkorn, Timo, Der Zustimmungsvorbehalt zu related party transactions in der börsennotierten KGaA nach ARUG II, in: ZIP 2020, S. 953 - 961.

Fleischer, Holger (Hrsg.), Handbuch des Vorstandsrechts, München, 2006, (zitiert: *Bearbeiter*, in: Fleischer, HdB Vorstand).

ders., Kompetenzen der Hauptversammlung: Eine rechtsgeschichtliche, rechtsdogmatische und rechtvergleichende Bestandsaufnahme, S. 685 - 692, in: Bayer, Walter/Habersack, Matthias (Hrsg.), Aktienrecht im Wandel, Band II, Tübingen, 2007 (zitiert: *Bearbeiter*, in: Bayer/Lutter, Aktienrecht im Wandel, Bd. II).

ders., Konzernleitung und Leitungssorgfalt des Vorstandsmitglieds im Unternehmensverbund, in: DB 2005, S. 759 – 766.

ders., Zur rechtlichen Bedeutung der Fairness Opinion im deutschen Aktien- und Übernahmerecht, in: ZIP 2011, S. 201 - 211.

ders., Zukunftsfragen der Corporate Governance in Deutschland und Europa: Aufsichtsräte, institutionelle Investoren, Proxy Advisors und Whistleblower, in: ZGR 2011, S. 155 - 181.

ders., Gestaltungsgrenzen für Zustimmungsvorbehalte des Aufsichtsrats nach § 111 Abs. 4 Satz 2 AktG, in: BB 2013, S. 835 - 843.

ders., Related Party Transactions bei börsennotierten Gesellschaften: Deutsches Aktien(konzern)recht und Europäische Reformvorschläge, in: BB 2014, S. 2691 - 2700.

Florstedt, Tim, Die Unabhängigkeit der Aufsichts- und Verwaltungsratsmitglieder von wesentlich beteiligten Anteilseignern – Komparatistische Betrachtungen eines internationalen Standards guter Unternehmensführung, in: RIW 2014, S. 719 - 728.

ders, Die wesentlichen Änderungen des ARUG II nach den Empfehlungen des Rechtsausschusses, in: ZIP 2020, S. 1 – 9.

ders., Der Aktionärsschutz bei Geschäften mit nahestehenden Personen gem. § 107 AktG und §§ 111a-c AktG, in: ZHR 184 (2020), S. 10 - 59.

Fonk, Hans-Joachim, Zustimmungsvorbehalte des AG-Aufsichtsrats, in: ZGR 2006, S. 841 – 874.

Franke, Günter/Hax, Herbert (Hrsg.), Finanzwirtschaft des Unternehmens und Kapitalmarkt, 6. Auflage, Berlin, 2009.

Fuchs, Andreas (Hrsg.), WpHG: Kommentar, 2. Auflage, München, 2016 (zitiert: *Bearbeiter,* in: Fuchs, WpHG).

Gesellschaftsrechtliche Vereinigung, Stellungnahme der Gesellschaftsrechtlichen Vereinigung – Wissenschaftliche Vereinigung für Unternehmens- und Gesellschaftsrecht (VGR) e.V. („VGR"), in: AG 2018, S. 920 – 923.

Gilson, Ronald J./Gordon, Jeffrey N., Controlling Controlling Shareholders, in: Volume 152 University of Pennsylvania Law Review, 2003, S. 785 – 843 (zitiert: *Gilson/Gordon,* 152 U. Pa. Law Rev. (2003)).

Göppert, Jan, Die Reichweite der Business Judgement Rule bei unternehmerischen Entscheidungen des Aufsichtsrats der Aktiengesellschaft, Berlin, 2010 (zitiert: *Göppert,* Aufsichtsrat).

Goette, Wulf/Habersack, Mathias /Kalss, Susanne (Hrsg.), Münchner Kommentar zum Aktiengesetz

- Band 1: §§ 1-75 AktG, 4. Auflage, München, 2016;
- Band 2: §§ 76-117 AktG, MitbestG, DrittelbG, 4. Auflage, München, 2014;
- Band 2: §§ 76-117 AktG, MitbestG, DrittelbG, 5. Auflage, München, 2019;
- Band 3: §§ 118-178 AktG, 4. Auflage, München, 2018;
- Band 5: §§ 278-328 AktG, SpruchG, ÖGesAusG, Österreichisches Konzernrecht, 4. Auflage, München, 2015 (zitiert: *Bearbeiter,* in: MüKo-AktG).

Goette, Wulf, Leitung, Aufsicht, Haftung – zur Rolle der Rechtsprechung bei der Sicherung einer modernen Unternehmensführung, in: Festschrift 50 Jahre Bundesgerichtshof: Festschrift aus Anlass des fünfzigjährigen Bestehens von Bundesgerichtshof, Bundesanwaltschaft und Rechtsanwaltschaft beim Bundesgerichtshof, S. 123 – 142, Köln, 2000 (zitiert: *Goette,* in: FS 50 Jahre BGH (2000)).

ders., Zu den Rechtsfolgen unrichtiger Entsprechenserklärungen, in: Festschrift für Uwe Hüffer zum 70. Geburtstag, München, 2010, S. 365 – 386 (zitiert: *Goette,* in: FS Hüffer (2010)).

Götz, Heinrich, Zustimmungsvorbehalte des Aufsichtsrats der Aktiengesellschaft, in: ZGR 1990, S. 633 – 656.

ders., Leistungssorgfalt und Leitungskontrolle der Aktiengesellschaft hinsichtlich abhängiger Unternehmen, in: ZGR 1998, S. 524 – 546.

ders., Rechte und Pflichten des Aufsichtsrats nach dem Transparenz- und Publizitätsgesetz, in: NZG 2002, S. 599 – 604.

Gofferje, Viciano, Unabhängigkeit als persönliche Voraussetzung für Aufsichtsratsmitglieder, Baden-Baden, 2008 (zitiert: *Gofferje,* Unabhängigkeit).

Grigoleit, Hans Christoph (Hrsg.), Aktiengesetz Kommentar, München, 2013, (zitiert *Bearbeiter*, in: Grigoleit, AktG).

ders., Regulierung von Related Party Transactions im Kontext des deutschen Konzernrechts, in: ZGR 2019, S. 412 – 462.

Griller, Stefan/Rill, Heinz Peter (Hrsg.), Rechtstheorie: Rechtsbegriff – Dynamik – Auslegung, Wien, 2011 (zitiert: *Bearbeiter,* in: Griller/Rill, Rechtstheorie).

Groh, Manfred, Shareholder Value und Aktienrecht, in: DB 2000, S. 2153 – 2158.

Groeben, Hans von der/Schwarze, Jürgen/Hatje, Armin, Europäisches Unionsrecht, Band 1: Art. 1 bis 55 EUV, Art. 1 bis 54 GRC, Art. 1 bis 66 AEUV, 7. Auflage, Baden-Baden, 2015 (zitiert: *Bearbeiter,* in: von der Groeben/Schwarze/Hatje, EUV).

Grooterhorst, Johannes, Pflichten und Haftung des Aufsichtsrats bei zustimmungsbedürftigen Geschäften des Vorstands, in: NZG 2011, S. 921 – 926.

Große-Frericks, Christina, Die Angemessenheit des Entgelts für die Übertragung von Eigentumsrechten als Problem rechtsgeprägter Unternehmensbewertung, Heidelberg, 2014 (zitiert: *Große-Frericks,* Angemessenheit).

Grottel, Bernd/Schmidt, Stefan/Schubert, Wolfgang/Winkeljohann, Norbert (Hrsg.), Beck'scher Bilanz-Kommentar, 11. Auflage, München. 2018 (zitiert: *Bearbeiter,* in: Beck'scher Bilanzkommentar).

Grün, Jochen/Fecher, Jochen/Salcher, Michael/Kupke, Thomas, Fairness Opinion: Regelungsbereiche gemäß IDW ES 8, in: WpG 2010, S. 645 – 654.

Grundmann, Stefan (Hrsg.), Europäisches Gesellschaftsrecht, 2. Auflage, Heidelberg u.a., 2011 (zitiert: *Grundmann,* Europäisches Gesellschaftsrecht).

ders./Riesenhuber, Karl, Die Auslegung des Europäischen Privat- und Schuldvertragsrechts, in: JuS 2001, S. 529 – 536.

Habersack, Mathias, Aktienkonzernrecht – Bestandsaufnahme und Perspektiven, in: AG 2016, S. 691 – 697.

ders., Der Aufsichtsrat im Visier der Kommission, in: ZHR 168 (2004), S. 373 – 382.

ders., Die Teilhabe des Aufsichtsrates an der Leitungsaufgabe des Vorstands gemäß § 111 Abs. 4 Satz 2 AktG, dargestellt am Beispiel der Unternehmensplanung, in: Festschrift für Uwe Hüffer zum 70. Geburtstag, München, 2010, S. 259 – 272 (zitiert: *Habersack,* in: FS Hüffer (2010).

ders./Behme, Caspar/Eidenmüller, Horst/Klöhn, Lars (Hrsg.), Deutsche Mitbestimmung unter europäischem Reformzwang, Frankfurt am Main, 2016.

ders./Henssler, Martin (Hrsg.), Mitbestimmungsrecht, 4. Auflage, München, 2018 (zitiert: *Bearbeiter,* in: Habersack/Henssler, MitbestG).

ders./Verse, Dirk A., Europäisches Gesellschaftsrecht: Einführung für Studium und Praxis; 4. Auflage, München, 2011 (zitiert: *Habersack/Verse,* Europ. GesR).

Hamadani, Assaf/Yafeh, Yishany, Institutional Investors as Minority Shareholders, in: Volume 17, Review of Finance 17, 2013, S. 691 – 725 (zitiert: *Hamadani/Yafeh,* 17 Review of Finance (2013)).

Happ, Wilhelm/Groß, Wolfgang (Hrsg.), Aktienrecht – Handbuch – Mustertexte – Kommentar, 4. Auflage, Köln, 2015 (zitiert: *Bearbeiter,* in: Happ/Groß, AR HdB).

Heldt, Cordula, Kompetenz des Aufsichtsrats? Kein Thema für die EU-Kommission, in: BOARD 2014, S. 123 – 124.

dies., „Say on Pay" und „Related Party Transactions" im Referentenentwurf des ARUG II aus gesellschaftsrechtlicher Sicht, in: AG 2018, S. 905 – 920.

Hennrichs, Joachim/Kleindiek, Detlef/Watrin, Christoph (Hrsg.), Münchner Kommentar zum Bilanzrecht, Band 1: IFRS, 5. Ergänzungslieferung, München, 2014 (zitiert: *Bearbeiter,* in: MüKo-BilR).

Henze, Hartwig, Prüfungs- und Kontrollaufgaben des Aufsichtsrats in der Aktiengesellschaft – Die Entscheidungspraxis des Bundesgerichtshofs, in: NJW 1998, S. 3309 – 3312.

ders., Leitungsverantwortung des Vorstands – Überwachungspflicht des Aufsichtsrats, in: BB 2000, S. 209 – 216.

ders., Neuere Rechtsprechung zu Rechtsstellung und Aufgaben des Aufsichtsrats, in: BB 2005, S. 165 – 175.

Hirte, Heribert/Heidel, Thomas, Das neue Aktienrecht, 1. Auflage, Baden-Baden, 2020 (zitiert: *Bearbeiter*, in: Hirte/Heidel, ARUG II).

Hirte, Heribert/Mülbert, Peter O./Roth, Markus (Hrsg.), Großkommentar Aktiengesetz

- Band 1: §§ 41-53 AktG, 5. Auflage, Berlin, 2016;
- Band 4: §§ 76-91, 5. Auflage, Berlin, 2015;
- Band 4: §§ 95-117 AktG, 4. Auflage, Berlin, 2005;
- Band 5: §§ 95 – 116 AktG, 5. Auflage, Berlin, 2019

(zitiert: *Bearbeiter*, in: GK-AktG).

Hirte, Heribert/Altenhain, Karsten/Möllers, Thomas M. J. (Hrsg.), Kölner Kommentar zum WpHG, 2. Auflage, Köln, 2014 (zitiert: *Bearbeiter,* in: KK-WpHG).

Hügel, Stefan/Klepsch, Michael, Entlastung und Stimmverbot bei Personenidentität im Konzern, in: NZG 2005, S. 905 – 909.

Hölters, Wolfgang (Hrsg.), Aktiengesetz Kommentar, 3. Auflage, München, 2017 (zitiert: *Bearbeiter,* in: Hölters, AktG).

Hoffmann-Becking, Michael (Hrsg.), Münchner Handbuch des Gesellschaftsrechts, Band 4 Aktiengesellschaft,

- 4. Auflage, München, 2015;
- 5. Auflage, München, 2020

(zitiert: *Bearbeiter,* in: MHdB AG).

ders., Der Aufsichtsrat im Konzern, in: ZHR 159 (1995), S. 325 – 345.

ders., Unabhängigkeit im Aufsichtsrat, in: NZG 2014, S. 801 – 809.

ders., Gibt es das Konzerninteresse?, in: Festschrift für Peter Hommelhoff zum 70. Geburtstag, Köln, 2012, S. 447 – 465 (zitiert: *Hoffmann-Becking*, in: FS Hommelhoff (2012)).

Hofmeister, Holger, Veräußerung und Erwerb von Beteiligungen bei der Aktiengesellschaft: Denkbare Anwendungsfälle der Gelatine-Rechtsprechung?, in: NZG 2008, S. 47 – 52.

Hommelhoff, Peter, Deutsche Mitbestimmung im Kontext einer Europäisierung der Corporate Governance, in: Habersack, Mathias/ Behme, Caspar/Eidenmüller, Horst u.a. (Hrsg.), Deutsche Mitbestimmung unter europäischem Reformzwang, Frankfurt a. M., 2016, S. 6 – 23 (zitiert: *Hommelhoff,* in: Habersack/Behme/Eidenmüller u.a., Deutsche Mitbestimmung unter europäischem Reformzwang).

ders., Vernetzte Aufsichtsratsüberwachung im Konzern, in: ZGR 1996, S. 144 – 163.

ders., Unabhängige Aufsichtsratsmitglieder in börsennotierten Familienunternehmen, in: ZIP 2013, S. 953 – 961.

ders., Ein Neustart im europäischen Konzernrecht, in: KSzW 2014, S. 63 – 68.

ders., Aktuelle Impulse aus dem europäischen Unternehmensrecht: Eine Herausforderung für Deutschland, in: NZG 2015, S. 1329 – 1336.

ders., Auswüchse in der externen Corporate Governance, in: AG 2016, S. 684 – 691.

ders./Druey, Jean Nicolas, Empfiehlt es sich, das Recht faktischer Unternehmensverbindungen – auch im Hinblick auf das Recht anderer EG-Staaten – neu zu regeln?, Gutachten zum 59. Deutschen Juristentag, München, 1992 (zitiert: *Hommelhoff,* Gutachten zum 59. DJT).

ders./Hopt, Klaus J./v. Werder, Axel (Hrsg.), Handbuch Corporate Governance, 2. Auflage, Stuttgart, 2009 (zitiert: *Bearbeiter,* in: Hommelhoff/Hopt/v.Werder, HdB CG).

Hopt, Klaus/Kumpan, Christoph/Merkt, Hanno (Hrsg.), Handelsgesetzbuch: mit GmbH & Co., Handelsklauseln, Bank und Kapitalmarktrecht, Transportrecht (ohne Seerecht),

- 38. Auflage, München, 2018;
- 39. Auflage, München, 2020

(zitiert: *Bearbeiter,* in: Baumbach/Hopt, HGB).

ders., ECLR Interessenwahrung und Interessenkonflikte im Aktien-, Bank- und Berufsrecht – Zur Dogmatik des modernen Geschäftsbesorgungsrechts, in: ZGR 2004, S. 1 – 52.

ders., Übernahme, Geheimhaltung und Interessenskonflikte: Probleme für Vorstände, Aufsichtsräte und Banken, in: ZGR 2002, S. 333 – 376.

ders., Grundsatz- und Praxisprobleme nach dem Wertpapier- und Übernahmegesetz, in: ZHR 166 (2002), S. 383 – 432.

ders., Vergleichende Corporate Governance, in: ZHR 175 (2011), S. 444 – 526.

ders., Corporate Governance in Europe: A Critical Review of the European Commission's Initiatives on Corporate Law and Corporate Governance (August 14, 2015); New York University Journal of Law & Business, Vol. 12, Fall 2015, Number 1, S. 139-213; zugleich European Corporate Governance Institute (ECGI) – Law Working Paper Nr. 296/2015; abrufbar unter at SSRN: https://ssrn.com/abstract=2644156 or http://dx.doi.org/10.2139/ssrn.2644156 (zitiert: *Hopt,* ECGI Law Working Paper Nr. 296/2015).

Hüffer, Jens, Vorstandspflichten beim Zustimmungsvorbehalt für M&A-Transaktionen, in: Festschrift für Uwe Hüffer zum 70. Geburtstag, München, 2010, S. 365 – 386 (zitiert: *J. Hüffer*, in: FS Hüffer (2010)).

Hüffer, Uwe (Begr.)/*Koch, Jens,* Aktiengesetz,

- 12. Auflage, München, 2016;
- 14. Auflage, München, 2020

(zitiert: *Bearbeiter,* in: Hüffer/Koch, AktG).

Hüffer, Uwe, Die leitungsbezogene Verantwortung des Aufsichtsrats, in: NZG 2007, S. 47 – 54.

ders., Die Leitungsverantwortung des Vorstands in der Managementholding, in: *ders.,* Liber amicorum Wilhelm Happ: Zum 70. Geburtstag am 30. April 2006, Köln, 2006, S. 93 – 108 (zitiert: *Hüffer*, in: Liber amicorum Happ (2006)).

Ihrig, Hans-Christoph/Meder, Manuel M., Der Mehrheitsaktionär als abhängiges Aufsichtsratsmitglied, in: Festschrift für Hans-Jürgen Hellwig, Köln, 2011, S. 163 – 179 (zitiert: *Ihrig/Meder,* in: FS Hellwig (2011)).

Inci, Serdar, Diskussionsbericht zum Berliner Kreis für Gesellschaftsrecht: Die reformierte Aktionärsrechte-Richtlinie und ihre Umsetzbarkeit ins deutsche Recht, in: NZG 2017, S. 579 – 580.

Institut der Wirtschaftsprüfer, Stellungnahme zum Vorschlag der EU-Kommission für eine Richtlinie des Europäischen Parlaments und Rates zur Änderung der Richtlinie 2007/36/EG im Hinblick auf die Förderung der langfristigen Einbeziehung der Aktionäre sowie der Richtlinie 2013/34/EU in Bezug auf bestimmte Elemente der Erklärung zur Unternehmensführung; COM(2014) 213 final, 22. August 2014, abrufbar unter: https://www.idw.de/blob/42546/f052cd2ce419a1a46729d207bba090f8/down-bmjv-aktionaersrichtlinie-data.pdf (zitiert: IDW-Schreiben vom 22. August 2014 an das BMJV zur Einbeziehung der Aktionäre).

Ipsen, Hans, Europäisches Gemeinschaftsrecht, Tübingen, 1972.

Jäger, Axel, Schuldrechtliche Nebenabreden zum Gesellschaftsvertrag der GmbH, in: DStR 1996, S. 1935 – 1940.

Johnson, Simon/La Porta, Rafael/Lopez-de-Silanes, Florenico/Shleifer, Andrei, Tunneling, in: Volume 90 American Economic Review Papers and Proceedings, 2000, S. 22 – 27 (zitiert: *Johnson/La Porta/Lopez-de-Silanes, Shleifer,* 90 Am. Econ. Rev.).

Jung, Stefanie, Transaktionen mit nahestehenden Unternehmen und Personen (Related Party Transactions), in: WM 2014, S. 2351 – 2357.

Kalss, Susanne, Alternativen zum deutschen Aktienkonzernrecht, in: ZHR 171 (2007), S. 146 – 198.

Keusch, Sven/Rotter, Klaus, Wirksamer Beschluss über einen Abberufungsantrag gem. §§ 103 III, 108 AktG durch dreiköpfigen Aufsichtsrat, in: NZG 2003, S. 671 – 674.

Kiesenwetter, Matthias/Spengler, Myriam, Hauptversammlungszuständigkeit bei Veräußerung und Erwerb von Gesellschaftsvermögen im Rahmen von M&A-Transaktion, in: Der Konzern 2009, S. 451 – 459.

Kindl, Johann, Die Teilnahme an der Aufsichtsratssitzung, Köln, 1993 (zitiert: *Kindl,* Aufsichtsratssitzung).

Kindler, Peter, Unternehmerisches Ermessen und Pflichtenbindung – Voraussetzungen und Geltendmachung der Vorstandshaftung in der Aktiengesellschaft, in: ZHR 162 (1998), S. 101 – 119.

Kindler, Peter, Der aktuelle Vorschlag der EU-Kommission zur Änderung der Aktionärsrechte-Richtlinie – Bemerkungen aus deutscher Sicht, in: Festschrift für Bernhard Eccher, Innsbruck, 2017, S. 529 – 550 (zitiert: *Kindler,* in: FS Eccher (2017)).

Klene, Victor, Related Party Transactions – Handlungsbedarf in Deutschland, in: GWR 2018, S. 210 – 213.

ders., Related Party Transactions, Frankfurt, 2017 (zitiert: *Klene*, Related Party Transactions).

Kleinert, Ursula/Mayer, Volker, Geschäfte der Aktiengesellschaft mit nahestehenden Personen und Unternehmen – Bestandsaufnahme und anstehende Neuerungen durch die Umsetzung der EU-Aktionärsrechterichtlinie II, in: EuZW 2018, S. 314 – 322.

dies., Related-Party-Transactions nach dem Referentenentwurf zum ARUG II – Neue Haftungsfallen für Organmitglieder und wesentliche Änderungen im Recht des faktischen Konzerns, in: EuZW 2019, S. 103 – 108.

Koch, Jens, Der Vorstand im Kompetenzgefüge der Aktiengesellschaft, in: Fleischer, Holger/Koch, Jens/Kropff, Bruno (Hrsg.), 50 Jahre Aktiengesetz, Berlin, 2016, S. 65 – 102 (zitiert: *Bearbeiter,* in: Fleischer/Koch/Kropff, 50 Jahre Aktiengesetz).

Kohlenbach, Matthias, Das Verhältnis der Aufsichtsräte im Aktiengesellschaftskonzern: unter besonderer Berücksichtigung der Risikomanagementsysteme nach KonTraG, Hamburg, 2003 (zitiert: *Kohlenbach*, Aufsichtsräte).

Kraakman, Reinier/Armour, John/Davies, Paul/Enriques, Luca/Hansmann, Henry/Hertig, Gerard/Hopt, Klaus/Kanda, Hideki/Pargendler, Mariana/Ringe, Wolf-Georg/Rock, Edward (Hrsg.), The Anatomy of Corporate Law, Oxford, 2017, (zitiert: *Bearbeiter*, in: Kraakman u.a., Anatomy).

*Kremer, Thomas/Bachmann, Gregor/Lutter, Marcus/v. Werder, Axel (*Hrsg.), Deutscher Corporate Governance Kodex, 7. Auflage, München, 2018 (zitiert: *Bearbeiter,* in: Kremer/Bachmann/Lutter/v. Werder, DCGK).

*Krieger, Gerd/Schneider, Uwe H. (*Hrsg.), Handbuch Managerhaftung, 3. Auflage, Köln, 2017 (zitiert: *Bearbeiter,* in: Krieger/U.H. Schneider, HdB Managerhaftung).

Kropff, Bruno, Aktiengesetz – Textausgabe des Aktiengesetzes vom 6.9.1965 (Bundesgesetzbl. I S. 1089) und des Einführungstextes zum Aktiengesetz vom 6.9.1965 (Bundesgesetzbl. I S. 1185): mit Begründung des Regierungsentwurfs, Bericht des Rechtsausschusses des Deutschen Bundestages, Verweisungen und Sachverzeichnis im Anhang: Aktiengesetz von 1937, Neuauflage, Berlin, 2005 (zitiert: *Kropff*, AktG 1965).

ders./Semler, Johannes, Münchner Kommentar zum Aktiengesetz,

- Band 1, §§ 1 – 75 AktG, 5. Auflage, München, 2019;
- Band 2, §§ 76 –117 AktG MitbestG, DrittelbG, 2. Auflage, München, 2004

(zitiert: *Bearbeiter,* in: MüKo-AktG).

ders., Zur Information des Aufsichtsrats über das interne Überwachungssystem, in: NZG 2003, S. 346 – 350.

Kümpel, Siegfried/Wittig, Arne (Hrsg.), Bank- und Kapitalmarktrecht, 4. Auflage, Köln, 2011 (zitiert: *Bearbeiter,* in: Kümpel/Wittig, Bank- und Kapitalmarktrecht).

Kuhner, Christoph, Unternehmensinteresse vs. Shareholder Value als Leitmaxime kapitalmarktorientierter Aktiengesellschaften, in: ZGR 2004, 244 – 279.

Kumpan, Christoph, EU Vorgaben für related party transactions – eine kritische Analyse der vorgeschlagenen Regelungen nach der Abänderung durch das Europäische Parlament; Zentrum für Europäisches Wirtschaftsrecht – Vorträge und Berichte Nr. 215 (zitiert: *Kumpan,* Zentrum für Europäisches Wirtschaftsrecht Nr. 215).

Kutscher, Hans, Thesen zu den Methoden der Auslegung des Gemeinschaftsrechts, aus der Sicht eines Richters, in: Gerichtshof der Europäischen Gemeinschaften (Hrsg.), Begegnung von Justiz und Hochschule, 27. – 28. September 1976, I. Luxemburg 1976 (zitiert: *Kutscher,* Begegnung von Justiz und Hochschule).

Larenz, Karl/Canaris, Claus-Wilhelm, Methodenlehre der Rechtswissenschaft, 3. Auflage, u.a. Berlin, 1995 (zitiert: *Larenz/Canaris,* Methodenlehre).

Land, Volker/Hasselbach, Kai, Das neue Übernahmegesetz: Einführung und kritische Anmerkungen zum Diskussionsentwurf des BMF, in: DB 2000, S. 1747 – 1755.

Lanfermann, Georg, Zustimmung des Aufsichtsrats zu Geschäften mit nahestehenden Personen nach dem ARUG II-RefE, in: BB 2018, S. 2859 – 2863.

Lanfermann, Georg/Maul, Silja, Maßnahmenpaket der Europäischen Kommission zum Gesellschaftsrecht und Corporate Governance, in: BB 2014, S. 1283 – 1294.

dies., Überarbeitete EU-Aktionärsrechterichtlinie – gesetzgeberischer Handlungsbedarf bei der Vorstandsvergütung, in: BB 2017, S. 1218 – 1225.

Lanfermann, Georg/Röhricht, Victoria, Auswirkungen des geänderten IFRS-Endorsement-Prozesses auf die Unternehmen, in: BB 2008, S. 826 – 830.

Lange, Oliver, Zustimmungsvorbehaltspflicht und Kataloghaftung nach neuem Recht, in: DStR 2003, S. 376 – 381.

Langenbucher, Katja, Wettbewerbsverbote, Unabhängigkeit und die Stellung des Aufsichtsratsmitglieds, in: ZHR 36 (2007), S. 571 – 601.

Lenz, Tobias, Zustimmungsvorbehalte im Konzern, in: AG 1997, S. 448 – 454.

Liebscher, Thomas, Ungeschriebene Hauptversammlungszuständigkeit im Lichte von Holzmüller, Macrotron und Gelatine, in: ZGR 2005, S. 1 – 33.

Lieder, Jan, Das unabhängige Aufsichtsratsmitglied, Zu den Änderungen des Deutschen Corporate Governance Kodex, in: NZG 2005, S. 569 – 574.

ders., Der Aufsichtsrat im Wandel der Zeit. Leitlinien der geschichtlichen Entwicklung sowie der Fortentwicklung des deutschen Aufsichtsratssystems, Jena, 2006 (zitiert: *Lieder,* Aufsichtsrat).

ders., Ownership and Governance in Business Group – Discussions in Germany and Europe, in: The Journal of Comparative Private Law of the Korean Association of Comparative Private Law 23 (2016), S. 1271 – 1308 (zitiert: *Lieder,* 23 Korean Journal of Comparative Private Law (2016)).

Lieder, Jan/Wernert, Lukas, Related Party Transactions nach dem Referentenentwurf eines ARUG II, in: ZIP 2018, S. 2441 – 2451.

dies., Related Party Transactions: Ein Update zum Regierungsentwurf des ARUG II, in: ZIP 2019, S. 989 – 997.

dies., Grundsatz- und Anwendungsfragen zu Related Party Transactions nach neuem Aktienrecht, in: DB 2020 S. 882 – 889.

Löbbe, Marc, Unternehmenskontrolle im Konzern: die Kontrollaufgaben von Vorstand, Geschäftsführer und Aufsichtsrat, Heidelberg, 2003 (zitiert: *Löbbe,* Unternehmenskontrolle)

Lüdenbach, Norbert/Hoffmann, Wolf-Dieter/Freiberg, Jens (Hrsg.), IFRS Kommentar, 16. Auflage, Hamburg, 2018 (zitiert: *Bearbeiter,* in: Lüdenbach/Hoffmann/Freiberg, IFRS-Kommentar).

Lutter, Marcus/Bayer, Walter (Hrsg.), Holding-Handbuch, 5. Auflage, Köln, 2015 (zitiert: *Bearbeiter,* in: Lutter/Bayer, Holding-HdB).

Lutter, Marcus/Bayer, Walter/Schmidt, Jessica (Hrsg.), Europäisches Unternehmens- und Kapitalmarktrecht, ZGR Sonderheft 1/1, 6. Auflage, Berlin, 2017 (zitiert: *Lutter/Bayer/J. Schmidt,* Europ. Unternehmens- und Kapitalmarktrecht).

Lutter, Marcus/Krieger, Gerd/Verse, Dirk A. (Hrsg.), Rechte und Pflichten des Aufsichtsrats, 6. Auflage, Köln, 2014 (zitiert: *Lutter/Krieger/Verse*, Rechte und Pflichten).

Lutter, Marcus, Unternehmensplanung und Aufsichtsrat, in: AG 1991, S. 249 – 255.

ders., Einzelfragen betreffend die richtlinienkonforme Auslegung des angeglichenen nationalen Rechts, in: JZ 1992, S. 593 – 607.

ders., Defizite für eine effiziente Aufsichtsratstätigkeit und gesetzliche Möglichkeiten der Verbesserung, in: ZHR 159 (1995), S. 287 – 309.

ders., Der Aufsichtsrat im Konzern, in: AG 2006, S. 517 – 521.

ders., Professionalisierung des Aufsichtsrats, in: AG 2009, S. 775 – 779.

ders., Nochmal: die Geplante europäische Gesetzgebung zu „related party transactions", in: EuZW 2014, S. 687 – 688.

ders., Information und Vertraulichkeit im Aufsichtsrat, 3. Auflage, Köln, 2006 (zitiert: *Lutter*, Information).

Marsch-Barner, Reinhard/Schäfer, Frank (Hrsg.), Handbuch börsennotierte AG, 4. Auflage, Köln, 2018 (zitiert: *Bearbeiter*, in: HdB börsennotierte AG).

Martens, Klaus-Peter, Der Aufsichtsrat im Konzern, in: ZHR 159 (1995), S. 567 – 592.

ders., Die Organisation des Konzernvorstands, in: Festschrift für Theodor Heinis zum 65. Geburtstag am 25. September 1991, S. 523 – 544 (zitiert: *Martens*, in: FS Heinis (1991).

Matthießen, Volker, Stimmrecht und Interessenskollision im Aufsichtsrat, Köln, 1989 (zitiert: *Matthießen,* Interessenskollision).

Maunz, Theodor/Dürig, Güter (Hrsg.), Grundgesetz Kommentar, Loseblatt-Sammlung, 81. Lieferung, September 2017 (zitiert: *Bearbeiter,* in: Maunz/Dürig, GG).

Mayer, Bernd M./Richter, Vicky, Konzerndimensionale Auskunfts- und Überwachungspflichten der Obergesellschaft bei Rechtsverstößen der Tochtergesellschaft – Kommentar zur LG Stuttgart, v. 19.12.2017 – 31 O 33/16 KfH, AG 2018, 420, in: AG 2017, S. 222 – 227.

Mertens, Hans-Joachim, Zuständigkeiten des mitbestimmten Aufsichtsrats, in: ZGR 1977, S. 270 – 289.

Meyer, Peter, Die Grundsätze der Auslegung im Europäischen Gemeinschaftsrecht, in: Jura 1994, S. 455 – 458.

Moellers, Thomas M.J., Investor Protection in the System of Capital Markets Law: Legal Foundations and Outlook, in: Volume 36 North Carolina Journal of International Law and Commercial Regulation, 2010, S. 58 – 84 (zitiert: *Moellers,* 36 N.C.J. Int'l L.& Com. Reg. (2010)).

Mörsdorf, Oliver/Piroth, Lukas, Neue Aktionärsrechte-Richtlinie und Minderheitenschutz im deutschen Aktienrecht – Unlösbarer Konflikt oder friedliche Koexistenz?, in: ZIP 2018, S. 1469 – 1480.

Mößle, Bernd, Abschlussprüfer und Corporate Governance, Berlin, 2003 (zitiert: *Mößle,* Abschlussprüfer).

Mülbert, Peter O., Auf dem Weg zu einem europäischen Konzernrecht, in: ZHR 179 (2015), S. 645 – 668.

Müller, Hans-Friedrich, Related Party Transactions im Konzern, in: ZGR 2019, S. 97 – 125.

ders., Related Party Transactions nach dem ARUG II, in: ZIP 2019, S. 2429 – 2437.

Nettesheim, Martin (Hrsg.), Das Recht der Europäischen Union, 40. Ergänzungslieferung, München, 2009 (zitiert: *Bearbeiter*, in: Grabitz/Hilf/Nettesheim, EU).

Niehus, Rudolf J., Nahestehende Personen nach dem BilMoG, in: DStR 2008, S. 2280 – 2285.

Noack, Ulrich, Der Vorschlag für eine Richtlinie über Rechte von Aktionären börsennotierter Gesellschaften, in: NZG 2006, S. 321 – 327.

Ochmann, Florian, Die Aktionärsrechte-Richtlinie – Auswirkungen auf das deutsche und europäische Recht, Berlin, 2009.

OECD, OECD Corporate Governance Factbook 2017, verfügbar unter: http://www.oecd.org/mwg-internal/de5fs23hu73dsDMZ/progress?id=SD5ONB2jKifhI-fPXKYrcU5WdsWtdLvVZht3X4rhp10.

dies., Related Party Transactions and Minority Shareholder Rights, Paris, 2012.

Oppermann, Thomas/Classen, Claus Dieter, Europarecht, 7. Auflage, München, 2016.

Osterloh, Falk, Überarbeitung der Aktionärsrechterichtlinie steht in den Startlöchern, in: AG 2014, S. R75 – R77.

Pälicke, Mario, Anregungen zur Umsetzung der Aktionärsrechterichtlinie für Geschäfte börsennotierter Unternehmen mit Organmitgliedern oder ihnen nahestehenden Parteien – Überlegungen im Lichte des Delaware Corporation Law, in: AG 2018, S. 514 – 525.

Paredes, Troy A, Blinded by the Light: Information Overload and Its Consequences for Securities Regulation, in: Volume 81, Washington University Law Review, 2003 (zitiert: *Paredes,* 81 Wash. U.L.Rev. (2003)).

Paschos, Nikolaos/Goslar, Sebastian, Der Regierungsentwurf des Gesetzes zur Umsetzung der zweiten Aktionärsrechterichtlinie, in: AG 2019, S. 365 – 373.

Peltzer, Martin, Deutsche Corporate Governance – Ein Leitfaden, 2. Auflage, München, 2004 (zitiert: *Peltzer*, Corporate Governance).

Pentz, Andreas, Die Änderungen des Nachgründungsrechts durch das NaStraG – Ein Austausch alter durch neue Probleme, in: NZG 2001, S. 346 – 355.

Perridon, Louis/Steiner, Manfred/Rathgeber, Andreas, Finanzwirtschaft der Unternehmung, 16. Auflage, München, 2012.

Petsch, Andrea, Kapitalmarktrechtliche Informationspflichten versus Geheimhaltungsinteresse des Emittenten, Baden-Baden, 2012.

Pfitzer, Norbert/Oser, Peter/Orth, Christian, Zur Reform des Aktienrechts, der Rechnungslegung und Prüfung durch das TransPuG, in: DB 2002, S. 157 – 165.

Pluskat, Sorika, Auswirkungen der Aktionärsrechterichtlinie auf das deutsche Aktienrecht, in: WM 2007, S. 2135 - 2142.

Raiser, Thomas/Veil, Rüdiger, Recht der Kapitalgesellschaften, München, 2015 (zitiert: *Raiser/Veil*, KapGesR).

Rathenau, Walter, Vom Aktienwesen: Eine geschäftliche Betrachtung, Berlin, 1917.

Ratschow, Eckart, Die Aktionärsrechte-Richtlinie - neue Regeln für börsennotierte Gesellschaften, in: DStR 2007, S. 1402 - 1408.

Rechenberg v., Wolf-Georg, Zustimmungsvorbehalte des Aufsichtsrats für die Unternehmensplanung, in: BB 1990, S. 1356 - 1363.

Regierungskommission Deutscher Corporate Governance Kodex, Stellungnahme zum Vorschlag für eine RICHTLINIE DES EUROPÄISCHEN PALRAMENTS UND RATES zur Änderung der Richtlinie 2007/36/EG im Hinblick auf die Förderung der langfristigen Einbeziehung der Aktionäre sowie der Richtlinie 2013/34/EU in Bezug auf bestimmte Elemente der Erklärung zur Unternehmensführung - unter Berücksichtigung des Kompromissvorschlags der italienischen Ratspräsidentschaft vom 5. Dezember 2014, 30. Januar 2015 (zitiert: Regierungskommission DCGK, Stellungnahme vom 30. Januar 2015).

Reynisson, Kristinn, Related Party Transactions: Analysis of Proposed Article 9c of Shareholders' Rights Directive, European Company Law Vol. 13 (2016), S. 175 - 182 (zitiert: *Reynisson,* 13 ECL (2016)).

Rieckers, Oliver, Umsetzung der geänderten Aktionärsrechterichtlinie, in: BOARD 2018, S. 87 - 89.

Rhiel, Jörg, Related Party Transactions im deutschen und US-amerikanischen Recht der Aktiengesellschaft, Berlin, 2015 (*Rhiel*, Related Party Transactions).

Riesenhuber, Karl (Hrsg.), Europäische Methodenlehre, 3. Auflage, Berlin, 2014 (zitiert: *Bearbeiter,* in: Riesenhuber, Methodenlehre).

Rimmelspacher, Dirk/Fey, Gerd, Anhangangaben zu nahe stehenden Unternehmen und Personen nach dem BilMoG, in: WPg 2010, S. 180 - 192.

Roth, Markus, Unabhängige Aufsichtsratsmitglieder, in: ZHR 175 (2011), S. 605 - 643.

Rothley, Oliver, Die Neuregelung des Beschlussmängelrechts durch das ARUG, in: GWR 2009, S. 312 - 315.

Rowedder, Heinz, Die Rechte des Aufsichtsrates in der beherrschten Gesellschaft, in: Festschrift für Konrad Duden, München, 1977, S. 501 – 512 (zitiert: *Rowedder,* in: FS Duden (1977)).

Säcker, Franz Jürgen/Rehm, Christian, Grenzen der Mitwirkung des Aufsichtsrats an unternehmerischen Entscheidungen in der Aktiengesellschaft, in: DB 2008, S. 2814 – 2821.

Salweski, Sabrina, MAD II, MiFID II, EMIR und Co. – Die Ausweitung des europäischen Marktmissbrauchsregimes durch die neue Finanzmarktinfrastruktur, in: GWR 2012, S. 265 – 267.

Schäfer, Frank A./Hamann, Uwe (Hrsg.), Kapitalmarktgesetze: Wertpapierhandelsgesetz, Börsengesetz mit BörsZulV, Wertpapierprospektgesetz, Verkaufsprospektgesetz, Wertpapiererwerbs- und Übernahmegesetz; Kommentar, Losebl.-Ausg. (Stand: 2013) (zitiert: *Bearbeiter*, in: Schäfer/Hamann, KapMG).

Scheffler, Eberhard, Die Überwachungsaufgabe des Aufsichtsrats im Konzern, in: DB 1994, S. 793 – 799.

Schiessl, Maximilian, Deutsche Corporate Governance post Enron, in: AG 2002, S. 593 – 604.

ders., ECLR – Fairness Opinion im Übernahme- und Gesellschaftsrecht – Zugleich ein Betrag zur Organverantwortung in der AG, in: ZGR 2003, S. 814 – 852.

Schmidt, Jessica, Die geplante Richtlinie über Aktionärsrechte und ihre Bedeutung für das deutsche Aktienrecht, in: BB 2006, S. 1641 – 1646.

dies., Neuere Entwicklungen im Europäischen Gesellschaftsrecht, in: Die Gesellschaftsrechtliche Vereinigung (Hrsg.), Gesellschaftsrecht in der Diskussion, Köln, 2015, S. 25 – 57.

dies., Europäisches Konzernrecht – Retrospektive und Perspektiven, in: Der Konzern 2017, S. 1 – 12.

dies., Der European Model Company Act (EMCA), in: ZHR 2017, S. 43 – 86.

dies., Die Umsetzung der Aktionärsrechterichtlinie 2017: der Referentenentwurf für das ARUG II, in: NZG 2018, S. 1201 – 1220.

dies., Related Party Transactions nach dem RegE zum ARUG II, in: EuZW 2019, S. 261 – 264.

Schmidt, Karsten (Hrsg.), Münchner Kommentar zum Handelsgesetzbuch

- 2. Band: §§ 105 – 106 HGB, 4. Auflage, München, 2016;
- 4. Band: §§ 238 – 342e HGB, 4. Auflage, München, 2020

(zitiert: *Bearbeiter*, in: K. Schmidt, MüKo-HGB).

Schmidt, Karsten, Gesellschaftsrecht, Unternehmensrecht, 4. Auflage, Köln, 2002 (zitiert: *K. Schmidt*, Gesellschaftsrecht).

Schmidt, Karsten/Lutter, Marcus (Hrsg.), Aktiengesetz,

- 1. Band: §§ 1 – 149 AktG, 3. Auflage, Köln, 2015;

- 1. Band: §§ 1 – 149 AktG, 4. Auflage, Köln 2020;
- 2. Band: §§ 150 – 410 AktG, 3. Auflage, Köln, 2015

(zitiert: *Bearbeiter,* in: K. Schmidt/Lutter, AktG).

Schneider, Sven H./Schneider, Uwe H., Vorstandshaftung im Konzern, in: AG 2005, S. 57 – 66.

Schneider, Uwe H., Stimmverbote im GmbH-Konzern, in: ZHR 150 (1986), S. 609 – 634.

ders., Europarechtlicher Schutz vor nachteiligen Transaktionen mit nahe stehenden Unternehmen und Personen?, in: EuZW 2014, S. 641 – 642.

ders., Der Aufsichtsrat des herrschenden Unternehmens im Konzern – Ein Beitrag zum Konzernverfassungsrecht, in: Festschrift für Walther Hadding zum 70. Geburtstag am 8. Mai 2004, Berlin, 2004, S. 621 – 636 (zitiert: *U.H. Schneider,* in: FS Hadding (2004)).

ders., Der Aufsichtsrat des abhängigen Unternehmens im Konzern – Ein Beitrag zum Konzernverfassungsrecht, in: Festschrift für Thomas Raiser zum 70. Geburtstag am 20. Februar 2005, Berlin, 2005, S. 341 – 358 (zitiert: *U.H. Schneider,* in: FS Raiser (2005)).

Schönberger, Katja, Der Zustimmungsvorbehalt des Aufsichtsrats bei Geschäftsführungsmaßnahmen des Vorstands (§ 111 Abs. 4 Satz 2-4 AktG), Jena, 2006.

Schröder, Werner, Die Auslegung des EU-Rechts, in: JuS 2004, S. 180 – 186.

Schübel-Pfister, Isabel, Sprache und Gemeinschaftsrecht: Die Auslegung der mehrsprachig verbindlichen Rechtstexte durch den Europäischen Gerichtshof, Berlin, 2004 (zitiert: *Schübel-Pfister,* Sprache).

Schüppen, Matthias, To comply or not to comply – that's the question! „Existenzfragen" des Transparenz- und Publizitätsgesetzes im magischen Dreieck kapitalmarktorientierter Unternehmensführung, in: ZIP 2002, S. 1269 – 1279.

Schulze-Osterloh, Joachim, Unternehmensüberwachung und Prüfung des Jahresabschlusses durch den Aufsichtsrat, in: ZIP 1998, S. 2129 – 2135.

Schwark, Eberhard, Virtuelle Holding und Bereichsvorstände – eine aktien- und konzernrechtliche Betrachtung, in: Festschrift für Peter Ulmer zum 70. Geburtstag am 2. Januar 2003, Berlin, 2003, S. 605 – 626 (zitiert: *Schwark,* in: FS Ulmer (2003)).

Schwetzler, Bernhard, Grundsätze für Fairness Opinion, DVFA-Finanzschriften Nr. 07/08, abrufbar unter: http://www.dvfa.de/fileadmin/downloads/Publikationen/DVFA-Finanzschriften/grundsaetze_fairness_opinions.pdf

Seebach, Daniel, Kontrollpflicht und Flexibilität – Zu den Möglichkeiten des Aufsichtsrats bei der Ausgestaltung und Handhabung von Zustimmungsvorbehalten, in: AG 2012, S. 70 – 77.

Seibert, Ulrich, Gastkommentar, in: DB 2018, M4 – M5.

ders., ARUG II – Die Stellungnahme, in: Festschrift für Eberhard Vetter, Köln, 2019, S. 749 – 762 (zitiert: *Seibert*, in: FS Vetter (2019)).

Seibt, Christoph, Deutscher Corporate Governance Kodex und Entsprechens-Erklärung (§ 161 AktG-E), in: AG 2002, S. 249 – 259.

ders., Interessenkonflikte im Aufsichtsrat, in: Festschrift für Klaus Hopt zum 70. Geburtstag am 24. August 2010, Band I, Berlin, 2010, S. 1362 – 1390 (zitiert: *Seibt*, in: FS Hopt (2010).

ders., Erforderliche Harmonisierung oder unnötiger Systembruch ? – Der Vorschlag der EU-Kommission zur Related Party Transaction; Gutachten vom Bundesverband der Deutschen Industrie e.V. und Freshfields Bruckhaus Deringer LLP, 2014 (zitiert: *Seibt*, BDI/FDB).

ders., Richtlinienvorschlag zur Weiterentwicklung des europäischen Corporate Governance-Rahmens, in: DB 2014, S. 1910 – 1919.

ders., Frontalangriff auf deutsches Konzernrecht, in: Börsen-Zeitung vom 28. Juni 2014, S. 9.

Seidel, Andreas, Konzerninterne Related Party Transactions nach der Aktionärsrechte-Richtlinie II – Umsetzungsbedarf für das neue Regelungskonzept im Lichte des deutschen Konzernrechts und die Rechtsfolgen bei Missbrauch, in: AG 2018, S. 423 – 429.

Selchert, Friedrich W., Zur Generalnorm für offenlegungspflichtige Unternehmen, in: BB 1993, S. 753 – 759.

Selzner, Harald, Fortschritt oder Bedrohung? – Herausforderungen europäischer Rechtsangleichung im Bereich Corporate Governance, in: ZIP 2015, S. 753 – 761.

Semler, Johannes, Leitung und Überwachung der Aktiengesellschaft, 2. Auflage, Köln u.a., 1996 (zitiert: *Semler*, Leitung und Überwachung).

ders., Die Unternehmensplanung in der Aktiengesellschaft – eine Betrachtung unter rechtlichen Aspekten, in: ZGR 1983, S. 1 – 33.

ders., Die Rechte und Pflichten des Vorstands einer Holdinggesellschaft im Lichte der Corporate Governance-Diskussion, in: ZGR 2004, S. 631 – 668.

ders., Entscheidungen und Ermessen im Aktienrecht, in: Festschrift für Johannes Semler, Berlin, 2003, S. 627 – 642 (zitiert: *Semler*, in: FS Ulmer (2003)).

ders., Zustimmungsvorbehalte als Instrumente der Überwachung durch den Aufsichtsrat, in: Festschrift für Peter Doralt zum 65. Geburtstag, Wien, 2004, S. 609 – 624 (zitiert: *Semler*, in: FS Doralt (2004)).

*ders./v. Schenk, Kersten (*Hrsg.), Arbeitshandbuch für Aufsichtsratsmitglieder, 4. Auflage, München, 2014 (zitiert: *Bearbeiter*, in: Semler/v. Schenk, AHdB AR).

dies. (Hrsg.), Der Aufsichtsrat, München, 2015 (zitiert: *Bearbeiter*, in: Semler/v. Schenk, AR).

Spindler, Gerald, Regeln für börsennotierte vs. Regeln für geschlossene Gesellschaften – Vollendung des Begonnenen?, in: AG 2008, S. 598 – 604.

ders./Seidel, Andreas, Die Zustimmungspflicht bei Related Party Transactions in der konzernrechtlichen Diskussion, in: AG 2017, S. 169 – 178.

Spindler, Gerald/Stilz, Eberhard (Hrsg.), Kommentar zum Aktiengesetz
- Band 1: §§ 1-149 AktG, 3. Auflage, München, 2015;
- Band 1: §§ 1-149 AktG, 4. Auflage, München, 2019;
- Band 2: §§ 150-419 AktG, IntGesR, SpruchG, SE-VO, 3. Auflage, München, 2015

(zitiert: *Bearbeiter*, in: Spindler/Stilz, AktG).

Spitze, Peter Alexander/Diekmann, Hans, Verbunde Unternehmen als Gegenstand der Interessen von Aktionären – Inhalt des Auskunftsanspruchs nach § 13 Abs. 1 Satz 1 und 2 AktG, in: ZHR 158 (1994), S. 447 – 472.

Staake, Marco, Der unabhängige Finanzexperte im Aufsichtsrat – Zur Besetzungsregel des neuen § 100 Abs. 5 AktG, in: ZIP 2010, S. 1013 – 1022.

Stadler, Markus/Berner, Klaus, Das Ende des dreiköpfigen Aufsichtsrats ? – Zugleich Anmerkung zu dem Beschluss des BayObLG vom 28.3.2003 – 3 Z BR 199/02, in: AG 2004, S. 27 – 29.

Staub, Hermann (Begr.), Handelsgesetzbuch, Band 5: §§ 238 – 289a, 5. Auflage, Berlin, 2015 (zitiert: *Bearbeiter*, in: Staub, HGB).

Steinbeck, Claudia, Überwachungspflicht und Einwirkungsmöglichkeiten des Aufsichtsrats der Aktiengesellschaft, Münster, 1992 (zitiert: *Steinbeck*, Überwachungspflicht).

Tarde, Andreas, Die verschleierte Konzernrichtlinie – zu den neuen EU-Vorgaben für related party transactions und ihren Auswirkungen auf das deutsche Recht, in: ZGR 2017, S. 360 – 388.

ders., Geschäfte mit nahestehenden Personen nach dem ARUG II-Regierungsentwurf, in: NZG 2019, S. 488 – 495.

ders., Related Party Transactions – Empfehlungen zur Umsetzung der reformierten Aktionärsrechterichtlinie vor dem Hintergrund eines englisch-deutschen Rechtsvergleichs, Köln, 2018 (zitiert: *Tarde,* Related Party Transactions).

Temming, Felipe, Geschäfte zwischen einer AG und ihr nahestehenden Parteien – Wer soll diese genehmigen?, in: RdA 2015, S. 280 – 285.

Theisen, Manuel René, Information und Berichterstattung des Aufsichtsrats, 4. Auflage, Stuttgart, 2007 (zitiert: *Theisen*, Information und Berichterstattung).

Theisen, Manuel René, Grundsätze ordnungsgemäßer Kontrolle und Beratung der Geschäftsführung durch den Aufsichtsrat, in: AG 1995, S. 193 – 203.

Tröger, Tobias, Corporate Groups, in: Fleischer, Holger/Hansen, Jesper Lau/Ringe, Wolf Georg (Hrsg.), German and Nordic Perspectives on Corporate and Capital Market Law, 2015, S. 157 – 200; zugleich SAFE Working Paper No. 66; abrufbar unter SSRN: https://ssrn.com/abstract=2500101 (zitiert: *Tröger*, in: Fleischer/Hansen/Ringe, German and Nordic Perspectives on Company Law and Capital Markets Law).

ders., Related Party Transactions mit Blockaktionären im europäischen Gesellschaftsrecht, in: AG 2015, S. 53 – 71.

Tröger, Tobias/Roth, Andreas/Strenger, Christian, Effektiver Aktionärsschutz bei Related Party Transactions: wieder die "weiße Salbe" des ARUG II-Referentenentwurfs, in: BB 2018, S. 2946 – 2952.

Ulmer, Peter, Stimmrechtsschranken für Aufsichtsratsmitglieder bei eigener Kandidatur zum Vorstand, in: NJW 1982, S. 2288 – 2292.

Van der Elst, Christoph, Empowering the Audit Committee and the Auditor in Related Party Transactions (August 1, 2016); European Corporate Governance Institute (ECGI) – Law Working Paper Nr. 318/2016, abrufbar unter SSRN: https://ssrn.com/abstract=2801585 (zitiert: *Van der Elst,* ECGI Law Working Paper Nr. 318/2016).

van Hein, Jan, Die Rezeption US-amerikanischen Gesellschaftsrechts in Deutschland, Tübingen, 2008.

Veil, Rüdiger, Europäisches Kapitalmarktrecht, 2. Auflage, Tübingen, 2014 (zitiert: *Veil,* Europäisches Kapitalmarktrecht).

ders., Transaktionen mit Related Parties im deutschen Aktien- und Konzernrecht – Grundsatzfragen der Umsetzung der Aktionärsrechte-Richtlinie, in: NZG 2017, S. 521 – 530.

Verse, Dirk A., Compliance im Konzern – Zur Legalitätskontrollpflicht der Geschäftsleiter einer Konzerngesellschaft, in: ZHR 175 (2011), S. 401 – 424.

ders., Wiersch, Rachid René, Die Entwicklung des europäischen Gesellschaftsrechts im Jahre 2013, in: EuZW 2103, S. 375 – 382.

Vetter, Eberhardt, Der Aufsichtsrat – Spagat zwischen gesetzlichen Vorgaben und wachsenden Herausforderungen, in: Fleischer, Holger/Koch, Jens/Kropff, Bruno/Lutter, Marcus (Hrsg.), 50 Jahre Aktiengesetz, Berlin, 2016, S. 103 – 154 (zitiert: *E. Vetter*, in: Fleischer/Koch/Kropff, 50 Jahre Aktiengesetz).

Vetter, Jochen, 50 Jahre Aktienkonzernrecht, in: Fleischer, Holger/Koch, Jens/Kropff, Bruno (Hrsg.), 50 Jahre Aktiengesetz, Berlin, 2016, S. 231 – 272 (zitiert: *J. Vetter*, in: Fleischer/Koch/Kropff, 50 Jahre Aktiengesetz).

ders., Regelungsbedarf für Related Party Transactions, in: ZHR 179 (2015), S. 273 - 330.

ders., Zur Bewertung von Geschäften mit nahestehenden Personen - Überlegungen zur Auslegung des § 111b Abs. 1 AktG, in: AG 2019, S. 853 - 862.

Volk, Sarah Katrin, Einfluss der Eigentümerstruktur auf Finanzierungs- und Investitionsentscheidungen in privaten und börsennotierten Unternehmen, 2013, abrufbar unter https://mediatum.ub.tum.de/doc/1128785/file.pdf.

Weyl, Desmond, Zustimmungsvorbehalte nach § 111 Abs. 4 Satz 2 AktG als Möglichkeit einer Konzernsteuerung, Baden-Baden, 2015 (zitiert: *Weyl*, Zustimmungsvorbehalte).

Wiedemann, Herbert, Gesellschaftsrecht, Band 1 - Grundlagen, München, 1980 (zitiert: *Wiedemann*, GesR).

Wiersch, Rachid René, Der Richtlinienentwurf zu Transaktionen mit nahestehenden Unternehmen und Personen, in: NZG 2014, S. 1131 - 1137.

Wilhelm, Jan, Rechtsform und Haftung bei der juristischen Person, 1981, Köln u.a. (zitiert: *Wilhelm,* Rechtsform).

ders., Stimmrechtsausschluss und Verbot des Insichgeschäfts - Eine kritische Würdigung insbesondere der im Regierungsentwurf zu einem GmbH-Gesetz vorgesehenen Neuregelung der Stimmverbote, in: JZ 1976, S. 674 - 678.

Wilsing, Hans-Ulrich (Hrsg.), Deutscher Corporate Governance Kodex: Kommentar, München, 2012 (zitiert: *Bearbeiter*, in: Wilsing, DCGK).

Wißmann, Hellmut/Kleinsorge, Georg/, Schubert, Claudia (Hrsg.), Mitbestimmungsrecht, 5. Auflage 2017 (zitiert: *Bearbeiter,* in: Wißmann/Kleinsorge/Schubert, Mitbestimmungsrecht).

Wolf, Manfred, Anlegerschutz durch Inhaltskontrolle von Emissionsbedingungen bei Kapitalmarkttiteln, in: Festschrift für Wolfgang Zöllner, Band II, Köln, 1998, S. 651 - 672 (zitiert: *Wolf,* in: FS Zöllner (1998)).

Zetsche, Dirk, Langfristigkeit im Aktienrecht? - Der Vorschlag der Europäischen Kommission zur Reform der Aktionärsrechterichtlinie, in: NZG 2014, S. 1121 - 1131.

Zientek, Niklas, Ungeschriebene Hauptversammlungskompetenzen bei Unternehmensakquisitionen einer Aktiengesellschaft: eine Untersuchung unter besonderer Berücksichtigung einer etwaigen ungeschriebenen Zuständigkeit der Hauptversammlung beim Beteiligungserwerb, Baden-Baden, 2016.

Zimmermann, Reinhard (Hrsg.), Rechtsgeschichte und Privatrechtsdogmatik, Konferenzschrift, München, 1998 (zitiert: *Bearbeiter*, in: Zimmermann, Rechtsgeschichte).

Zollner, Johannes, Related Party Transactions – Überlegungen zur geplanten Reform der Aktionärsrechterichtlinie, in: Festschrift Christian Nowotny, Wien, 2015, S. 499 – 518 (zitiert: *Zollner,* in: FS Nowotny (2015)).

Zollner, Johannes/Dollenz, Florian, Related Party Transactions – alte und neue Anforderungen an den Aufsichtsrat,

- Teil 1: Aufsichtsrat Aktuell 1/2016, S. 10 – 15;
- Teil 2: Aufsichtsrat Aktuell 2/2016, S. 6 – 12.

Zöllner, Wolfgang/Noack, Ulrich (Hrsg.), Kölner Kommentar zum Aktiengesetz, Band 2/2: §§ 95-117 AktG, 3. Auflage, Köln, 2013 (zitiert: *Bearbeiter,* in: KK-AktG).

Zöllner, Wolfgang, Unternehmensinteresse – Gibt es das?, in: AG 2003, S. 2 – 12.

Zweigert, Konrad, Der Einfluss des Europäischen Gemeinschaftsrechts auf die Rechtsordnungen der Mitgliedstaaten, in: RabelsZ 28 (1964), S. 601 – 643.

www.ingramcontent.com/pod-product-compliance
Ingram Content Group UK Ltd.
Pitfield, Milton Keynes, MK11 3LW, UK
UKHW021835290926
8980IPUK00004B/464